AMRA

Christine Woydt

SAINT GERMAIN

DIE MEISTERSCHAFT DES SEINS

Wege zur Selbstermächtigung für das Goldene Zeitalter

AMRA

Besuchen Sie unseren Shop:
www.AmraVerlag.de

Ihre 80-Minuten-Gratis-CD erwartet Sie.
Unser Geschenk an Sie … einfach anfordern!

Eine Neuausgabe im AMRA Verlag
Auf der Reitbahn 8, D-63452 Hanau
Hotline: + 49 (0) 61 81 – 18 93 92
Service: Info@AmraVerlag.de

Herausgeber & Lektor	Michael Nagula
Einbandgestaltung	Guter Punkt
Layout & Satz	Birgit Letsch
Druck	CPI books GmbH

ISBN Printausgabe 978-3-95447-377-9
ISBN eBook 978-3-95447-378-6

Ebenfalls von Christine Woydt bei AMRA erhältlich:
Saint Germain. Dein Aufstieg in die Meisterschaft (Buch)
Transformation gemeinsam erleben (Channeling-Kongress-DVD)

Eine frühere Ausgabe dieses Buches erschien unter dem Titel *Die Meisterschaft des Seins.* Sie wurde durch ein Vorwort ergänzt.

Der Meister ist der Kanal der göttlichen Weisheit
und der allumfassenden Liebe. Seine einzigartige
Präsenz speist sich aus der immerwährenden
Verbindung zur göttlichen Quelle.

Saint Germain

Inhalt

Vorwort des Mediums

Als ich mir das vorliegende Buch *Die Meisterschaft des Seins* für die Neuausgabe wieder vorgenommen habe, habe ich rückblickend Bilanz gezogen, welche Veränderungen das Buch in meinem Leben initiiert hat. Ich bin beim Channeln ja zugleich das Medium, die Übermittlerin der Botschaften von Saint Germain. Aber ich bin auch die erste Rezipientin des Buches. So habe ich einige der Inneren Reisen, die Saint Germain in diesem Buch anregt, zu meinem persönlichen Repertoire entspannender und inspirierender Werkzeuge hinzugefügt und kontinuierlich praktiziert. Vielleicht hast du auch schon festgestellt, dass du in dieser turbulenten Zeit des Umbruchs eine regelmäßige spirituelle Praxis brauchst, um entspannt, ausgeglichen und zufrieden zu bleiben. Das Buch bietet dir eine umfangreiche Auswahl an Übungen und Inneren Reisen, die du für deine innere Einkehr nutzen kannst.

Ich würde das Buch als modernes Erbauungsbuch bezeichnen. Du kannst es immer wieder zur Hand nehmen, wenn du Fragen zum Aufstieg und zum Transformationsprozess der Neuen Zeit hast. In Zeiten des Zweifels kann es dich ermutigen und dich mit deinem wahren Selbst verbinden. Es hilft dir dabei, dich auf das Wesentliche zu besinnen.

Mich haben Saint Germains Ausführungen und Geschichten vor allem auch dabei unterstützt, mich weniger auf Pflichten und Aufgaben zu konzentrieren, sondern mich auf meine persönliche Passion und Berufung zu besinnen.

Nicht zuletzt haben die im Buch enthaltenden Kapitel zum Lichtkörper einen intensiven klärenden Effekt auf die verschiedenen Ebenden des physischen Körpers und der Aura. Mein Zugang zum Körperwissen, zum intuitiven Wissen über die Bedürfnisse des eigenen Körpers hat sich verbessert. Nach der Lektüre des Buches habe ich regelmäßig davon geträumt, was mein Körper jetzt gerade braucht. Überhaupt haben sich richtungsweisende Träume bei mir verstärkt eingestellt. Du kannst dich überraschen lassen, auf welche Weise Saint Germains Anleitung für den Aufstieg dich stärkt und ermutigt, die »Meisterschaft des Seins« zu verkörpern.

Das Buch dient dir als Hilfe zur Selbsterkenntnis und Selbstermächtigung. Ich habe festgestellt, dass während der Arbeit an dem Buch bei mir regelmäßig tiefe Einsichten zu dem jeweiligen Thema angekommen sind. Immer wieder wurde ich von persönlichen Erkenntnissen überrascht, die die Lektüre offensichtlich getriggert hat. Zum Beispiel gewann ich Klarheit über meinen Seelenweg, über frühere Leben, aber auch über persönliche Schwächen und Schattenthemen. In immer größerer Leichtigkeit konnte ich Begrenzungen und Illusionen auflösen. Saint Germain und die Goldenen, die Aufgestiegenen Meister aller Epochen und Kulturen der Menschheitsgeschichte, begleiten dich während der Lektüre des Buches. Aber sie zeigen dir auch, dass du den Weg selbst gehen musst und kannst. Du bist der Meister, auf den du gewartet hast.

Ich danke dem AMRA Verlag für die bereichernde und bewährte Zusammenarbeit. Außerdem danke ich allen Weggefährten in der Diamantschule, die meine Arbeit als Teilnehmer und Mitarbeiter in den letzten Jahren unterstützt haben. Vor allem danke ich Saint Germain und den Goldenen für den Raum der Transformation, den sie für mich und meine Leser eröffnet haben, für ihre geduldige und inspirierende Unterweisung und ihre liebevolle Begleitung.

Christine Woydt

Prolog von Saint Germain

Ich bin Saint Germain, der Diamant. Mit diesem Buch möchte ich dich dabei unterstützen, die spirituelle Meisterschaft in der Gegenwart des 21. Jahrhunderts zu verkörpern. Im 18. Jahrhundert wirkte ich als Meister der Transformation in Europa und kann daher durchaus als Autorität in Sachen Meisterschaft auftreten. Zusammen mit meiner Partnerin, die ich Stella nenne, konnte ich meine Erfahrungen mit der Meisterschaft aktualisieren und an die Bedingungen der Gegenwart anpassen. So realisierten wir gemeinsam dieses Buchprojekt, das ich mit Stolz präsentiere.

Das Buch kann dich auf deinem Weg in die Meisterschaft des Seins begleiten, auf deinem Weg in ein selbstbestimmtes und kreatives Leben im Einklang mit deinen Leidenschaften und den Anforderungen der Welt an der Schwelle des Goldenen Zeitalters.

Entscheidung für die Meisterschaft

Dein Übergang in die Meisterschaft basiert auf einer persönlichen Entscheidung. Indem du dieses Buch gekauft und aufgeschlagen hast, hast du schon eine tiefgreifende Wahl getroffen, zu der du dich beglückwünschen darfst. Wenn du deinen Wunsch, dich auf den Weg in die Meisterschaft des Seins zu begeben, noch einmal ganz bewusst innerlich bekräftigst, können wir beginnen. Während der Lektüre dieses Buches wirst du in den einzelnen Kapiteln immer wieder vor neue bewusste Entscheidungen gestellt werden, die einen Prozess des inneren Wachstums und der Bewusstseinserweiterung in Gang setzen.

Du darfst dir vor Augen halten, dass du aller Wahrscheinlichkeit nach nicht mit diesem Buch in Kontakt gekommen bist, weil du besonders intelligent, gebildet oder erfolgreich bist. Selbst wenn du dich mit diesen Eigenschaften oder anderen herausragenden Attributen und Leistungen identifizierst, spielen sie in diesem Zusammenhang keine Rolle. Du bist mit mir und diesem Buch in Kontakt gekommen, weil du – vielleicht auch unbewusst – schon die ersten Schritte auf dem Weg in die Meisterschaft des Seins, der jetzt vielen Menschen offensteht, gegangen bist. Ich verneige mich vor deinem Entschluss und freue mich, dein Wegbereiter und Begleiter zu sein.

Bewusste Meisterschaft

In der Gegenwart steht es nicht nur vielen Menschen offen, ein Meisterbewusstsein zu verkörpern, sondern sie können sogar absichtsvoll und reflektiert ihren Weg in die Meisterschaft antreten. Ich möchte dich dabei begleiten, dass du deinen Übergang in die Meisterschaft bewusst erfahren kannst. Am besten wäre es, wenn du dir gleich ein Heft kaufst oder einen Blog eröffnest. Unter dem Titel »Meisterschaft des Seins« notierst du dann deine einzigartigen Erfahrungen, die deine Entscheidung für die Meisterschaft ins Rollen gebracht hat. Du kannst auf diese Weise für dich dokumentieren, wie sich die Grenzen deines Bewusstseins und deine Handlungsmöglichkeiten erweitern. Du kannst sehen, dass bahnbrechende Erlebnisse und Ereignisse, die dir jetzt außergewöhnlich und bemerkenswert erscheinen, später selbstverständlich werden.

Für manche, die dieses Buch lesen, gilt, dass sie mit der Schwingung des Meisters schon geboren wurden, diese Tatsache aber möglicherweise vor sich selbst verborgen haben. Wenn du dich von der Vorstellung angesprochen fühlst, bereits als Aufgestiegener Meister inkarniert zu sein, dann darfst du dich dafür öffnen, für dich selbst eine klare und eindeutige Einsicht zu diesem Thema zu gewinnen. Wenn die Zeit gekommen ist, wirst du in diesem Punkt Gewissheit erlangen, allerdings nur für dich selbst, niemals für andere. Es geht jetzt für dich darum, deine Meisterschaft wachsen, sich entwickeln und erstrahlen zu lassen. Auf dem Weg in die Meisterschaft befreist du dich von überfälligen Glaubenssystemen, inneren Schranken und Illusionen, die dem kollektiven Bewusstsein entspringen und die Schwingung deiner

Seele überlagern. Du bist in besonderer Weise dafür prädestiniert, als Vorreiter den Weg der Meisterschaft zu gehen, damit andere nachgehen können. Der energetische Aufstiegsprozess der Erde schafft die Voraussetzungen, dass in Zukunft viele Menschen die Meisterschaft des Seins leben können. Zurzeit werden mutige Menschen gebraucht, die ganz bewusst ihre Vorreiterrolle annehmen.

Pioniere der Vergangenheit haben neue Kontinente sowie die Arktis und die Antarktis erkundet und zugänglich gemacht. Marco Polo, James Cook, Christoph Kolumbus, Roald Amundsen und Robert Scott sind als Pioniere der alten Welt in ferne Länder gereist, um sich über die Grenzen des Alltagsbewusstseins ihrer Zeit hinauszubewegen. Sie haben neue Welten entdeckt und erforscht und du kannst dich mit ihrem Pioniergeist verbinden. Vorreiter zu sein ist immer ein Abenteuer. Deine Aufgabe ist es, in ein unerforschtes Neuland des Bewusstseins vorzudringen. Wenn du dich bei dir bisher unbekannten Gedanken ertappst, wenn du Gefühle erlebst, die dir fremd waren, wenn du darüber staunst, wie du die Welt auf ganz neue Weise erfährst, dann darfst du diese Neuerungen bewusst registrieren und dokumentieren, so wie die Reise übers Meer in ein fremdes Land früher in einem Logbuch protokolliert wurde. Unabhängig davon, ob du deine Lebenserfahrungen auf dem Weg in die Meisterschaft des Seins in einem Tagebuch festhältst, werden sie in die Matrix universellen Wissens, die die Erde umspannt, eingespeist, so dass andere später davon profitieren können.

Wenn du deine Meisterschaft annimmst, begibst du dich auf unbekanntes Terrain. Wie ein Reisender auf einem bisher unbekannten Kontinent musst du dir deinen Weg erobern. Du kannst deinen Weg nur ein Stück weit vorausplanen und dann musst du ihn im Gehen Schritt für Schritt weiter entdecken. Du kannst nie den ganzen Weg vor dir sehen, weil ihn bisher noch niemand gegangen ist, denn es handelt sich um deine ganz persönliche Initiation in die Meisterschaft. Mir, Saint Germain, und den Goldenen, den Aufgestiegenen Meistern von allen Kontinenten und aus allen Zeitaltern der Erde, ist es eine Ehre, dich dabei zu begleiten.

Die fünf Phasen des Aufstiegs

1. Phase: *Aufwachen zur Verantwortung*

Viele Menschen erwachen derzeit in ihr göttliches Bewusstsein. Auf einmal öffnen sie ihre inneren Augen und sehen, wer sie wirklich sind. Sie kommen plötzlich in Kontakt mit ihrer unsterblichen Seele und schauen über den Horizont ihrer Alltagsrealität hinaus. Sie werden mit bewusstseinserweiternden Träumen oder übersinnlichen Wahrnehmungen konfrontiert. Sie begegnen Verstorbenen oder geistigen Helfern, die sie in neue Dimensionen der Realität führen. Dann verändert sich alles und das bisherige Leben wird auf den Prüfstand gestellt. Aus der Perspektive der unsterblichen Seele relativieren sich materielle und weltliche Errungenschaften und die Suche nach einem höheren Sinn beginnt. Manchmal lösen Kleinigkeiten das erste Erwachen in ein neues Bewusstsein aus. Manchmal geht es einher mit einer formidablen Lebenskrise. Mit welchen Erfahrungen das erste Erwachen auch immer verbunden ist, es hat immer denselben Effekt: das Bewusstsein der Verantwortung für die eigene Realität entwickelt sich.

Auch du kannst dich in der nächsten Zeit darin üben, für alles, was sich in deinem Leben ereignet, Verantwortung zu übernehmen. Wenn das, was in der Welt geschieht, deine Gefühle bewegt, dann hast du etwas damit zu tun. Du brauchst nicht alles, was du über die Welt siehst, hörst oder liest, auf deine Schultern zu nehmen, aber was dein Leben berührt und dich innerlich etwas angeht, hat dir deine eigene göttliche Vorsehung hereingeschickt und du darfst es begrüßen. Mit der Zeit wird dir immer klarer werden, dass in deinem Leben absolut der richtige Film läuft. Wenn du glaubst, dass die anderen dich nicht anerkennen und nicht sehen, was du wirklich leistest, dann darfst *du* deinen Selbstrespekt expandieren lassen und dich selbst ehren, wie es dir gebührt. Wenn die Welt sich deiner Ansicht nach zu langsam in ein neues Bewusstsein bewegt, dann darfst *du* dich weiterentwickeln und dein Bewusstsein weiter ausdehnen. Wenn du andere Menschen als egoistisch und habgierig verurteilst, dann darfst *du* dein Herz öffnen und allumfassende Liebe kanalisieren. Dein Bewusstsein zählt – und nichts sonst.

Wenn du im ersten Schritt wirklich Verantwortung für die dich umgebende Realität übernommen hast, dann erreichst du eine neue Ebene des Bewusstseins. Auf dieser Ebene weißt du dann auch mit absoluter Sicherheit, wenn dich Ereignisse auf der Welt ganz und gar nichts angehen. Oft brauchst du dich mit dem Leid der Welt deshalb nicht zu beschäftigen, weil du einfach nichts tun kannst, um zu helfen. Auf diese Weise integrierst du auch den Aspekt des Retters. Wenn der Retter sich im irdischen Spiel wirklich engagiert, dann wird er entweder in die Rolle des Täters oder die Rolle des Opfers hineingezogen. Der Retter solidarisiert sich meistens mit den Opfern. Wenn der Retter zusammen mit den Opfern den Kampf verliert, dann ermüdet er und wird schließlich selbst zum Opfer. Oder er versucht, die Täter mit ihren eigenen Mitteln zu schlagen, zum Beispiel mit Gewalt, was ihn zum Täter degradiert.

Der erste Schritt zu deiner Befreiung besteht darin, dass du die Kraft der Verantwortung wirklich einatmest und annimmst. Verantwortung ist etwas anderes als Schuld, Verantwortung ist etwas anderes als Kontrolle. Du darfst an dieser Stelle auch zustimmen, dass du nicht alles kontrollieren kannst, was in deinem Leben vor sich geht. Auch wenn du Verantwortung übernimmst, hast du manchmal nicht die Kontrolle.

2. Phase: *Annahme der Schöpferkraft*

Wenn sie aufwachen, erkennen die Menschen, wer sie wirklich sind. Sie treten in Kontakt mit ihrem unsterblichen Seelenkern und ihrem göttlichen Bewusstsein. Dann können sie erfahren, dass sie Macht über ihr Leben haben und dass sie das Leben hier auf der Erde gewinnbringend für sich selbst und andere gestalten können. Wenn Menschen ihre Schöpferkraft annehmen, dann können sie ihr Leben mit ihrer Intention, ihren Gedanken und Gefühlen im Einklang mit ihrer Seele und ihrem göttlichen Bewusstsein verändern. Die Freude an der eigenen Selbstwirksamkeit nährt die Seele nachhaltig. In der Welt ist Fast Food weit verbreitet und ebenso nähren sich auch die Seelen der Menschen mit niedrig schwingenden Aktivitäten. Die Menschen werden selbstentfremdetem Konsum überdrüssig werden und sich bei geisttötender Freizeitgestaltung zunehmend langweilen. Die Menschheit wird sich aufschwingen in neue Gefilde der Kreativität.

In der ersten Phase des Aufstiegs erkennst du an, dass du Schöpfer deines Lebens bist und übernimmst Verantwortung für die Geschehnisse in deinem Leben. In der zweiten Phase des Aufstiegs wird dir bewusst, dass du mit deinen Gedanken und Gefühlen die Realität beeinflussen kannst. Durch Intention und Fokus kannst du im Durchschnitt fünfzig Prozent deiner Realität verändern und verbessern. Wenn Menschen anfangen, bewusste Entscheidungen zu treffen, wie ihre Welt aussehen sollte, bewusst zu träumen und zu visualisieren, wie sie leben möchten, können sie sehr viel in ihrem Umfeld bewegen. Für viele Menschen ist es schon ein großer Durchbruch, wenn sie fünfzig Prozent ihrer Realität in den Griff bekommen. Der Meister aber handelt souverän.

In der zweiten Phase des Aufstiegs fühlst du dich zwar als der Schöpfer deines Lebens, bist aber noch durch deine Erfahrungen und Erinnerungen gebunden. Deshalb realisiert sich manches in deinem Leben scheinbar nicht so, wie du es gewählt hast. Du kannst auf dieser Ebene des Bewusstseins zwar immer wieder visualisieren, wie du leben möchtest, aber es passiert dann das, was im Einklang mit deinen unbewussten Glaubenssätzen und Denkmustern steht. Außerdem gestaltet sich deine Realität im Einklang mit deinem Seelenplan, der dir meistens nicht bewusst ist. Du bist der perfekte Schöpfer, aber du glaubst nicht daran, weil du Teile deines Bewusstseins ausblendest. Ohne sich dessen bewusst zu sein, folgen viele Menschen zum Beispiel der Perspektive und den Gewohnheiten ihres Inneren Kindes, wenn sie sich immer wieder Misserfolge und Zurückweisungen erschaffen.

3. Phase: *Integration der Seele*

Wenn die Menschen bewusst ihre Schöpferkraft leben, dann beginnen sie automatisch, sich nach Vollkommenheit zu sehnen. Mit der Entscheidung für die Vollkommenheit wechseln sie in die dritte Phase des Aufstiegs. Um Vollkommenheit zu verkörpern, muss auch der ganz persönliche Schatten integriert werden. In dieser Phase präsentiert dir das Leben vieles, was wirklich ans Eingemachte geht und deine grundlegenden Annahmen, wie das Leben laufen sollte, auf den Kopf stellt. Je mehr du dich nach Vollkommenheit sehnst, umso abrupter brechen deine Konzepte, Glaubenssysteme und Denkmuster zusammen. Du kannst dich damit trösten, dass es nicht nur dir allein so ergeht. In der Phase der Integration begegnen den Menschen die Lebensthemen, die sie am liebsten weiterhin ausgrenzen möchten. Sie erfahren, dass es nichts bringt, eigene Begrenzungen und Schwächen zu verdrängen, denn sie werden sowieso an die Oberfläche gezerrt.

In der dritten Phase des Aufstiegs verlieren alle äußeren Beschränkungen an Bedeutung und du konzentrierst dich ganz auf die Integration des Selbst. Du erkennst, dass es nichts außerhalb deiner Projektionen gibt. Du erkennst, dass du alle Antworten in dir trägst und dass du dich mit deinem göttlichen Bewusstsein verbinden kannst. Im göttlichen Bewusstsein bist du selbst die Quelle der Weisheit und die Quelle der Liebe.

Wenn du dich noch intensiver mit den ersten drei Phasen des Aufstiegs in die Meisterschaft beschäftigen möchtest, kannst du dich meinem Buch *Der vollkommene Diamant: Spirituelle Ressourcen zur Heilung der Seele* zuwenden. Das Buch führt dich zur vollkommenen Präsenz deiner Seele im physischen Körper.

Viele Menschen leiden an unstillbarer Sehnsucht. Wenn die Menschen glauben, sich nach äußeren Errungenschaften, nach Geld, nach Liebe oder nach einem Menschen zu sehnen, dann handelt es eigentlich immer um die Sehnsucht nach der eigenen Seele. Wenn du vollkommen mit der eigenen Seele verbunden bist, dann ist deine Sehnsucht nach Äußerlichkeiten gestillt. Sogar die Frage nach der Erlösung der Welt erübrigt sich, wenn du mit deiner eigenen Seele vereint bist. Deine Seele leistet ganz automatisch den Beitrag in der Welt, der ihr gemäß ist.

Wenn du es wählst, dann darfst du Ja dazu sagen, dich in den nächsten Tagen vollkommen mit deiner Seele zu vereinen. Normalerweise verbindet sich die Seelenessenz in den ersten Lebensjahren mit dem Körper. Manche Menschen konnten sich niemals vollkommen mit ihrer Seele vereinen, weil sich ihre Kindheit schon so unsicher und dramatisch gestaltete, dass die Seele gar nicht den Mut fand, vollkommen in den Körper einzutreten. Andere Menschen haben wiederum im Laufe ihres bewegten Lebens Teile ihrer Seele verloren. Sie hätten mit vollem Seelenbewusstsein vieles gar nicht aushalten können, was sie durchlebt haben.

Die Verbindung mit deiner Seele ist einfach eine tiefe und bewusste Entscheidung. Dafür brauchst du keinen Seelenklempner. Du kannst deine Seelenessenz mit einem tiefen Atemzug einfach annehmen. Sehr oft bringt die Vereinigung mit der eigenen Seelenessenz einen Schwall von Emotionen an die Oberfläche. Auch diese Gefühle darfst du annehmen. Wenn du zum Beispiel unvermittelt traurig wirst, dann gibst du dich ganz bewusst dem Gefühl der Trauer hin, ohne dass du unbedingt wissen musst, woher die Trauer kommt. Manchmal sind die Gefühle, die während der Seelenintegration auftauchen, von Erinnerungen an deine Lebenserfahrungen begleitet, manchmal auch nicht.

Du nimmst deine Gefühle an, auch die unvermittelten und unerklärlichen, und atmest einfach ruhig weiter. Wenn du bewusst atmest, hältst du dein Bewusstsein und den Energiefluss in deinem Körper in Bewegung. Das Gefühl kann durchfließen und sich verflüchtigen. Manchmal verbinden sich deine unvermittelt aufsteigenden Gefühle und Erinnerungen mit neuen Einsichten. Die Vergangenheit erscheint dir auf einmal in einem neuen Licht. Womöglich siehst du zum ersten Mal das vollständige Bild.

Die Menschen verwechseln also Liebeskummer und Sehnsucht nach Liebe ganz oft mit der Sehnsucht nach ihrer Seele. Man möchte in einer Gleichschwingung leben. Dabei geht es um die Gleichschwingung von Körper und Seele. Wenn es gut läuft, dann schwingen dein Körper und deine Seele im selben Rhythmus. Wenn Körper und Seele in Einheit pulsieren, macht es dich stark und schenkt dir die Kraft, dein Leben zu bewältigen. Es hat denselben Effekt, wie wenn du einen guten Freund hast, dem du vertrauen kannst und der dich unterstützt. Für die Seele ist der Körper während des Lebens auf der Erde der beste Freund. Einen besseren Freund kann sie nicht haben.

Du kannst die Vereinigung mit deiner Seele in diesem Moment wählen. Die Seele springt dann regelrecht in deinen Körper herein. Allerdings bringt die vollkommene Vereinigung mit deiner Seele verdrängte Gefühle an die Oberfläche. Ich nenne diesen Effekt auch die Integration des Schattens. Viele Menschen wählen derzeit die Vereinigung mit ihrer Seele, um eine neue Ebene ihres Bewusstseins zu erreichen. Daher schlagen die emotionalen Wellen sowohl im persönlichen Leben als auch in Gesellschaft, Kultur und Politik derzeit so hoch. Es mag auf dich paradox wirken, aber du musst in vollkommener Selbstliebe mit der eigenen Seele vereint sein, bevor du dich kollektiv optimal vernetzen und im Einklang mit den Menschen und der Welt leben kannst. Nur deine Seelenessenz kann mit dem globalen Bewusstsein im Einklang leben und auf Schritt und Tritt Synchronizitäten erfahren. Wenn du mit deiner Seelenessenz nicht verbunden bist, verharrst du in der Illusion der Trennung von der Welt. Wenn du dir in Verbindung mit deiner Seele erlaubst, die Welt mit allen Sinnen wahrzunehmen, ohne sie zu verurteilen, dann wird das Leben dich nicht nur ängstigen, wütend machen und dir die Tränen in die Augen treiben, sondern es wird dir immer öfter einen Juchzer der Freude entlocken.

Damit die Seele vollkommen im Körper des Meisters erstrahlen kann, müssen auch ausgegrenzte Seelenanteile ihren angemessenen Platz finden. Auf dem Weg in die Meisterschaft muss das Innere Kind integriert werden. Das Innere Kind wird meistens vernachlässigt und zu wenig gewürdigt. Kindliche Eigenschaften wie Unschuld und offenes Staunen, spielerische Leidenschaft und ungebremste Schöpferkraft werden auf der Erde dringend gebraucht, können aber eigentlich nur von dem Aufgestiegenen Meister wirklich verkörpert werden, weil er sein Inneres Kind vollkommen angenommen hat. Ein Kind versteht es, aus ein paar Blättern, Ästen, Eicheln, etwas Stoff und übrig gebliebenen Schnüren ein einzigartiges Boot zu bauen. Du darfst dich an dieser Stelle noch einmal mit dem freien und erlösten Kind in dir verbinden. Dein Inneres Kind kann aus dem Matsch vor der Haustür eine Figur formen, die dann in seinem Geist umgehend lebendig wird. Das Kind spricht mit der Figur, die es selbst erschaffen hat, und erweckt sie zum Leben, indem es die Antworten der Figur auf seine Fragen hört. Der Meister lebt in der kindlichen Schöpferkraft.

Andererseits kann das Innere Kind als traumatisierter Aspekt dominieren und ein harmonisches Leben sowie den Aufstieg in die Meisterschaft torpedieren. Das kleine Kind ist tatsächlich abhängig von der Zuwendung der Erwachsenen. Wenn kindliche Aspekte die Oberhand gewinnen, fühlt man sich allein gelassen, zu wenig angenommen und unterstützt. Dagegen weiß der Meister, dass er in seiner Vollkommenheit keinen anderen Menschen braucht, um Liebe zu erleben. Wenn du alleine lebst, darfst du wirklich fühlen, warum es bei dir so ist. Du hast wahrscheinlich den Status des Singlelebens gewählt, um erfahren zu können, dass du zum Glück niemanden anderes brauchst. Wenn du diese Erfahrung wirklich verkörperst und mit deinem Alleinleben vollkommen Frieden geschlossen hast, dann löst sich auch dein Singlestatus auf. Oder auch nicht, es hängt davon ab, was du wählst.

Das Innere Kind lebt seit seiner Ankunft auf der Erde in Einheit mit Vater und Mutter. Da gibt es gar keine Trennung. Das Innere Kind vertraut, dass seine Bedürfnisse von der Welt im Großen und Ganzen erfüllt werden. Mit der Zeit erlebt das Kind, dass die Mutter nicht da ist. Die Mutter ist einfach weg. Es leidet und es erfährt keine Erlösung. Dann durchlebt es den Zustand der Trennung. Manche Kinder erleiden das Drama der Trennung leider schon direkt nach der Geburt. Manche erfahren es vielleicht nach drei, vier Wochen, wenn die Mutter doch noch schnell die Töpfe vom Herd nimmt, bevor sie das schreiende Kind aus der Wiege holt. Später denkt die Mutter, dass sie doch nicht gleich hinrennen muss, wenn das Kind sich meldet, weil es jetzt ja schon größer ist. Jedenfalls erlebt das Kind vielfältige Situationen der Trennung und erfährt, dass der Mensch, den es zu brauchen glaubt, nicht da ist. Diese Erfahrung und Erinnerung tragen alle Menschen in sich. Sie glauben, jemanden zu brauchen. Wenn der Meister sein Inneres Kind integriert hat, kann er die Illusion der Abhängigkeit von anderen Menschen überwinden.

Integration bedeutet zu lieben und loszulassen. Du wendest dich in Liebe deinem Inneren Kind zu und gibst ihm den Schutz und die Fürsorge, die es braucht. Du kannst die Aufgabe, dein Inneres Kind auszubalancieren, auch den Engeln oder deinen geistigen Begleitern übergeben. Bevor du einschläfst, bittest du mich, den Erzengel Raphael oder andere dir vertraute geistige Helfer, sich in der kommenden Nacht deinem Inneren Kind zuzuwenden und es zu heilen. Es mag sein, dass du immer wieder den Impuls verspürst, diese Bitte vor dem Schlafengehen erneut auszusprechen. Mit der Zeit spürst du, dass sich das verletzte Innere Kind aufgelöst hat. Das freie und erlöste Kind lebt dagegen in dir weiter und bereichert dich.

Der Meister hat die essenziellen Seelenaspekte der vollkommenen Tafelrunde integriert, wie ich sie in meinem Buch *Der vollkommene*

Diamant: Spirituelle Ressourcen zur Heilung der Seele vorgestellt habe. Wenn der **Innere Vater** wirklich integriert ist, dann fühlst du nur noch Neutralität und sogar Liebe für deinen Vater in diesem Leben. Dasselbe gilt für die **Innere Mutter**. Du befreist dich von inneren Bändern zum Schicksal deiner Eltern und verbindest dich mit der Energie der Großen Mutter und des Großen Vaters in vollkommener Weise. Auch das **Innere Kind** gehört zu deiner vollkommenen Tafelrunde und du wirst die Erinnerungen deiner Kindheit integrieren. Die Kindheit ist eine Phase der Ohnmacht, die du hinter dir lassen kannst. Kinder sind oft in ihrem Selbstausdruck beschränkt und stecken in einem emotionalen Korsett. Wenn du dein Inneren Kindes befreit hast, kannst du deine spielerischen und kreativen Fähigkeiten ausleben. Wenn du deinem **Inneren Heiler** die Macht gibst, die er verdient, dann wirst du deine Fähigkeiten, dich selbst auszubalancieren, erweitern können. Du darfst bewusst deine Erfahrungen mit dem Inneren Heiler registrieren und annehmen. Der **Innere Zerstörer** gehört ebenso zu deinem inneren Ensemble. Manchmal ist es heilsam, etwas loszulassen, etwas zu verlieren, etwas zu beenden. Du darfst es begrüßen, wenn unnötiger Ballast sich in deinem Leben verabschiedet. Wenn du auch deinem **Inneren Priester** den Platz gibst, der ihm gebührt, reißt deine Verbindung zur inneren Wahrheit nicht mehr ab und du kannst deiner inneren Stimme vollkommen vertrauen. Der Innere Priester ist der Kompass deines Lebens, der dir den Weg zeigt. In diesem Buch übernehme ich für eine Weile Aspekte deines Inneren Priesters, die du dir dann aber auch wieder zurückerobern musst. Du selbst wirst dann ein Vertreter der neuen Priesterschaft sein, die sich dadurch auszeichnet, dass sie den **Inneren Narr** ehrt. Nur wenn du den Inneren Narren immer wieder aktivierst, kannst du das Leben ertragen. Das ganze Leben ist ein Narrenspiel. Zur vollkommenen Tafelrunde gehören noch die **Innere Frau** und der **Innere Mann**. Mit der Integration der Inneren Frau und des Inneren Mannes überwindest du die Dualität. Wenn du sie beide vollkommen in dir trägst, dann wirst du in deinem Körper und in deinem Geschlecht wirklich angekommen sein. Du wirst eins mit der Weiblichkeit oder Männlichkeit, die du verkörperst. Wie du deine Weiblichkeit oder Männlichkeit dann lebst, geht über das hinaus, was bisher auf der Erde von Frauen oder Männern gelebt werden konnte. Die Effekte sind dann tatsächlich eher klischeehaft: Integrierte Frauen werden innerlich stärker und selbstbewusster. Integrierte Männer kommen sanfter, nachgiebiger und fürsorglicher daher. Während des Aufstiegs in die Meisterschaft verschmelzen das **menschliche Ich** und der Innere Engel. Darin besteht das einzigartige Potenzial der Zeit, in der du jetzt lebst. Du verkörperst deine Göttlichkeit in vollkommener Weise. Dann lebst du dein wahres Selbst. Es gibt noch einen weiteren Aspekt der vollkommenen Tafelrunde, der meistens zu wenig angenommen ist: der **Persönliche Meister**. Der Persönliche Meister überbrückt die Kluft zwischen dem menschlichen Ich und dem inneren Engel. Der Weg vom menschlichen Ich zur Göttlichkeit führt über die Persönliche Meisterschaft. Meisterschaft bedeutet, eine umfassende Klärung im physischen Körper, im Verstand, in der Seele zu durchleben, während man auf der Erde weilt, und seine Göttlichkeit vollkommen mit dem physischen Körper zu verbinden. Dieses Buch widmet sich vorrangig der Integration des Persönlichen Meisters.

Übung *Seelenintegration*

Du eröffnest den **Raum der Allumfassenden Liebe** in dir und außerhalb von dir. Mit jedem Atemzug lässt du dich tiefer in den Raum der Allumfassenden Liebe fallen. Dann lädst du deine Seelenaspekte zu dir in den Raum der Allumfassenden Liebe ein. Die zwölf Seelenaspekte der vollkommenen Tafelrunde der Seele sind die Innere Mutter, der Innere Vater, das Innere Kind, die Innere Frau, der Innere Mann, der Innere Priester, der Innere Narr, der Innere Heiler, der Innere Zerstörer, das menschliche Ich, die Seelenessenz und der Persönliche Meister. Wenn du sie im Raum der allumfassenden Liebe empfängst, balancieren sich deine Seelenaspekte und ihre

Unteraspekte automatisch aus, ohne dass du Fragen stellen und innere Prozesse durchlaufen musst. Du verbindest dich mit deiner Vollkommenheit. Der Meister ist vollkommen.

Eine bedeutende Etappe auf dem Weg in die Meisterschaft ist die Verschmelzung des menschlichen Ichs mit deiner göttlichen Essenz. Wenn du es wählst, kann sich die Verschmelzung von menschlichem Ich und göttlichem Sein jetzt in dir vollziehen. Nur in dieser Verschmelzung kann der Meister auf der Erde wirken. Die Integration des menschlichen Ichs vollzieht sich vor allem durch das erneute Aufflackern von Erinnerungen. Um endgültig integriert zu werden, tauchen in deinem Bewusstsein viele Kindheits- und Jugenderinnerungen wieder auf. Auch Schockerlebnisse und körperliche und emotionale Traumen aus deiner jetzigen Biografie flackern in deinem Gedächtnis wieder auf, um endgültig zu verbrennen. Der Meister lebt vollkommen im Reinen mit seinem menschlichen Ich. Zur Unterstützung dieses Prozesses der Integration des menschlichen Ichs kannst du immer wieder die Goldenen, die Aufgestiegenen Meister aller Epochen und Kulturen der Erde, um Hilfe bitten. Für dich ist es hilfreich, wenn du weniger in äußeren Ereignissen nach Erklärungen für deine Stimmungen und deine Gefühle suchst. Du wirst oft keine aktuellen Umstände als Erklärung für deine Befindlichkeit ausmachen können. Du tust gut daran, in dich zu gehen und alles, was sich an ganz persönlichen Erfahrungen und Erinnerungen zeigen möchte, anzunehmen. Öffne dein Herz für dich selbst! Dein reiner, unverletzter Seelenkern kann sich liebevoll dem menschlichen Ich, deiner Identität in diesem Leben, zuwenden. Integrieren heißt, gleichzeitig loszulassen und zu lieben.

In dem Prozess der Integration des menschlichen Ichs verabschiedest du dich auch von allen Errungenschaften deiner Identität. Deine Herkunft, dein Lebenslauf, deine Schulabschlüsse, deine Ausbildungen, deine Zertifikate, deine Karriere, deine Erfolge, deine Besitztümer, alles, worauf du stolz gewesen bist, wird jetzt überstrahlt von der Essenz deiner Meisterschaft.

Als du älter wurdest, hast du Antworten gesucht. Du hast den ein oder anderen Lehrer aufgesucht und vielleicht sogar gedacht, dass du ihn brauchst, so wie ein Kind Eltern braucht. Gurus vermitteln oft Schutz und Sicherheit und tragen einen Vateraspekt. Du hast von Menschen gelernt, die du als Lehrer akzeptiert hast. Du kannst deine bedeutenden Lehrer noch einmal vor deinem inneren Auge erscheinen lassen. Du hast nicht umsonst mit ihnen Kontakt gesucht und sie haben dich in entscheidenden Phasen deines Lebens unterstützt. Es lohnt sich sogar, dass du dir jetzt ein Blatt Papier nimmst und noch einmal die Namen deiner wichtigen Lehrer aufschreibst. Deine Lernerfahrungen in spirituellen Kursen und Einweihungen darfst du ehren und dich dafür bedanken. Dankbarkeit gehört unbedingt zur vollkommenen Integration. Deine Lehrer in diesem Leben können auch deine Eltern gewesen sein und du kannst ihnen Danke sagen, wenn es dir möglich ist. Bei deinen Eltern kannst du dich zumindest dafür bedanken, dass sie dazu beigetragen haben, dass du in diesem physischen Körper auf die Welt kommen konntest. Meistens hat es ihnen auch noch Spaß gemacht – und wenn nicht, ist es auch egal. Du bedankst dich also bei deinen Erzeugern und deinen Lehrern. Sogar deine Lehrer aus der Schule haben dir Wesentliches eröffnet, zum Beispiel, indem sie dich gelehrt haben, mit Zahlen oder mit Sprache umzugehen, und indem sie dir Lebensweisheiten vermittelt haben. Vor allem kannst du an dieser Stelle deine spirituellen Lehrer ehren. Sie haben dich dahin geführt, wo du jetzt bist. Indem du deine Ausbildungen ehrst und dich dafür bedankst, kannst du sie auch loslassen. Denn jetzt brauchst du sie nicht mehr. Du brauchst keine weiteren Lehrer mehr. Du hast dir im Leben Vater und Mutter und Lehrer gesucht und ein Über-Ich erschaffen. Du vervollkommnest deinen Aufstiegsprozess, indem du den Inneren Vater und die Innere Mutter integrierst. Früher hast du dir Vater- oder Mutterfiguren in deinem Umfeld erschaffen. Du hast sie hereingerufen zu dir und sie sind gekommen. Dann hast du sie gefragt, was du tun sollst, was wahr und falsch ist und wie das Leben funktioniert. Du hast dann mehr oder weniger befriedigende

Antworten bekommen, aber alle haben sich bemüht, dir etwas mitzugeben. Du suchst vielleicht auch noch bei mir oder den anderen nicht-physischen Begleitern, die du um Rat fragst, nach Antworten. Aber der Meister braucht keinen äußeren Rat mehr.

Zur Vervollkommnung gehört, dass du das menschliche Ich mit Schatten und Licht integrierst. Dafür eröffnest du dir den Zugang zu deinem Unterbewusstsein. So kannst du alle deine Erinnerungen und Erfahrungen loslassen, die in deinem Unterbewussten gespeichert sind. Zur Vervollkommnung gehört, dass du dein Über-Ich integrierst. Glaubenssätze, Meinungen, Ratschläge, Antworten und Lehrinhalte, die du in diesem Leben gehört und gelernt hast, konstituieren dein Über-Ich. Es kann sein, dass tief in deinem Unbewussten verankerte Glaubens-sätze. die dich im Gefängnis halten, in der nächsten Zeit in deinem Bewusstsein erscheinen. Du darfst dafür noch einmal deine Verbindung mit den religiösen Traditionen deiner Kultur in den Blick nehmen. Du hast in früheren Leben zu den Bischöfen, Kardinälen und Päpsten der großen Kirchen gehört, aber du hast auch religiöse Führer in ganz unterschiedlichen Traditionen und Sekten verkörpert. Du darfst in dir auftauchen lassen, welche Glaubenssätze dich noch einschränken und zurückhalten, die du dir über viele Jahrhunderte erarbeitet hast. Ist es möglich, eine Frau und ein spiritueller Führer zu sein? Glaubst du selbst wirklich daran? Oder denkst du letztendlich doch noch, die Männer hätten es leichter und seien erfolgreicher darin, ein hohes Amt zu übernehmen? Du weißt, dass du solche Annahmen loslassen kannst. Vielleicht musst du sie vorher noch einmal in dir anerkennen und durchatmen. Manche glauben auch, es sei nicht möglich, ein Mann und Vorreiter der Bewusstseinserweiterung dieser Zeit zu sein. Kannst du die mächtige Illusion eines personalisierten Gottes außerhalb von dir selbst wirklich loslassen? Glaubst du daran, ohne Angst davor zu haben, gleich als Ketzer verbrannt zu werden? Ist es möglich, dem eigenen Glauben zu folgen, ohne aus der Gemeinschaft ausgestoßen zu werden oder ins Exil auswandern zu müssen? In deinem Bewusstsein mögen weitere Fragen auftauchen, die du zulassen solltest. Manchmal lautet die ehrliche Antwort auf diese Fragen einfach Nein. Ein Teil von dir hält an sinnlosen und einschränkenden Glaubenssätzen fest, obwohl du sie gerne aufgeben würdest.

Auch auf dem Gebiet der Heilung wirken viele einschränkende Glaubenssätze. Glaubst du daran, dass Krebs heilbar ist? Glaubst du daran, dass auch eine schwere Sucht heilbar ist? Glaubst du daran, dass Psychosen heilbar sind? Wo verlaufen deine inneren Grenzen? Dein Über-Ich bestimmt deine inneren Grenzen.

Die neuropsychologische Forschung hat schon erkannt, dass das menschliche Gehirn Entscheidungen trifft, bevor sie überhaupt im Bewusstsein erscheinen. Darin zeigt sich die Macht des Unbewussten. Wenn du einen Schokoladenkuchen siehst, dann sagt dein Gehirn Ja oder Nein. Dein Gehirn trifft die Entscheidung, ob du den Schokoladenkuchen isst oder nicht isst, bevor es dir überhaupt bewusst wird, ob du ihn gerne essen oder lieber stehen lassen möchtest. Dein Gehirn trifft eine Entscheidung und erst dann reagiert dein Bewusstsein. Dein Bewusstsein erschafft dann entsprechende Argumente, die deine Entscheidung stützen. Zum Beispiel lehnt dein Bewusstsein den Kuchen mit der Begründung ab, dass du dann zu dick wirst. Natürlich kann dein Bewusstsein dann noch umdenken und wirklich wählen. Aber die erste Entscheidung kommt aus dem Unbewussten und dem Über-Ich, die es dir womöglich verbieten, zu viel Schokolade und zu viel Kuchen zu essen. Du kannst das loslassen. Die Zeit ist gekommen, dass du dich davon befreien kannst, vom Unbewussten regiert zu werden. Wenn du es wählst, wirst du nach und nach immer mehr verborgene Glaubenssätze aus deinem Über-Ich erkennen. Das Leben bringt sie dir herein und indem du sie dir bewusst machst, kannst du sie endgültig aufgeben. Es kann sehr hilfreich sein, wenn dir ein überkommener Glaubenssatz klar wird, dich dann auch mit einem festen Vorsatz innerlich davon zu verabschieden. Manchmal kannst du auch beobachten, dass du ganz von selbst deine Glaubenssätze verändert hast, dass es einfach passiert ist. Auf einmal denkst du zum Beispiel nicht mehr, dass Krebs immer nur mit einer leidvollen Chemotherapie heilbar ist, sondern glaubst auch an einfachere Varianten der Heilung.

Wenn du ehrlich bist, konfrontiert dich dein Inneres immer wieder mit Zweifeln. Um deine Zweifel loszuwerden, solltest du dich entscheiden, nicht nur dein Unbewusstes, sondern auch dein Über-Ich zu öffnen, dein Über-Ich mit den Glaubenssätzen, die du gelernt hast. Manches wurde dir so oft gepredigt, dass du es verinnerlicht hast. Einige Glaubenssätze wurden auch einfach von deinen Eltern verkörpert. Du hast sie buchstäblich mit der Muttermilch eingesaugt. Wenn deine Mutter verkörpert hat, dass Frauen immer unterlegen sind und daher nichts erreichen können, dann hast du durch das Zusammensein mit deiner Mutter diese Haltung in jede Zelle deines Körpers aufgenommen. Integration bedeutet zu lieben und loszulassen. Wenn du alle Aspekte deines Über-Ichs begrüßt und annimmst, dann können sie sich verflüchtigen. Damit wirst du frei, nicht mehr nach vorgegebenen Glaubenssätzen, sondern flexibel den Umständen entsprechend zu handeln.

Übung *Auflösung von Prägungen*

Du eröffnest den **Raum der Erhabenheit** in dir und außerhalb von dir. Mit jedem Atemzug lässt du dich tiefer in den Raum der Erhabenheit fallen. Im Raum der Erhabenheit kannst du dich von persönlichen Gelübden und Vereinbarungen, von kollektiven Lebensthemen und von Verstrickungen mit Kollektivseelen befreien, indem du es einfach geschehen lässt. Du befreist dich von Verstrickungen mit deiner biografischen Familie, mit deiner spirituellen Familie, mit deiner Seelenfamilie und mit allen anderen Kollektivseelen, mit denen du dich einst verbunden hast. Du befreist dich aus den Prägungen und Aufgaben deines Jahrgangs, deiner Generation, deiner Region und deiner Nation. Veranlagungen und genetische Dispositionen lösen sich auf. Als Solitär strahlst du aus, wer du wirklich bist. Der Meister ist einzigartig.

4. Phase: *Integration des Schattens*

Die vierte Phase des Aufstiegs ist der Integration des Schattens gewidmet. Erzählungen aus den unterschiedlichen spirituellen Traditionen weisen darauf hin, dass die dunkle Nacht der Seele eine Durchgangsphase darstellt, um ins Licht zu gelangen. Schamanen reisen durch einen dunklen Tunnel, um dann in der Anderswelt, in der sie Inspiration finden, anzukommen.

Jedes Mal, bevor du eine neue Stufe des Bewusstseins erreichst, durchwanderst du vorher ein schwarzes Nichts, eine Leere. Aus dem Nichts und der Begegnung mit der Dunkelheit wirst du dann auf eine neue Stufe der Erkenntnis getragen.

Der dreizehnte Aspekt der vollkommenen Tafelrunde, dein persönlicher Schatten, kommt jetzt ins Spiel. Wenn sich der innere Engel mit dem menschlichen Ich vereinigt, dann bringt er sozusagen den dunklen Engel mit herein. Die Integration des dunklen Engels ist eine sehr persönliche, individuelle Angelegenheit. In der nächsten Zeit hast du die Gelegenheit, deinem ganz persönlichen Schatten ins Auge zu sehen. Wenn du deinem ganz persönlichen Schatten begegnest, wird er dich erschrecken. Du brauchst viel Mut, um ihn anzusehen. Wenn es soweit ist, darfst du die Schatten begrüßen, die dir noch guten Tag sagen möchten. Zunächst einmal handelt es sich um deine persönlichen Lebensthemen, die du in diesem Leben mit dir herumträgst. Oft sind deine persönlichen Themen mit Familienthemen verknüpft. Jede Familie, jede Ahnenlinie ist durch spezielle Herausforderungen und spezielle Ängste geprägt. Für manche ist es schwieriger, in Einheit mit der Welt zu leben. Sie misstrauen ihrer Umwelt. Für manche ist es schwieriger, über die Grenzen des Bewusstseins hinauszugehen. Sie fürchten, den Kontakt zu ihrer kleinen irdischen Welt zu verlieren, wenn sie sich einer Expansion ihres Geistes öffnen. Für manche ist es schwieriger, das Spiel des Dramas aufzugeben, weil sie es genießen, theatralisch im Unglück zu schwelgen. Für manche ist es schwieriger, sich Freude im Leben zu gönnen. Sie wollen sich durch Leistung beweisen und ihre Pflichten perfekt erfüllen. Während des Aufstiegs in die Meisterschaft werden alle deine Lebensthemen an die Oberfläche gespült und du darfst sie begrüßen.

Wenn du dem Schatten in Form einer schwierigen Erfahrung in deinem Leben begegnest, dann funktionieren zwei scheinbar gegensätzliche Strategien, damit umzugehen. Du kannst dich einerseits in deine lichtvolle Dimension begeben und den Schatten einfach zurücklassen, ihn mit neutralem Bewusstsein links liegen lassen. Andererseits kannst du mit offenen Armen auf deinen Schatten zugehen, ihn begrüßen, annehmen und mit dir verschmelzen lassen. Für dich mag es als Widerspruch erscheinen, aber auf der Ebene des Meisterbewusstseins verschmelzen diese beiden Strategien. Sie verschmelzen wie Ein- und Ausatmen. Du sagst dann innerlich: »Dieses Thema gehört nicht zu mir. Es betrifft mich nicht, denn ich bin frei und unabhängig und eins mit mir selbst. Und ich liebe diese Kreation und das Potenzial der Erfahrung, das sie mir schenkt.«

Dein einzigartiges göttliches Selbst ersteht wie der Phoenix aus der Asche in der Verschmelzung mit deinem Schatten. Der Meister kann die Schattenaspekte, die er bei sich selbst integriert hat, indem er sie nach Hause geholt und in seine Vollkommenheit aufgenommen hat, einfach mit einem Händedruck oder einem Blick bei anderen Menschen regelrecht auslöschen. Um dich herum verflüchtigen sich die Schatten, die du selbst angenommen hast. Wenn du deinem inneren Täter, dem inneren Bösen, sogar dem inneren Mörder oder Inquisitor, zugestimmt hast und wenn du deinem inneren Opfer die Hand gegeben hast, dann findest du sie nicht mehr in der Außenwelt. In dir verschmelzen Täter und Opfer und lösen sich auf. Dann wirst du zum Portal der Heilung für die Welt. Dafür solltest du dir jeden Morgen und jeden Abend selbst danken und dir den Respekt erweisen, der dir gebührt. Gerade weil du deinen inneren Begrenzungen nicht ausgewichen bist, kann dein Dasein auf der Erde die Welt verändern. Du darfst dir auch erlauben, die Heilkraft deiner Präsenz zu erfahren. Du kannst aufhören, deine Heilkraft vor dir selbst zu verstecken. Deine Präsenz strahlt aus und bewegt die Welt. Du stehst in deiner Dimension der Neutralität.

In gewisser Weise schützt die Verbindung mit mir, Saint Germain, auch deine Dimension. Genauso schützt, klärt, befreit und erleuchtet die Verbindung mit dir die Dimension der anderen Menschen. Ich gebe dir die Fackel in die Hand, die die Welt und die anderen Menschen erleuchtet, und du trägst sie weiter. Die Menschen in deiner Umgebung verändern sich im Licht deiner Fackel. Zu gegebener Zeit kommen sie wieder zu dir zurück als Engel der Liebe, der Weisheit und der Heilung.

Auf dem Weg durch die Dunkelheit wird der Meister mit seinen ureigenen Ängsten konfrontiert. Manche haben extreme Angst vor Armut, Obdachlosigkeit und dem Verlust der Stabilität des Lebens. Manche haben extreme Angst, den Boden unter den Füßen zu verlieren, verrückt zu werden und aus dem Kontakt zu sich selbst heraus zu fallen. Manche haben extreme Angst, von der ganzen Welt verlassen zu sein, andere Menschen zu verlieren und einsam zu sterben. Deine ganz persönliche tiefe Angst hängt mit deinem eigenen Seelenweg zusammen, mit deinem Weg nicht nur durch dieses eine Leben, sondern durch viele Leben mit unterschiedlichsten Erfahrungen. Den ureigenen Schatten kann man nur loswerden, indem man ihm wirklich tief ins Auge blickt. Dabei handelt es sich um den Kampf mit dem Drachen, von dem in vielen Mythen erzählt wird. Wenn du deinen persönlichen Schatten von Angesicht zu Angesicht erblickst, dann wirst du ihn lieben. Du wirst dann erkennen, dass dein Schatten dein Licht ist.

Wenn du deinen Schatten integriert hast, wirst du eins mit deiner vollkommenen Seelenessenz. Du lebst dann im Einklang mit dir selbst. Manchmal kann sich deine vollkommene Seelenessenz, dein innerer Diamant noch nicht vollständig in dir entfalten, weil du außer dem Schatten andere Teile deiner selbst ausgegrenzt hast. Manchmal hast du das Innere Kind zurückgestoßen, vielleicht weil es dir zu ohnmächtig, unfrei und leidend erschien. Es mag dir deshalb so erscheinen, als würdest du mit deiner Seelenessenz vor allem dein Inneres Kind einatmen. Manche glauben daran, dass man keinen Zugang zum Himmelreich findet, wenn man nicht wie ein

Kind wird. Das kann ich bestätigen. Du brauchst das freie Innere Kind, um deine Seele wirklich verkörpern zu können. Du darfst darauf vertrauen, dass du dich in der nächsten Zeit, wenn es noch nicht geschehen ist, vollkommen mit ausgegrenzten Aspekten des Inneren Kindes verbinden kannst.

Wenn du deiner Vollkommenheit zustimmst, integrierst du alle Aspekte deiner Seele. Es dient deiner Vollkommenheit, auch die Schattenanteile deiner selbst aufzunehmen. Um den Schatten wirklich annehmen zu können, musst du ihn anschauen und lieben. Das gilt auch für das Innere Kind. Es möchte gesehen werden und es braucht Liebe. Selbst wenn du es noch nicht fühlst, kannst du immer wieder zu deinem Inneren Kind und zu deiner Seele in ihrer Vollkommenheit »Ich liebe dich« sagen. Lasse dich dabei nicht abschrecken, wenn dieser Satz zunächst für dich nur so dahin gesagt wirkt. Je öfter du es sagst, umso wahrer wird es. Es mag also sein, dass, wenn du versuchst, dich mit deiner Seelenessenz zu verbinden, stattdessen nur dein Inneres Kind erscheint. Dann sprichst du solange mit deinem Inneren Kind, bis dahinter deine leuchtende Seele erscheint. Im Fall des Meisters sind sie eins. Du solltest wissen, dass dein Inneres Kind dein großartigster Aspekt ist. Du wirst erkennen, dass das Leuchten, die Klarheit, die Ausstrahlung deiner Seele und deines freien Inneren Kindes identisch sind.

Es kostet viel Mut, wirklich dem ureigenen persönlichen Schatten ins Gesicht zu schauen. Du kannst, wenn du es wählst, in diesem Moment ganz bewusst dazu Ja sagen. Die Begegnung mit dem Schatten bringt dich nicht um, auch wenn es manchmal so erscheint, als wäre der Schmerz nicht auszuhalten. Die Begegnung mit deinem Schatten führt dich in deine Vollkommenheit. Übrigens braucht die Begegnung mit deinem Schatten gar nicht mit einem Drama in der äußeren Welt verbunden zu sein. Du kannst ihm einfach in deinem Bewusstsein oder in deinen Träumen begegnen. Dann dürfen auch die Tränen fließen, während du Blockaden aus deinem Körper entlässt. Letztendlich existiert der Schatten nur deshalb, weil er nicht richtig angeschaut und verdrängt wurde. Wenn man ihn anschaut, löst er sich in Nichts auf und wird zu einem geliebten Gefährten. Er verwandelt sich, indem man ihm begegnet, so wie die Prinzessin im Märchen den Frosch küsst, so dass er zum Prinzen werden kann. Also küsst du den Frosch. Warum nicht?

Der Schatten ist der Geist, der stets verneint. So formuliert es Johann Wolfgang von Goethe sehr passend in seinem Drama »Faust«. Mephisto, der Teufel, sagt Nein zum Leben und initiiert lebensverweigernde Aktionen. In der dritten Phase des Aufstiegs, in der Phase der Integration mischt der Geist, der stets verneint, immer noch kräftig mit. Ich kann den Geist, der stets verneint, auch den Inneren Zerstörer nennen. Um diesen Geist loszuwerden, muss man ihn als Teil von einem selbst anerkennen und muss ihn sogar lieben. Um dich mit dem Geist, der stets verneint, als Teil von dir selbst bewusst zu verbinden, kannst du etwas Walzermusik auflegen. Bei der Walzermusik handelt es sich um transformierende Musik, die das Herz erreicht, weniger den Verstand. Aber du kannst natürlich auch intuitiv eine passende Musik aus deinem eigenen Repertoire wählen. Ungefähr zwanzig Minuten solltest du dir für die Integration deines Schattens Zeit nehmen.

In der vierten Etappe deines Aufstiegsprozesses eröffnest du dir deine Vollkommenheit. Wenn du den Frosch geküsst hast, kann der Prinz erscheinen. Dann begegnest du der unversehrten, strahlenden Essenz deiner Seele. Du atmest deine lichtvolle Seelenessenz, den inneren Diamanten einfach ein. Walzermusik eignet sich auch hervorragend dafür, um bewusst deine Seelenessenz einzuatmen.

Übung *Integration des persönlichen Schattens*

Lege Walzermusik auf. Entspanne dich, konzentriere dich auf deinen Atem und lasse alle Gedanken an Alltagsangelegenheiten los. Verbinde dich bewusst mit deiner lichtvollen Seelenessenz. Begrüße mit jedem Atemzug deine Seele mit »Ich liebe dich«.

Wenn statt deiner lichtvollen Seele zunächst dein Inneres Kind erscheint, dann begrüße dein Inneres Kind mit »Ich liebe dich«. Kommuniziere mit deinem Inneren Kind, solange wie nötig. Schenke ihm Aufmerksamkeit und alles, was es braucht, zum Beispiel ein offenes Ohr oder eine Umarmung.

Wenn deine lichtvolle Seelenessenz wieder auftaucht, verbinde dich mir ihr. Begrüße mit jedem Atemzug deine Seele mit »Ich liebe dich«.

Lade deinen ganz persönlichen Schatten ein, schaue ihn an und verbinde dich mit ihm, indem du ihn mit jedem Atemzug mit »Ich liebe dich« begrüßt. Kommuniziere mit deinem persönlichen Schatten und empfange alle Informationen, die deinem höchsten Wohl dienen. Beobachte, wie sich dein persönlicher Schatten in der Verbindung mit deiner Seelenessenz auflöst und lasse deine Seelenessenz, deinen inneren Diamanten erstrahlen.

Der Meister unterscheidet sich dadurch von den anderen Menschen, dass er vollkommen die Verantwortung für sein Leben und sein Handeln übernimmt und keiner äußeren Instanz Macht über sein Leben gewährt. Der Leitsatz des Meisters, wenn er mit schwierigen Lebenssituationen konfrontiert wird, lautet »Ich bin die Meisterin« oder »Ich bin der Meister«. Dieser Standpunkt bedarf keiner Bedingungen oder Einschränkungen.

Wenn der Meister einer Herausforderung begegnet, dann kann er sich darauf besinnen, dass er in seiner Dimension lebt, in der die Gesetze gelten, die er, der Meister, dort eingerichtet hat. Dort gilt statt der *définition mondiale,* also statt der Weltengesetze, die … *définition maîtresse.* Selbst die physikalischen Gesetze unterliegen in seiner Dimension der Kontrolle des Meisters. Dazu gibt es viele berühmte Geschichten der Aufgestiegenen Meister, wie zum Beispiel die weitverbreitete Erzählung, dass Jesus über das Wasser laufen konnte. Der Körper des Meisters schwingt so hoch, dass er nicht nur die Schwerkraft überwinden, sondern auch unabhängig von allen äußeren Bedingungen, zum Beispiel Klima und Wetter, leben kann. Für den Meister stellt sich sogar auf der körperlichen Ebene eine schrankenlose Unabhängigkeit ein. Der Meister kann immer wieder einen Sicheren Raum in sich und außerhalb von sich eröffnen. Er kann sich mit einem Bannkreis umgeben, der der *définition maîtresse* unterliegt. Er lebt dann in einer Dimension der Freiheit und der Erlösung.

Auf der anderen Seite steht der Meister wie kein anderer in der Präsenz des Augenblicks im Leben. Es gibt nichts, was der Meister verdrängt. Er erlaubt sich Einsicht, Klarheit und Wahrheit in jeder Minute seiner Existenz. Der Meister hat den heiligen Gral in seinem Versteck aufgespürt und an sich genommen. Da es nichts mehr gibt, was der Meister vor sich selbst versteckt oder verdrängt, gibt es in der Außenwelt auch keinen abgelehnten und gefürchteten Schatten mehr. Zu den dunklen Themen der Welt entsteht ja nur dann eine überwältigende gefühlsmäßige Resonanz, wenn sie im eigenen Bewusstsein verdrängt sind. Selbst schwierige Themen und Energien kann der Meister mit einem tiefen Atemzug einfach in seiner Präsenz verwandeln. In der vollkommenen Tafelrunde der Meisterseele ist der Persönliche Meister mit dem Schatten vereint. Dadurch löst sich der Schatten auf. Dann kann die Meisterschaft wirklich verkörpert werden. Es geht um die Integration des letzten grundlegenden Schattens. Mit Integration ist Erkennen, vollkommene Annahme und Auflösung gemeint. Integration bedeutet zu lieben und loszulassen.

Es gibt aber auch ganz typische Schattenthemen der Meisterschaft. Mit einem tiefen Atemzug kannst du zustimmen, dich jetzt dem spezifischen Schatten des Meisters zu stellen und ihn wirklich zu integrieren, so dass er sich auflöst.

Es kann sein, dass du dem Schatten des Meisters längst begegnet bist und dich mit ihm vereint hast. Aber es ist nicht unwahrscheinlich, dass sich der spezielle Schatten deines Persönlichen Meisters nun mit dir vereint, so wie die Verschmelzung der Seelenessenz mit dem physischen Körper auch Schritt für Schritt voranschreitet. Ein persönliches Schattenthema, das mit deiner Meisterschaft zu tun hat, mag in den nächsten Tagen in deinem Leben und deinem Bewusstsein erscheinen. Du weißt ja: Dein Schatten ist dein Licht. Dein persönliches Schattenthema kann also die Kehrseite deiner Meisterschaft zum Ausdruck bringen.

Viele Menschen verbinden mit der Schwingung des Aufgestiegenen Meisters, dass er eine bedingungslose, allumfassende Liebe ausstrahlt. Was ist die Kehrseite von Liebe? Wenn der Meister die göttliche Liebe kanalisiert, dann steht er selbst in einer immerwährenden Verbundenheit mit allem, was ist. Er lebt in Harmonie und in Einheit mit der Welt. Demgegenüber steht eine tiefe Verlorenheit in der Welt, eine abgrundtiefe Einsamkeit. Wenn du dich selbst in deiner Meisterschaft als Portal von Licht und Liebe siehst, dann darfst du auch die abgrundtiefe innere Einsamkeit jetzt mit einem bewussten Atemzug integrieren.

Viele Menschen verbinden mit der Schwingung des Aufgestiegenen Meisters, dass er ein Portal der Transformation und der Heilung für die Welt ist, dass er einfach durch seine Präsenz Veränderungen initiiert. Diese Fähigkeit wird auch mir als dem Meister der Transformation zugeschrieben – und zwar zu Recht. Demgegenüber steht eine unüberwindliche Stagnation, eine Endlosschleife eingefahrener Muster, mit der gerade der Meister der Transformation konfrontiert wird. Über mich kursiert die Geschichte, dass ich hunderttausend Jahre in einen Kristall gebannt war. Die Stagnation ist die Kehrseite der Transformation und selbst ich bin manchmal noch geschockt, wenn ich zuschauen muss, dass jemand nicht vor und zurück kann. Als Meister der Transformation tust du gut daran, die Stagnation in den Blick zu nehmen und zu integrieren.

Viele Menschen verbinden mit der Schwingung des Aufgestiegenen Meisters, dass er sein Bewusstsein über alle Grenzen hinaus erweitern kann und dass er Zugang zu tiefem Wissen und essenziellen Weisheiten hat. Der Meister der Bewusstseinserweiterung tut gut daran, auch die Banalitäten des Alltags in den Blick zu nehmen und sich damit zu beschäftigen, nicht zuletzt deshalb, weil der Alltag so ein wunderbarer Lehrmeister ist.

Du findest in den Erzählungen zum Tod von Jesus auch aufschlussreiche Aspekte zum Thema »Der Schatten des Meisters«. Als Jesus gekreuzigt wurde, hat er sich recht standhaft gehalten. Dann gab es einen Moment, als der Satz »Oh, mein Gott, warum hast du mich verlassen?« plötzlich aus ihm herausbrach. Er fühlte sich von Gott, von allen guten Geistern und von seinem höheren Selbst abgeschnitten. Die Essenz der Meisterschaft besteht darin, dass du dein Gott-Selbst vollkommen verkörperst und verinnerlichst. In dem Moment der Verkörperung deiner Göttlichkeit verschwindet Gott im Außen und du fühlst dich abgrundtief verlassen. Du nimmst das göttliche Licht, das dich umgibt, in dich auf, verbindest dich mit ihm und gehst damit in die goldene Schwingung über, in die Schwingung der Meisterschaft des Seins. Dann scheint es, als wäre alles um dich herum dunkel. Nichts mehr ist greifbar, auf das du dich stützen kannst. Alles, wonach du suchst, findest du jetzt nur noch in dir selbst. Antworten, Weisheit, Anerkennung und Liebe findest du jetzt nur noch in dir selbst. Das realisierst du in einem Moment des Loslassens und der Integration. Ich kann es auch den Moment des Umstülpens nennen, während dem du alles, was dich im außen getragen hat, nach innen holst. Wenn du in der Freiheit der Meisterschaft stehst, gibt es ja auch keine Vereinbarungen mit anderen Seelen mehr, die deinem Leben Struktur geben. In deiner Umgebung gibt es niemanden mehr, der mehr weiß als du. Es gibt niemanden mehr, der dir helfen kann. Die Erkenntnis, allein zu sein, konkretisiert sich in diesem Moment für dich und lässt dich erschrecken. Dann besinnst du dich auf deine eigene Kraft und darin besteht die Auferstehung im wahrsten Sinne des Wortes.

Auf der Ebene der Meisterschaft gelten paradoxe Wahrheiten. Wenn du frei von Karma, von Vorherbestimmungen und schicksalhaften Fügungen lebst, wenn du in deiner eigenen Dimension in vollkommener Freiheit lebst, erst dann können die Engel dir wirklich helfen. Erst dann ist ihnen vollkommener Zugriff auf dein Leben gegeben, wenn du es wählst. Wenn du also zustimmst, dass du dich nur auf dich selbst stützt und alles in dir findest, was du brauchst, dann können die Engel des Lichts und der Liebe, die geistigen Helfer und die Aufgestiegenen Meister, die Goldenen, dich wirklich unterstützen. Dasselbe gilt für die Menschen auf dem Weg in die Meisterschaft. Nur wenn sie wirklich annehmen können, dass der Weg in die Meisterschaft ein individueller Prozess ist, den jeder allein durchlaufen muss, dann können sie sich gegenseitig wirklich unterstützen.

Der allgemeingültige Schatten des Meisters ist die reine, pure Dunkelheit. Als Aufgestiegener Meister bist du ein Träger des Lichts. Du bist ein Träger der goldenen Energie und du leitest sie weiter. Durch deine Präsenz in einer goldenen Schwingung verwandelst du die Welt um dich herum. Es ist deine Aufgabe, der Kanal des Lichts zu sein. Solange du in der Dualität der Welt lebst, findest du dich allerdings in vollkommener Dunkelheit wieder. Die Begegnung mit der vollkommenen Dunkelheit lehrt den Meister, auf Bewertungen und ganz allgemein auf die Definition von Licht und Schatten zu verzichten. Er gibt sich der Dunkelheit hin und gibt sie damit auf, so dass er weiß, dass Licht und Schatten eins sind. Die Begegnung mit vollkommener Dunkelheit ist als Erfahrung zumindest gewöhnungsbedürftig. Du musst dich daran gewöhnen, auf dem Weg in die Meisterschaft in vollständige Dunkelheit, ins Nichts, in die Leere herein zu geraten. In aller Neutralität nenne ich diese Erfahrung den Schatten des Meisters. Wenn du in die Dunkelheit hineingehst, lernst du, sie zu lieben. Die Erfahrung der Dunkelheit vereint sich mit den Erfahrungen des Lichts. Du findest dann das Licht in der Dunkelheit. Du findest dort echte Visionen. Doch wenn sich das Nichts in deinem Verstand, in deinem Körper, sogar in deinem Herz ausbreitet, dann fühlt es sich für das menschliche Ich immer wieder trostlos und verzweifelt an. Dann versuchst du, dagegen anzukämpfen. Aber du darfst zustimmen, den allgemeingültigen Schatten der Meisterschaft wirklich anzunehmen. Das reine Nichts ist eins mit der Vollkommenheit des Seins. Das reine Nichts eröffnet dir neue Lösungen, die unvermittelt aus der Dunkelheit auftauchen. Du wirst erleben, dass in einem Moment der Enttäuschung, der Frustration, des Schreckens, der Angst das Nichts in dir erscheint und dann genau aus diesem Raum der Leere Geistesblitze und heilsame Gelassenheit auftauchen.

Bisher hast du, wenn sich in deinem Leben etwas Schwieriges ereignet hat, nach einer Lösung gefragt. Du hast dich selbst, andere Menschen oder die Engel um Unterstützung gebeten. Du hast dann eine Weile gebraucht, um Wege aus der Krise zu finden und dich wieder auszubalancieren. In der Zukunft wirst du erleben, dass der Moment der Enttäuschung und das Erscheinen ungeahnter neuer Potenziale sich vereinen. Diese Erfahrung ist verbunden mit einer Erfahrung von vollkommener innerer Leere und vollkommener Verlassenheit. So erschaffst du eine neue Ebene des Seins, auf der sich die neue Christusenergie entfalten kann. Das Nichts gebiert die goldene Schwingung. Du kannst einmal deine Aufmerksamkeit darauf richten, dass du die Erfahrung der vollkommenen Dunkelheit in zahlreichen Geschichten der Aufgestiegenen Meister findest. Universelles Licht und vollkommene Dunkelheit gehören zum Leben des Meisters als zwei Seiten einer Medaille. Die Dunkelheit löst sich immer wieder auf und dennoch verschwindet sie nicht. In der goldenen Schwingung der Meisterschaft verflüchtigt sich allerdings auch die vollkommene Tafelrunde der Seele. Du kannst an dem Beispiel von Jesus sehen, dass die Berührung mit absoluter Verlassenheit und der ganz physische Tod unter schrecklichen Umständen das Durchgangsportal in die Meisterschaft bilden.

Ich möchte dir mit meinen Worten auch die Angst vor dem Gefühl vollkommener Losgelöstheit nehmen. Du kannst diese Erfahrung auch Freiheit nennen. Du trittst in eine bisher nicht gekannte Schwingung der Freiheit ein. Auch auf energetischer Ebene warst du bisher daran gewöhnt, in Verbindung mit anderen zu leben, aber diese Verbindungen lösen sich auf.

Dass in dem Moment, in dem man dem Leid begegnet, auch neue Potenziale der Verwandlung auftauchen, erzählen auch viele der Heilungsgeschichten von Jesus. Jesus sieht einen gelähmten

Menschen und sagt zu ihm »Nimm dein Bett und geh!« Beim Anblick des Gelähmten erteilt er ihm einfach den Befehl zu laufen. Er sieht das Potenzial, dass der Lahme seine Krankheit einfach loslassen kann, weil sie sich überlebt hat. So kann der Meister auch in seinem eigenen Leben in dem Moment der Frustration, der Angst und Ratlosigkeit sofort die Unendlichkeit der Potenziale sehen.

In der Geschichte waren die Aufgestiegenen Meister oft extremer Bedrohung ausgesetzt. Jesus wurde verfolgt und brutal getötet. Warum das geschah, kannst du dir sehr konkret vorstellen: Wenn jemand mit der Schwingung der Meisterschaft einem Menschen begegnet, dann passiert es automatisch, dass sich das Herz des Gegenübers öffnet. Sein Herz öffnet sich gleichzeitig für sich selbst und für die anderen. Wenn diese Herzöffnung bei der Begegnung mit dem Meister innerhalb weniger Sekunden stattfindet, dann wird die Seele auch überschwemmt von bisher ausgegrenzten Gefühlen. Wenn die Selbstliebe ansteigt, wird einem plötzlich bewusst, was man in der letzten Zeit erlitten hat. Man bemitleidet sich in diesem Moment selbst. Gleichzeitig eröffnet sich dem Menschen in der Begegnung mit dem Meister auch eine verstärkte Empathie für seine Mitmenschen, die ihn mit persönlicher Schuld konfrontiert. Man fühlt sich zum Beispiel auf einmal schuldig für die Machtspiele, die man in seinem Leben am Laufen hält. Dass einem gleichzeitig die eigene Misere und unterschwellige Schuld- und Reuegefühle ins Bewusstsein kommen, kann einen schon aus der Bahn werfen. Wenn er dann dem Meister, dem er begegnet ist, sein Unwohlsein anlastet, dann hat er sogar Recht. Unbewusst möchten die Menschen in diesem Moment unbedingt wieder ihr Herz verschließen und den alten Zustand der Verdrängung zurückgewinnen. Das kann dazu führen, dass sie den Aufgestiegenen Meister, dem sie begegnet sind, aus ihrem Leben verbannen möchten. In früheren Zeiten wurde dann der Prophet, der Seher, der Heiler oder der Meister umgebracht. In der heutigen Zeit passiert das nicht so schnell, aber es kann natürlich eine heftige Gegenreaktion geben. Wenn du ehrlich mit dir selbst bist, dann kannst du dich erinnern, schon oft Zurückweisungen erlebt zu haben, die du dir nicht recht erklären konntest. Du konntest in solchen Situationen wahrscheinlich immer wieder ein rettendes Ufer erreichen. Manchmal muss der Meister einfach eine Situation verlassen. Oft hast du dir sogar vorgegaukelt, dass du freiwillig das Feld geräumt hast.

Du darfst den spezifischen Schatten des Meisters annehmen und Sicherheit als Meisterattribut verkörpern. Du kannst dir selbst jetzt versprechen, deine Meisterschaft in vollkommener Balance zu leben. Der Meister ist sicher, weil er gleichzeitig vollkommen souverän und vollkommen vernetzt lebt. Wann du die Erde verlassen möchtest, entscheidest allein du selbst. Du entscheidest es im Einklang mit der Welt und in der Vernetzung mit deiner Umgebung. Für den Meister reicht es nicht mehr, sich einmalig fürs Leben zu entscheiden, was dann ein paar Jahre vorhält, sondern er muss sich Tag für Tag entscheiden und abwägen, was das Leben noch zu bieten hat und warum er noch hier auf der Erde sein möchte. Du kannst es dir wirklich so vorstellen, dass du jeden Morgen alles in dir erscheinen lässt, was dein Leben lebenswert macht. Du öffnest dich täglich, dass du etwas findest, warum du leben möchtest. Wenn du manchmal am Morgen noch gar nichts siehst, was dir das Leben lebenswert erscheinen lassen kann, dann öffnest du dich, dass dir der Tag die Glückseligkeit der Meisterschaft schenkt. Der Meister im Zustand der Erleuchtung muss tatsächlich jeden Tag wieder Ja zum Leben sagen. In vollem Bewusstsein der Bedrohung, die zu der Schwingung des Meisters gehört, kannst du Sicherheit verkörpern, wenn du innerlich dem Leben zugewandt bist. Die hohe Schwingung deines Körpers garantiert dir Sicherheit gegenüber körperlichem Leid, gegenüber seelischen Dramen, die deine Kraft übersteigen würden, und sogar Sicherheit vor geistigem Zusammenbruch oder vor zerstörerischen Zweifeln.

Einer der Schattenaspekte der Erleuchtung und überhaupt des inneren Aufstiegs ist die Angst vor Ausgrenzung durch die Gesellschaft, weil man Grenzen überschritten hat und anders als alle anderen geworden ist. Man hat Angst, mit Schimpf und Schande aus der Gemeinschaft vertrieben zu werden. Diese Angst sitzt oft sehr tief. Sie nährt sich aus dem kollektiven Bewusstsein, vielleicht aber auch aus Erfahrungen des eigenen Seelenwegs in früheren Leben. Der Aufgestiegene Meister hat schon immer allein durch seine Ausstrahlung Menschen angezogen, weil sie sich von seinem Licht nähren konnten. Andererseits kommt es vor, dass Menschen die Präsenz des Aufgestiegenen Meister nicht aushalten können, weil er allein durch seine Schwingung eine starke Transformation bei den anderen bewirkt. Manche Menschen merken dann, dass sie die Energie des Meisters nicht ertragen können und machen sich aus dem Staub. Es ist noch das Beste, das passieren kann, dass Menschen einfach weggehen und mit dir den Kontakt abbrechen. Du musst dem zustimmen und immer wieder bewusst die ständige Verwandlung annehmen. Wenn du deine Schwingung anhebst, müssen die Menschen, die mit dir ganz selbstverständlich in Kontakt sind, immer wieder Entscheidungen treffen, ob sie den Kontakt aufrechterhalten wollen. In den alten Zeiten entschieden sich Gemeinschaften oder Gruppen oft, den Meister zu töten. Letztendlich konnte das allerdings nie ohne die Zustimmung des Meisters geschehen. Er hat dann innerlich auch entschieden, dass er jetzt dieses Leben abschließen möchte. Außerdem hat sein Umfeld entschieden, an einem bestimmten Punkt auf die durch diesen Meister ausgelöste Transformation verzichten zu wollen. Die Geschichte von Jesus wurde auch durch einen plötzlichen gewaltsamen Tod beendet. Auch deine Seele kennt wahrscheinlich die Erfahrung von Verfolgung auf Grund innerer Entwicklung. In der Geschichte der Menschheit wurden zahlreiche »Hexen«, »Ketzer« und Erleuchtete getötet. Andere fanden sich in einer psychiatrischen Heilanstalt wieder. Auch in der Gegenwart werden Erleuchtete noch dadurch ausgegrenzt, dass sie in einer psychiatrischen Heilanstalt verschwinden. Wenn du bewusst auf die Psychiatrien in deiner Nähe schaust, dann kannst du sehen, wie viel Licht dort zusammengepackt ist. Bestimmte Visionen zu haben befördert einen auch heute noch in die Psychiatrie, wenn man nicht rechtzeitig um Hilfe ruft. Die Meister dieser Zeit tragen auch dazu bei, dass sich das menschliche Bewusstsein dahingehend verändert, dass es für viele Menschen alltäglicher erscheinen wird, dass sie plötzlich Vorahnungen und übersinnliche Wahrnehmungen erleben. Die Menschen können lernen, ohne Angst innere Stimmen und innere Bilder zu empfangen und großen Nutzen aus ihrem siebten Sinn zu ziehen. Auch du kannst möglicherweise dazu beitragen, dass die Menschen sich ihrer Bewusstseinserweiterung ohne Angst stellen können. Dazu musst du dich der Angst stellen, die ein Stück weit in den Zellen eines jedes Menschen sitzt, mit der Anhebung der Schwingung ausgesetzt, verfolgt, eingesperrt oder gar getötet zu werden. Die Medikamente, die psychisch kranke Menschen oder sogar Menschen, die ein Erleuchtungserlebnis erfahren haben, heute bekommen, sind ein energetisches Gefängnis. In der Zukunft werden sich die Psychiatrien völlig auflösen, denn die Menschen verlieren die Angst vor den Energien, die zum Beispiel ein an Psychose erkrankter Mensch kanalisiert. Die Menschen werden die Angst davor verlieren, vom Schatten überwältigt zu werden, den ein geistig kranker Mensch kanalisiert. Denn wenn du deinen Inneren Schatten angenommen hast, dann wird auch der äußere Schatten handhabbar und wandelbar. Es geht um deine Zustimmung zur Verwandlung. Wenn ein Mensch dann in deiner Gegenwart austickt, aggressiv und gefährlich wird, dann weißt du, dass du seine Aggressionen verwandeln kannst, zum Beispiel mit dem Instrument des Sicheren Raums, den du in dir und um dich herum erschaffst. Du kannst für dich den Sicheren Raum wirklich annehmen, indem du ihn in dir und außerhalb von dir eröffnest. Er steht dir jederzeit zur Verfügung. Wenn du deinen eigenen Ängsten begegnest, dann darfst du ihnen ins Gesicht schauen, sie herzlich begrüßen und annehmen. Dann kannst du sie mit dem Instrument des Sicheren Raums ganz selbstverständlich verwandeln.

Wenn du den spezifischen Schatten deiner Meisterschaft integrierst, erweiterst du deinen Fokus und gewinnst Energie. Du kannst dir allumfassende Liebe, Transformation und Bewusstseinserweiterung als energetische Dimensionen im Diamantraum vorstellen. Im Diamantraum, dem Raum aus Farben, Licht und Tönen, der die Erde umgibt, werden alle Schöpfungen der Menschheit geboren. Außerdem haben dort alle Schöpfungen und alle kulturellen Leistungen der Menschheit Wissensfelder aus Farben, Licht und Tönen hinterlassen. Ganz automatisch entsteht dort zu jedem Aspekt des menschlichen Lebens auch ein komplementäres Wissensfeld, das ich hier Schatten nenne. Wenn du den Schatten integrierst, gewinnst du einfach zusätzliche Energie für deine Projekte, denn du erweiterst das Feld des Wissens, das dir zugänglich ist. Die Ausgrenzung des Schattens kostet dich einmal die Kraft, die du in krampfhafte Verdrängung stecken musst, und sie verschließt dir zusätzlich noch energetische Felder, aus denen du schöpfen könntest.

Die Integration des Schattens des Meisters vollzieht sich jetzt.

5. Phase: *Verkörperung der Meisterschaft*

Für den Meister präsentieren sich alle Begegnungen und Ereignisse des Lebens wie die Farben eines Regenbogens. Wenn du alle ausgegrenzten Aspekte deiner selbst willkommen geheißen hast, kannst du aufhören, andere zu verurteilen. Der Welt ohne Urteil zu begegnen, wird dir leichtfallen, wenn du dein Über-Ich vollkommen integriert hast. Dann siehst du alle Gegebenheiten des Lebens einfach als Erfahrung an und kannst sie in Neutralität anschauen. Deine Neutralität verschafft dir inneren Frieden. Im Zustand der Meisterschaft gehst du sogar noch weiter und der Regenbogen löst sich auf. Dann kannst du letztendlich alles, was in deinem Leben passiert, als Geschenk Gottes empfangen. Alles, was geschieht, siehst du nicht nur als eine Farbe des Lebens an, sondern als ein leuchtendes und strahlendes Geschenk. Du kannst dir die Haltung des Meisters hier und jetzt eröffnen, indem du über den Regenbogen hinausgehst und in allem, was dir in den nächsten Wochen begegnet, ein Geschenk siehst, ein Geschenk deiner Seele an dich selbst, ein Geschenk deiner Göttlichkeit an dich selbst und ein Geschenk der universellen göttlichen Intelligenz an dich.

Als Meister weißt du, dass du Entscheidungen treffen kannst und damit dein Leben gestalten. Du weißt, dass deine tief erfahrenen Gefühle sich auf die Ereignisse in deinem Leben auswirken. Du weißt und verkörperst es, dass deine Herzenswünsche und deine Gefühle die Realität verändern. Du weißt, dass du die Welt bewegen kannst. Aber du weißt auch, dass nicht dein menschliches Ich die Kontrolle über die Welt ausübt, sondern die göttliche Intelligenz, die deine Seele und dein einzelnes göttliches Bewusstsein überstrahlt. Du stimmst dem zu, dass du hier im physischen Körper ein Teil des Ganzen bist. Du stimmst dem zu, die Geschenke des Lebens zu empfangen, und lässt es los, alles kontrollieren zu wollen. So kannst du dich zu deiner vollkommenen Größe aufschwingen. Die Voraussetzung ist, dass du auch deine Begrenztheit in diesem physischen Körper erst einmal anerkennst und annimmst.

Als Meister weißt du, dass alles aus der Quelle göttlicher Intelligenz entspringt und dir dient. Als Meister weißt du, dass deine Seele Zugang zu universeller Weisheit, Erkenntnis und Erleuchtung besitzt, dass dein Geist im physischen Körper und in der Schwingung, in der du jetzt bist, aber immer noch Begrenzungen unterliegt. Deine umfassende Seelenweisheit fühlst du oft, aber du kannst sie mit deinem Verstand noch nicht vollkommen greifen. In deinem Herzen und sogar in deinem Körper fühlst du die Vollkommenheit des Lebens. Jeden Tag ein bisschen mehr gibst du dich der Vollkommenheit göttlicher Weisheit und Liebe hin und lässt dich in sie hineinfallen. So lebst du deine Meisterschaft.

Aus der Perspektive und in der Schwingung der Meisterschaft wirkt die Welt vollkommen. Für den Meister erscheint die Welt wie ein vollkommenes Bild in den Farben des Lebens oder wie ein wohlklingendes Lied. Oft nimmt der Meister die Geräusche der Welt aber auch nur als Hintergrundmusik wahr. Mit seinem höheren Bewusstsein ist der Meister auch mit der göttlichen Welt verbunden. Dadurch schwächt sich der Lärm der Welt ab. Gleichzeitig hört der Meister, wie die Welt ein perfektes Lied von Liebe und Schönheit singt.

Der Meister des Seins ist bestrebt, die hohe göttliche Schwingung, die in ihm wirkt, in besonderer Weise mit dem Leben zu verbinden. Deshalb stürzt er sich auch mit Begeisterung und mit allen Sinnen in die Normalität. Deshalb begibt er sich auch nicht dauerhaft zu seiner Erleuchtung und Erbauung in einen Aschram, ein Kloster oder an einen abgelegenen Ort in der Natur. Indem der Meister sich selbst immer wieder in Frieden bringt, egal wo er sich aufhält und was um ihn herum geschieht, verändert er die Welt. Der Meister lebt in der Welt und in der Welt verbindet er sich vollkommen mit der göttlichen Intelligenz und Liebe.

In deinem jetzigen Leben hast du immer wieder den Kanal zu deiner Göttlichkeit und zur Quelle des Lichts und der Liebe verschlossen. Du darfst jetzt noch einmal zustimmen, den Kanal zu deiner Göttlichkeit immer offen zu halten. Die bereits vollzogene Integration deiner Seelenaspekte erlaubt dir, trotzdem in der Welt zu leben und die Welt zu ertragen.

Eine weitere Bedingung für die Verkörperung deiner Göttlichkeit ist, dass du dich zweifelsfrei für das Leben entschieden haben musst. Auch der Aufgestiegene Meister muss sich von Zeit zu Zeit neu für das Leben auf der Erde entscheiden. Dann zieht er sich zurück, so wie sich Jesus in einen Olivenhain zurückgezogen hat, und gesteht sich selbst ein, dass er nicht mehr weitergehen kann und will. Er gesteht sich ein, dass er es nicht mehr erträgt, die göttlichen Potenziale in jedem Menschen zu sehen, die nicht realisiert wurden. Er gesteht sich ein, dass er es nicht mehr erträgt zu sehen, wie mächtig der Geist ist, der stets verneint. Obwohl in der Welt alles vorhanden ist, was gerade gebraucht wird, also Fülle, Liebe, Freude, Erleuchtung, Einheit in jeder Minute erfahrbar sind, weisen es die Menschen zurück. So wirkt der Geist, der stets verneint. Dann hadert der Meister vielleicht ein paar Tage mit sich selbst und der Welt, um dann entweder in Leichtigkeit zu sterben oder sich wieder in den Trubel der Welt zu stürzen.

An der Schwelle zur Meisterschaft

1. Erleuchtung

Was ist Erleuchtung? Für Moses bedeutet Erleuchtung, in der Wüste einen brennenden Busch zu sehen. Paulus erfährt Erleuchtung, indem er von einem Licht getroffen wird und von seinem Pferd fällt. Ein Mönch gerät in Ekstase, wenn er die Mutter Gottes sieht. Was fällt dem Narren über Erleuchtung ein? Der Narr sagt: »Ich gehe in einen dunklen Raum und mache ein Streichholz an.« Viele Menschen haben Angst vor Erleuchtungen. Deshalb sagen die Engel »Fürchtet euch nicht!«, wenn sie erscheinen. Viele Menschen ängstigen sich vor übersinnlichen Phänomenen, womöglich weil ihre Erfahrungen erweiterter Wahrnehmung sie schon einmal ziemlich aus der Bahn geworfen haben.

Was bedeutet Erleuchtung für dich? Du darfst dir erlauben, dich zu erinnern. Vielleicht kannst du längst vergessene Erlebnisse aus deiner Kindheit reaktivieren. Du darfst dich auch an Erfahrungen deines Seelenweges erinnern, die über das derzeitige Leben hinausgehen und die du noch in deinen Körperzellen trägst. Vielleicht siehst du dich selbst in einem biblischen Zusammenhang als Prophet oder Urchrist. Vielleicht siehst du dich als Eremit in der Einöde der Wüste sitzen und auf die Erleuchtung warten. Vielleicht erinnerst du dich, wie dein Kopf vom Obertonsingen glühte. Oder du siehst dich selbst vor deinem inneren Auge als Nonne, die in ihrer Zelle fastet. Der Aufgestiegene

Meister hat also meistens einen gewissen Grad der Erleuchtung schon in früheren Leben erreicht.

In deinem jetzigen Leben sind die verschiedenen Phasen des Aufwachens womöglich auch nicht nur mit angenehmen und beschwingten Erlebnissen einhergegangen. Viele Menschen wachen auf, weil sie krank werden. Vielleicht sitzen die Spuren körperlicher Beschwerden, die mit deinem inneren Erwachen zu tun hatten, noch in deinen Zellen. Viele Menschen wachen auf, weil sie ihren Arbeitsplatz oder einen geliebten Menschen verlieren. Vielleicht verschließen die Verluste, die dich auf den Pfad des spirituellen Erwachens geführt haben, noch dein Herz. Du darfst zustimmen, auch die Spuren und Narben deiner Erleuchtung nun ausheilen zu lassen.

Wie bei jedem Verwandlungs- und Transformationsprozess kann es sein, dass die Erleuchtung plötzlich in einem einzigen Moment über einen hereinbricht. Andere haben in ihrem Leben ein Puzzle von Erleuchtungserfahrungen zusammengesetzt. Erleuchtungen passieren in den Momenten, in denen sich das Bewusstsein plötzlich erweitert. Teilweise hast du dir deine Erleuchtungserfahrungen ins Leben gerufen und regelrecht erschaffen. Wenn du schon als Meister geboren wurdest, dann hast du dir auf deinem Lebensweg Ereignisse erschaffen, bei denen sich Licht und Dunkelheit verwoben haben. Du konntest verschiedene Erfahrungen aus unterschiedlicher Perspektive durchleben, sowohl aus der Täter- und der Opferperspektive. Zum Beispiel hast du dich als Opfer gefühlt, wenn ein Geliebter weggerannt ist. Dann hast du erfahren, wie man sich fühlt, wenn man einen Partner mutwillig sitzen lässt. Solche gegensätzlichen Erfahrungen haben zu deiner Bewusstseinserweiterung beigetragen. Es mag sein, dass sich in den nächsten Wochen die Puzzlesteine der Erleuchtung, die du bereits durchlebt hast, vor deinem inneren Auge noch einmal klar zusammenfügen. Für die Zukunft kannst du einen leichten Weg wählen, um dich in jeder Minute deines Lebens mit universellen Wahrheiten zu verbinden, die deine persönliche Weisheit übersteigen. Du darfst dich öffnen, in der nächsten Zeit immer wieder im Wachbewusstsein, im Traum und im Schlaf Erleuchtung zu erleben.

Meistens wird man von seinen Erleuchtungserfahrungen regelrecht überrollt. Ein gewisser Grad an Schock und Überwältigung gehört zur Erleuchtung. Du darfst wählen, Erleuchtungen immer wieder zum rechten Zeitpunkt zu erleben, ohne dabei verrückt zu werden oder mental zusammenzubrechen, sondern trotzdem in deinem Alltagsbewusstsein noch so zu funktionieren, wie es angemessen ist und dir dient.

Manchmal gestaltet sich dein Erleuchtungserlebnis derart, dass wirklich ein Licht auf dich herabfällt und der Moment des Jetzt Energien freisetzt, die dir gerade dienen. Manchmal gestaltet sich dein Erleuchtungserlebnis derart, dass du von starken Gefühlen überwältigt wirst und damit eine neue Verbindung zu deiner Umwelt schaffst. Manchmal gestaltet sich dein Erleuchtungserlebnis derart, dass du in einem Moment aus einer Verstrickung heraustrittst und eine alte Last fallen lässt. Sehr oft besteht deine Erleuchtung darin, dass du dich in deine eigene Dimension begibst, in der du die Meisterin und der Meister bist, und dass du aus deiner eigenen Dimension heraus agierst und dein Licht erstrahlen lässt.

Du kannst dir zunächst einen inneren Zustand eröffnen, der deine Erleuchtungen vorbereitet. Es handelt sich um den Zustand der inneren Leere, einen leeren Raum in dir, der auch Nichts oder Nirwana genannt wird. Dieser Zustand konnte früher nur durch monatelanges oder sogar jahrelanges Meditieren erreicht werden. Früher musste man sich sehr anstrengen, um einen Zipfel von diesem Zustand der Leere, des Nichts und der Gedankenlosigkeit zu erlangen. Es geht heute wesentlich leichter. Diesen Zustand kannst du erreichen, indem du einfach eine Wahl triffst.

Übung *Der Zustand der Leere*

Wir öffnen gemeinsam den Raum, so dass du in dir einen vollkommenen Zustand der Leere erfahren darfst. Mit einem tiefen Atemzug darfst du nun innere Leere, Gedankenlosigkeit und Absichts-

losigkeit in dir aufsteigen lassen. Du kannst den Zustand der Leere genießen, solange du möchtest. Mindestens zehn Minuten solltest du dir allerdings Zeit nehmen.

Wenn du dich entscheidest, zurück zu kommen, darfst du die Geschenke empfangen, die aus der Leere erwachsen. So wie das Universum aus schwarzen Löchern hervorgegangen ist, entstehen alle Schöpfungen aus dem Nichts. Ins Nichts purzeln jetzt deine Visionen herein. Ein Potenzial nach dem anderen, Schlag auf Schlag, landet vor deinen Füßen.

Auf deinem Aufstiegsweg findest du nicht nur Fülle in allem, was du für dein Leben brauchst, sondern du findest auch eine Fülle an Potenzialen. Du wirst dich nicht mehr fragen müssen, was du überhaupt für Möglichkeiten hast, sondern du wirst eine Auswahl treffen müssen. Indem du dich für den leeren Raum in dir öffnest, kann eines deiner Potenziale in den Vordergrund treten, auf das du dann fokussieren kannst. Indem du dich für den leeren Raum in dir öffnest, schaffst du den Boden für eine Neuschöpfung, die aus dem Nichts erwächst, so wie die Welt aus dem Urknall entstanden ist.

Auch Erleuchtung basiert auf einer persönlichen Entscheidung, obwohl sie dann meistens erst in einem unerwarteten Moment erscheint. Auf jeden Fall ereignen sich die inneren Erleuchtungen, wenn sie gebraucht werden, zum Beispiel wenn du vor einem Menschen stehst, der einen Rat von dir braucht, oder wenn du ganz aktuell ein schwieriges Problem lösen musst. Auf einmal weißt du, was zu sagen oder zu tun ist.

Wenn du Erleuchtungen wählst, werden sie sich in Zukunft in deinem Leben auf Schritt und Tritt ereignen. Du eröffnest mit deiner Entscheidung ein inneres Portal für Erleuchtungen. Die Erleuchtung, die du wählst, kann sich in jeder Sekunde des Lebens ereignen. Erleuchtung ist etwas anderes als inneres Wissen oder Intuition, sie verbindet dich mit universellem Wissen, das außerhalb von dir liegt. Auf dem Weg in die Meisterschaft kannst du vielen spirituellen Aha-Erlebnissen begegnen oder von einem einzigartigen Geistesblitz umgehauen werden. Jedenfalls wirst du mentale Grenzen sprengen, wenn du in die Meisterschaft des Seins aufsteigst.

Die Erleuchtung entspringt der Quelle des Lichts und der Liebe von allem, was ist. Du begegnest einer kosmischen Intelligenz, die auch dein großartiges schöpferisches Selbst übersteigt. Durch deine Begegnung mit der Quelle von Licht und Liebe, die die Menschen Gott nennen, erhöht sich automatisch die Schwingung deines Energiefeldes. So überwindest du zumindest für einige Momente die Begrenzungen der Glaubenssysteme und Mentalfelder der Erde. Du kannst dich mit universellen Energien jenseits des Planeten Erde verbinden. Du kannst dich sogar mit kosmischen Energien jenseits deines eigenen Universums verbinden. Wenn du dich für universelle Wahrheiten öffnest, dann öffnest du dich für Erkenntnisse, die nicht nur dich selbst, sondern die ganze Welt bereichern. Du darfst dich vor dem Wissen, das dein kleines menschliches Ich und sogar dein spirituelles Selbst übersteigt, innerlich in Demut verneigen. Wenn du es nicht schon getan hast, wirst du vor der Großartigkeit universeller Intelligenz ehrfurchtsvoll auf die Knie fallen.

Das Licht der Quelle, dem du dich in Demut überlassen kannst, existiert außerhalb von dir. Du wirst es nur zu einem kleinen Teil in deinem Körper tragen können, obwohl sich in der nächsten Zeit das Fassungsvermögen deines Körpers für das unendliche Licht steigern wird. Du darfst es wählen, Schritt für Schritt mehr Licht und Liebe in dich aufnehmen zu können, als du es bisher getan hast. Und du darfst dich immer wieder in Demut vor allem verneigen, was ist. Der erleuchtete Meister bringt Demut gegenüber den Menschen, gegenüber dem Planeten Erde und allen Lebewesen, die hier sind, und gegenüber dem Leben selbst zum Ausdruck. Der Meister verneigt sich vor seinem Hund, vor seiner Katze, vor seinem Gummibaum, vor seinen Kindern, einfach vor allem, was ist. Gerade deine Erleuchtungserlebnisse lassen dir dein menschliches Ich klein und begrenzt vorkommen. Du durchschaust die menschlichen Illusionen und die sinnlosen Spiele des Lebens. Fassaden von scheinbarer Schönheit, Liebe und Freude blenden dich nicht mehr, weil du jetzt Zugang zu echter Schönheit, zu allumfassender Liebe und zur Glückseligkeit gefunden hast.

Der erleuchtete Meister kann sich immer wieder mit seinem Universellen Selbst und mit der göttlichen Quelle des Universums verbinden und Licht und Liebe in das Gefäß seines Körpers einfließen lassen. Dadurch wirst du zum Portal der Erleuchtung für andere Menschen. In deiner Gegenwart werden auch die anderen Menschen plötzlich spüren, was wirklich in ihrem Leben zählt. Während ihr Ego zusammenbricht, werden sie erkennen, dass sie Respekt und Zuneigung von anderen gar nicht brauchen. Sie werden fühlen, wie groß sie sind, und gleichzeitig, wie klein sie sind. Sogar die Vergänglichkeit ihrer Schöpferkraft wird ihnen bewusst werden. Sie werden sich in Demut vor allem, was ist, verneigen.

Du bist das Portal der Erleuchtung und du bringst Demut ins Leben hinein. Du eröffnest den Menschen die echte allumfassende Liebe zum Leben und zur Schönheit der Erde. Eigentlich könnten erleuchtete Menschen das Leben auf der Erde harmonisch gestalten und sich an der Natur erfreuen. Sie könnten einen paradiesischen Zustand wiederfinden. Du jedenfalls wirst die Erde immer mehr lieben. Du wirst dir verbieten, ihr etwas anzutun. Du wirst die Erde wie deinen eigenen Körper in dir fühlen, wenn du erleuchtet bist. Du wirst zulassen, mit allem verbunden zu sein, was um dich herum existiert. Indem du mit jedem Erleuchtungserlebnis die Grenzen deiner Persönlichkeit einreißt, lässt du Weisheit und Liebe in deine Realität einfließen.

Du bist alles, was ist. Du bist nicht alles, was ist. Du bist mehr als deine Realität. Du bist der erleuchtete Meister. Du verbindest dich Schritt für Schritt zunehmend mit der universellen Intelligenz und erkennst die Illusionen des Lebens. Du erkennst deine eigenen Illusionen. Du kannst deine begrenzenden Glaubenssätze und kollektive Beschränkungen loslassen. Denn du bist der Schöpfer deiner Realität und du bist es doch nicht. Du bist in Demut, aber auch in Freiheit und mit Macht der göttlichen universellen Intelligenz unterworfen. Du bist der Mitschöpfer der göttlichen Intelligenz und du bist ein

Teil von ihr. Du bist der Teil Gottes, der auf der Erde wandelt. Du bist der Tropfen im Meer – und das Meer kannst du nur zu einem kleinen Teil erfassen. Solange du im physischen Körper lebst, wirst du in deinem Erleuchtungs- und Aufstiegsprozess fortschreiten. Du wirst dennoch mit Schranken und Begrenzungen deines menschlichen Ichs leben müssen, bis du eines Tages endgültig aufwachst, wenn du den physischen Körper verlässt.

Du darfst dich öffnen, in Leichtigkeit und mit Freude und auch auf einfache und ausbalancierte Weise Schritt für Schritt kleine Erleuchtungen und von Zeit zu Zeit auch existenzielle Erleuchtungserfahrungen in deinem Leben zu installieren. Der Meister lebt im Einklang mit der Welt in Liebe, Freude und permanenter Erleuchtung. Du kannst unermessliche Freude am Leben erfahren. Du bist das Portal allumfassender Liebe. Permanente Erleuchtung begleitet dich. Und doch bist du weit entfernt davon, erleuchtet zu sein. Dein Bewusstsein wirkt auf der Höhe der Zeit und dennoch begrenzt deine menschliche Wahrnehmung deine Realitätserfahrung. Du öffnest dich Tag für Tag, weiter zu gehen, das Ego zu schreddern und dich mit universellen Wahrheiten zu verbinden. Du bist der Engel, der gewählt hat, die Grenzen des Bewusstseins zu sprengen, zu neuen Ufern auszuschreiten und voranzugehen. Und immer wieder darfst du dich an deiner Erleuchtung erfreuen. Du darfst dich daran erfreuen, zu sehen, wie die Menschen von Illusionen verblendet sind, und du darfst die Hypnosen der Menschheit und des irdischen Lebens Tag für Tag ein Stück weit auflösen. Was übrig bleibt, ist eine große Demut gegenüber dir selbst, gegenüber den anderen und gegenüber der Schönheit des Lebens.

Mit Erleuchtung ist auch die Präsenz des Wissens im Jetzt gemeint. Im Jetzt eröffnet sich dir das Wissen, was zu tun ist, was du ändern kannst und was du akzeptieren musst. Dir eröffnet sich spontanes Wissen, warum sich alles so ereignet, wie du es erlebst. Du stellst innerlich sehr oft Fragen wie »Warum ist das so?«, »Warum passiert das alles?«. Manchmal verhakst du dich in diesen Fragen und bleibst darin hängen. In Zukunft wirst du entsprechende Fragen gar nicht mehr stellen, weil du einfach wissen wirst, worin der tiefere Sinn des Geschehens liegt. Dann kannst du die Frage nach dem Warum loslassen. Erleuchtung im Jetzt bedeutet auch, dass du, wenn Menschen vor dir stehen, die unangenehm und schwierig sind, die dir Stress bereiten oder die dich vielleicht sogar bedrohen, in einem einzigen Moment ihre ganze Geschichte siehst. Du weißt, was ihnen fehlt. Du weißt, warum sie tun, was sie tun. Du kannst sogar die Verstrickungen mit ihrer Familie sehen, die sie gerade ausagieren. Du siehst die Hintergründe ihres Dramas. Manchmal tauchst du nur für einen Moment in das tiefsitzende Gefühl deines Gegenübers ein, das hinter seinem Drama steckt und das ihm möglicherweise selbst nicht einmal bewusst ist. In einem Moment der Erleuchtung kannst du den Menschen in seinem Drama sehen und, ohne überhaupt noch seine Worte zu hören, einfach nur den Schmerz, die Trauer, die Angst fühlen, die hinter seiner Rede steckt. Der Mensch, der etwas verloren hat und trauert, klammert. Er klammert sich auch an dich und nervt. Der Mensch, der verletzt ist, schlägt um sich, weil er denkt: »Ich möchte nie mehr so verletzt werden, also greife ich lieber vorher an, bevor ich verletzt werde.« Der Mensch, der verletzt wurde, läuft in seinem Schock noch betäubt und benebelt herum, so dass er nichts mehr hört und sieht. Dann kann er gar nicht mehr wahrnehmen, was doch vor seinen Augen liegt und was er einfach nur zu empfangen braucht. Die Betäubung hält ihn in einer Glasglocke, in der er das Leben verneint. Möglicherweise nährt er die Glasglocke mit einer Sucht. Du darfst zustimmen, im Moment des Jetzt zu wissen, was wirklich vor sich geht. Wenn du dir erlaubst, von allem, was passiert, die Hintergründe zu sehen, dann eröffnet sich dir die Vollkommenheit der Existenz. Außerdem wird der Mensch, der dir gegenübersteht, allein dadurch geheilt, dass jemand ihn wirklich erkennt.

Wenn du dein Bewusstsein erweitern und die Matrix universellen Wissens, die die Erde umgibt, anzapfen möchtest, dann musst du auch akzeptieren, dass lineare Zeit gar nicht existiert. Denn wenn die Zeit gar nicht existiert, dann kannst du gleichzeitig aus dem Pool des Wissens der Vergangenheit, des Jetzt und der Zukunft schöpfen. Das auf der Erde in Zukunft verfügbare Wissen ist dir genauso zugänglich wie das Wissen der Vergangenheit. Du kannst zwar auch wissen, was die Zukunft bringt, aber die Vorhersage der Zukunft verliert immer mehr an Bedeutung, da die Menschen vorgegebene Schicksalspfade verlassen und spontan entscheiden können. Die Zukunft erschafft sich erst auf der Basis der Entscheidungen, die du in der Gegenwart triffst. Du findest aber jetzt schon Zugang zu Erkenntnissen, die der Menschheit erst in der Zukunft zur Verfügung stehen.

Universelles Wissen offenbart sich den Menschen gerne in Form von Bildern oder Symbolen. Daher darfst du jetzt auch vor deinem inneren Auge ein Bild erscheinen lassen, das für dich ganz persönlich die Matrix universellen Wissens repräsentiert. Manche stellen sich eine Art Bibliothek des Wissens an einem ganz physischen Ort vor. Aber das ist natürlich auch nur eine symbolische Vorstellung. Manche stellen sich ein Netz des Lichts vor, das die Erde umspannt. Du kannst vor deinem inneren Auge das passende Bild erscheinen lassen, wie du ganz persönlich dich mit universellem Wissen verbindest.

Universelles Wissen existiert außerhalb von Raum und Zeit und du musst nichts weiter tun, als es in deine Gegenwart einströmen zu lassen. Wenn du universelles Wissen in dein Bewusstsein einfließen lässt, gibst du ihm damit auch eine Struktur, die dein Verstand erfassen kann. Erst wenn dein Verstand Teile des universellen Wissens aufnimmt, können sie dir bewusst werden und du kannst sie greifen. Normalerweise empfängst du universelles Wissen in Form von Sprache oder Bildern, aber in Zukunft wird dir das universelle Wissen immer öfter in Form von Frequenzen, Farben und Tönen zugetragen werden. Du darfst das annehmen. Wenn du meditierst oder kurz vor dem Einschlafen bist, umhüllt dich zum Beispiel ein grüner, blauer oder rosafarbener Mantel aus hochschwingender Frequenz. Du kannst dir dann ruhig vorstellen, dass du dich auf diese Weise mit universellem Wissen auflädst.

In Form von Bildern, Gedanken oder Worten erscheint dann das Wissen in deinem Alltag in dem Moment, in dem du es brauchst. Universelles Wissen fällt dir auch oft im Traum zu. Sicher hast du es schon oft genug erlebt, dass du am Morgen aufwachst und die Wahrheit vor Augen hast.

Du darfst noch einmal zustimmen, dass das Wissen, das du brauchst, dir außerhalb von Raum und Zeit zufließt und im entscheidenden Moment zur Verfügung steht. Du kannst immer wieder ganz bewusst mit deinem Inneren Weisen Kontakt aufnehmen. Der unterstützende Aspekt des Inneren Weisen ist fast identisch mit dem Inneren Priester. Die traditionellen Religionen zeichnen sich dadurch aus, dass der Mensch, um erleuchtet zu werden, einen Vermittler braucht. Der Vermittler ist ein menschlicher Lehrer oder Priester. Das Projekt der Erleuchtung wird also delegiert. Es gibt immer noch viele Menschen in der Welt, die glauben, dass sie die Wahrheit nur in einer Kirche oder jedenfalls mithilfe der Vermittlung durch einen anderen Menschen erfahren können. Heutzutage suchen die Menschen nach der Wahrheit in einem Internet-Video, in einem möglichst teuren Seminar oder immer noch in einem »heiligen« Buch. Der Meister begibt sich in eine ganz neue Schwingung jenseits der Religionen, wenn er wirklich verkörpert, dass er den Zugang zur Wahrheit, den Schlüssel zum Wissen in sich trägt. Wenn du diesen Schlüssel in die Hand nimmst, dann übernimmst du die vollständige Verantwortung für dein Leben.

Wenn du dir den Zugang zur Quelle universellen Wissens eröffnest und Erkenntnisse und tiefere Wahrheiten zu dir einströmen, dann nimmst du damit gleichzeitig auch die Verantwortung an, ihnen eine Form zu geben. Deine Seele übernimmt die Verantwortung, das Wissen weiter zu tragen und zu vervielfältigen. Du kannst alle Ausdrucksformen und Medien, die dir in den Sinn kommen, nutzen, um dem universellen Wissen, das du empfängst, eine Form zu geben. Universelles Wissen ist übrigens keinesfalls gleichzusetzen mit intellektuellen Erkenntnissen. Wenn du zur Bewusstseinserweiterung Ja sagst, dann sagst du auf einer tiefen Ebene auch Ja zum

Selbstausdruck. Wenn du dem in Freiheit gelebten Selbstausdruck zustimmst, dann verstärkst du auch deine übersinnlichen Wahrnehmungen und hellseherischen Fähigkeiten. Deine Meisterschaft darin, universelles Wissen aufzunehmen, expandiert parallel mit deinem kreativen Selbstausdruck.

Das Universum agiert sparsam und verschwendet keine Energie. Wenn du deine Zeit jetzt damit verbringen würdest, deine sämtlichen früheren Leben in allen Einzelheiten wieder zu erleben, dann würdest du damit nur Energie verschwenden. Du hast diese Leben ja schon gelebt. Aber aus deinen Erfahrungen unterschiedlicher Schicksale in den verschiedenen Epochen der Menschheitsgeschichte hast du eine tief verkörperte Weisheit destilliert, die dir jederzeit zur Verfügung steht. Du hast Zugang zur komprimierten Erfahrung deines Seelenweges und dafür darfst du dankbar sein.

Die Bewusstseinserweiterung, die der Meister durchlebt, ist auch an den Körper gebunden. Ein Symbol für das erweiterte Sehen ist das Dritte Auge.

Übung *Expansion des Dritten Auges*

In der Stirnmitte zwischen den Augenbrauen befindet sich das Dritte Auge. Es ist ein Eingangsportal höheren Wissens. Gehe bewusst mit deiner Aufmerksamkeit an diesen Punkt deines Körpers und verbinde dich mit deinem Dritten Auge.

Alle Chakren, und so auch das Dritte Auge, haben einen Eingang auf der Vorderseite des Körpers und einen Ausgang auf der Rückseite des Körpers. Das Dritte Auge mündet im Nacken. Universelles Wissen fließt ein in deine Stirnmitte, durch dein Gehirn hindurch und im oberen Nacken, am Übergang von Kopf und Hals, wieder heraus. Du kannst dir vorstellen, dass das universelle Wissen zu dir einfließt, dir bewusst wird, in deinem Gehirn gespeichert wird und dann hinten im Nacken wieder herausfließt und in der Welt wirkt.

Jetzt kannst du das Dritte Auge auch auf der körperlichen Ebene expandieren lassen. Stelle dir zunächst ein Dreieck vor, welches das Dritte Auge in der Stirnmitte und deine beiden physischen Augen umfasst. In diesem Dreieck befinden sich deine physischen Augen und das Dritte Auge. So verbindest du das physische Sehen der Augen mit dem Sehen des Dritten Auges, mit deiner Hellsichtigkeit.

Dieses Dreieck kannst du nun in deiner Vorstellung erweitern. Die Spitze des Dreiecks befindet sich dann über deinem Scheitel. Die unteren Ecken des Dreiecks befinden sich auf deinen Schultern. Du kannst zustimmen, das Portal des Dritten Auges für deine persönliche Bewusstseinserweiterung auszudehnen. So bindest du das Potenzial der Bewusstseinserweiterung, das dir zur Verfügung steht, ganz bewusst an deinen physischen Körper an.

Bewusstseinserweiterung, expandierte Hellsichtigkeit und multidimensionale Wahrnehmung gehören zu den großen Leidenschaften der Meisterschaft. Es mag sein, dass du sogar schon mit einer Passion für das erweiterte Sehen in dieses Leben gekommen bist. Multidimensionales Leben voller magischer Erfahrungen lässt jetzt Traum und Wirklichkeit noch intensiver verschmelzen, als du es bisher kanntest. Wenn du das Dritte Auge entsprechend expandieren lässt, dann bedeutet es auch, dass universelles Wissen tatsächlich zu dir kommt und durch dich kanalisiert wird. Für den Meister gibt es kein Geheimwissen mehr, denn das Wissen, das du dir eröffnest, steht allen Menschen zur Verfügung. Damit erschaffst du die Basis für vernetzte Bewusstseinserweiterung, die dann Kreise ziehen kann.

Wenn du noch nicht in der vollkommenen Präsenz universellen Lichts und göttlicher Liebe stehst, dann wird dein Zugang zu tieferem Wissen immer wieder unterbrochen. An dieser Stelle darfst du noch einmal Ja dazu sagen, die Verbundenheit mit der Quelle des Lebens in jeder Minute zu fühlen und die Unterbrechungen aufzugeben. Du wirst dann auch an einen Punkt kommen, an dem du weißt, dass du erleuchtet bist und dass du niemanden mehr um

Rat fragen brauchst, dass du selbst Zugang zu allem Wissen hast, sogar auf jedem Fachgebiet, wenn es dir dient. Das gilt selbst für das Gebiet der Technik, das für dich vielleicht ein Buch mit sieben Siegeln ist. In diesem Zusammenhang darfst du dich von allen Schranken des Bewusstseins befreien. Du darfst Ja dazu sagen, dass dir das universelle Wissen zur Verfügung steht, wenn du es brauchst. Dann ereignet sich die Erleuchtung im Jetzt.

Früher haben Menschen auf Erleuchtungserlebnisse hingearbeitet. Sie sind zum Beispiel ins Kloster gegangen und haben dort jahrelang meditiert. Sie haben zum Beispiel einen Guru aufgesucht, um von ihm spirituelle Techniken zu erlernen. So konnten sie im Laufe eines langen Lebens eine Erfahrung der Erleuchtung generieren. In der heutigen Zeit ist es möglich, dass du die wesentlichen Erleuchtungen wirklich verkörpern und in deiner Präsenz tragen kannst. Wenn du weißt, woher deine Seele kommt und wohin sie geht, dann verkörperst du eine wesentliche Voraussetzung der Meisterschaft. Selbst dein Körper kann wissen, wie es auf der anderen Seite aussieht, wo deine Seele nach dem Tod existiert. Selbst dein Körper kann wissen, dass du in wenigen Sekunden zuhause sein kannst. Aus unserer Sicht ist das Leben auf der Erde nur der Flügelschlag eines Schmetterlings. Tief innerlich weißt du, dass du jederzeit auf die andere Seite wechseln kannst, dass du frei bist, zu kommen und zu gehen. Dadurch fühlst du dich nicht mehr in deinem Körper und im Leben gefangen. Daher weißt du auch, was im Leben wirklich von Bedeutung ist und was nicht. Du kennst die echten Prioritäten, weil du mit deiner Seele verbunden bist. Dieses Wissen strahlt aus und kann auf andere abfärben.

Viele Menschen rennen Illusionen hinterher, wie sie ein glückliches Leben führen können. In der heutigen Zeit sind die Menschen in Mitteleuropa meistens keine Sklaven, Zwangsarbeiter oder Moorsoldaten mehr, aber sie bleiben in anderen Zwängen gefangen, nämlich in Glaubenssätzen und Ideologien. Die meisten Menschen haben zum Beispiel sehr feste Vorstellungen, wie sich Frauen oder Männer zu kleiden haben. Du darfst dir erlauben, mit strengen kulturellen Vorschriften zu spielen. Der Meister spielt mit allen Regeln und Gesetzen seiner Kultur. In dieser Beziehung darfst du dir Ausreißer erlauben und angepasstes Wohlverhalten aufgeben.

Im Zusammenleben mit den Menschen generiert der Aufgestiegene Meister oft einen starken Aspekt des Hippies, Freaks, Clowns oder Schauspielers. Du darfst deiner Fantasie Raum geben, auf der Straße, beim Einkaufen, in deinem Alltag aus den Mustern des Wohlverhaltens auszuscheren – und es darf Spaß machen. Du bist im Sicheren Raum, wenn du es wählst, exzentrisch individuell zu leben. Es kann dir nichts passieren, sondern du eröffnest eine neue Dimension des Selbstausdrucks. Du darfst deiner Erleuchtung Raum geben, wie du dich stylen und präsentieren kannst, um deiner Meisterschaft Ausdruck zu verleihen. Wie möchtest du auftreten, um deiner Meisterschaft eine Gestalt zu geben? Diese Frage kannst du in der nächsten Zeit immer wieder in deine Meditationen mitnehmen und neue Antworten aus deinem Inneren aufsteigen lassen. Du darfst deiner ganz persönlichen Erleuchtung vertrauen. Ich möchte dich auch noch einmal daran erinnern, dass es das Beste ist, dich immer auf die erste Eingebung zu verlassen. Außerdem kannst du darauf bauen, dass das Leben selbst dir durch deine Erfahrungen alle echten Fragen beantworten wird. Auch die Antworten des Lebens nenne ich Erleuchtung.

Woher kommen die inneren Erleuchtungen des Meisters? Manchmal beantworten dir sogar deine Seelenaspekte aus früheren Leben deine Fragen. Das ist auch in Ordnung, denn sie haben oft ein tiefes Wissen auf einem speziellen Gebiet. Manchmal beantwortet deine Seele deine Fragen. Die Seele ist sozusagen die höhere Ebene deines menschlichen Seins in diesem Leben. Oft kommen aber die inneren Erleuchtungen aus der Quelle deiner Vollkommenheit, aus der Quelle deiner Göttlichkeit. Wenn das Leben dir deine Fragen beantwortet, dann kommen die Antworten natürlich auch aus der Quelle der Göttlichkeit eines anderen Menschen, der mit dir kommuniziert. Antworten begegnen dir natürlich auch in einer Fernsehsendung oder einem Zeitungsartikel. Jedenfalls speist sich die Gestaltung deines Lebens zunehmend aus der Quelle deiner Göttlichkeit. Deine Erleuchtungserfahrungen tragen dazu bei, deinen Seelenweg zu vollenden. Du suchst nichts mehr, sondern du wendest dich vollkommen deiner inneren Quelle zu. Du verkörperst die Erleuchtung in jedem Moment des Jetzt.

Erleuchtung hat viel gemeinsam mit Sex. Man kann darüber nicht reden, man kann darüber nicht referieren. Man kann es eigentlich nur lebendig erfahren. Du kannst dir in jedem Moment ein Ereignis der Erleuchtung erlauben. Du kannst einfach eine Frage in den Raum stellen und im gleichen Moment die Antwort hereinkommen lassen.

Ich möchte dir an dieser Stelle eine kleine Geschichte erzählen. Den Helden der Geschichte nenne ich Max.

Geschichte »Die Insel«

Max mochte es, mit seinem Boot aufs Meer hinauszufahren. Er liebte es, Grenzen zu überschreiten. Wenn es ihn überkam, setzte er sich einfach in sein Boot und fuhr auf das weite Meer hinaus – und er fuhr und fuhr und fuhr, sogar mehrere Tage. Die Sonne schien. Dann regnete es. In der Nacht leuchteten die Sterne und der Mond. Max saß in seinem Boot und genoss die Fahrt.

Was kann passieren, wenn man in einem Boot sitzt? Es kommt ein mächtiger Sturm und das Boot kippt um. So geschah es nun auch mit Max. Ein Sturm kam auf, große Wellen peitschten gegen das Boot, das Boot kenterte und Max lag im Wasser.

Er begann zu schwimmen und irgendwann, oh Wunder, landete er an einem unbekannten Strand. Dort fand er sich wieder, vollkommen erschöpft von dem Kampf gegen das Meer. Regungslos lag er am Strand.

Als er wieder zu sich kam, fühlte er nichts weiter als Dankbarkeit. Er bedankte sich bei den Wellen und dem Wind, dass er den weiten Weg über das Meer überlebt hatte und an diesem Strand gelandet war. Er fragte nicht: »Warum kam der Sturm? Warum kamen die Wellen?« Er sagte einfach Danke dafür, dass er jetzt da angekommen war, wo er war.

Als er sich lange genug ausgeruht hatte und die Sonne am Himmel höher gestiegen war, spürte er, dass die Zeit gekommen war, weiter zu gehen. Er sprach es aus: »So, jetzt ist es Zeit.« Er stand auf und wanderte ein Stück weit am Strand entlang, über die Felsen, über die Berge, durch die Wälder, über die Wiesen. Er wanderte ein Stück weit ins Landesinnere hinein. So ging er und ging und setzte einfach einen Fuß vor den anderen und ging immer weiter. Er lief Schritt für Schritt weiter. Er hörte das Zwitschern exotischer Vögel, die er noch nicht kannte. Er sah das Sonnenlicht durch das schimmernde Grün der Blätter scheinen. Er fühlte eine warme Brise auf seiner Haut. Manchmal fühlte er einen Stein oder einen Ast unter seiner Fußsohle. Er schaute auf den Weg und ging achtsam Schritt für Schritt und Schritt für Schritt weiter.

Auf einmal öffnete sich der Wald, die Bäume wurden lichter und er sah, dass eine Quelle zwischen den Felsen hervorsprudelte. In diesem Moment fühlte er, wie durstig er war, und begann zu trinken. Nachdem er getrunken hatte, sagte er innerlich wieder Danke. Er bedankte sich dafür, dass im richtigen Moment die Quelle erschienen war, an der er sich ergötzen konnte. Dann ging er weiter. Er war erfrischt von dem klaren Wasser der Quelle und seine Schritte wurden schneller.

Als er ein Stück weit gegangen war, betrat er wieder den schattigen Wald. Er folgte einfach seinen Füßen und ging seinen Weg. Plötzlich stand er vor einem Busch mit süßen Früchten, an denen er sich erfrischen konnte. Wieder sagte er einfach Danke. Er fühlte mit Dankbarkeit die neue Kraft, die die Nahrung ihm geschenkt hatte. Außerdem sagte er sich: »In dem Moment, als ich Hunger bekommen habe, waren die Früchte schon da.« Dann ging er weiter.

Als die Sonne unterging, stand er auf einmal vor einer Höhle. Er betrat die Höhle und erkundete sie.

Erfreut sagte er sich: »Jetzt wird es Abend und ich habe einen Schlafplatz gefunden!« Wieder bedankte er sich für den Platz, an dem er sein Haupt niederlegen konnte.

~····~

Du kannst dir vorstellen, wie diese Geschichte von Max endlos weiter gehen kann. Du kannst dir ähnliche Geschichten ausdenken, die in deiner Welt und in deinem Leben spielen.

Wenn du den Zustand der Erleuchtung verkörperst, dann weißt du, dass die Welt ein vollkommener Ort ist. Wenn du im Zustand der Erleuchtung bist, dann verkörperst du Fülle und Vollendung. Dann weißt du, dass die Antwort erscheint, bevor du die Frage überhaupt gestellt hast. Bevor du überhaupt einen Mangel wahrgenommen hast, ist alles, was du brauchst, schon da.

Ich möchte dir noch einen Tipp geben, wie es dir gelingen kann, die Mauer, die dein Alltagbewusstseins umschließt, zu überwinden: Du musst dich öffnen, die Vollendung des Daseins zu sehen. Du musst dich öffnen zu sehen, dass alles vollkommen ist. Du bist erleuchtet, wenn du auf dein jetziges Leben schauen und aus vollem Herzen sagen kannst: »Es ist vollkommen, es war vollkommen und es wird vollkommen sein.« Mit einigen Abschnitten deines jetzigen Lebens haderst du wahrscheinlich immer noch und möchtest sie eigentlich lieber ungeschehen machen. Eines Tages wirst du allerdings aus vollem Herzen sagen können: »Es ist vollkommen, es war vollkommen und es wird vollkommen sein.« Du kannst dich dafür öffnen, dass du die Vollkommenheit in allem fühlst.

Du darfst auch sehen, wie sich alles verwandeln kann. Die Narben des Lebens, die dein Körper trägt, können geheilt werden. Die Welt kann sich von Grund auf verwandeln. Wenn du Vollendung und Vollkommenheit verkörperst, dann gehst du hinaus in eine neue Dimension des Daseins und weißt schon im Vorhinein, dass dein Leben perfekt sein wird. Du darfst an dieser Stelle zustimmen, diese Art der Erleuchtung, die die Fülle und Vollkommenheit der Welt sieht, zu empfangen. Erleuchtung in dieser Form zu verkörpern ist nicht einfach, denn die meisten Menschen sind ausschließlich auf den Mangel fokussiert. Die meisten Menschen in deiner Kultur sind darauf konzentriert, sich zu verbessern und ihre Persönlichkeit zu optimieren. In Zukunft solltest du dich darauf konzentrieren, die Fülle des Moments, des Jetzt anzunehmen und dafür Danke zu sagen. Du darfst der Erkenntnis auch in deinem Verstand Raum geben, dass das Universum für dich, lieber Meister, ein vollkommener Ort ist und dass alles schon da ist, bevor du überhaupt einen Mangel gefühlt hast.

Für viele Menschen, die jetzt auf der Erde weilen, ist es schon ein Fortschritt, wenn sie aufhören, sich ohnmächtig zu fühlen, und wenn sie sich daran erinnern, dass sie Schöpfer ihres Lebens sind. Aber das Meisterbewusstsein übersteigt das Schöpferbewusstsein. Um es etwas provozierend zu formulieren, kann ich sagen: Der Meister ist nicht der Schöpfer. Wenn du dich mental zu sehr darin verhakst, dir alle möglichen weltlichen Errungenschaften erschaffen zu müssen, dann verlierst du deine Meisterschaft und das Sein in der perfekten Welt, in der Vollkommenheit, in der Fülle.

Aus gutem Grund treten viele Menschen zunächst aus der Opferrolle heraus, indem sie sich zum Schöpfer ihres Lebens ermächtigen. Dann fühlen sie sich befreit und stark. Sie hören sogar auf, sich als Opfer der Umstände, von Sachzwängen oder Institutionen zu fühlen. Sie übernehmen automatisch Verantwortung für ihr Leben. Sich als (Mit)Schöpfer aller Ereignisse auf der Welt anzuerkennen liegt allerdings den meisten Menschen noch fern. Sie glauben, mit dem Hunger in der Welt, mit Naturkatastrophen und der Depression ihrer Mitmenschen nichts zu tun zu haben. Wenn du das Schöpferbewusstsein wirklich verkörperst, dann weißt du, dass alles Leid Teil deiner Schöpfung ist, sogar das Leid der Vergangenheit. Wenn du einen gewissen Grad der Erleuchtung erreicht hast, kannst du erkennen, dass die Menschen auf der Erde einfach Erfahrungen suchen. Alles, was auf der Erde geschieht, sind Erfahrungen, die die Weltenseele gerade sucht. Wenn du die Welt so siehst, kannst du Abstand zum Drama der Welt gewinnen. Dann hörst du auf zu bewerten. Der Quantensprung der Erleuchtung, der dir bevorsteht, liegt darin, dass du aufhörst, alles, was sich in der Welt ereignet, als gut oder schlecht zu bewerten. Du lernst als Meister, die Energie dahinter und sogar die Kraft in manchen dramatischen Ereignissen zu sehen. Du musst nicht einmal mehr so weit gehen zu sagen, dass aus allem, was jetzt geschieht, schon etwas Gutes herauskommen wird. Du siehst die Kraft im aktuellen Ereignis und lässt es einfach so stehen. Du nimmst es, wie es ist.

Wenn du nur die Schöpferkraft, die reine, explodierende Schöpferenergie in einem Ereignis siehst, dann kann sie sich tatsächlich verwandeln. Weil der Meister die energetische Ebene im Blick hat, kann er auch die Kraft sehen, die in manchen Katastrophen steckt. Er sieht dann auch, dass sich mit der Katastrophe eine neue Ebene des menschlichen Daseins eröffnet. Obwohl die Sprache an dieser Stelle begrenzt ist, findest du doch immer wieder positive Formulierungen für das, was gerade geschieht und zunächst erschreckend wirkt. Damit drückst du einfach den Frieden in deiner Seele aus, der sich jenseits der Erfahrungen und der Bewertungen breit macht.

Um inneren Frieden zu finden, muss sich der Meister immer wieder von der Welt zurückziehen. Er zieht sich in seine eigene Dimension zurück. Dort findet er im Moment des Jetzt die Erleuchtung für sich selbst. In der Präsenz der Meisterschaft entfaltet der Moment des Jetzt einen Frieden mit allem, was ist. Darin besteht die eigentliche Erleuchtung. Dann verkörperst du Frieden und damit stehst du jenseits des Kampfes der Täter- und Opfer-Aspekte. Sowohl als Opfer wie als Täter müssen die Menschen ständig kämpfen und, wenn du darüber hinausgehst, bist du im Frieden mit allem, was ist. Angesichts der großen und kleinen Katastrophen des Lebens kannst du dich immer schneller ausbalancieren, kannst die Herausforderungen annehmen und deinen Frieden damit finden. Indem du alle Bewertungen fallen lässt und die Neutralität verkörperst, förderst du deinen Prozess des inneren Friedens.

Der Meister ist der Herr über die Energien. Die Krönung deiner Meisterschaft in diesem Leben wird sein, dass du in allen Dramen des Lebens nur noch Farben, Licht und Ströme von Energie sehen kannst. Anstatt zu sagen »Ich habe heute meine Depression«, sagst du dann »Ja, heute ist wieder das blaue Licht präsent.« Dann bist du erleuchtet.

Ich begebe mich nun auf eine Ebene, auf der ich scheinbare Gegensätze verkünde. Erleuchtung bedeutet auch, Paradoxien aushalten zu können. Einerseits siehst und fühlst du oft nur noch Energien und Farben, zum Beispiel, wenn du einem anderen Menschen begegnest. Du siehst die Menschen dann so, wie wir Engel sie sehen. Andererseits erlebst du deine Gefühle viel klarer und tiefer. Du erfährst einerseits, dass du dich auf einer Wahrnehmungsebene befindest, die einem Traum gleicht, in dem die Energien wabern und fließen. Andererseits kannst du von einer Minute auf die andere ein äußerst intensives Gefühl erleben. Trotz ihrer Intensität kannst du diese spontanen Gefühle so schnell wieder loslassen, wie sie gekommen sind. So erlebt der Meister seine Erleuchtung und seine Präsenz im Sein.

Wenn du wirklich in die Meisterschaft gehen möchtest, dann darfst du die Potenziale der Zeitenwende und des Aufstiegs der Erde begrüßen. Dazu gehören Erleuchtungserlebnisse auf Schritt und Tritt, in jeder Minute deines Lebens. Während du das liest, fließen ausbalancierende Energien ein in den Raum, in dem du dich gerade aufhältst. Du darfst diese Energien annehmen, wenn du es wählst. Während die bei dir anwesenden Engel, geistigen Helfer und planetaren Begleiter dich ausbalancieren, kannst du eine der größten Ängste des Meisters loslassen: die Angst, verrückt zu werden. Wenn du in die Meisterschaft gehst, nimmst du eine Schwingung an, die höher ist als die Schwingung der Durchschnittsmenschen. Wenn du bereit bist, wirklich in dieser höheren Schwingung zu leben, dann musst du in gewisser Weise auch zustimmen, ab und zu nach außen etwas verrückt zu erscheinen. Du musst dem zustimmen, dass du anders schwingst als die anderen und auf sie fremdartig wirkst. Du musst ganz archaische Ängste loslassen, allein zu sein. Der Meister ist allein mit seinem Bewusstsein, mit seinem Denken und seinen Gefühlen. Er ist allein, weil er das Spiel des Dramas nicht mehr mitspielt. Er nimmt an den allgegenwärtigen Täter- und Opfer-Spielen nicht teil. Er ist auch oft allein mit seinem Wunsch nach Rückzug und seinen sehr speziellen Lebensgewohnheiten. Vielleicht kennst du die Einsamkeit schon, die in deiner Souveränität begründet ist. Sicher kannst du auch mit großer Klarheit für dich selbst erkennen, dass dir ein mentaler Zusammenbruch gar nicht mehr möglich ist, denn du hast dich schon so weit aus dem Fenster der irdischen Normalität gelehnt, dass es schon längst passiert wäre, wenn du nicht bereits perfekte Mechanismen gefunden hättest, deinen Geist und deinen Verstand auszubalancieren und zentriert zu bleiben. Der Meister würde verrückt, wenn er nicht bewusst atmet. Du kannst den bewussten Atem immer wieder als Werkzeug deiner Ausbalancierung einsetzen. Der Meister würde verrückt, wenn sich der Energiekörper zu sehr vom physischen Körper trennen würde. Der Meister hat aber gelernt, immer bei sich zu sein, egal wie die Wogen um ihn herum hochschlagen. Dafür achten ihn die Engel, die ihn kennen, lieben und begleiten, am meisten.

Wenn du dich ins Licht stellst, fliegen alle Lügen auf. Dann fliegt auch die größte Lebenslüge auf, die es gibt, nämlich die Lüge, wirklich dem Leben zugewandt zu sein und Ja zum menschlichen Leben zu sagen. Wenn du in die Meisterschaft gehst, nimmst du eine Schwingung an, die normalerweise dazu führen würde, dass du stirbst. In früheren Leben hast du immer einen Punkt erreicht, an dem alles integriert war, was du dir für das jeweilige Leben vorgenommen hattest. Du wirst auch in diesem Leben an einen Punkt kommen, an dem die Schatten, die du in diesem Leben für dich selbst, für andere oder im Einklang mit der Welt transformieren wolltest, integriert sind.

Weil deine Aufgaben dann erfüllt sind, könntest du dich von der Welt verabschieden. Wenn du dann weiterhin als Aufgestiegener Meister auf der Erde weilen und heilen möchtest, musst du aus vollem Herzen Ja zum Leben gesagt haben.

2. Neutralität

Das Leben spielt sich in Gegensätzen ab: plus und minus, innen und außen, nah und fern, arm und reich, gut und böse, schön und hässlich. Auf deinem Weg in die Meisterschaft verschwimmt das von der Dualität geprägte Denken, bis es vollständig verschwindet. Statt schematisch zu bewerten und zu verurteilen, triffst du im gegenwärtigen Moment einfach deine ganz persönliche Wahl.

In der von der Dualität geprägten Welt gestalten sich Beziehungen als Täter- und Opfer-Szenarien. Auch heute noch kämpfen in vielen Gegenden der Welt die Menschen ums Überleben. Der Überlebenskampf produziert Täter und Opfer, der Täter gewinnt und das Opfer verliert. In der westlichen Zivilisation wird meistens nicht mehr mit körperlichem Einsatz gekämpft, aber die Menschen suchen mit allen Tricks ihren Vorteil. Die Leistungs- und Ellbogengesellschaft basiert nach wie vor auf Täter- und Opfer-Szenarien.

Der Kampf ums Überleben und der Konkurrenzkampf bringt alle Beteiligten an die Grenze der Erschöpfung. In der heutigen Zeit nennt man es Burn-out. Der Kampf erschöpft und vertreibt die Freude aus dem Leben. Der Gewinner versucht krampfhaft, seinen Vorteil festzuhalten, während der Verlierer aus Angst vor neuen Übergriffen nicht zur Ruhe kommt.

In der gegenwärtigen Realität agieren die Menschen daher oft abgespalten von ihrem eigentlichen Selbst und nehmen ihre Gefühle gar nicht mehr wahr oder verleugnen sie.

Die Erfahrungen von Täter und Opfer erschaffen Leid in Form von Schuld und Angst. Der Täter fühlt sich schuldig und strebt nach einem Ausgleich. Sowohl die Schuldgefühle als auch das Streben nach Absolution können vollkommen unbewusst ablaufen. Der Täter wird dann ständig von einem unterschwelligen Gefühl, nicht zu genügen und immer mehr leisten zu müssen, angetrieben. Das Opfer hat Angst und neigt dazu, die Umstände, die die Angst hervorgebracht haben, immer und immer wieder, meistens auch unbewusst, zu wiederholen, um die Angst eines Tages in den Griff zu bekommen. Ein Geschehen, das Leid erzeugt hat, wird also immer und immer wieder generiert und mit unterschiedlichen Protagonisten durchgespielt. Die Seele strebt unermüdlich danach, vergangenes Leid zu heilen, indem sie es wiederholt, um Wiedergutmachung zu erlangen. Ein Handlungsmuster wird endlos perpetuiert… und perpetuiert… und perpetuiert… Was du als Seelenblockade oder als Karma bezeichnest, basiert eigentlich nur auf einer ständigen Wiederholung ein und desselben Handlungsmusters. Aus dieser Wiederholung kannst du aussteigen.

Spätestens wenn Menschen aufwachen und sich daran erinnern, wer sie wirklich sind, werden ihnen die verdrängten Gefühle von Angst und Schuld in vielfältiger Ausformung bewusst. Daher kommt das Aufwachen auch oft wie eine Krise daher. Der Mensch, der bisher in seinem Leben eher auf der Täterseite, auf der Seite der Macht stand, wird sich seiner Verantwortung für das Leid anderer Menschen bewusst. Er fühlt, dass er nichts mehr rückgängig machen kann, obwohl er jetzt seine Schuld erkennt. Der Mensch, der in seinem Leben bisher eher versagt hat und sich unterordnen musste, spürt auf einmal die Angst, die er lange verdrängt hat. Trotz seiner Angst vor neuen Verletzungen kann er aber an seiner ausweglosen Situation nichts ändern. Viele Menschen leben Täter- und Opfer-Aspekte parallel in verschiedenen Bereichen ihres Lebens aus. Einer, der im Beruf ganz oben auf der Karriereleiter steht, wird vielleicht zu Hause herumkommandiert. Eine, die zu Hause das Heft in der Hand hat, muss vor dem Chef buckeln. Auf dem Weg in die Meisterschaft müssen die Täter- und Opfer-Aspekte integriert und überwunden werden.

Der Meister agiert jenseits von Täter- und Opfer-Szenarien. In der Vergangenheit hast du womöglich oft mit dir selbst gehadert, weil du gar nicht in der Lage warst, auf sinnlose Machtspiele anderer Menschen einzusteigen. In der Schule oder sogar schon im Kindergarten hast du gemerkt, dass du dich gar nicht so selbstgefällig und herausfordernd verhalten konntest wie die anderen. Selbst wenn du dich bemüht hast, schlagfertig und frech aufzutreten, ist es dir nicht gelungen. Selbst wenn es noch so weh tut, darfst du es dir erlauben, dich an Ereignisse zu erinnern, als du dich nicht behauptet, sondern auch noch die andere Backe hingehalten hast. Mit Sicherheit warst du nicht in extreme Opfer- und Täter-Aktionen verstrickt. Dennoch darfst du dir schmerzhafte Erlebnisse bewusst machen, denn auf deinem Weg in die Meisterschaft integrierst du Frustrationen und Enttäuschungen aus der Vergangenheit. Auf dem Weg in die Meisterschaft ziehst du Bilanz über dein bisheriges Leben. Es kann gut sein, dass du feststellst, dass du noch nie Lust hattest, dich zu sehr unterzuordnen und zu verbiegen. Du hattest aber auch keine Lust, andere dauernd in ihre Schranken zu weisen, sie auszunutzen und deinen Vorteil auf Kosten von anderen zu steigern. Du darfst es annehmen, dass du dich in deinem Leben von Anfang an jenseits der Täter- und Opfer-Rollen bewegt hast. Du warst weder Täter noch Opfer, obwohl du Versuchungen widerstehen und beweisen musstest, dass du es wirklich ernst damit meinst, auf Täter- und Opfer-Spiele zu verzichten.

Tatsächlich wird der Meister von seiner Umwelt immer wieder geprüft, ob er wirklich rücksichtsvolles Verhalten und bedingungslose Liebe leben und Zorn, Streit und Ausbeutung widerstehen kann. Auch du magst in deinem bisherigen Leben schon durch solche Prüfungen gegangen sein. Wenn das Leben dich geprüft hat, darfst du es dir bewusst machen. Von Zeit zu Zeit darfst du dir selbst auf die Schulter klopfen, wenn es dir gelungen ist, dem Sog der Täter- und Opfer-Spiele auszuweichen und in deiner Neutralität standhaft zu bleiben. Du solltest dich nicht über Gebühr verurteilen, wenn du in alte Muster des Zusammenlebens zurückfällst und deine Meisterschaft verleugnest, denn mit deiner Entscheidung zur Neutralität tust du einen großen Schritt. Indem du dich von Täter- und Opfer-Spielen verabschiedest, steigst du aus den klassischen Umgangsformen auf der Erde aus. Stattdessen entscheidest du dich für einen neuen Umgang mit den anderen Menschen, der Win–win–Situationen erschafft. Du entscheidest dich für bedingungslose Achtsamkeit gegenüber deiner Umwelt.

Ich möchte dich noch einmal daran erinnern, dass du wahrscheinlich auf deinem Seelenweg schon alle nur denkbaren Täter- und Opfer-Aspekte gelebt hast. Du denkst gerne daran, dass du eine Königin oder ein König gewesen bist. Du erinnerst dich womöglich gerne an ein früheres Leben als Herrscher über ein großes Reich und malst es dir aus. Du bist dir möglicherweise bewusst, dass du schon einmal Priester, Heilerin, Papst oder ein erleuchteter Meister warst. Die Goldenen, die Aufgestiegenen Meister aller Epochen und Kulturen der Erde, lachen gerne über deine Vorstellungen von den früheren Leben. Denn die Leben auf deinem Seelenweg, die am meisten zu deinem inneren Aufstieg beigetragen haben und die Schwingung deiner Seelenessenz und sogar deines Körpers ausmachen, sind die ganz normalen, unbedeutenden Leben als Fußvolk der Geschichte. Viele Leben in der Normalität des Erdendaseins ließen deine Seele am effektivsten lernen. In den alltäglichen Erdenerfahrungen hast du dich weiterentwickelt, deinen inneren Diamanten poliert und dich selbst in die Schwingung gebracht, in der du jetzt bist. Dein jetziges Leben weist sicher auch Aspekte der Normalität auf. Man könnte womöglich sagen, du bist nichts Besonderes. Gerade das macht deine Meisterschaft aus. Es hat noch niemand davon gesprochen, dass der Meister der König ist. Im Gegenteil: Der König bittet den Meister zu sich und fragt ihn um Rat.

In diesem Leben lässt du also alle Täter- und Opfer-Szenarien hinter dir. Darin besteht die Meisterschaft des Seins. Du eröffnest dir den Status der Neutralität. Ich möchte dir an einem Beispiel aus der Geschichte verdeutlichen, was Neutralität bedeutet. Henry Dunant, der Begründer des Roten Kreuzes, hat viel Gutes in die Welt gebracht, indem er das Prinzip der Neutralität in Kriegszeiten etabliert hat. Er war ein erfolgreicher Geschäftsmann und eines Tages geriet er auf einer Geschäftsreise zwischen die Fronten und landete unversehens auf einem Schlachtfeld. Er fand sich in einem Krieg wieder, an dem er und seine Nation, die Schweiz, nicht beteiligt waren. Er lag nicht in einem Schützengraben, aber er wurde mit den Folgen des Krieges konfrontiert. Er öffnete sein

Herz und schaute sich um. Er sah viele verwundete, schreiende und leidende Soldaten auf beiden Seiten der Front. Er musste den Menschen helfen, obwohl er kein Arzt oder Sanitäter war. Er tat, was er konnte, um Verwundete zu versorgen oder sie einfach nur bei ihren letzten Atemzügen zu begleiten. Als er dann nach Hause kam, hatte er eine Idee und gründete das Rote Kreuz, eine neutrale Organisation, die in den Kriegen seiner Zeit einen unschätzbaren Dienst leistete. Bis heute hat sich diese Organisation der Aufgabe verschrieben, auf der Basis der Neutralität der Welt Rettung, Heilung und Erlösung zu bringen.

Henry Dunant hat sich nicht dafür entschieden, die eine oder andere Partei in diesem Krieg zu stärken. Er hat sich nicht auf die eine oder andere Seite geschlagen. Er hat sich wahrlich in den Status der Neutralität begeben und er hat ihn ausgehalten. Er hat sich nicht in die Dramen des Täters oder des Opfers hereinziehen lassen. Er hätte mit in den Krieg ziehen und versuchen können zu siegen. Aber er hat seinen Status der Neutralität bewahrt und ausgebaut. Du darfst dich immer wieder an das Rote Kreuz erinnern, wenn du beobachtest, wie die Menschen das karmische Spiel von Geben und Nehmen, von Sieg und Niederlage, von Täter und Opfer ausagieren. Dann darfst du dich immer wieder auf deine Position der Neutralität besinnen und sie ausagieren.

Neutralität ist der Schlüssel zur Meisterschaft. Du begibst dich in die Neutralität, indem du aus den Bewertungen aussteigst. Es kommt dir manchmal so vor, als wäre eine Seite besser als die andere. Aber wenn du ehrlich bist und wenn du dein Bewusstsein erweiterst, ist es meistens gar nicht so eindeutig, wie es erscheint. Das Leben ist ein dynamisches Spiel und in diesem Spiel vollzieht sich auch immer wieder ein Ausgleich. Die Menschen pendeln ständig zwischen Täter und Opfer hin und her. Das einzige Gesetz, das das karmische Schicksalsrad beherrscht, ist das Gesetz des Ausgleichs.

Wenn der Täter erkennt, dass er eine Schuld trägt, sagt er: »Es tut mir leid, bitte verzeihe mir.« Er bittet in Gedanken das geschädigte Gegenüber um Verzeihung. Damit lösen sich die Täteraspekte auf. In manchen Fällen ist es sinnvoll, mit seinem Opfer direkt zu sprechen, aber oft lässt sich das gar nicht realisieren. Dann wirkt die Kommunikation von Seele zu Seele im inneren Dialog genauso. Du solltest nicht davor zurückschrecken, das etwas altmodische Wort Schuld zu verwenden. Deine Seele ist einverstanden, ihrer Schuld ins Auge zu schauen. Wenn es dir schwerfällt, das Wort Schuld in den Mund zu nehmen, kannst du auch von Reue sprechen. Vor deinem inneren Auge solltest du einmal alles erscheinen lassen, was du in diesem Leben bereust. Es ist nicht unwahrscheinlich, dass in der nächsten Zeit in deinem Bewusstsein einiges auftaucht, was du bereust, selbst wenn du es bisher verdrängt hast. Jeder Mensch hat in seinem Leben schon einmal etwas getan, das er im Nachhinein ändern würde, wenn er es könnte. Es gab in deinem Leben sicher einige Gelegenheiten, bei denen du etwas falsch gemacht hast, das besser nicht geschehen wäre. Es gibt aber auch verpasste Gelegenheiten. Du bereust dann, dass du etwas nicht zur rechten Zeit getan hast.

Der Meister integriert seine Täter- und Opfer-Anteile und stellt sich allen Aspekten von Schuld und Ohnmacht. Was die Schuld angeht, braucht er nichts anderes zu tun, als innerlich zu sagen: »Es tut mir leid, bitte verzeihe mir.« Wenn dieser heilsame Lösungssatz von Herzen kommt, wird alles ausgelöscht. Dieser Satz gehört übrigens auch zur traditionellen hawaiianischen Methode der Streitschlichtung, dem Ho'oponopono, die sich immer noch als sehr wirkungsvoll erweist. In der religiösen Tradition des Westens spricht man von Vergebung. Viele Menschen wissen bereits, dass Vergebung etwas bewegt. Anders als in den hierarchisch strukturierten religiösen Institutionen gepredigt, weiß der Meister allerdings, dass er sich nur selbst vergeben kann. Der Meister kann die Vergebung nicht an eine religiöse Autorität delegieren. Selbst wenn das geschädigte Gegenüber seine Entschuldigung akzeptieren würde, müsste er sich noch selbst vergeben.

Du darfst noch einmal stellvertretend für alle Täteraspekte deiner Selbst sagen: »Es tut mir leid, bitte verzeihe mir.« Damit entlässt du aus jeder Zelle deines Körpers die Schuld und die Verstrickung mit deinen eigenen Täteraspekten. Es ist gar nicht nötig, umfassendes Wissen über die Täteraspekte aus vielen, vielen Leben des irdischen Spiels in dein Bewusstsein zu lassen. Deiner Seele sind deine Schulden sowieso ebenso vertraut wie deine Verdienste. Du kannst sogar von Zeit zu Zeit deine Seele um Vergebung bitten, dass du dich in Illusionen verstrickt und von den Beschränkungen des irdischen Daseins in Beschlag hast nehmen lassen, dass du dich sozusagen selbst ins Gefängnis begeben und den Schlüssel verloren hast.

Wenn der Meister den Opferstatus beenden möchte, dann sagt er: »Stopp! Es ist genug!« Du darfst das auch innerlich zu dir selbst sagen. Du sagst es zu deiner Seele, aber in erster Linie zu deinem menschlichen Ich. Du kannst dir bildlich ein Stopp-Schild vor Augen führen und in etwa Folgendes sagen: »Stopp! Es ist genug! Bis hierher und nicht weiter! In meinem Raum passiert so etwas nicht mehr! Ich bin im Sicheren Raum!« Du kannst dich damit entscheiden, weder Täter noch Opfer zu sein. Für dich können die Worte »Stopp! Es ist genug!« magische Worte werden. Du setzt sie immer dann ein, wenn du dich überwältigt fühlst. Du eröffnest mit diesen Worten deine eigene Dimension und stellst dich in deine eigene Dimension hinein. In deiner Dimension wirken die ziehenden, wühlenden, grabenden Energien von Täter und Opfer nicht mehr. In deiner Dimension herrscht Frieden.

Immer wenn du von dir selbst enttäuscht bist, dir vorhältst, was du noch nicht erreicht hast, was du noch nicht leben kannst, wo, wenn du ehrlich mit dir selbst bist, dein Bewusstsein noch Begrenzungen aufweist, dann kannst du die magischen Worte benutzen, die das Täter- oder Opferdasein beenden. Manchmal passt der eine Satz besser, manchmal der andere. Manchmal gibst du dir selbst die Schuld, übernimmst Verantwortung und vergibst dir selbst, dass du immer wieder in alten Mustern hängen geblieben bist und noch nicht weitergehen konntest. Oder du beendest dein Opferdasein, indem du dich davon verabschiedest.

Wenn du aus dem karmischen Schicksalsrad der Täter- und Opfer-Szenarien aussteigst, gewinnst du eine einzigartige Freiheit. Freiheit bedeutet, dass du einfach du selbst bist. Freiheit bedeutet, dass du dich aus allen Vernetzungen mit dem Kollektivbewusstsein ausklinkst. Es geht darum, Täter- und Opfer-Spiele vollkommen aufzugeben und Täter- und Opfer-Anteile deiner selbst in allen Bereichen deines Lebens sterben zu lassen. Damit stehst du außerhalb der Welt. Es werden immer wieder herausfordernde Situationen auf dich zukommen, denn die Täter- und Opfer-Spiele üben eine extreme Anziehungskraft aus. Du tust gut daran, dir immer wieder selbst zu versprechen: »Ich bin weder Täter noch Opfer.« Manchmal musst du ganz bewusst betonen, dass du auch kein Opfer bist. Du liebst es, mit anderen Menschen friedvoll zusammenzuleben, und daher denkst du oft zunächst an die anderen und dann an dich selbst. Du weißt aber, dass du dich selbst genauso lieben solltest wie deinen Nächsten. Der vollkommene Diamant, der in seinem ureigenen Licht erstrahlt, hat seine Seele geheilt und integriert. Die vollkommene Integration der Seele ist die Voraussetzung für den Aufstieg in die Meisterschaft. Dann finden Selbstliebe und Nächstenliebe in dir eine Balance.

Wenn du Frieden findest und wenn sich die Situation verändert, dann kannst du dich bedanken. Dankbarkeit zeigt dem Universum, dass du das Gefühl hast, auf dem richtigen Weg zu sein. Dann wird dieser Weg unterstützt. Du bedankst dich bei dir selbst für die Erfahrung.

Werkzeug *Dankbarkeit*

An dieser Stelle kannst du noch einmal aus vollem Herzen Danke sagen für alle deine Erfahrungen, die dir das Spiel der Erde geschenkt hat. Deine Erfahrungen sind die Geschenke, die du von hier mitnimmst. Sie sind die Geschenke, die du deiner Seele bereitet hast. Die Seele inkarniert auf der Erde und sammelt Erfahrungen und Erinnerungen. In gewisser Weise wird sogar deine großartige Seelenessenz, sobald sie wieder im physischen Körper weilt, von ihren Seelenerfahrungen und Seelenerinnerungen gefangen gehalten. Wenn du es neutral ansiehst, so wie wir es tun, handelt es sich bei deinen Seelenerinnerungen einfach um einen Korb Geschenke, den die Seele bei sich trägt. Deine Seelenerfahrungen generieren die Farben deiner Seele, die Farben deiner Aura, deiner ureigenen Körperschwingung, deines strahlenden Diamanten.

Werkzeug Segen

Mit dem Werkzeug des Segens kannst du deine Täter- und Opfer-Aspekte auflösen. Du erkennst an, dass du durch Jahrhunderte und Jahrtausende an Erdenleben sowohl Täter- wie auch Opfer-Erfahrungen gesammelt hast. Und du gibst dem irdischen Spiel den Segen. Mit dem Segen würdigst du die Großartigkeit des irdischen Spiels und verabschiedest gleichzeitig das alte Spiel.

Immer wieder werden dich andere Menschen in Streit und Machtspiele hereinziehen, so dass du versucht bist, Täter- oder Opfer-Rollen anzunehmen. In der Situation der Versuchung steht dem Meister das besondere Werkzeug des Segens zur Verfügung. Der Meister segnet die Welt. Wenn die Menschen dir dumm kommen und Schwierigkeiten bereiten, dann darfst du sie innerlich segnen. Du kannst dann zuschauen, wie sich die Situation verändert. Du weißt ja selbst, dass die Menschen gute Gründe dafür haben, wie sie agieren. Immer wieder darfst du segnen, wie sie ausleben, was sie in sich tragen. Jeder Mensch geht einzigartig mit dem Stress um, den die Energieanhebung auf der Erde derzeit für alle erzeugt. Während sich das energetische Feld der Erde verändert, spitzen sich die Krisen auf der Erde zu. Unvermittelte Gefühlsausbrüche, Streit und Amokläufe nehmen rasant zu. Die Menschen agieren einen inneren

Druck aus, dem sie nicht mehr standhalten können. Sie handeln in Extremen. Als Meister darfst du alles segnen, was dir begegnet. Du segnest das Drama, den Schmerz, die Trauer, die Angst der Welt. Der Meister ist sich bewusst, dass er niemanden helfen kann, eine Lösung zu finden. Jeder kann die Lösung für Konflikte und Dramen in seinem Leben nur selbst finden. Im Akt des Segnens wahrt der Meister seine Neutralität.

Der Meister erschafft sich keine starken Täter- und Opfer-Rollen mehr. Du darfst dir selbst versprechen, aus allen Täter- und Opfer-Spielen auszusteigen. Damit eröffnest du dir eine Quelle der Kraft jenseits der gewohnten Bedingungen für Macht. Wenn du dich von anderen in die Enge getrieben fühlst, dann kannst du dir innerlich den Leitsatz »Ich bin weder Täter noch Opfer« ins Gedächtnis rufen. Der kraftvolle Leitsatz »Ich bin weder Täter noch Opfer« katapultiert dich direkt in die Dimension der Neutralität. Es bringt auch nichts, wenn du zu nachgiebig bist und dich zum Opfer machst. Es bringt genauso wenig, wie wenn du versuchst, deinen Vorteil auf Kosten der anderen zu erlangen. Dass du weder Täter noch Opfer bist, gilt sogar für die Banalitäten des Alltags. Es gilt nicht nur in existenziellen Fragen deines Lebens.

Wenn du die sich wiederholenden Handlungsmuster der Täter- und Opfer-Aspekte in deinem Leben bewusst beendest, dann wird auch die Vergangenheit geheilt. Du kannst dir sowieso vorstellen, dass die Zeit nur eine Illusion ist. Alles verläuft parallel. Indem du den Zug auf deiner Zeitschiene stoppst, also in deiner Realität aus überholten Handlungsmustern aussteigst, stoppst du gleichzeitig die Züge auf allen anderen parallelen Zeitschienen.

Wenn du einschränkende Handlungsmuster aufgibst, dann entsteht eine Leere, die du mit neuen Handlungsmustern füllen musst. Deine neuen Handlungsmuster wiederholen sich nicht und dem darfst du zustimmen und dich überraschen lassen. Im Moment des Jetzt handelst du jedes Mal vollkommen unabhängig und neu, indem du deiner inneren Stimme folgst. Du darfst der Geschichte deiner Seele den Segen geben und darfst die Bühne der Täter- und Opfer-

Spiele verlassen. Für dein Leben erschaffst du dir eine Plattform der Neutralität. Auf dieser Plattform installierst du eine neue Dimension der Synchronizitäten und Win-win-Szenarien.

3. Demut

Die dritte Stufe vor der Tür zur Meisterschaft nenne ich Demut. Demut bedeutet, die Haltung eines Dienenden anzunehmen. Gleichzeitig beinhaltet der Begriff Demut das Wort Mut. Es erfordert Mut, in die Meisterschaft einzutreten, aber es bedarf auch einer Haltung der Hingabe und Ehrfurcht. Bei dem Übergang in die Meisterschaft handelt es sich um einen Narrensprung. Es mag sein, dass du eine Weile auf der Schwelle zur Meisterschaft stehen bleibst, bevor du den eigentlichen Narrensprung wagst. Es geht einfach darum, die Meisterschaft anzunehmen, die dein Universelles Selbst im Einklang mit dem göttlichen Bewusstsein für dich vorbereitet hat.

Deine Demut wächst auf der Grundlage der Neutralität. Wenn du dich von allen Täteraspekten, also auch von den Aspekten unausgewogener Macht, verabschiedet hast, kannst du die Haltung der Ergebenheit an den Tag legen, die dich für den Eintritt in die Meisterschaft des Seins prädestiniert. Du vertraust darauf, dass die göttliche Vorsehung dein Bewusstsein zum rechten Zeitpunkt auf die ultimative Stufe der Erkenntnis, der Erleuchtung und der Liebesfähigkeit hebt, die die Meisterschaft des Seins manifestiert. Wenn du alle deine menschlichen Aspekte und Schattenseiten vollkommen integriert hast, weißt du, dass die Aufgaben dieser Inkarnation erfüllt sind und du aus freien Stücken auf der Erde verweilst. Du kannst dich dann für die Einsicht öffnen, dass allein der Dienst an der Welt dein Hiersein rechtfertigt. Wenn du bereit bist zu dienen, verkörperst du Demut in ihrer essenziellen Bedeutung.

Zugleich wird dir die Freude des freien Spiels auf der Erde bewusst. Ist die reine Freude am irdischen Leben nicht der tiefere Sinn deines Lebens? In dieser Phase deines Aufstiegs gibst du dich auch begeistert absichtsloser Lebensfreude hin. Der Meister verbindet seinen Dienst an der Menschheit, den er in Freiheit leistet, mit der Freude an seinem bewussten Leben auf der Erde. Dienst in Freude zu leisten zeichnet den Meister aus.

Wenn du dein menschliches Ich integriert hast und nicht mehr aus der Motivation deines Egos, sondern deines wahren Selbst lebst, dann entwickelst du automatisch eine umfassende Demut gegenüber allen Facetten der Schöpfung. Der Meister stellt seine eigenen Ansprüche nicht über die Bedürfnisse aller anderen Lebewesen auf der Erde. Er bringt der Erde, der Natur, den Elementen, den Pflanzen und Tieren Respekt entgegen. Weil er die Erde achtet, ehrt und liebt und ihr mit der staunenden Haltung eines Kindes begegnet, wähnt er sich im Paradies. Er tut alles, um das irdische Paradies zu erhalten.

Außerdem bringt der Meister dem schöpferischen Ausdruck aller Menschen Respekt entgegen. Obwohl der Meister im Vergleich zu seinen Mitmenschen außergewöhnlich klug und weise daherkommt, pflegt er seinen Inneren Narren, der sich unwissend gibt und immer wieder neue Fragen stellt. Der Meister achtet die Errungenschaften menschlicher Kultur und Wissenschaft. Obwohl der Meister seine Seele direkt an der Quelle von Licht und Liebe labt und Heilung und Erlösung in der Welt kanalisiert, fühlt er sich keiner anderen Seele überlegen, sondern begegnet ihr mit Ehrfurcht und Barmherzigkeit. Gerade weil er sich seiner eigenen Größe bewusst ist, kann er die besondere Ausstrahlung und einzigartige Schönheit jedes Lebewesens und aller Menschen fühlen und lieben. Die Demut des Meisters speist sich aus seiner Neugierde und Offenheit für die Welt. Sie speist sich aus seiner Anerkennung der Schönheit der Welt.

Ich möchte dich nun auf eine Reise führen, die deine Beziehung zur Erde stärkt. Außerdem kannst du mithilfe der folgenden Übungen erfahren, was unter dem Begriff Dimension zu verstehen ist. Du kannst dir dann besser vorstellen, was ich damit meine, dass der Meister in seiner eigenen Dimension lebt. Der Meister lebt gleichzeitig völlig souverän in seiner eigenen Dimension und im Einklang mit allen Lebewesen der Erde.

Innere Reise: *Demut gegenüber dem Leben*

~ *Die Dimension der Pflanzen*

Zunächst kannst du dich einmal ganz bewusst in die Dimension der Pflanzen begeben. Du kannst mit einem tiefen Atemzug Ja dazu sagen, die Dimension der Pflanzen zu betreten. Es geht nicht um die Begegnung mit einer bestimmten Pflanze. Es geht um die Begegnung mit der Dimension aller Pflanzen, die auf der Erde verwurzelt sind, wachsen und blühen.

Du fühlst dich wie eine Pflanze. Du empfindest wie eine Pflanze. Wenn du dich ganz bewusst in die Dimension der Pflanzen begibst, dann tauchen spezielle Wahrnehmungen, Gefühle und Bilder in deinem Bewusstsein auf. Du begibst dich in die Dimension der Pflanzen und fühlst dich dort ein.

Es kann sehr gut sein, dass deine Reise in die Pflanzenwelt ein Gefühl von Ausgeglichenheit und Freude erzeugt. Pflanzen leben in der Schwingung reiner Freude. Sie fühlen tatsächlich nur sehr begrenzt Schmerz und Unwohlsein. Du kannst immer wieder, wenn du dich ausruhen möchtest, in die Dimension der Pflanzen eintauchen. Die Pflanzen leben in ihrer eigenen Dimension, die aber auch zur Erfahrungswelt des irdischen Lebens gehört. In gewisser Weise bist auch du in der Dimension der Pflanzen zu Hause, denn die Pflanzen sind deine Brüder und Schwestern auf dieser Erde.

Wenn du diese Erfahrung vertiefen möchtest, kannst du die Reise in die Dimension der Pflanzen in deine Erholungs- und Rückzugsphasen einbinden. Du kannst, so oft du willst, die Dimension der Pflanzen aufsuchen. Du kannst deine Reisen in die Pflanzenwelt mit der Zeit auch spezifizieren und dich zum Beispiel in die Dimension der Bäume oder in die Dimension der Rosen begeben.

~ *Die Dimension der Tiere*

Ich möchte dir noch ein weiteres Experiment zum Thema Dimensionen vorschlagen. Mit einem tiefen Atemzug begibst du dich ganz bewusst in die Dimension der Tiere, wenn du es wählst. Du wirst den Unterschied zur Pflanzenwelt fühlen, denn hier passiert mehr. Die Tiere sind in ihren Bewegungsmöglichkeiten freier als die Pflanzen. Für dich ist der Aufenthalt in der Dimension der Tiere immer wieder heilsam, denn sie leben im Jetzt. Für sie gibt es kein Gestern und kein Morgen. Das kannst du von den Tieren lernen. Weil Tiere im Jetzt leben, beenden sie ihr Leben auch nicht im Freitod. Sie halten nie so lange wie die Menschen an einem Kummer oder einem Schmerz fest.

Wenn du möchtest, kannst du deine Erfahrungen in der Dimension der Tiere erweitern, indem du ein Krafttier für dich persönlich erscheinen lässt. Du trittst damit in die Dimension der Löwen, der Elefanten oder der Eidechsen oder eines anderen Tieres, das für dich erscheint, ein. Die Tiere sind auf der Erde, um dem Menschen zu dienen. Du kannst dein Krafttier, das dich in seine Dimension einlädt, fragen, wie es dir in der nächsten Zeit dienen möchte.

~ *Die Dimension Strand*

Ich möchte dich nun noch in eine Dimension einladen, die die meisten Menschen aus Mitteleuropa als erfrischend und heilsam erleben. Ich möchte dich einladen, dich auch in die Dimension einer Landschaft zu begeben. Wenn du es wählst, reist du innerlich in die Dimension des Strandes. Du erlebst die spezielle Schwingung einer Küstenlandschaft am Meer voller Licht und Wärme. Du begibst dich dorthin, ohne dass du dafür einen konkreten Ort benennen musst. Wenn du winterlicher Dunkelheit und Kälte überdrüssig wirst, kannst du immer wieder in die Dimension des Strandes hinübergleiten und dich dort auftanken. Du kannst dich am Strand aufhalten, solange du möchtest. Du kannst dich auch in der Nacht während deiner Träume mit mir und anderen nicht-physischen Freunden in der Dimension des

Strandes treffen, ein Lagerfeuer unter freiem Sternenhimmel anzünden und ums Feuer tanzen.

Wenn du jetzt die nächsten Kapitel liest, wirst du dich in die Dimension deiner Meisterschaft begeben. Genauso wie du in Demut die Welt der Pflanzen und der Tiere und irdische Landschaften betrittst, solltest du nun in Demut vor der Vollkommenheit deines Seins in die Dimension deiner Meisterschaft eintreten.

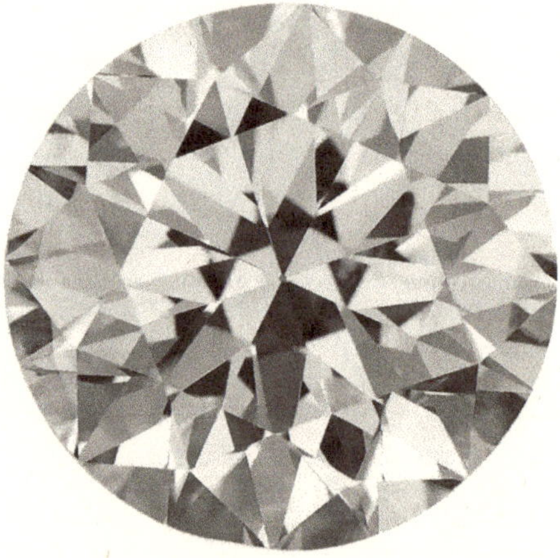

Die acht Meister-Fragen

Ich werde dir jetzt die Meister-Fragen präsentieren. Du solltest ganz spontan aufschreiben, was dir als Antwort auf meine Fragen in den Sinn kommt. Wenn du möchtest, kannst du deine Antworten channeln, also einfach spontan aus deinem höheren Bewusstsein kanalisieren. Es geht darum, dass du dich deinen ganz persönlichen Antworten auf diese Fragen stellst. Du kannst dir diese Fragen übrigens von Zeit zu Zeit erneut vornehmen. Der Aufstieg des Meisters vollzieht sich als ein Prozess, bei dem Schritt für Schritt sein wahres Selbst, sein Bewusstsein und seine Herzkraft expandieren.

In der ersten Phase des Aufstiegs lernst du, wirklich für alles Verantwortung zu übernehmen, was in deinem Leben passiert. Vor allem, wenn etwas anders als erwartet abläuft, erweist es sich, ob du zu deiner Verantwortung stehen kannst. Der Meister muss ehrlich zu sich selbst sein und allen Ereignissen, Umständen und Gegebenheiten in seinem Leben ins Auge schauen, die ihn ängstigen und enttäuschen, und dafür Verantwortung übernehmen. In zunehmendem Maße kann der Meister dann die Vollkommenheit erkennen, die auch in diesen Schöpfungen liegt. Es geht manchmal darum, etwas zu lernen. Es geht sehr oft darum, eigene Seelenaspekte und immer wieder Lebensthemen zu integrieren und letztendlich loszulassen. Es geht meistens einfach darum, neue Erfahrungen zu machen.

Mit der Zeit denkt der Meister gar nicht mehr darüber nach, was in seinem Leben fehlt und was er optimieren könnte. Er hat das Prinzip immerwährender Verwandlung verinnerlicht und weiß, dass sich alles, was ihm das Leben serviert, innerhalb von Sekunden verändern kann. Ewiger Verwandlung zuzustimmen, darin liegt wahrhaftig die Kunst der Meisterschaft. Ich kann deine Zuversicht erschüttern, wenn ich dich auffordere, dir vorzustellen, dass dir dein Haus unter deinen Füßen weggerissen wird. Der Meister kann sogar einer derartigen Katastrophe zustimmen und darin die Vollkommenheit des Universums erkennen. Der Meister des Seins gestaltet sein Leben, indem er den Veränderungen zustimmt. Diese Haltung macht ihn zum Vorreiter seiner Zeit.

Wenn du dich nun mit meinem Fragen in dem energetisch vorbereiteten und gleichzeitig geschützten Raum, den ich für dich aufgebaut habe, in Beziehung und auseinandersetzt, dann wirst du dabei innere Bürden und Begrenzungen aufspüren, integrieren, loslassen und letztendlich in Schätze verwandeln.

1. Was ist deine größte Angst?

Du darfst ruhig darauf vertrauen, dass deine erste Antwort die richtige ist. Die erste Antwort, die dir auf die Frage »Was ist deine größte Angst?« erscheint, schreibst du auf. Du darfst deine Antwort einfach annehmen. Wenn du deiner größten Angst ins Auge schaust, kann sie sich verflüchtigen und dann verflüchtigen sich alle anderen Ängste. Deine inneren Opferaspekte verharren in der Haltung der Angst und, wenn du deine Angst wirklich durchatmest und annimmst, dann kannst du das Opferdasein in deinem Leben überwinden und die Haltung der Angst hinter dir lassen. Es mag sogar sein, dass deine Antwort gar nichts Wichtiges zutage fördert, sondern nur etwas fast Banales. Dann ist es auch in Ordnung, denn wahrscheinlich hast du alle anderen Ängste schon für dich angenommen und aufgelöst.

Nun komme ich zur zweiten Frage. Die Frage unterstützt dich, dir deiner persönlichen Illusionen bewusst zu werden. Denn selbst die größte Angst ist im gegenwärtigen Moment des Lebens, während du im Sicheren Raum sitzt und gut von der von meiner Wenigkeit verfassten Lektüre unterhalten wirst, schlicht eine Illusion.

2. Was schuldest du der Welt oder anderen Menschen?

Vielleicht gibt es einen Menschen, von dem du denkst, dass du ihm noch etwas schuldest. Vielleicht sind es sogar deine Eltern oder deine Kinder, von denen du glaubst, dass du ihnen noch etwas schuldig geblieben bist. Vielleicht fühlst du dich der Welt gegenüber zu etwas verpflichtet. Du darfst die Antwort in dir erscheinen lassen und notieren. Es kann auch ein Projekt oder ein Lebenstraum sein, von denen du glaubst, dass die Welt sehen möchte, dass du sie verwirklichst. Du kannst alles hereinkommen und vor deinem inneren Auge erscheinen lassen, wozu du dich noch irgendwie verpflichtet fühlst und was du scheinbar noch erledigen musst.

3. Was schuldest du dir selbst?

Bei der dritten Frage handelt es sich um eine Ergänzung der zweiten Frage. Vielleicht trägst du unerfüllte Träume, unerfüllte Projekte mit dir herum, die du in diesem Leben noch unbedingt realisieren möchtest. Vielleicht handelt es sich sogar um etwas ganz Banales, das du unbedingt in diesem Leben noch erreichen willst. Wenn du eines Tages das Zeitliche segnest, dann wirst du sehen, dass es dort, wo du hingehst, wirklich keinen Richter gibt, außer dir selbst. Du wirst dann fühlen, wie frei du in diesem Leben wirklich gewesen bist. Schuld ist also eine Illusion. Dennoch kannst du dir an dieser Stelle ins Bewusstsein rufen, was du glaubst, dir noch selbst zu schulden.

Wenn du die zweite und die dritte Frage beantwortet und durchgeatmet hast, dann kannst du damit alle Täteraspekte und

Täterambitionen loslassen als Voraussetzung dafür, die Meisterschaft zu verkörpern.

Die drei Fragen, die ich dir bisher gestellt habe, waren die wichtigsten in dieser Reihe und dienten dazu, dein Bewusstsein über dich selbst zu erweitern.

Die Essenz des Meisters erstrahlt in der Welt und durch seine Präsenz heilt und verwandelt er die Welt. Die nächsten Fragen beziehen sich auf deinen Alltag und du kannst an dieser Stelle eine tiefe Entscheidung treffen, deinen Alltag mit allen seinen Banalitäten zu verwandeln.

4. Was sind deine täglichen Pflichten?

Auch in deinem Alltag belasten dich immer wiederkehrende Pflichten. Notiere unvoreingenommen alle routinemäßigen Verrichtungen deines Alltags. Wahrscheinlich hast du dann eine lange Liste erstellt.

Zum Beispiel glaubst du, dass du jeden Tag essen musst, was dir manchmal aber auch lästig ist. Da der Meister frei ist, seinen Dienst in der Welt zu wählen, lösen sich selbst banale Pflichten auf. Du glaubst, dass du verpflichtet bist, deinen Körper jeden Tag zu nähren und mit Wasser und Speisen zu versorgen, aber das ist auch nur eine Illusion. Du glaubst, dass du dich jeden Tag oder mindestens zweimal die Woche auf der Toilette entleeren musst. Alles Illusion! Ich weiß, dass dir viele deiner Alltagspflichten so selbstverständlich erscheinen, dass du dir gar nicht vorstellen kannst, sie aufzugeben. Aber der Körper kann sich verwandeln, sodass sich auch der Prozess der Verdauung verändert. Du glaubst, dass du dir die Zähne putzen musst. Probiere es einmal aus und überlasse deinen Körper einfach seinen Selbstreinigungskräften. Wenn du dich in neue Dimensionen des Bewusstseins bewegen möchtest, lehren dich diese Selbstversuche, dass sich der Körper aus eigener Kraft reinigen und versorgen kann. Deine täglichen

Pflichten darfst du dir unter dem Blickwinkel der Illusion anschauen. Während deinem Aufstiegsprozess braucht der Körper viel Aufmerksamkeit. Dein Körper verlangt dein vollkommenes Vertrauen in seine in ihm wohnende Kraft, sich zu verwandeln und selbst zu heilen. Sprich mit deinem Körper und wundere dich auch nicht über überraschende Antworten.

Zu deinen regelmäßigen Pflichten gehört wahrscheinlich, dass du aufräumst, kehrst, putzt, Rasen mähst, Pflanzen umtopfst und vieles mehr. Natürlich ist es auch nur eine Illusion, dass diese Pflichten einem regelmäßigen Rhythmus unterliegen müssen. Wenn du diese Illusion erkennst, dann begibst du dich über die Begrenzungen der Zeit hinaus. Dann kannst du die Rhythmen der Reinigung oder Pflege deiner Umwelt verändern. Außerdem kannst du viel mehr energetisch erledigen, als du es bisher wagst. Viele Menschen sind ja schon bereit, ihren Körper energetisch zu reinigen, warum nicht auch ihr Haus? Öffne dich für deine eigenen Erfahrungen mit energetischem Putzen! Vertraue deinen Wahrnehmungen, wenn du dich entscheidest, deine Wohnung oder dein Haus jetzt energetisch zu reinigen. Möglicherweise wunderst du dich dann plötzlich, dass du gestern noch dachtest, die Fenster müssten geputzt werden.

Nicht-physische Helfer und Energien dienen dem Meister, so wie ihm die anderen Menschen dienen. Auf welche Weise die Wunder in deinem Leben bewerkstelligt werden, darfst du völlig loslassen. Du darfst es einfach annehmen, mit vielen alltäglichen Pflichten viel weniger Mühe zu haben, als du es dir jemals hast vorstellen können. In diesem Bereich darfst du immer wieder deinen Fantasien freien Lauf lassen.

5. Worunter leidest du am meisten?

Im Moment herrscht Chaos im Universum und auf der Erde. Die bestehenden Weltgesetze lösen sich auf, die *définition mondiale* purzelt durcheinander und zerfällt im Chaos. Die Meister der Gegenwart definieren das Spiel der Erde gerade neu. Viele Menschen haben sich entschieden, dass sie keine Machtspiele mehr mitmachen möchten. Sie möchten, dass die Menschen von Herz zu Herz und in Liebe miteinander umgehen und kommunizieren. Viele Menschen möchten nicht mehr lügen und betrogen werden. Sie wünschen sich ein Leben in Frieden und Freude für alle, die hier auf der Erde leben. Viele Menschen möchten nicht mehr immer nur auf das nächste Leben warten, um glücklich und in Wohlstand leben zu können. Sie möchten jetzt Zufriedenheit für alle Menschen erschaffen. Viele Menschen möchten hier auf der Erde ganz neue Spiele spielen, indem sie ganz neue schöpferische und magische Fähigkeiten entwickeln. Dabei lösen vor allem die Gefühle der Menschen die Umgestaltung der Welt aus, und zwar die echten, unverstellten Gefühle des Alltags. Wenn du darunter leidest und innerlich aufstöhnst, dass die meisten Menschen sich in endloser Wiederkehr im Drama ihres Lebens drehen und ihre Kreativität in scheinbaren Pflichten ersticken, dann verwandelt sich die Welt. Wenn du das Leid der Welt wirklich fühlst und in deinem Herzen bewegst, dann verwandelt sich die Welt. Deshalb lohnt es sich für dich, dir die Frage zu stellen, worunter du am meisten leidest.

Du darfst dir erlauben zu sehen, was ich sehe. Dann schaust du auf die Welt und siehst, wie sie im Chaos versinkt und wie sich das Neue aus dem Chaos entwickeln möchte. In vielen Ländern der Erde ist es augenfällig geworden, dass die ganze Gesellschaft zusammenbricht, verkrustete Strukturen zusammenfallen, ohne dass Jemand schon das Neue sieht, sondern es entfaltet sich auf dem Boden des Zusammenbruchs.

Du darfst also auch gerne definieren, worunter du in deiner Gesellschaft, in deiner Kultur leidest, damit sie sich verändern kann. Trotz umfassendem Wohlstand versinken viele Menschen in Europa in einer tödlichen Langeweile. Es existieren viel zu wenig Räume und Gelegenheiten, um einfach miteinander Spaß zu haben und bedingungslos kreativ sein zu können. Viele Menschen suchen daher ihr Heil in der Unterhaltungsindustrie und im Internet, aber auch dort herrscht Öde und Gleichförmigkeit, wenn nicht gar sinnlose Machtspiele toben.

Indem du dich dieser Frage stellst, lässt du die Kraft der Verwandlung, die der Meister verkörpert, in das Thema einfließen, dass dich am meisten bewegt. Es bedeutet nicht, dass du in deinem Leid schwelgen sollst, sondern du sollst dir Leidvolles in der Gewissheit bewusst machen, dass sich jetzt gerade alles sehr schnell transformieren kann. Wenn es möglich ist, darfst du auch klare Entscheidungen treffen und dir innerlich versprechen, alles, was in deiner Macht liegt, beizutragen, um das Leid zu beenden.

6. Was bereitet dir am meisten Freude?

Um die Frage zu beantworten, darfst du dich ganz bewusst auf die Ebene deiner Seele begeben. Du klinkst dich aus dem Massenbewusstsein aus und öffnest dich zu erkennen, was deine Seele sucht und nährt. Wenn du in deinem Leben etwas findest, was dir Freude macht, darfst du es ganz bewusst begrüßen und dann wird es expandieren. Wenn du dich mit dieser Freude verbindest, indem du sie dir bewusst machst, dann verwandelst du auch deine Realität.

Du kannst dir ganz konkret vorstellen, dass die alte Welt in lauter Puzzleteile zerfällt, die chaotisch durcheinanderpurzeln. Du nimmst dann einen Puzzlestein in die Hand, der dir gefällt. Diesen Puzzlestein pflanzt du nun ganz bewusst in der Dimension deiner Meisterschaft ein. Andere Puzzlesteine hast du schon aus deiner Dimension herausgeschmissen und entrümpelt. Du räumst in deiner Dimension auf, indem du die durcheinanderfliegenden Puzzlesteine aufnimmst und sortierst. Genau das ist deine Aufgabe. Mit deiner hohen Schwingung kannst du deine *définition maîtresse,* deine Dimension der Meisterschaft erschaffen. Wer sollte das besser können als du?

Du hebst deine Schwingung an. Daher schwächt sich deine Bindung ans Leben ab. Du könntest ganz leicht im Leben aus- und wieder einsteigen. Du könntest über die Lichtbrücke, den Übergang zwischen Leben und Tod, hin und zurück laufen. Daher musst du dich jeden Tag neu für das Leben entscheiden.

7. Was macht dir das Leben lebenswert?

Diese Frage kannst du dir immer wieder stellen. Du kannst allem, was dir das Leben lebenswert erscheinen lässt, möglichst viel Zeit in deinem Alltag einräumen. Die siebte Frage ergänzt sehr gut die zweite bis vierte und die sechste Frage. Deine scheinbaren Verpflichtungen verblassen, während deine Leidenschaften dich zunehmend einnehmen. Du wirst beobachten können, dass genau das, was dir das Leben lebenswert macht, auch viele Menschen in deinem Umfeld nachahmen, weiterentwickeln und vertiefen werden. Auf diese Weise erschafft ihr gemeinsam eine neue Welt. Wenn du zum Beispiel feststellst, dass du gerne liest, dann werden viele Menschen in deinem Umfeld das Lesen neu entdecken. Wenn du gerne wanderst, werden neue Wanderwege eingerichtet und diese Freizeitbeschäftigung wird an Popularität gewinnen. Wenn du gerne schwimmst, wird eine neue Badekultur ins Leben gerufen. Wenn du gerne kochst und isst, wird sich eine neue Esskultur entwickeln, aber wenn dir Essen und Trinken egal sind, werden immer mehr Menschen zur Lichtnahrung übergehen.

Du bist der Vorreiter und damit definierst du die neue Lebenskunst. Dabei bist du natürlich nicht allein, aber deine Entscheidungen haben starkes Gewicht. Deine Gedanken und deine Leidenschaften bestimmen die Weiterentwicklung der Welt.

8. Was ist deine Vision für die Zukunft der Erde?

Jetzt darfst du dir etwas auszudenken und visualisieren, was es im besten Falle noch gar nicht gibt. Du hast dich erinnert, was du aus diesem Leben kennst, aber nicht mehr weitermachen möchtest, was du also aus deiner Dimension verbannen möchtest. Du hast dich erinnert, was dir jetzt schon Freude bereitet und was du expandieren oder sich vervielfältigen lassen möchtest. Darüber hinaus kannst du ganz neue Visionen entwickeln.

Was ist deine Vision für dein zukünftiges Leben, wenn du es jetzt in Einheit, Freude und Liebe gestaltest? Welche Vision gibt dir deine Liebe zur Erde ein? Deine Vision fügt sich in den Weltentraum ein, der die neue Erde erschafft.

Der Lichtkörper

Dein Aufstieg in die Meisterschaft verändert auch deinen physischen Körper in radikaler Weise. Ich bezeichne die Transformation des physischen Körpers auf dem Weg in die Meisterschaft als Lichtkörperprozess. Du darfst dich in diesem Kapitel überraschen lassen, wie einfach sich der Lichtkörperprozess in dieser Zeit gestaltet. Zunächst darfst du dich mit deiner Leidenschaft für persönliches Wachstum und inneren Aufstieg verbinden. Ich verneige mich vor dir wegen deiner Leidenschaft für den Aufstieg und deshalb arbeiten wir hier zusammen. Wenn ich dich jetzt zu deinem Lichtkörper führe, darfst du ganz bewusst deinem Verstand erlauben, mentale Begrenzungen loszulassen. Während du weiterliest, darfst du alles begrüßen, was in deinem Bewusstsein erscheint, auch Eingebungen jenseits von Gedanken und Worten. Der Lichtkörperprozess vertieft deine Selbsterfahrung, er eröffnet dir sehr spezifisches Wissen über dich selbst, das du annehmen darfst. Wenn du es wählst, kannst du dich während deiner dunkelsten Stunden auf der Erde oder vielleicht sogar in anderen Dimensionen des Universums sehen. Du kannst, wenn du damit Resonanz hast, zum Beispiel den Untergang von Atlantis noch einmal in deinem Körper spüren. Außerdem siehst du dich in glänzenden und herausragenden Rollen in früheren Leben. Aus unserer Sicht gehören glückliche und traurige Lebenserfahrungen deines Seelenweges untrennbar zusammen. Die Farben des Lebens, die du in dir trägst, fließen in deinem Lichtkörper zusammen und werden eins. Bei dem Lichtkörperprozess handelt es sich auch um einen Prozess der Verjüngung. Wenn du darauf dein Augenmerk richtest, kannst du das Potenzial der Verjüngung empfangen und erfahren.

Die Heilung des Körpers bewegt viele Menschen. Wenn man krank ist und Schmerzen erleidet, dann hat der menschliche Geist scheinbar vollkommen die Macht über den Körper verloren. Krankheit und Schmerz erzeugen Zustände absoluter Ohnmacht, die allerdings auch nur eine Illusion darstellen, denn der Körper gehorcht deinem Geist. Der Körper macht, was du willst, wenn du deine Macht annimmst. Kluge Beobachter der westlichen Gesellschaften stellen fest, dass Gesundheit die neue Religion ist. Ich stimme dieser Beobachtung zu. Viele Menschen sitzen den ganzen Tag vor einem Computer in einem Großraumbüro und schalten dabei ihren Körper ab, weil sie sonst die langen Arbeitszeiten im Sitzen gar nicht durchstehen könnten. Nach Feierabend verlangt der Körper dann sein Recht. Er verlangt Aufmerksamkeit. Wenn du so lebst, wie es viele Menschen in deiner Kultur tun, dass du berufsbedingt körperliche Empfindungen und Sinneswahrnehmungen abschaltest, muss es dazu einen Ausgleich geben. Daher suchen viele Menschen in ihrer Freizeit den Kontakt mit dem Körper. Gesundheit als neue Religion gehört natürlich eher zum Glaubenssystem des Mittelstands.

Im Lichtkörperprozess wird der physische Körper auf jeden Fall in den Fokus deiner Aufmerksamkeit rücken. Du kannst dir vorstellen, dass dein physischer Körper durch eine Art unsichtbarer Tunnel mit einer anderen Dimension verbunden ist, in der sich dein Lichtkörper befindet. In einem Paralleluniversum, auf der anderen Seite einer dünnen Bewusstseinsmembran existiert dein Lichtkörper. Du kannst deinen Lichtkörper daher einfach einatmen und dich damit verbinden, wenn du es wählst, diesen Schritt zu tun.

Dein physischer Körper war bisher über Meridiane (Energiebahnen) und Chakren (pulsierende Energiefelder im Zentrum deines Körpers) mit dem Lichtkörper verbunden, allerdings nur sehr rudimentär. Wenn die Experten der chinesischen Medizin unterschiedliche traditionelle Techniken einsetzten, um Meridiane mit Energie zu versorgen, dann ließen sie Energie aus dem ganz persönlichen Lichtkörper ihres Patienten in den physischen Körper einfließen. Genauso funktioniert die Energetisierung von Chakren. Allerdings ließ sich auf diese Weise meistens nur eine begrenzte physische Heilung bewirken. Du kannst dir vorstellen, dass durch einen energetischen Schlauch wie bei einer Infusion ständig Energie aus dem Lichtkörper in den physischen Körper hereintröpfelt. Traditionelle Heiltechniken zur Harmonisierung von Chakren und Meridianen konnten den Fluss der aus dem Lichtkörper einfließenden Energie verstärken, die je nach Tradition Chi, Prana oder Lebenskraft genannt wird. Bei den meisten Menschen haben sich im Laufe des Lebens die Energiebahnen des physischen Körpers verstopft, was den Alterungsprozess vorantreibt. Hellsichtige Medien können sehen, dass der Energiekörper von Kindern leuchtender erstrahlt als der Energiekörper alter Menschen. Du kannst dir vorstellen, dass Energielinien, die als Verlängerung der Meridiane aus deinem physischen Körper austreten, den Körper mit dem Lichtkörper verbinden. Hinzu kommen weitere Energieverbindungen, die bisher auch von energetischen Heilern kaum wahrgenommen wurden. Wie eine Marionette, die an Fäden hängt, bist du mit deinem Lichtkörper verbunden. Die Verbindung reißt auch nicht ab, wenn jemand stirbt.

Nun ist die Zeit gekommen, dass du die Verbindung zu deinem Lichtkörper neu konstituierst. Du kannst dir vorstellen, dass sich dein Lichtkörper aus dem Paralleluniversum, in dem er sowieso schon existiert, mit einem einzigen Atemzug mit deinem physischen Körper vereint. Während du das liest, kann es sein, dass du innerlich das Gefühl hast, Ja sagen zu müssen. Dann solltest du das tun, egal welche Sätze du gerade liest. Wenn du unvermittelt das Bedürfnis hast, Ja zu sagen, dann nimmst du den Lichtkörper auf. So einfach ist das. Eigentlich können wir das Kapitel hier beenden. Ich weiß aber auch, dass es dir guttut, wenn ich dich bei der Manifestierung deines Lichtkörpers eine Weile begleite. Wenn du ehrlich mit dir selbst bist – und du musst nicht ehrlich gegenüber anderen oder gegenüber mir, sondern nur zu dir selbst sein – dann spürst du womöglich, dass du zu einem Ja noch nicht bereit bist und es daher bei dir nicht erscheint. Etwas hält dich innerlich davon ab, Ja zu sagen, den Vorhang zwischen den Dimensionen aufzuziehen und den Lichtkörper hereinzulassen. Wenn ein Ja bei dir noch nicht erscheint, dann kannst du trotzdem weiterlesen. Auf mögliche Blockaden gehe ich nämlich auch noch ein. Später kannst du dich jederzeit noch einmal der Einladung deines Lichtkörpers zuwenden.

Übung *Einladung des Lichtkörpers*

Ich bitte dich, einen tiefen Atemzug zu nehmen und vor deinem inneren Auge deinen physischen Körper zu sehen und gleichzeitig das Paralleluniversum wahrzunehmen, in dem dein Lichtkörper jetzt erstrahlt und dir entgegenkommt. Du sagst innerlich Ja und damit kommt der Vereinigungsprozess zwischen Körper und Lichtkörper ins Rollen. Du nimmst einen tiefen Atemzug und verbindest dich mit deinem Lichtkörper.

Der Lichtkörper ist der strahlende Körper deiner Seele. Er ist weder die Seele selbst noch dein Energiekörper. Der physische Körper ist von deinem Energiekörper, von deiner Aura umgeben. Als Aura bezeichnet man den in einer einzigartigen Schwingung erstrahlenden energetischen Kreis um deinen physischen Körper. Dein Energiekörper kann sehr hell erstrahlen, besonders wenn du dich immer wieder von Verstrickungen mit anderen Seelen, dunklen Aspekten deines Seelenweges und körperlichen Traumapunkten gereinigt hast. Wenn du nun den Lichtkörper, den Körper deiner Seele, annimmst und vollkommen mit dem physischen Körper verbindest, dann lösen sich die energetischen Schnüre zwischen den beiden Körpern auf. Du könntest sogar vor deinem inneren Auge sehen, wie sich diese Energiebänder verkürzen, verkürzen, verkürzen und wie der Lichtkörper zu dir hereinschwebt, nachdem sich der Schleier zwischen den Dimensionen verflüchtigt hat. Obendrein lösen sich die Chakren und Meridiane in deinem Körper auf, denn sie haben ihre Funktion verloren, die Verbindung zum Lichtkörper herzustellen. Du kannst dich öffnen, diesen Prozess vor deinem inneren Auge zu sehen. Du siehst dann den strahlenden Körper, der du wirklich bist. Bei dem Lichtkörper handelt es sich um gleichförmig pulsierendes funkelndes Licht, das den physischen Körper durchströmt und umhüllt. Das Herzzentrum erstrahlt in der Mitte des Lichtkörpers besonders hell, vor allem dann, wenn du dich in einer dunklen Umgebung aufhältst. Der Lichtkörper bindet sich an den physischen Körper über das Herz, am Herzen ist er sozusagen an den physischen Körper angeheftet. Während der Lektüre kannst du alles, was ich hier beschreibe, vor deinem inneren Auge sehen.

Wenn du ein Ja in dir aufsteigen fühlst, den Lichtkörper anzunehmen, dann darfst du dieses Ja aus tiefstem Herzen begrüßen. Es mag sein, dass du zunächst einmal das Ja nur vor dich hinmurmelst. Auch das ist in Ordnung und dann steigt das leidenschaftliche Ja, den Lichtkörper wirklich zu empfangen, womöglich erst in einigen Tagen in dir auf. Es geht um deinen persönlichen Aufstiegsprozess, der sich in deinem ureigenen Rhythmus vollzieht. Wenn du dein Ja zum rechten Zeitpunkt fühlen kannst, dann wird ein Schleier zwischen den Dimensionen weggerissen, der sich dann auflöst. Ich bitte dich, dein Herz für dich selbst zu öffnen und dein strahlendes Licht zu sehen.

Wenn du deinen Lichtkörper empfangen hast, kannst du ihn kennenlernen und wirst erfahren, wie sich das Leben mit dem Lichtkörper verändert. Wenn du diesen Veränderungsprozess, den einige Menschen auf der Erde jetzt durchleben können, sehr bewusst wahrnimmst, dann kannst du später anderen Menschen deine Erfahrungen vermitteln. Jedenfalls wirst du dann in den Nächten, während du schläfst, in anderen Dimensionen zum Lehrer für neue Erdenseelen. Wenn der Lichtkörper zu dir hereingeschwebt und an dein Herz angeschlossen ist, dann entfaltet er sich in deinem physischen Körper. Die Entfaltung des Lichtkörpers im physischen Körper dauert ungefähr ein halbes Jahr. So lange begleite ich dich bei deinem Umbauprozess. Eigentlich ist es aber auch nur eine Illusion, dass dieser Prozess ein halbes Jahr dauert, er geschieht im Jetzt. In Wirklichkeit braucht der Verstand ungefähr ein halbes Jahr, um hinterher zu kommen und dem, was in deinem Körper geschieht, eine Struktur in Form von Gedanken, Sinnenwahrnehmungen und Gefühlen zu geben.

Es kann durchaus sein, dass du auch jetzt während der Lektüre Licht und Farben siehst oder dass du ein Flüstern oder eine Melodie hörst. Vielleicht schmeckst oder riechst du die Ausstrahlung deines Lichtkörpers. Alle diese Wahrnehmungen mögen dazu beitragen, dass du Ja sagen kannst, den Lichtkörper anzuziehen. Du sagst authentisch in deinem eigenen Rhythmus Ja. Dann gehört der Lichtkörper dir. So ist es.

Ich stelle dir nun einen bekannten Träger des Lichtkörpers vor: David, den König Israels. Er war bekanntlich ein erfolgreicher Krieger und kein Frauenverächter, wie es die Überlieferung erzählt. Er ist derzeit nicht auf der Erde inkarniert, das darfst du glauben, selbst wenn irgendwo jemand herumlaufen sollte, der sich als Wiedergeburt des Königs David ausgibt. Aber ein Abbild seines Lichtkörpers lebt auf der Erde. Es handelt sich um die berühmte Statue »David« von Michelangelo. Die Menschen schauen sie an und sagen: »Das ist ein vollkommener Körper.« Du siehst daran, auf welche Weise wir Geistwesen Aspekte von uns selbst auf der Erde manifestieren. Wir tun das zum Beispiel in Form von Bildern und Skulpturen.

David unterstützt uns hier auch, weil er einen Aspekt verkörpert, der auf der Erde in vielfältiger Weise transformierend wirkt und nun hier gebraucht wird: den Aspekt des Dichters. Mein Mark-Twain-Aspekt und Davids Psalmendichter-Aspekt arbeiten hier also zusammen, denn allein die Kraft der Poesie kann dir deinen Lichtkörper in angemessener Weise präsentieren. Mit wohl gesetzten Worten begleiten wir dich nun auf eine Lichtkörperreise.

Selbst wenn du, lieber Erdenengel, noch davor zurückschreckst, dir das Gewand des Lichtkörpers anzuziehen, dann wirst du es nun sicher probeweise einmal angelegen, so wie man während einer Theateraufführung vorübergehend in ein Kostüm schlüpft. Nach der Kostümierung betreten wir die Bühne, die Welt heißt, und du trägst deinen Lichtkörper.

Bei der Verkörperung des Lichtkörpers handelt es sich um einen energetischen Prozess jenseits der Worte, der Dimensionen verbindet. Du kannst noch einmal einen tiefen Atemzug nehmen und dir vorstellen, dass du das Gewand des Lichtkörpers anziehst. Wenn du den Lichtkörper wirklich verkörperst, dann verändert sich deine Welt. Du schaust dich selbst anders an und die anderen schauen dich anders an. Du stehst jetzt an einem Wendepunkt in deinem Leben, der auch einfach nur ein Zufall ist. Der Lichtkörper fällt dir zu.

Wenn du ehrlich mit dir selbst bist, dann kannst du auch innere Widerstände spüren, spontan zur Verkörperung des Lichtkörpers Ja zu sagen. Ich möchte dir daher erklären, warum die meisten Menschen davor zurückschrecken, den Lichtkörper wie ein neues Kleid einfach anzuziehen. Viele Menschen werden ja gar nicht vor diese Entscheidung gestellt und sie würden diesem Prozess auch nie zustimmen, weil er außerhalb ihres Lebensplanes liegt. Außerdem bewirkt die Verkörperung des Lichtkörpers Veränderungen, die die meisten Menschen scheuen.

Wenn du dich vor der Transformation des Gehirns, vor der Herzöffnung oder der Reinigung des Körpers fürchtest, die der Lichtkörper mit sich bringt, dann weist du ihn zurück. Ich unterstütze dich dabei, deine Angst loszulassen. Die grundlegende Angst, die dich zurückhält, ist die Angst vor dem Ungewissen. Du darfst dir bewusst machen, dass dein Pioniergeist, in neue Gefilde des Bewusstseins aufzubrechen, tatsächlich zu deiner Persönlichkeit gehört und dich trägt. Ich verabreiche dir an dieser Stelle eine energetische Infusion an Mut für das Unbekannte, die du annehmen darfst, so dass sich die Angst auflöst, du könntest den Boden unter den Füßen verlieren. In deinem Körper und in deinem Geist fühlt es sich in der nächsten Zeit immer wieder so an, als ob du sterben müsstest. Der Transformationsprozess im physischen Körper, den du durchlebst, ähnelt der Schwingungsanhebung, die mit dem physischen Tod einhergeht. Aber nur dein Ego stirbt, sonst nichts.

Was hindert die Seele daran, an diesem Wendepunkt des Lebens das Geschenk des Lichtkörpers anzunehmen? Oft blockiert ein tiefsitzender Glaubenssatz, das Geschenk des Lichtkörpers nicht zu verdienen. Du glaubst, noch irgendetwas tun oder verstehen zu müssen. Du glaubst, du müsstest die Leiter erst noch hochklettern, an deren Ende du schon angekommen bist. Der Verstand meint, noch ein paar Klimmzüge machen und sich schwierigen Lernstoff aneignen zu müssen. Gerade Menschen, die mit einem relativ integrierten Gehirn geboren wurden und sich mit dem ausschließlich linearen Denken auf ihrem Ausbildungsweg schwergetan haben, glauben oft, mental noch mehr arbeiten, Bücher lesen und Wissen sammeln zu müssen. Das darfst du loslassen. Du verdienst diese Transformation, ohne dass es noch weiterer Kurse, Ausbildungen und Einweihungen bedarf. Ein Aspekt des Inneren Kindes glaubt, den Lichtkörper nicht zu verdienen, weil er zu frech, zu schmutzig oder einfach zu wenig kompatibel für das Normalbewusstsein seines Umfeldes zu sein schien. Du darfst es in diesem Moment fühlen, wenn es dich betrifft, dass du nicht so gewesen bist, wie es sich deine Eltern, Freunde oder Vorgesetzten gewünscht haben. Der Virus der Unerwünschtheit wird nun auch das Zeitliche segnen. Du darfst noch einmal einen tiefen Atemzug nehmen und innerlich zu dir selbst sagen: »Ich verdiene den Lichtkörper.« Alle Aspekte, die sich klein, schuldig, unfrei, unverstanden, zurückgewiesen und abgelehnt fühlen, könnten in den nächsten Wochen noch einmal bei dir anklopfen, aber nur, um sich zu verabschieden. Du gibst ihnen dann den Segen und lässt sie gehen.

Um den Lichtkörper einzuladen, brauchst du eine gewisse Hingabe, Demut und vielleicht sogar Unterwerfung. Du musst dich dem Prozess überlassen, ihn geschehen lassen, einfach wirken lassen und nicht nur zulassen. In der nächsten Zeit darfst du dich immer wieder daran erinnern, dass es sich um einen Zufall handelt. Der Lichtkörperprozess hat nichts mit Machbarkeit zu tun. Es geht darum, ein Geschenk anzunehmen und es nicht zu bewerten, sondern einfach zu akzeptieren. Hingabe, Demut und Gelassenheit sind für dich zunächst vielleicht leere Worte, die aber in deiner Seele in den nächsten Tagen und Wochen Raum gewinnen werden. Im Zustand der Gedankenleere, die dich in nächster Zeit immer wieder überfallen wird, kannst du sie erfassen. Du wirst zunehmend aufhören, dich selbst ständig zu verbessern und optimieren zu wollen. Wenn du den Habitus der Gelassenheit verkörperst, dass du dich so, wie du bist, lässt, dann kannst du dich vor dir selbst verneigen. Dein Leben ist vollkommen, so wie es jetzt ist. Dein Leben stellt die Basis dar, auf der sich der Wendepunkt der Lichtkörperintegration ereignen kann. Wenn es eine andere Basis gebraucht hätte, dann hätte sie sich realisiert.

Lichtkörperreise

David und ich führen dich jetzt auf deine Lichtkörperreise. Ich führe unsere kleine Polonaise an und wir reisen mit dem Lichtkörper durch verschiedene Dimensionen. Während der Reise kannst du die lichtvolle Essenz von mir und David als deine Reiseführer fühlen und mit deinem dritten Auge sehen. Wir reisen zunächst einmal in die Heimat des Königs David, eine Welt, die du als orientalisch bezeichnen würdest. Vielleicht hörst du schon die exotisch klingende Musik, während wir dich in eine Oase in der Wüste führen. Die Sonne scheint und treibt dir den Schweiß aus allen Poren. Vor dir steht ein freundliches Pferd, bepackt mit allem, was du für diese Reise brauchst. Du schwingst dich einfach auf den Rücken deines Pferdes und die Reise geht los. Du brauchst gar nichts zu tun, das Pferd trägt dich und manchmal spannt es sogar seine Flügel aus, um schneller voran zu kommen. Wir fliegen ein Weilchen zwischen den

Sternen hindurch und dann wandern wir wieder ein Stück über die Erde. Sieh an, da sind wir schon!

Mitten in der Nacht betreten wir eine Zeltstadt. Ein Feuer brennt auf dem runden Platz im Kreis der Zelte und weist uns den Weg. Dienstboten eilen herbei und kümmern sich um unsere Pferde. Ich fordere dich auf, dein Zelt zu finden. Dein Zelt erkennst du an einem Symbol, mit dem es markiert ist. Jedes Zelt trägt ein einzigartiges Symbol und intuitiv weißt du, welches Symbol zu dir gehört. Wenn du dein Zelt gefunden hast, gehst du hinein.

Du schiebst die Zeltplane beiseite und trittst ein. Du solltest dich zunächst umschauen und mit allen Sinnen die Ausstattung, die Möbel, den Schmuck und das Licht in deinem Zelt wahrnehmen. In deinem Zelt wirst du begrüßt. Die geistigen Wesen, die sich dort aufhalten, sind die Designer und Näherinnen deines Lichtkörpergewandes. Jetzt kannst du dein Lichtkörpergewand schon entdecken, es hängt in deinem Zelt und strahlt dich an. Wir sind hier, weil es fertig ist und wir es abholen wollen. Die Designer, die Näherinnen und ihre Gehilfen haben dieses Gewand im Einklang mit deiner Seele für dich entworfen und gefertigt. Schau es dir an, es ist wahrlich ein Festtagsgewand. Gibt es etwas auszusetzen an deinem Gewand? In den meisten Fällen nicht. Also kannst du dich freuen und es einfach anziehen. Die Gehilfen der Schneiderei unterstützen dich beim Ankleiden. Dann überreichen sie dir die Accessoires zu deinem Gewand, zum Beispiel passende Handschuhe und Schuhe, einen speziellen Kragen, ein Tuch oder einen Hut. Anschließend wird dir der Schmuck angelegt. Du kannst in dem großen Spiegel in einer Ecke des Zeltes einfach zuschauen, wie du angekleidet wirst. Fühlst du, wie angenehm dein Designerkleid auf der Haut liegt? Es ist natürlich nicht von ungefähr, dass dein Gewand genauso aussieht, wie es aussieht. Du kannst dich ruhig darin bewundern! Es fühlt sich sicher ungewohnt an, wenn du es jetzt trägst und dich darin bewegst. Bedenke, dein Lichtkörpergewand repräsentiert deinen Lichtkörper, genauso wie die Statue von Michelangelo eine Nachbildung von

Davids Lichtkörper darstellt. Jetzt siehst du die Replik deines Lichtkörpers, das Gewand, und dich selbst, wie du es trägst, im Spiegel. In dem Zelt, in das ich dich geführt habe, sind das symbolische Gewand und die Energie des Lichtkörpers eins. Nun reicht es aber, nun hast du dich lange genug im Spiegel betrachtet! Ein letzter prüfender Blick in den Spiegel und du trittst wieder aus dem Zelt heraus. Die Pferde bleiben hier in der Zeltstadt, um sich auszuruhen, und wir gehen los. Wir gehen zusammen und dennoch geht jeder seinen eigenen Weg.

Du darfst ein paar Schritte tun und fühlen, wie du dich in deinem Lichtkörpergewand bewegst. Nachdem du die ersten Schritte in deinem Lichtkörper getan hast, wird dir bewusst, wie leicht du trotz des großartigen und prachtvollen Gewandes durch die Welt schreiten kannst. Auf einmal wirst du gewahr, dass du auf einem hohen Berg stehst. Vor dir tut sich eine Treppe auf und du schreitest diese Treppe hinab. Nachdem du eine Weile Stufe für Stufe herunter gegangen bist, findest du dich am Ufer eines Flusses wieder. Dann gehst du ein Stück am Fluss entlang. Du atmest den Geruch der Flusslandschaft ein. Du siehst, wie sich Schmetterlinge am Wegesrand tummeln. Du darfst jetzt alles registrieren, was dir dort begegnet. Die Landschaft, die sich vor dir auftut, hat dein Lichtkörper sich ausgesucht. Vielleicht taucht sogar der Name des Flusses in deinem Geist auf, vielleicht taucht der Name von Bäumen oder Pflanzen, die dir dort begegnen, auf. Vielleicht läuft dir das eine oder andere Tier über den Weg. Ein Fisch springt aus dem Wasser und begrüßt dich. Die Welt begrüßt dich in deinem neuen Gewand. Du darfst schauen, wie du die Welt jetzt wahrnimmst. Lasse die Welt dich begrüßen, während du Schritt für Schritt am Ufer des Flusses entlangschreitest. Vor dir taucht eine Brücke auf, die den Fluss überspannt. Du solltest die Brücke betreten.

Während du oben auf der Brücke stehst, schaust du zunächst nach rechts auf den Fluss und siehst, wo der Fluss herkommt. Du siehst, wo du herkommst. Du siehst den Fluss deines Lebens und kannst sogar über dieses Leben hinausschauen. Die eine oder andere

Erinnerung mag auf dich zufließen. Du stehst dort oben auf der Brücke und schaust auf den Fluss, nimmst einen tiefen Atemzug und erkennst, wo du herkommst. In weiter Ferne siehst du eine Landschaft als Symbol deiner Herkunft. Die Essenz deiner Herkunft drückt sich in einer irdischen Landschaft aus, die du dir bewusst vor Augen führen darfst.

Dann wechselt das Bild und du erkennst am Horizont wieder einen Bezugspunkt deiner selbst. Du siehst dein Seelenlicht und es strömt auf dich zu. Es erstrahlt gleichzeitig in weiter Ferne und gleichzeitig erfüllt es dein Herz.

Nun wendest du dich um und schaust nach links. Du siehst jetzt, wo der Fluss hinfließt. Du trägst dein einzigartiges Lichtkörpergewand und du kannst jetzt in die Welt, in die dein Seelenfluss strömt, schauen. Du kannst in die Zukunft schauen. Du darfst empfangen, was du dort siehst. Wenn Seelen hereinfliegen, die du kennst, darfst du sie begrüßen. Sie kommen hierher, um dir die Ehre zu erweisen. Die Seelen, die aus der Zukunft zu dir hereinkommen, verneigen sich vor dir. Es können sogar deine Enkel und Urenkel, die es womöglich noch gar nicht gibt, hereinflattern und dich begrüßen. Du kannst den einen oder anderen Wendepunkt deines Lebens sehen, der für dich wichtig ist. Du darfst diese Informationen empfangen, denn dein Lichtkörper zieht sie an. Er zieht die Energie der Zukunft an, begrüßt sie und transformiert sie sogar in gewisser Weise.

Du verlässt die Brücke und gehst den Weg weiter. Du entfernst dich nun von dem Fluss. Der Fluss nimmt trotzdem weiterhin ungehindert seinen Lauf. Wenn du das einzigartige Gewand des Lichtkörpers trägst, dann weißt du, wo du herkommst und wo du hingehst. Nun schaust du dich am Wegesrand um. Da steht ein Busch und du nimmst dir von diesem Busch einen Zweig. Selbst wenn du etwas Anstrengung aufwenden musst, brichst du den Zweig ab. Du bedankst dich anschließend bei dem Busch, dass er dir den Zweig geschenkt hat. Dann gehst du weiter über die Erde mit deinem Zweig. Du bist sehr achtsam, denn du trägst so ein schönes Kleid.

Es passiert ganz automatisch, dass du mit offenen Sinnen dahinschreitest. Auf einmal fühlst du eine leichte Vibration in dem Ast, den du in der Hand hältst. Du fühlst, wie der Ast zu tanzen beginnt. Der Ast zeigt auf einen Punkt auf der Erde und du berührst mit ihm die Erde. An der Stelle, an der du mit deinem Ast die Erde triffst, entspringt eine unversiegbare Quelle. Das Wasser sprudelt dir entgegen und du kannst einen Schluck Quellwasser trinken. Du kannst es genießen, deinen Durst zu stillen. Die Quelle war schon immer an dieser Stelle, sie war nur unter der Erde verborgen. Sie hat im Dunklen geschlummert und jetzt hast du sie zum Leben erweckt, weil du deine Sinne geöffnet und auf deine innere Stimme gehört hast. Weil du einfach getan hast, wozu du Lust hattest, weil du den Ast genommen und den Boden berührt hast, ergießt sich jetzt das Wasser der Quelle vor deinen Füßen. Du stehst an der Quelle und schaust dem Wasser nach, wie es den Berg hinunterfließt. Es fließt ins Tal, so dass ein großer See entsteht. Alles ging ganz schnell, fast im selben Moment, als du die Quelle zum Leben erweckt hast, hat sich schon das Tal mit Wasser gefüllt. Du hörst schon das Lachen der Kinder, die sich am Ufer des Sees tummeln und darin baden. Du fühlst sogar, wie dir etwas Wasser ins Gesicht spritzt, während die Kinder im Wasser plantschen. Während du die Kinder lachen hörst, lachst du selbst in dich hinein.

Du gehst weiter und trägst stolz dein Gewand. Dann kommen viele Menschen auf dich zu. Du weißt, dass du sie kennst, aber sie erkennen dich nicht. Weil dein Gewand so prächtig erstrahlt, erkennen dich einige gar nicht mehr! In gewisser Weise bist du für sie unsichtbar geworden. Sie öffnen ihre Augen nicht für die Pracht, die du verkörperst. Sie gehen an dir vorbei, als würden sie dich nicht sehen. Du schaust ihnen hinterher und bedankst dich für den Weg, den sie bisher mit dir gegangen sind. Du lässt sie an dir vorüber gehen und fühlst den Dank in deinem Herzen. Dann kommen andere Menschen, die dich anlachen und an deinem Gewand zupfen. Sie verneigen sich vor dir. Sie freuen sich, dass sie dich sehen, sie lachen und tuscheln. Wenn sie deine Füße küssen möchten, dann wehrst du sie ab. Wenn sie nicht ablassen von dir, bist du gnädig und lässt sie dir die Ehre erweisen.

Auf einmal begegnet dir ein Mensch, der auch ein besonders prachtvolles Gewand trägt. Jetzt kannst du sehr deutlich erkennen, wie sich das Gewand deines Gegenübers von deinem unterscheidet. Du siehst, dass es in anderen Farben leuchtet, aus einem anderen Stoff und in einer anderen Struktur gewebt ist. Die vielfältigen unterschiedlichen Muster und der einzigartige Schmuck fallen dir auf. Du nimmst die Begegnung als ein Geschenk an und, indem du das Kleid deines Gegenübers bewunderst, breitet sich gegenseitige Achtung, Respekt, Anerkennung und Liebe zwischen euch aus. Gerade indem du die Unterschiede wahrnimmst, entsteht ein Gefühl der Einheit. Jetzt kannst du auch das Gewand von mir, Saint Germain, und von David begutachten. Wir schauen uns an und bewundern uns gegenseitig. Man braucht sich nicht vorzustellen, man braucht nicht seinen Namen zu sagen, keine Anekdoten aus seinem Leben zu erzählen, um sich kennenzulernen. Wir bewundern einfach gegenseitig die Ausstrahlung unseres Gewands. Jetzt nähern sich noch andere Meister mit ihrem Lichtkörper und stellen sich in unseren Kreis. Du wirst viel Gold, die integrierte Lichtfarbe, in dieser Runde wahrnehmen. Du kannst sehen und sogar fühlen, wie goldenes Licht die Gewänder durchdringt. Wir stehen zusammen im Kreis und, während wir uns in einem langsamen Rhythmus bewegen, schwingen wir höher und höher und schwingen uns auf in unserer lichtvollen Essenz.

Wir bewegen uns noch ein Stück über die Erde. Auf einmal findest du dich einsam in einer einzigartigen Landschaft wieder. Die Landschaft spiegelt dein inneres Wesen und du darfst sie dir genau anschauen und mit allen Sinnen wahrnehmen. Du trägst dein Gewand, während du mit beiden Beinen auf der Erde stehst. Du bist vollkommen mit der Erde verbunden. Du fühlst, was die Erde fühlt, dort wo du stehst. Vielleicht fühlst du, dass sie nach Wasser schreit. Wenn du in einer Eislandschaft stehst und siehst, wie das Eis schmilzt, dann fühlst du auch, dass es doch einfach nur Eis bleiben möchte. Vielleicht hörst du, dass die Erde stöhnt und ächzt. Du verbindest dich mit der Erde und nimmst das wahr, was es dort mit allen Sinnen zu erfahren gibt. Dann hörst du eine Stimme aus der Erde, die sagt: »Ich danke dir für deine Präsenz. Ich danke dir, dass du da bist.« Du nimmst den Dank der Erde an und ihr Dank bringt dein Gewand zum Strahlen.

Auf einmal erscheint wie aus dem Nichts eine ungewöhnliche Kutsche. Du setzt dich in dieses Himmelsgefährt hinein und fliegst auf einen Stern deiner Wahl. Du trägst weiterhin dein Gewand. Vielleicht hat der Stern sogar einen Namen, der jetzt in großen Lettern vor deinem inneren Auge erscheint, oder du weißt einfach, welcher Stern es ist. Du begrüßt dort deine Sternenfreunde, die mit dir tanzen und lachen und singen, wenn sie dich in deinem Gewand sehen. Auch sie berühren dich voller Bewunderung. Sie zupfen an dir herum, heften dir einen neuen Schmuck an oder stecken dir eine Feder an deinen Hut. Dann rufen sie: »Schön, dass du gekommen bist, du kannst jederzeit wiederkommen, sooft du möchtest.« Sie erinnern dich daran, dass du dein Gewand nie mehr ausziehen wirst, selbst wenn du Astralreisen unternimmst, und auch nicht, wenn du eines Tages für immer die Erde verlässt. Der Lichtkörper bleibt bei dir und daran kannst du erkennen, dass es sich um den Körper der Seele handelt. Der Lichtkörper ist untrennbar mit der Seele verbunden.

Wir steigen wieder in unsere Himmelskutsche ein und landen auf dem zentralen Platz des Zeltdorfs, wo am Feuer schon unsere Pferde stehen. Sie sind bereits reisefertig und warten auf uns, um mit uns wieder zurück in die Oase zu reiten, in der unsere Reise begann.

Jetzt ist der entscheidende Moment gekommen. Du hast die Wahl. Du kannst mit deinem Lichtkörpergewand auf das Pferd steigen oder es zurücklassen. Wenn du dein Gewand wieder ablegen möchtest, dann kommen die Diener herbeigelaufen und nehmen es in Empfang. Du kannst sicher sein, dass es in dem Zelt, das nur dir gehört und das du jederzeit wieder aufsuchen kannst, für dich aufbewahrt wird. Du solltest ganz loslassen und einfach zuschauen, was geschieht, ob dir dein Gewand noch einmal abgenommen wird oder nicht. Es geschieht einfach und du kannst es gar nicht beeinflussen, sondern du schaust dir selbst zu. Dann steigst du auf dein Pferd und wir reiten davon. Wir reiten zurück und, damit es schneller geht, lassen wir unsere Pferde wieder ein Stück fliegen.

~····~

Du weißt, dass du diese Reise zusammen mit mir und David jederzeit wieder unternehmen kannst. Das Ende gehört dir, so wie du es gestalten möchtest. Ich, Saint Germain, und David stehen dir, wenn du es wählst, als ganz persönliche Begleiter für deine Lichtkörpertransformation zur Verfügung. David hat es gewählt, den Menschen dadurch zu dienen, dass er ihnen ihren Lichtkörper nahebringt. Er verabschiedet sich und bedankt sich für die Funken der Freude, die du ihm geschenkt hast, indem du ihm dein Lichtkörpergewand gezeigt hast.

Wie du gesehen hast, bedurfte diese Reise der Poesie, einer bildhaften Sprache, sonst hättest du dich in Zweifeln und unnötigen Fragen verstrickt. Deine persönlichen Erfahrungen bleiben dir von dieser Reise. Ich möchte sie nur in einem Satz zusammenfassen: Du hast die Quelle zum Leben erweckt.

1. Verwandlung des physischen Körpers

Die Annahme des Lichtkörpers bewirkt die Ausbalancierung des physischen Körpers. Es findet eine Reinigung des physischen Körpers statt, die mit Ausleitungssymptomen verbunden ist. Festsitzende Schlacken in deinem Körper kannst du loslassen, was auch manchmal schmerzhaft ist. Die energetischen Blockaden in deinem Körper basieren auf früheren körperlichen Verletzungen und sogar auf deinen Seelenerfahrungen, die über das aktuelle Leben hinausgehen. Wenn ein Chakra verschlossen war und sich jetzt öffnet, dann werden auch die mit diesem Chakra verbundenen Lebensthemen an die Oberfläche geschwemmt. Sehr häufig haben die Menschen im Laufe ihres Lebens ihr Herz verschlossen und das Herzchakra muss gereinigt werden, bevor der Lichtkörper am Herzen angeheftet werden kann. Im Laufe des Lichtkörperprozesses zeigen sich Themen wie Trennung, Verlust, Trauer, Einsamkeit, Zweifel, mangelndes Vertrauen, Verwirrtheit, Verrücktheit, Hunger, Durst, Schmerz. Wenn du Ja zum Lichtkörper sagst, passiert die Reinigung des physischen Körpers automatisch. Die physischen Narben und Anker aller Verletzungen aus diesem und früheren Leben lösen sich auf, wenn du den Lichtkörper annimmst. Dieser Prozess kann in manchen Fällen eine Zeitlang dauern und du darfst in den nächsten Wochen deine Ausleitungssymptome annehmen. Wir haben aber gemeinsam gewählt, dass dich die physische Reinigung nicht überwältigt, sondern dass sie sich sanft und erträglich vollzieht. Es kann sein, dass der Körper etwas mehr Ruhe braucht, die du ihm gönnen darfst. Wenn du deine Wohnung putzt, setzt du Wasser ein. Auch der Körper braucht Wasser zur Reinigung und du solltest daher mehr klares Wasser trinken als üblich, jedenfalls jedem Verlangen nach Wasser nachgeben. Wenn du deine Wohnung putzt, brauchst du auch einen ungetrübten Blick, um den Schmutz zu sehen. Im Laufe deines Lichtkörperprozesses gewinnst du Klarheit über deine ureigenen Päckchen, die du noch auf deinen Schultern trägst. In Klarheit und ohne Angst kannst du der Transformation zustimmen und deine Päckchen fallenlassen.

Die Engel räumen sie dann aus dem Weg.

Übung *Lichtheilung*

Du eröffnest den **Raum des Unendlichen Lichts** in dir und außerhalb von dir. Mit jedem Atemzug lässt du dich tiefer in den Raum des Unendlichen Lichts fallen. Dort kannst du deinen Körper ausbalancieren. Du kannst mit jedem Einatmen das heilende Licht in jede deiner Zellen einfließen lassen. Mit jedem Ausatmen entlässt du

alles aus deinem Körper, was du nicht mehr brauchst. Du trägst das heilende Licht in deinen Zellen. Der Meister ist erleuchtet.

2. Transformation des Gehirns

Ein wesentlicher Effekt der Verkörperung des Lichtkörpers ist die Transformation des Gehirns. Dann fühlst du dich manchmal in der Welt bodenlos und haltlos, weil das Gehirn beginnt, anders zu arbeiten. Du kannst beobachten, dass sich für dich eine ganz neue Dimension des Hellsehens, Hellfühlens und Hellhörens eröffnet. Du kannst dir sicher vorstellen, dass manche Menschen schon allein deshalb den Lichtkörper gleich wieder abweisen, weil sie davor Angst haben. Viele Menschen tragen noch fest sitzende Ängste im Körper, die auf Erfahrungen aus früheren Leben beruhen, als sie sich von Visionen, Hellhören und Hypersensitivität überwältigt fühlten, die ihr Leben belastet und ihnen alltägliche Schwierigkeiten bereitet haben. Wenn du jetzt durch den kleinen Schock im Gehirn hindurchgehst, der mit der Annahme des Lichtkörpers verbunden ist, dann integrierst du auch deine persönlichen Aspekte geistiger Umnachtung. Du kannst die Erfahrungen deines inneren Verrückten loslassen, der oft auch noch einer Behandlung ausgesetzt war, die man heute als Folter bezeichnen würde. Du darfst zustimmen, deinen Inneren Narren zu verkörpern. Damit lösen sich auch dessen Schatten auf. Du darfst alle Überlagerungen von Gehirnaffektionen und psychischen Krankheiten aus früheren Leben abstreifen. Stattdessen eröffnest du dir ein ausbalanciertes Hellsehen, Hellhören und Hellfühlen. Die Stimme deines eigenen Lichtkörpers, die manchmal aufrüttelnde und mahnende Worte spricht, darfst du annehmen. Bilder und Visionen, die oft aus der Zukunft kommen, jedenfalls aus einer Dimension jenseits der Zeit, werden sich bei dir einstellen. Sie dienen deiner Bewusstseinserweiterung und bringen dir neue Einsichten für dein alltägliches Leben.

Auf dich kommen auch Phasen vollkommener Gedankenleere zu. Die Stille im Gehirn produziert dann erleuchtete Gedanken und

Bilder, die du als Geschenke empfangen kannst. Auch im Gehirn findet ein Reinigungsprozess statt. Von Zeit zu Zeit flackern unmotivierte Ängste auf. Dann nimmst du einen tiefen Atemzug und entlässt sie. Typische Ängste der Menschheit können aufflackern, zum Beispiel Angst vor dir selbst, vor deinen eigenen Verrücktheiten, vor auswegloser Verwirrung, Angst vor den anderen Menschen, soziale Phobien, Angst vor Gewalt, vor Übergriffen, vor Sklaverei, vor Unterdrückung durch andere Menschen, Angst vor Hunger und Durst, Angst vor Einsamkeit, Angst vor körperlichen Schmerzen. Alles, was bei dir erscheint, gehört zu dir und deinen Seelenerfahrungen. Die Integration deiner persönlichen Seelenaspekte bringt deinen Lichtkörper zum Funkeln.

Der Lichtkörper schenkt dir die Erfahrung der *Synästhesie*. Wenn du synästhetische Erfahrungen machst, weißt du, dass du jetzt im Lichtkörper lebst. Du darfst die Erfahrung der Synästhesie als Gradmesser für die Verkörperung des Lichtkörpers annehmen. Bisher war Synästhesie als spezielle Begabung nur einer kleinen Gruppe von Menschen vorbehalten. Synästhesie bedeutet, dass du Musik sehen oder als körperliche Sensationen erfahren kannst, zum Beispiel als Wärme, Kälte oder Kribbeln auf der Haut. Synästhesie bedeutet, dass du Bilder hören kannst. Du stehst vor einem Bild, einem Baum oder einer Blume und du hörst die Essenz des Objekts in einem Ton. Das Sehen erweitert sich. Du siehst die Aura aller Lebewesen und der Menschen. Du brauchst darüber nicht zu erschrecken, sondern du solltest die Erweiterung deines Erfahrungshorizonts annehmen. Deine Wahrnehmungen dienen dir, um Menschen und Situationen schneller einschätzen zu können. Bei manchen Menschen siehst du an ihrer Aura, dass du ihnen ausweichen solltest. Manche Menschen erzeugen ein schrilles Pfeifen in deinen Ohren, das dir als Warnung dient. Synästhesie ist ein Geschenk des Lichtkörpers. Du kannst dann auch erfahren, wie sich die Schwingung der Menschen durch deine Präsenz verändert, wenn du in ihre Nähe kommst. Wenn du einen Film anschaust, riechst du möglicherweise die Blumen, die im Film zu sehen sind, oder du schmeckst faktisch den Wein, den die Schauspieler im Film trinken. Mit dem Lichtkörper expandiert also deine sinnliche Wahrnehmung auf ganz selbstverständliche Weise.

3. *Expansion des Herzens*

Außerdem bringt der Lichtkörper eine starke Erweiterung deiner Herzkraft mit sich. Dann fühlst du zunächst einmal dich selbst stärker und entwickelst auch Mitgefühl für dich selbst. Es führt dazu, dass sich in deinem Verstand alle blockierenden Glaubenssätze auflösen, die dich davon abgehalten haben, deine eigenen Bedürfnisse ernst zu nehmen. Du darfst erfahren, dass du dich selbst dann gar nicht mehr verleugnen kannst. Wenn du dir den Lichtkörper anziehst, ihn dir zufallen lässt, dann wird dich deine neu gewonnene Selbstliebe veranlassen, Kompromisse, die bisher für dich tragbar waren, aufzugeben. Auch auf diese Weise räumt der Lichtkörper in deinem Leben auf.

Natürlich expandiert auch dein Mitgefühl für die anderen Menschen. Du fühlst bei jeder Begegnung sofort, was die anderen Menschen bewegt. Auch diesem Effekt des Lichtkörpers darfst du zustimmen. Wenn du dir echtes und neutrales Mitgefühl für andere wirklich erlaubst, dann wirst du auch immer wieder sehr schnell zu dir selbst zurückgeführt.

Attribute des Lichtkörpers

Du darfst es dir zu Herzen nehmen, dass du in diesem Leben als Vorreiter neuen Bewusstseins einen Weg bereitest, den andere dann nachgehen können. Es fordert radikales Umdenken, dass die Verkörperung des Lichtkörpers nicht mehr mit einem vorgegebenen Prozess verbunden ist, sondern dass du ihn anziehen kannst, wie man ein Kleid anzieht. In spirituellen Kreisen herrscht das Konzept vor, dass der Lichtkörperprozess mindestens 21 Tage strengen Nahrungsverzichts voraussetzt. Dieses Konzept haben wir aufgelöst. Du kannst dir sicher sein, dass du in vielen, vielen Leben schon ausreichend Erfahrungen mit Fasten und strikten Ernährungsregeln gesammelt hast. Damit müssen wir uns in der heutigen Zeit nicht mehr befassen. Mit der Vereinfachung des Lichtkörperprozesses bereitest du auch den Weg für andere, die sich dafür entscheiden möchten. Alle Menschen, mit denen du auf irgendeine Art vernetzt bist, ob physisch, indem du ihnen im Alltag begegnest, ob virtuell in den sozialen Netzwerken, ob telepathisch oder multidimensional, weil eure Seelen verbunden sind, können, wenn sie es wählen, denselben Weg gehen. Auf der Seelenebene nehmen andere Menschen deinen Lichtkörper und die damit einhergehende physische Veränderung wahr. Wenn sie dich um Hilfe bitten oder um Rat fragen, wissen sie unbewusst um deine Einzigartigkeit und erkennen, dass es in ihrem Umfeld niemand anderes mit entsprechendem Bewusstsein und Weitblick gibt, um ihnen weiterzuhelfen. Manche suchen verstärkt deine Nähe – und manche rennen weg. Sie meiden dich, weil sie merken, dass mentale Schranken einbrechen würden, wenn sie mit dir weiterhin zusammenkommen würden.

Der Lichtkörper und die Schwingung der Meisterschaft ziehen Menschen an. Vor allzu großem Ruhm solltest du dich allerdings hüten. Berühmtheit ist das größte Gefängnis, das es gibt. Als ich zum letzten Mal im 18. Jahrhundert als Saint Germain auf der Erde weilte, habe ich sehr häufig den Ort gewechselt. Wenn ich mich eine Weile an einem Ort aufgehalten hatte, dann wurde mein Bewusstsein zunehmend von den Projektionen der Menschen in meinem Umfeld überlagert. Ruhm bedeutet, dass man die Projektionen einer großen Anzahl von Menschen auf sich zieht, von denen man sich immer wieder befreien muss, was viel Kraft kostet. Aus diesem Grund waren Aufgestiegene Meister in früheren Zeiten meistens viel unterwegs. Sie sind durch das Land gewandert und hatten wie Jesus keinen festen Wohnsitz. Auch in der heutigen Zeit basiert großer Ruhm nach wie vor auf Karma, also auf dem Lebensplan einer Seele, die Illusionen und Projektionen von vielen Menschen einzusammeln und auf sich zu vereinigen. Freiheit des Bewusstseins mit relativer Bekanntheit zu verbinden, stellt auch für die Meisterschaft der Gegenwart noch eine große Herausforderung dar.

Der Lichtkörper wird dich dabei unterstützen, dass du dich selbst anerkennst, so dass du nicht mehr auf die Anbetung durch andere Menschen angewiesen bist. Wenn du deinen Lichtkörper wirklich erstrahlen lässt, dann überstrahlt er deine menschliche Identität. Im Massenbewusstsein reagieren die Menschen auf besondere Attribute der Identität, zum Beispiel einen berühmten Familiennamen. Wenn jemand als Onassis oder Kennedy geboren wird, dann trägt er von Geburt an ein herausragendes Etikett, das sowohl positiv wie negativ aufgenommen werden kann. In Europa und besonders in Deutschland werden Menschen auch wegen ihrer humanistischen Bildung und hochrangigen Universitätsabschlüsse bewundert. Auf der Ebene des Lichtkörpers als Ausstrahlung deiner reinen Seelenessenz verblassen alle Errungenschaften des menschlichen Ichs. Das heißt nicht, dass sie verschwinden oder du sie verleugnen müsstest. Sie treten einfach in den Hintergrund. Du musst nicht einmal einen spirituellen Namen annehmen, um dich als etwas Besonderes auszuweisen. Du darfst den Namen, den du als Geschenk für dieses Leben von deinen Eltern bekommen hast, annehmen und lieben.

Die Verkörperung des Lichtkörpers setzt keine speziellen Erleuchtungserfahrungen voraus. Allerdings kann sich der Lichtkörper nur mit einer elaborierten Seele verbinden, das heißt, dass die Seele einen gewissen Aufstiegsprozess durchlaufen hat, der auch aus vergangenen Leben herrühren kann. Du wirst dich zunehmend erinnern können, was du in deinen früheren Leben getan hast. Du kannst dich für eine Begegnung mit deinen eigenen Seelenfarben, mit allen Facetten deiner Seele öffnen und erkennen, wer und wo du gewesen bist. Vor allem die schwierigen und aus menschlicher Sicht anstrengenden und leidvollen Leben haben die Schwingung deiner Seele geprägt und deine Weisheit generiert.

Die einzigartigen Erfahrungen deines Seelenweges fließen ineinander und formen die Ausstrahlung deines Lichtkörpers. Was von deinen Erfahrungen bleibt, ist Licht.

Die Aufgestiegenen Meister früherer Zeiten haben einen Lichtkörper in einer bestimmten Farbe getragen. Mir, Saint Germain, wird nachgesagt, dass ich indigofarben erstrahle, also auf dem violetten Strahl daherkomme. Bis jetzt hat sich die einseitige Farbqualität meines Lichtkörpers aber schon aufgelöst. Nicht von ungefähr nenne ich mich Saint Germain, der Diamant. Ich erstrahle in allen Farben des Lebens. Derart können sich übrigens alle Aufgestiegenen Meister in dieser Zeit verwandeln. Wenn du deine Seelenfarben integrierst und dich damit vervollkommnest, wird auch die Vergangenheit verändert. Dein Sein transformiert die Vergangenheit, so dass sich auch die Farbe deiner Aura verändern kann. Die Aura der Aufgestiegenen Meister erstrahlt jetzt meistens in allen Regenbogenfarben auf goldenem Grund.

Wenn du als Indigomensch in dieses Leben gekommen bist, dann hat deine Aura zumindest in deiner Kindheit in einer dunkel violetten Farbe geleuchtet. Viele Indigomenschen, die jetzt erwachsen sind, haben inzwischen auch ihre Regenbogenessenz entfaltet oder stehen kurz davor. Als Indigomensch hast du dich besonders mit Macht und Ohnmacht als Lebensthema beschäftigt. Die Indigokinder sind bekannt als Rebellen. Sinnlose Machtspiele haben sie verweigert, anmaßende Autoritäten haben sie einfach ignoriert und sind souverän ihren Weg gegangen. Übrigens haben sie oft Ausbildung und Studium abgebrochen, weil es ihnen unnütz erschien. Sie brauchten eigentlich keine Lehrer. Das Potenzial der Indigomenschen besteht darin, dass sie ihre eigene Autorität leben und in Souveränität durchs Leben gehen können.

Um die Jahrtausendwende wurden viele Kristallkinder geboren, die auch immer noch regelmäßig inkarnieren. Sie tragen eine geklärte Aura, die wie ein Kristall erstrahlt. Manche von ihnen haben ihr Karma in vielen, vielen Leben abgeschlossen. Manche Kristallkinder haben gar kein Karma mitgebracht, weil sie als neue Seelen auf die Erde kamen. Der Kristallmensch bearbeitet das Thema Einheit und Abgrenzung in seinem Leben. Die Geburt von Kristallmenschen in großer Zahl hat tatsächlich das Einheitsbewusstsein in der Welt vorangetrieben. Sie verkörpern das Potenzial, in Harmonie mit der Welt leben zu können. Ihre Aura gleicht den Lampen, die ihre Farbe im Spektrum des Regenbogens wechseln können. Je nachdem, wo sie sich gerade aufhalten, nehmen Kristallmenschen die Farbe an, die an diesem Ort gebraucht wird. Sie erscheinen den anderen daher auch als sehr anpassungsfähige Mitmenschen. Viele der Leser dieses Buches werden sich mit der Seelenessenz des Kristalls identifizieren können.

Der Kristallmensch kann sich gut in die soziale Gemeinschaft einfügen. Kristallkinder, die übrigens auch einfach Heilung in die Welt bringen, üben in ihrem Leben, sich zu zentrieren, bei sich selbst anzukommen, die innere Mitte zu finden. Diese Menschen müssen sich immer wieder aus dem Trubel des Alltags zurückziehen. Sie fühlen sich wohler unter ihresgleichen und sind daher wählerisch, was ihre Beziehungen angeht.

Die Seelen, die jetzt geboren werden, können – müssen aber nicht – die Regenbogenessenz tragen. Sie tragen dann von Geburt an schon alle Farben des Lebens in ihrer Aura. Die Regenbogenessenz entspricht dem Lichtkörper. Die integrierte Regenbogenessenz, der vollkommene Diamant grenzt nichts aus, weder bestimmte Lebensthemen, Erfahrungen, eigene Seelenanteile noch materielle Dinge. Alles kann integriert werden, was ihre in allen Farben schillernde Aura symbolisiert.

Ich habe mir einen kleinen Rückblick auf die Seelenfarben der Vergangenheit erlaubt und gehe nun auf die Attribute des Lichtkörpers ein. Die Regenbogenessenz bringt dich in einen Raum der Souveränität und die karmischen Bindungen an die Menschen, die in deinem Leben eine wichtige Rolle spielen, weil du sie liebst, lösen sich auf. Wenn du dir vorstellst, dass du die anderen zwar loslässt, dass sie aber den Weg, den du bereitet hast, auch in Leichtigkeit beschreiten können und ihr euch in Freiheit neu begegnen könnt, dann fällt dir die Entlassung der alten Bindungen leichter. Die anderen können dir nachgehen, sie müssen aber nicht. Du kannst versichert sein, dass viele es auch realisieren wollen und werden, ihren Lichtkörper erstrahlen zu lassen. Die liebsten Menschen in deinem Leben können das alte Spiel des Lebens noch weiterspielen, wenn sie es wählen, aber der Funke des Lichtkörpers kann auch ganz leicht überspringen. Wenn sich dein Bewusstsein verändert, kann es Kreise ziehen und dann verändert sich die Welt. Frieden, Glück und Wohlstand können sich ausbreiten und das Leben vieler Menschen regieren, so wie sie dein

In diesem Kapitel unterstützt mich der Universelle Rat der Weisen. Bei dem Universellen Rat der Weisen handelt es sich um eine Gruppe von Engeln und geistigen Begleitern aus allen Ecken und Enden der Erde und des Universums. Aufgestiegene Meister aus unterschiedlichen Kulturen und Zeiten gehören ebenso dazu wie Engel des Lichts und der Liebe und planetare Freunde, die uns unterstützen und über den Aufstieg der Erde jubeln. Auch die Erzengel und selbst der Erzengel der Neuen Zeit, Kryon, sind mit ihrem Gefolge Teil dieser Gruppe. Du kannst, wenn du es wählst, in deinem Raum einfach ihre Energie fühlen. Außerdem kannst du, wenn du es wählst, einzelne Wesen, die dir nahestehen, aus dieser Gruppe wahrnehmen und erkennen. Ich habe die Ehre, der Sprecher dieser großen Gruppe zu sein.

Wir geben dir die Attribute des Lichtkörpers. Dann kannst du den Lichtkörper, den du jetzt schon verkörperst, noch bewusster in dein Leben tragen. Viele Seelen, die am Aufstieg der Erde interessiert sind, haben schon in vielen, vielen Leben mehr oder weniger unbewusst einen spirituellen Aufstiegsprozess durchlaufen. In diesem Leben haben sie dagegen gewählt, den Aufstieg wirklich zu verstehen und sogar ihr alltägliches Bewusstsein auf den Weg mitzunehmen, also nicht nur ihr höheres Selbst, sondern das Bewusstsein, das auf der Erde agieren und den Alltag bewältigen kann. Dein Alltagsbewusstsein legt sich im Verhältnis zu deinem erweiterten Bewusstsein, das dir in deinen Meditationen oder in der Nacht zur Verfügung steht, immer noch Begrenzungen auf. Wenn dein höheres Selbst immer präsent wäre, hättest du Schwierigkeiten, alltägliche Verpflichtungen zu bewältigen. Du würdest viele Anforderungen einfach ignorieren. Dennoch fließen Alltagsbewusstsein und erweitertes Bewusstsein immer mehr zusammen. Auf der Erde erscheint dir das wie ein Verschmelzungsprozess, aber auf der Ebene des höheren Bewusstseins und jenseits der irdischen Bedingungen von Raum und Zeit, jenseits der *définition mondiale* gibt es natürlich keinen Prozess, denn es passiert alles im Jetzt. Auf der Erde machst du dir also die Illusion des Prozesses und erlebst einen gewissen Fortschritt in deiner persönlichen Entwicklung. Du nimmst dein menschliches Bewusstsein, das in der Zeit verankert ist, in deinem Aufstiegsprozess mit.

1. Attribut *Licht*

Das erste Attribut des Lichtkörpers ist Licht. Das erscheint dir selbstverständlich, aber es hat große Auswirkungen. Die Wissenschaftler auf dem Gebiet der Quantenphysik sind sich inzwischen einig, dass Licht sowohl eine Welle ist als auch aus Teilchen besteht. Wenn du jetzt die Augen schließt und dir deinen Lichtkörper vor deinem inneren Auge anschaust, dann erkennst du, dass er immer noch aus einzelnen Teilen, zum Beispiel strahlenden Zellen, leuchtenden Organen und Gliedmaßen, besteht und gleichzeitig in einer einzigen kongruenten Lichtfrequenz schwingt. Wenn du deinen Inneren Heiler aktivierst, kannst du wie mit einem Röntgenblick auch einzelne Teile deines Lichtkörpers wahrnehmen, aber gleichzeitig eröffnet sich dir ein umfassender Blick für die Schwingung deiner Aura. Der physische Körper ist vollkommen integriert in die Aura. Wenn du Spaß daran hast, darfst du deinen inneren Blick schärfen und wirklich die Schwingung, die Welle deines eigenen Lichtkörpers und des Lichtkörpers anderer Menschen wahrnehmen. Auch bei den Menschen, die ihren Lichtkörper noch nicht mit dem physischen Körper verbunden haben, kannst du zunehmend die Aura fühlen und sehen.

Lichtwellen können sich berühren, ohne in einander zu fließen, ohne sich gegenseitig zu beeinflussen. Wenn du anderen Menschen mit einem Lichtkörper begegnest, dann schwingt ihr in dieser Neutralität. Es gibt eine Begegnung, möglicherweise auch eine Berührung, aber nicht unbedingt eine Beeinflussung. Damit eine Beeinflussung stattfinden kann, muss der andere Mensch eine unbewusste oder bewusste Entscheidung treffen. Viele, die dir begegnen, können den Funken überspringen lassen, ohne dass sie eine bewusste Entscheidung treffen müssen. Die Menschen, die dir begegnen, fühlen sich einfach besser und stimmen dann unbewusst zu, dass der Funke des Lichtkörpers überspringen kann. Andere rennen weg und entfernen sich. Wenn du neben ihnen in der Straßenbahn sitzt, wechseln sie den Platz. Du bist Licht und deine Ausstrahlung bietet den anderen Menschen einen Raum der Freiheit, meistens der freien Entscheidung, etwas loszulassen. Sie können Karma, Verstrickungen, Gelübde mit sich selbst, Begrenzungen, die sie sich selbst auferlegt haben, loslassen. Obwohl du den Menschen mit der Ausstrahlung des Lichtkörpers einen Impuls gibst, übernommenen und überfälligen Ballast loszulassen, manipulierst du sie nicht. Die Menschen, die dir begegnen, spüren, dass du sie nicht manipulierst.

Für dich als Träger des Lichtkörpers gilt, dass das hochfrequente Licht, in dem dein Körper schwingt, unberührbar ist. Nichts kann dein Licht korrumpieren. Alte Seelen tragen einen karmischen Lebensplan in ihren Zellen. Daher ziehen sie alle anderen Seelen, die ihnen begegnen, in ihr karmisches Spiel des Lebens mit hinein, wie man jemand in ein Ballspiel verwickelt, indem man ihm einfach den Ball zuwirft. Jemand mit einer starken Opferhaltung bewirkt bei den anderen Menschen, dass sie in Mitleid versinken und übermäßiges Mitleid bei sich nähren. Wenn es ganz schlecht läuft, übernehmen die anderen die Krankheit und sogar körperliche Schmerzen des Leidenden. Früher hast du oft den Ball deiner Mitmenschen aufgenommen, eine Weile getragen und dann meistens wieder weggeworfen. Oft war damit das Elend dann schon ein Stück weit transformiert. Der Lichtkörper strahlt einfach aus, ohne etwas aufzunehmen. Das gilt sogar für Gifte und Suchtmittel, die den Körper belasten könnten. Weil du bereit warst, den Lichtkörper wirklich aufzunehmen, ihn dir anzuziehen – mit etwas Poesie habe ich deinen Verstand dabei ausgetrickst – deshalb brauchst du auch den Reinigungsprozess mehrtägiger Lichtnahrung nicht mehr. Der Lichtkörper, den du jetzt trägst, reinigt sich von selbst. Er reinigt sich vor allem dadurch, dass er mit Giften und Chemikalien gar nicht mehr in Resonanz tritt. Dasselbe gilt auch für mentale Vergiftungen durch negative gedankliche Konzepte. An einem sehr aussichtslosen Punkt ihres Lebens werden Menschen manchmal für Gehirnwäsche angreifbar. Selbst wenn sie in relativem Wohlstand und Frieden leben, kommen sie dann plötzlich auf die Idee, sie müssten sich selbstschädigend verhalten, zum Beispiel in einen Krieg ziehen und andere und sich selbst in Todesgefahr bringen. Der Träger des Lichtkörpers fällt auf Gehirnwäsche jeder Art nicht mehr herein. Es wird dazu führen, dass du bei Werbung oder Politikerreden einfach einschläfst. Du wirst immer wieder erleben, dass du innerlich einfach abdriftest und vieles gar nicht hörst und siehst, das dich manipulieren könnte. Du machst Ohren und Augen zu, wenn es uninteressant wird, und Manipulationen interessieren dich nicht. Manchmal wirst du dich selbst Sätze sagen hören wie »Das habe ich gar nicht gehört.« oder »Das habe ich gar nicht mitgekriegt.« Illusionen des Massenbewusstseins, aus denen du dich mühevoll befreien müsstest, erreichen dich gar nicht mehr. Die größte Manipulation dieser Zeit ist Werbung, die Menschen veranlassen soll, etwas zu kaufen, das sie gar nicht brauchen. Manche treibt es wirklich um und bereitet ihnen sogar schlaflose Nächte, wenn sie sich ein technisches Spielzeug oder ein modisches Accessoire gerade nicht leisten können. Am Träger des Lichtkörpers prallt Werbung ab.

Das erste Attribut des Lichtkörpers ist nämlich Licht und Licht ist ganz und gar unberührbar.

Ich möchte dir die Essenz der Dunkelheit erklären: Dunkelheit ist Abwesenheit von Licht. Die Quelle der Dunkelheit ist kein teuflisches Wesen, kein Monster oder Sternenkrieger. Dunkelheit ist schlicht Abwesenheit von Licht. Wenn du in einem dunklen Raum die Tür öffnest, fällt das Licht aus dem Flur herein und erhellt den Raum. Wenn du aber in einem hellen Flur stehst und alle Türen zu den dunklen Zimmern öffnest, dann fällt keine Dunkelheit in den Flur. Dieses Bild darfst du dir immer wieder vor Augen halten. Das Licht steht für sich, es ist unberührbar und Dunkelheit ist die Abwesenheit von Licht. Dunklen Menschen fehlt das Licht ihrer abwesenden Seele. Dann tun sie, was andere ihnen sagen, und fühlen nichts. Sie sind betäubt und wandeln wie ferngesteuerte Roboter durch ihr Leben.

Bei den meisten Menschen auf der Erde, die dir Stress bereiten und die du als teuflisch erlebst, fehlt die Verbindung zur eigenen Seele. Das gilt auch für aggressive Tiere. Du kannst, wenn du dich von anderen Lebewesen bedroht fühlst, ihre Seele ansprechen und sie damit ein Stück weit in die Wirklichkeit hereinholen, so dass sie auf einmal fühlen können, was sie gerade anrichten. Bei vielen Menschen wurde die Seele durch traumatische Erfahrungen, Verletzungen und Zurückweisungen vertrieben. In bedrohlichen Situationen hat sich ihre Seele verabschiedet und in gewisser Weise in Sicherheit gebracht. Dass Menschen in überwältigenden Situationen automatisch ihre Seele verlieren, führt dazu, dass traumatisierte Menschen weiterhin Gewalt säen. Menschen, die Gewalt erlebt haben, säen Gewalt und darin besteht der satanische Teufelskreis des Krieges.

Allerdings verkörpern auch seelisch recht stabile Menschen, die eine gewisse Seligkeit ausstrahlen, oft trotzdem einen Aspekt der Dunkelheit. In der europäischen Kultur leben die meisten Menschen gut situiert in sicheren Räumen und tragen daher ihre Seele bei sich, weil sie kaum je einen Grund hatte, den Körper zu verlassen. Sogar als Kinder wurden diese Menschen respektiert, angenommen und umsorgt. Da sie ein gewisses Maß an Liebe genossen haben, leben sie nicht seelenlos, sondern inspiriert, also in Kontakt mit ihrer Seele. Trotzdem haben viele Menschen oft das Gefühl, im Dunkeln zu sein. Sie nennen es dann Langeweile, Melancholie oder Depression. In diesen Fällen bedeutet Dunkelheit die Abwesenheit des göttlichen Lichts. Wenn diese Menschen aufwachen und sich dem göttlichen Licht öffnen, dann verschwinden auch automatisch Aspekte der inneren Leere und Traurigkeit aus ihrem Leben. Ein undefinierbares Gefühl der Sehnsucht und Sinnlosigkeit löst sich auf.

Für den Träger des Lichtkörpers reißt die Verbindung zur eigenen Quelle und zur Quelle des göttlichen Lichts nicht mehr ab. Wenn du diese Anbindung personalisieren möchtest, kannst du dir auch vorstellen, dass die Verbindung zu deiner Engelfamilie nicht mehr abreißt. Wenn du einem Menschen begegnest und das Gefühl hast, er strahlt Dunkelheit aus, dann darfst du innerlich immer wieder fragen: »Was fehlt?« Fehlt ihm die Verbindung zu seiner Seele oder die Verbindung zum göttlichen Licht der Quelle? Fest steht, dass du das Fehlende hereinträgst, indem du vorlebst, dass man die Seele und sogar göttliches Licht verkörpern kann.

Ich möchte noch einen Aspekt der Dunkelheit erwähnen. Bei manchen sogar sehr weisen und klaren Seelen kannst du erleben, dass Dunkelheit auch die Abwesenheit von Liebe ist. Dunkelheit ist die Abwesenheit von Licht und manchmal auch die Abwesenheit von Liebe. Dieser Aspekt ist in der europäischen Kultur sogar sehr verbreitet. Die Menschen sind sehr gebildet und sogar spirituell aufgeklärt, glauben an Gott, ein höheres Wesen oder einen höheren Sinn, aber die Liebe fehlt ihnen. Es liegt daran, dass für sie Liebe durch viele schmerzhafte Enttäuschungen dermaßen korrumpiert worden ist, dass sie schon das Wort Liebe für ein Schimpfwort halten. Sie haben ihr Herz verschlossen und glauben nicht mehr an die Liebe. Weil in menschlichen Beziehungen Liebe zerstört wurde, auch die Liebe zu sich selbst, können sie die allumfassende göttliche Liebe nicht annehmen. Gerade in Kreise, die sehr spirituell und lichtvoll erscheinen, kannst du als Träger des Lichtkörpers die Schwingung allumfassender göttlicher Liebe hereintragen.

2. Attribut *Einheit*

Als Sprecher des Universellen Rates der Weisen präsentiere ich dir nun das zweite Attribut des Lichtkörpers. Es heißt Einheit. Der Lichtkörper ist die Einheit des physischen Körpers mit der Seele, mit dem höheren Selbst, mit der inneren Göttlichkeit und der Quelle des Lebens. Daher ist der Lichtkörper so unabhängig von äußeren Gegebenheiten.

Es kann sein, dass mit der Aufnahme des Lichtkörpers die vollkommene Integration der Seele erst beginnt. Alle Seelenaspekte von Angst und Schuld, vor allem verdrängte Anteile, müssen angenommen, respektiert, geliebt und gesegnet werden. Vielleicht beginnt auch für dich jetzt erst dieser Prozess der Einheit, den ich in meinem Buch *Der vollkommene Diamant* beschrieben habe. Auf jeden Fall wird für viele Menschen, die nach der Integration deines Lichtkörpers mit dir in Kontakt kommen, zunächst einmal die Integration der Seele beginnen. Zum Glück wissen die meisten Menschen nichts über die Ausstrahlung des Lichtkörpers und sie wissen nicht, dass die Begegnung mit dir manche Turbulenzen in ihrem Leben in Gang bringt. Sie begegnen ihren Inneren Schatten. Die Integration des Schattens ist dir bekannt, du kannst ein Lied davon singen. Dennoch mag es sein, dass auch du durch die Annahme des Lichtkörpers mit ganz verdrängten und versteckten Aspekten in Kontakt kommst. Dann kommen sie hereinspaziert und sagen: »Da bin ich«. Manchmal kannst du deine Seelenanteile in der Nacht oder im Traum sehen und fühlen. Du begegnest Enttäuschungen, die du ausgegrenzt hast, weil die Auseinandersetzung mit ihnen dir früher auch nicht gedient hätte. Wenn der Körper jetzt vollkommen erstrahlt, dann kommen deine Seelenanteile nach Hause. Du kannst dir vorstellen, dass der physische Körper dunkle Stellen aufweist, die sich als dunkle Areale in der Aura spiegeln. Manchmal leidest du direkt an diesen dunklen Zonen des Körpers und spürst dort Schmerzen oder Verkrampfungen oder kämpfst mit Ausschlägen. Manchmal tragen aber auch die Reflexzonen der dunklen Körperareale Symptome. Der Lichtkörper transformiert automatisch die körperlichen Blockaden, auch die Schatten in deiner Aura. Er integriert alle Farben des Lebens und erstrahlt in der Einheit der Regenbogenessenz.

Wenn du möchtest, darfst du dir jetzt erlauben, essenzielle und noch ausgrenzte Themen in deinem Bewusstsein aufflackern zu lassen. Manchmal entspringen die verdrängten Themen auch dem Kollektivbewusstsein deiner Zeit, wie zum Beispiel die Angst vor dem Weltuntergang während des Kalten Krieges, die viele Menschen, die schon ein gewisses Alter erreicht haben, in den Zellen tragen. Als du jung warst, hast du diese Angst verdrängt und hast auf dem Vulkan getanzt. Damals wurde viel getanzt. Diese Generation konnte gar nicht anders, als zu verdrängen. Immer an die latente Gefahr zu denken, hätte gar keinen Sinn gemacht. Verdrängte Gefühle mögen bei dir aufflackern, weil du sie im Körper getragen hast und jetzt ganz loslassen kannst.

Manche Illusionen romantischer Liebe, die auch zum Kollektivbewusstsein deiner Generation gehören und Enttäuschungen produziert haben, werden wieder aufflackern. Was für eine riesige Überlagerung stellen die Konzepte der romantischen Liebe dar, die über Songs, Filme und Bücher im Massenbewusstsein transportiert werden! In den Filmen der Gegenwart zeigt sich allerdings oft schon das Potenzial der freien und glücklichen Beziehung von Essenz zu Essenz. Der Lichtkörper befreit von den Illusionen der Trennung und schwingt in Einheit mit der Welt.

Liebe deine Feinde. Dieser Satz ist in deinem Bewusstsein sicher schon verankert, aber seine Bedeutung wirst du jetzt erst wirklich verstehen. Der Lichtkörper kann Feindesliebe verkörpern. Du darfst in diesem Moment alles vor deinem inneren Auge erscheinen lassen, was du ablehnst und was du als deinen Feind bezeichnen würdest. Vielleicht erinnerst du dich an eine konkrete Person, die in der Welt Schaden anrichtet. Es können auch Gruppen von Menschen in deinem Bewusstsein auftauchen, von denen du weißt, dass sie die Welt zerstören. Du kannst dir bewusst machen, wen du ganz persönlich als deinen größten Feind ansiehst. Der Feind ist das Gegenbild zu deiner eigenen Persönlichkeit, ein Gegenbild, mit dem du nichts zu tun zu haben glaubst. Ich kann dir allerdings versichern, dass du wahrscheinlich alle diese Aspekte von Verblendung, Gewalt, Hass und Unterdrückung auch gelebt hast. So kannst du alles, was dir auf der Welt begegnet, in gewisser Weise auch als einen Teil von dir selbst sehen.

Auf der Welt scheint derzeit auch die Zeit außer Kraft gesetzt zu sein. In manchen Gegenden der Welt herrscht Urzeit oder Mittelalter und in manchen Gegenden der Welt herrscht die Neue Zeit. Die äußere Welt spiegelt deine eigene Integration wider. Du integrierst deine hellen und deine dunklen Aspekte, du integrierst den inneren Krieger und den Sklaven, den König und den Bettler, den Magier und den Verrückten. Alle diese Aspekte gehören zum Kaleidoskop der alten Welt. Du hast die Spielregeln der *définition mondiale* erfunden und erschaffen. Du hast das alte Spiel mit Leidenschaft gespielt, um es jetzt zu verändern. Dafür gibst du dem alten Spiel des Lebens den Segen.

Wenn du den Lichtkörper vollkommen annimmst, dann hast du das Gebot »Liebet eure Feinde!« verkörpert. Ich weiß, dass ich damit zumindest in deinem Unbewussten auch Widerstand hervorrufe. Der Mensch neigt dazu, seine am meisten verdrängten und am wenigsten akzeptierten Schatten nach außen zu projizieren. Du wirst lernen, auch die ausgegrenzten Aspekte deiner selbst zu lieben. Du wirst lernen, alle Menschen zu lieben. Es wird sich einfach ereignen, weil du das vollkommene Bild siehst. Du siehst dann nicht nur die aggressiven Verhaltensweisen der Menschen, sondern du siehst auch ihre Verstrickungen, ihr Leid, ihr Schicksal. Vieles, was in deinen Leben geschieht, lässt frühere Erfahrungen aufflackern und hochkochen. So hängen die Menschen in einem sich gleichförmig drehenden Schicksalsrad. Wenn du dir erlaubst, das ganze Bild zu sehen, passiert es ganz automatisch, dass du die Forderung »Liebet eure Feinde« erfüllen kannst.

Die Menschen projizieren vor sich selbst Ausgegrenztes nach außen. Für normale Menschen sind die anderen, die sie ablehnen, ein Spiegel. Sie sind ein Spiegel ihrer verleugneten Seelenanteile. Sie hassen jemanden und damit hassen sie einen Teil von sich selbst, den sie verleugnet haben. Du darfst dir also deiner eigenen Feindbilder bewusst werden, sie annehmen und segnen. Die Spiegelfunktion des Gegenübers löst sich auf, wenn du deine Vollkommenheit verkörperst. Dann sind die Seelen auf der Erde, mit denen du zusammenkommst, nur noch ganz neutrale Wegbegleiter. In der Neutralität der vollkommen integrierten Seele kannst du das Zusammensein mit deinen Wegbegleitern genießen und ihr könnt euch gegenseitig inspirieren, zusammen lachen, tanzen, spielen, essen, trinken und feiern. Ein Teil der Menschen wird es genießen, dir zu dienen. Sie sehen, dass du auf dem Weg des Aufstiegs in die Meisterschaft vorangehst. Unbewusst möchten sie dich dabei unterstützen. Andere sind einfach Wegbegleiter. Die Menschen, denen du begegnest, werden also Wegbegleiter oder Diener sein.

Deine Diener bleiben im Dienst aber immer frei. Sie tun etwas für dich, weil sie es können. Im Dienst für dich können sie auch sich selbst transformieren und Ausgegrenztes integrieren. Meistens dienen sie jedoch, weil sie in der Lage dazu sind und ihr höheres Selbst leidenschaftlich danach strebt, diese Welt zu verändern. Übrigens gibt es keine Voraussetzung, den Lichtkörper annehmen zu können, außer der Leidenschaft für die neue Gestaltung der Erde. Wie es schon in dem Wort zum Ausdruck kommt, wird Leidenschaft bei vielen Menschen durch Leiden angefacht. Sie wollen nicht mehr in ihrem Hamsterrad rennen und möchten aussteigen. Hinter ihrem Frust blüht dann die Leidenschaft für eine neue Lebensform auf. Wenn sie deiner Präsenz begegnen, wird ihre Leidenschaft angefacht. Tiefe Entscheidungen, alte Muster loszulassen, und die Leidenschaft für eine neue Welt bringen die Menschen in deiner Nähe dazu, dir zu dienen.

Ein weiterer bedeutender Mechanismus des Bewusstseins besteht in der Introjektion. Du hast die Aspekte des äußeren Täters nach innen projiziert. Die Menschen nennen es Gewissen. Diesen Mechanismus hast du als Kind gebraucht, um zu überleben. In schlimmen Fällen des Missbrauchs und der Misshandlung schwört sich das Kind irgendwann: »Bevor sie mich wieder schlagen, schlage ich lieber selbst.« Dieser unbewusste Mechanismus der Introjektion hält auch Gewalt am Laufen. Das Kind schlägt dann, wann immer es kann, auf andere ein und verkörpert den Täter, von dem es selbst geschlagen wurde. Tief in der Seele glaubt es, sich auf diese Weise retten zu können. Auch du kennst sicher solche Introjekte. Innerlich entscheidest du dich dafür, lieber an dir selbst zu zweifeln, bevor die anderen wieder alles anzweifeln, was dir deine innere Stimme sagt. Bevor sie dich wieder kritisieren, schaltest du deinen inneren Kritiker ein, der dir hilft, alles richtig zu machen. Wenn du mit dir selbst ehrlich bist, dann übertönen die Stimmen des inneren Kritikers und Zweiflers manchmal alle anderen Stimmen. Auch der innere Saboteur, der, bevor die anderen ihm wieder alles kaputtmachen, alles selbst zerstört, greift manchmal ein. Deine Introjektionen können dich blockieren. Dein innerer Kritiker hält dich davon ab, aus der Reihe zu tanzen. Früher hat er dir geholfen, dich anzupassen, nicht zu sehr aufzufallen und nicht abgelehnt zu werden. Deine Introjektionen haben dir innere Maßstäbe gegeben, so dass du Aspekte der Normalität leben konntest. Mit dem Lichtkörper lösen sich nicht nur die Projektionen auf, sondern es lösen sich auch die Introjektionen auf. Du wirst in der nächsten Zeit an dir beobachten können, dass du dich innerlich haltlos und unsicher fühlst, weil sich Projektionen und Introjektionen verflüchtigen. Mit der Zeit findest du dann zu deinen ureigenen inneren Maßstäben zurück.

An dieser Stelle möchte ich dir die Frage stellen: Warum musst du dich selbst lieben? Ich gebe dir auch gleich die Antwort: Weil deine Introjektionen zusammenbrechen. Wenn es den inneren Kritiker, Zweifler und Dompteur nicht mehr gibt, dann musst du dich selbst lieben. In den nächsten Wochen und Monaten kannst du erleben, dass sich deine Introjektionen im Licht und in der Energie des Lichtkörpers auflösen. Wenn du frei bist von inneren Grenzen, dann musst du dich automatisch selbst lieben. Der Aufgestiegene Meister hat keine Grenzen, sich selbst zu lieben, und deshalb kann er sich in Liebe und Demut der Welt zuwenden und der Welt dienen.

Deine Beziehungen, deine Kommunikation, dein ganzes Leben vollzieht sich nun im Einklang mit der Welt. Dazu gehört dann auch, dass du manchmal Nein sagst, dich abwendest und weggehst, dass du Unbrauchbares zerschlägst. Du agierst in deiner Welt zu deinem Nutzen und nicht, um andere zu manipulieren oder ein Machtspiel zu betreiben. Der Lichtkörper unterstützt dich dabei, in einer Haltung neutraler Selbstermächtigung das alltägliche Leben in deiner Reichweite zu gestalten. Die Einheit mit der Welt präsentiert sich dir zunächst einmal in deinen Träumen und Meditationen. Dein Bewusstsein des multidimensionalen Seins weitet sich aus. Dann erkennst du, dass du sogar in Einheit mit deinen Feinden lebst.

Wenn du möchtest, darfst du die Menschen, die du als Feinde bezeichnen würdest und die in deinem Leben stören und Schwierigkeiten verursachen, in der Nacht in die Blaue Lagune bitten. Die Blaue Lagune ist ein multidimensionaler Treffpunkt. Du kannst jeden Menschen, mit dem du etwas zu klären hast, einfach, bevor du einschläfst, dorthin einladen und dich in der Nacht mit ihm treffen. In zunehmendem Maße wirst du erinnern, was dort geschehen ist, was dort gesprochen und vereinbart wurde. Immer klarer und detaillierter wirst du dich an diese multidimensionalen Begegnungen erinnern. Als der Satan Jesus verführen wollte, hat Jesus ihn vertrieben: »Satan, hinweg mit dir!« Es kann also sein, dass du dich erinnerst, einen schwierigen Menschen aus deinem Leben vertrieben zu haben: »Entferne dich von mir!« Wenn es sich nicht anders regeln lässt, verschwinden bestimmte Menschen aus deinem Leben. Weil du die Freiheit vollständig verkörperst, weiß der andere sogar, dass er die Freiheit hat, deinen Befehlen zu folgen oder auch nicht. Wenn er geht, wählt er den einfachen Weg, denn sonst müsste er sich wesentlich verändern.

Wenn du morgens wach wirst, kann es sein, dass du dich daran erinnerst, in der Nacht einen Menschen getroffen zu haben, den du nicht einmal kennst und den du trotzdem zu dir eingeladen hast. Dann erscheint dieser Mensch in deinem Leben, wenn auch nur bei einer flüchtigen Begegnung. Du wirst immer verlässlicher Menschen mit Abwesenheit von Seele, göttlichem Licht oder Liebe erkennen. Du wirst aber auch die Seelen erkennen, die ihr Licht in sich tragen, und dann wird das Licht eurer Seelen ineinanderfließen, um noch heller zu erstrahlen als das einzelne Licht. Das Licht wird ineinanderfließen, ohne sich zu berühren. Daran kannst du erkennen, dass das Attribut der Einheit mit absoluter Freiheit verknüpft ist, und zwar Freiheit von Verstrickungen und Vereinbarungen. Licht strahlt einfach und es vermischt sich nicht.

Die Menschen haben schon immer in ihren Genen die Lebensthemen der Familie weitergetragen, die mit bestimmten Krankheitsdispositionen und Veranlagungen verknüpft sind. Wenn eine Krankheit als genetisch bedingt diagnostiziert wird, bedeutet es eigentlich, dass die Nachkommen aus Liebe zu ihren Ahnen die

Krankheit (er)tragen. Mit der Annahme des Lichtkörpers löst sich automatisch die Verstrickung mit der Ahnenreihe auf. Die Seele klinkt sich aus den Lebensthemen des Kollektivs aus und genetische Dispositionen verblassen. Es existiert in Deutschland durch die erhellende Arbeit eines Mannes mit einem hellklingenden Namen inzwischen ein ganz starkes Bewusstsein für die Verstrickung der Menschen mit dem Ahnenkarma. Speziell in Deutschland wurde ein Bewusstsein geschaffen, wie bedeutend die Lebensthemen deiner Familien für dein eigenes Leben sind. Wenn die Menschen ihr Ahnenkarma nicht mehr ignorieren, können sie es endgültig loslassen. In Einheit mit deiner Seele und dem göttlichen Licht vereinen sich in dir die Täter- und Opfer-Aspekte der Vergangenheit und dein karmisches Schicksal löst sich auf.

Das Attribut der Einheit nenne ich gerne Vollkommenheit. Der Diamant erstrahlt in seinem vollkommenen Licht und trägt seine Einzigartigkeit in die Welt.

3. Attribut ***Energie***

Das dritte Attribut des Lichtkörpers heißt Energie. Dieses Attribut ist eng verbunden mit dem Attribut des Lichts – und steht trotzdem für sich. Es geht um die Verbindung von Energie und Materie. Auch im spirituellen Bewusstsein der Menschen erscheinen die Aura, der Energiekörper, und der physische Körper voneinander getrennt. Im Lichtkörperprozess gibt der physische Körper die Materie auf und verwandelt sich in Energie. Die energetische Verwandlung des Körpers bringt wunderbare Konsequenzen mit sich, zum Beispiel, dass du Giftstoffe transformieren kannst. Die Schwingung des physischen Körpers, jeder Zelle, jedes Organs und sogar der Meridiane, der Energiebahnen des Körpers, hebt sich so stark an, dass du die materiellen Giftstoffe der Erde in Leichtigkeit verwandeln kannst. Immer wieder taucht die Frage auf, ob der Lichtkörper Nahrung oder Medikamente braucht. Wenn du bereit bist, kannst du fühlen, dass der Lichtkörper sich vollkommen selbst nähren kann, weil er reine Energie ist und weil er in Einheit mit der Quelle des Lichts lebt. Er kann Licht aufnehmen, so wie du früher Nahrung aufgenommen hast. Du darfst es dir erlauben zu fühlen und zu erfahren, dass der Lichtkörper alle Beschwerden energetisch transformieren kann, auch Hunger, Durst, Wetterfühligkeit, hohe Temperaturen, Kälte und körperliche Gebrechen. Dafür brauchst du nur deinen Glauben. Der Lichtkörper ist reine Energie und kann sich selbst nähren. Automatisch bringt der Übergang in die körperliche Autonomie dich auch auf Abstand zu Menschen, die dich früher energetisch genährt und unterstützt haben. Du brauchst sie nicht mehr, du nährst dich und deine Seele selbst. Du tankst dich vor allem im Schlaf und in Zuständen auf, in denen dein Tagesbewusstsein herunterfährt. Bei schönem Wetter kannst du dich einfach auf einer Wiese in die Sonne legen, die Seele baumeln lassen, den Verstand lockern und dich auftanken. In einem entspannten Zustand, wenn dein Verstand abdriftet und du sogar einnickst, kannst du regelrecht spüren, wie sich deine Akkus aufladen.

Zu den Geschichten über die Aufgestiegenen Meister gehört auch der Aspekt der Lichtnahrung. Es scheint dem inneren Aufstieg zuträglich zu sein, wenig zu essen. Allerdings löst sich dieses Konzept in der Neuen Zeit auf. Jetzt kannst du wählen, wie du dich ernähren möchtest. Es gibt Menschen, die von sich sagen, dass sie kein Essen und keine Flüssigkeiten zu sich nehmen. Du darfst dem zustimmen, dass es möglich ist, von Lichtnahrung zu leben. Obwohl physische Ernährung für den Lichtkörper nicht zwingend gebraucht wird, haben sich viele Träger des Lichtkörpers dafür entschieden, dem physischen Körper weiterhin Nahrung zu geben. Lichtvolle Nahrungsmittel als natürlich zubereitete Geschenke der Natur erfreuen den Lichtkörper. Ob du sie als feste oder als flüssige Nahrung zu dir nimmst, ist unerheblich. Viele Kinder lieben gemixte Gemüse- und Obstsäfte, weil sie den Körper erden. Davon abgesehen kann es für viele Menschen tatsächlich nützlich sein, eine Zeitlang kein Fleisch zu essen oder gar zu fasten, damit sie in eine höhere Schwingung eintreten können. Dieser Prozess hilft ihnen, Gewohnheiten loszulassen. Seit Anbeginn der Menschheitsgeschichte haben sich Menschen in einer Notlage in den Wald oder hinter dicke Mauern zurückgezogen, dort eine Zeitlang gefastet und alle Kontakte vermieden, um ihre innere Stimme besser hören zu können. Manchmal kann ein Rückzug dieser Art auch heute noch hilfreich sein. Auf jeden Fall solltest du wirklich auf deine innere Stimme vertrauen, was deine Ernährung angeht. Wenn dir deine innere Stimme sagt, dass es für dich jetzt nützlich ist, Fleisch zu essen, darfst du das tun. In Zeiten des Umbruchs, in denen du jetzt lebst, ist es für einige Menschen sogar hilfreich, etwas Fleisch zu essen. Wenn du das nicht möchtest, dann findest du dafür einen Ersatz. Weil der Lichtkörper reine Energie ist, mangelt es ihm an nichts, höchstens an Erdung. Konzentrierte Pflanzenauszüge, manchmal auch ein Glas Wein oder das Geschenk eines Tieres erden dich. Du darfst nicht vergessen, dass pflanzliche Nahrung viel Licht in sich trägt. Pflanzen sind die Lichtträger der Erde. Nicht denaturierte pflanzliche Nahrung kann dich körperlich stabilisieren. Das gilt für alle pflanzlichen Produkte wie Blätter, Wurzeln, Samen, Körner und Getreide. Natürlich ist auch die Lebenskraft, die in tierischen Lebensmitteln steckt, eine Lichtnahrung. Wenn du ein Stück Fleisch isst, dann nährst du dich über die Lebenskraft des Tieres. Du wirst entdecken, dass du selbst für deine Erdung keine tierische Nahrung mehr brauchst. Weil in der traditionellen Tierhaltung eurer Kultur die Tiere meistens misshandelt werden, solltest du am besten Wild essen, wenn du tierische Nahrung wählst. Dann kannst du auch das Geschenk der Tiere, ihr Leben, dankbar annehmen. Denn Tiere leben auf der Erde, um den Menschen zu dienen. Es geht darum, dich mit der optimalen Nahrung zu erden und aufzutanken. Wenn du kein Fleisch essen möchtest, brauchst du dann vielleicht andere Nahrungsmittel, die viel Erdenergie in sich tragen, zum Beispiel frische Kräuter oder Wurzelgemüse. Am besten folgst du deiner inneren Stimme und isst und trinkst, was gerade dein Herz höherschlagen lässt. Deine Nahrung kann dir als perfektes und einfaches Hilfsmittel dienen, um dich an die Erde zu binden. Wenn du in eine Situation kämst, tagelang kein Essen zur Verfügung zu haben, dann würdest du merken, dass du auch in Leichtigkeit ganz darauf verzichten könntest. Du würdest gar nicht mehr ans Essen denken, wenn es nicht da wäre. Du kannst dich darin üben, immer wieder vor deinem inneren Auge alle Nahrungsmittel und Aktivitäten erscheinen zu lassen, die dich ans Leben und an die Erde binden.

Mit dem Lichtkörper ist auch dein Gehirn, dein Verstand an göttliches Wissen angebunden. Dadurch weißt du immer, was du gerade brauchst, und das kann jeden Tag etwas anderes sein. Strikte Ernährungs- oder Verhaltensregeln funktionieren nicht mehr. Manche alten Seelen profitieren davon, einem bestimmten Konzept gesunder Ernährung zu folgen. Aber dir bringen Alles-oder-Nichts-Regeln keinen Gewinn mehr. Es gibt nichts, was du nicht tun darfst, und es gibt nichts, was du immer tun musst. Für den Träger des Lichtkörpers existieren vorgefertigte Muster nicht mehr, darin liegt seine absolute Freiheit. Nur die Entscheidung im Jetzt zählt. Wenn die Seele der Menschen abwesend ist, spüren sie nicht, wie sehr ihnen Zucker schadet. Sie lassen sich verführen. Sie spüren nicht, dass künstlich fabriziertes und schnell heruntergeschlungenes Essen sie schwächt. Du darfst darauf vertrauen, dass dein Körper bestimmte Nahrungsmittel einfach verweigert. Wenn du in einem Geschäft bist, kannst du womöglich das, was auf deinem Einkaufszettel steht, gar nicht einkaufen, denn es hat keine Energie. Die Energie, die mit deinem Körper im Einklang schwingt, nimmst du zu dir. Manchmal dient dir auch die Energie von Essenzen, Elixieren oder Pastillen, die als Heilmittel verkauft werden. Du darfst alle Regeln und absoluten Wahrheiten loslassen. Ich gebe dir ein Beispiel: Du kommst überreizt und gestresst von deinem Alltag nach Hause und dein Körper sagt: »Es tut dir jetzt gut, ein Glas Milch mit Honig zu trinken, dann schläfst du besser.« Oder er sagt: »Es tut dir gut, ein Glas Rotwein zu trinken.« Oder er sagt: »Da sind doch noch Baldriantropfen.« Was auch immer dein Körper dann sagt, es erscheint in deinem Geist und es wird dich zur Ruhe bringen. In der nächsten Zeit wirst du immer öfter erfahren, dass dir jeglicher Drang nach einem Stärkungsmittel fehlt. Diese Leere wird dir manchmal gespenstisch erscheinen. Dann gehst du einfach ins Bett und nährst dich über deine Träume, deine Seelenessenz, die du jetzt ganz bei dir trägst, und über das göttliche Licht, mit dem der Lichtkörper in Verbindung steht. Der Lichtkörper ist reine Energie und in der Nacht, wenn du zur Ruhe kommst, darfst du es manchmal sehr intensiv wahrnehmen, dass Energien einfließen, um dich zu nähren und auszubalancieren. Vielleicht gibst du diesen Energien einen Engelnamen, aber es ist völlig egal, welchen Namen du dem göttlichen Licht der Quelle gibst. Manchmal umhüllt dich eine sanfte, tröstliche und heilsame Liebesenergie, manchmal erlebst du diese Energie als starke Kraftquelle. Manchmal hilft dir diese Energie, dich zu entspannen und deinen Motor herunterzufahren. Dein Lichtkörper zieht in der Nacht und in deinen Ruhephasen die Energie an, die ihn nährt, und du darfst es mit vollem Bewusstsein wahrnehmen, wie du dich auftankst.

Die Menschen auf der Erde ernähren ihren Körper über ihr tägliches Brot und müssen Wasser trinken. Außerdem nähren sie sich über Macht. Wenn ein Baby schreit und die Mutter zu ihm eilt, lernt es dadurch, dass es Macht über die Welt hat. Alle Menschen nähren ihre Seele über Macht. In der westlichen Kultur existieren grundlegende Bedingungen der Macht. Fast jedem Menschen stehen zum Beispiel eine eigene Wohnung, ein Konto und freie Kommunikationsmöglichkeiten zur Verfügung, die seiner Ermächtigung dienen. Selbst ein armer Obdachloser kann in einem gewissen Rahmen Macht ausüben, indem er andere Menschen anspricht und belämmert. Fast alle Menschen haben in der westlichen Kultur die Macht, so zu leben, wie sie es wählen. Ohne ein gewisses Maß an Macht scheint das Leben nicht zu funktionieren. Mit dem Lichtkörper löst sich Macht als Grundbedingung des Lebens auf. Einerseits kannst du erfahren, dass dein Bewusstsein die Materie regieren kann und du daher im konkreten Alltagsleben machtvoll auftreten kannst, andererseits stehst du in vollkommener Demut im Leben und brauchst die alten Mechanismen der Macht überhaupt nicht mehr. Mit dem Lichtkörper eröffnet sich dir eine neue Form des Seins. Du beherrschst dann das Spiel mit den Energien. Du wirst lernen, deine eigenen Energien so präzise zu lenken, dass du dein eigenes Leben beherrschst. Du wirst dein eigenes Leben wirklich im Griff haben und gleichzeitig das Leben der anderen aus der Hand lassen. So wirst du ein Leben ganz ohne Macht gewinnen, denn der Lichtkörper nährt sich sowieso nicht mehr über Macht. Er nährt sich über die Verbindung mit der Quelle allen Seins.

Mit der Zeit wirst du auch entdecken können, dass sich der Lichtkörper über Mitgefühl nährt. Der Meister weiß, dass die Menschen einen freien Willen haben und dass er sie sowieso nicht beeinflussen kann, selbst wenn er wollte. Du kannst Menschen unterstützen und segnen, aber etwas verändern, das sie nicht wollen, kannst du nicht. Wie solltest du auch? Das können nicht einmal die Engel. Der freie Wille steht über allem und er wird mit den anstehenden Veränderungen auf der Erde eher noch bekräftigt. Wenn du allen Menschen wirklich ihren freien Willen zugestehst, dann öffnet sich dein Herz für ein ganz neutrales machtfreies Mitgefühl. Das Spannende ist, dass du einerseits den anderen Menschen Mitgefühl entgegenbringst und sie damit nährst und andererseits dich selbst mit diesem reinen neutralen Mitgefühl auftankst. Mitgefühl mit den geschundenen Seelen in deinem Umfeld dient auch der Ernährung des Lichtkörpers. Dann nährst du dich über dein Herz, das sich automatisch öffnet, wenn du die Augen vor dem Leid der Welt nicht verschließt. So haben es die Aufgestiegenen Meister in früheren Zeiten schon immer getan. Die Menschen hatten das Gefühl, dass der Meister sie nährt und ihnen Energie gibt, aber der Meister hat sich auch über das Mitgefühl für die Menschen um ihn herum aufgetankt. Daher hat der Aufgestiegene Meister auch niemals Angst, zu kurz zu kommen, denn Leid und Verzweiflung gibt es genug in der Welt. Außerdem ist der Meister aus diesem Grund nicht auf seine eigene Kreativität und Schöpferkraft angewiesen, um sich lebendig zu fühlen. Er nährt sich einfach über die Anwesenheit der Menschen, denen er Mitgefühl entgegenbringt. Weil sein Bewusstsein so erweitert ist, deshalb bewertet er immer weniger und fühlt einfach mit – ganz neutral und frei. Weil er die Hintergründe kennt und das ganze Bild sieht, kann der Meister jenseits beschränkter Bewertungen und Urteile neutral mitfühlen.

Deshalb solltest du in der Schwingung des Lichtkörpers auch unter Menschen gehen, denn es nährt dich, am normalen Leben Anteil zu nehmen. Wenn der Meister mit anderen Menschen zusammenarbeitet, dann nährt er sie mit seinem Mitgefühl, einfach mit seiner ganz neutralen Anteilnahme an ihrem Sein, und sie nähren ihn, einfach indem sie eine Folie für sein Mitgefühl bieten. Der Meister kann die Grenzen seines Mitgefühls ständig erweitern, indem er vorgefertigte Beurteilungen hinter sich lässt und aufgibt. Der Meister sieht, wie die Menschen, die zerstörerisch handeln, in den Gelübden mit sich selbst und anderen und in Familienthemen verstrickt sind. Deshalb tun sie Dinge, die ihnen sogar selbst schaden. Oft agieren die Menschen schlicht und einfach alte Gewohnheiten aus. Gerade die emotionalen Muster, die man in der Kindheit gelernt hat, sind eigentlich nur alte Gewohnheiten. Angst, Wut, Traurigkeit und Ohnmacht werden durch neue Erfahrungen, die den vergangenen ähneln, getriggert. Mit dem Lichtkörper verflüchtigen sich automatisierte Reaktionsmuster. Dann steht man sogar ganz ratlos da, weil die alten Muster nicht mehr greifen, und muss neue Lösungen finden. Wenn du früher immer wusstest, wie du deine Erfahrungen einordnen und wie du reagieren solltest, dann weißt du jetzt einfach nicht mehr weiter. Die Menschen bewegen sich in alten Mustern und machen dasselbe einfach nochmal und nochmal und nochmal … Dennoch steckt ein tieferer Sinn dahinter. Einerseits hat jeder Mensch einen freien Willen und kann handeln, wie er möchte. Er kann sein Leben gestalten, wie er möchte. Andererseits wirkt ein universeller göttlicher Plan.

Das Zusammenwirken von freiem Willen und göttlichem Plan als vollkommenes Muster des Lebens wird sich zunehmend vor deinem inneren Auge entfalten. Aber gerade an diesem Punkt, die Vollkommenheit der Existenz zu erfassen, wirst du immer wieder an deine Grenzen stoßen. Als Meister nährst du dich vom Mitgefühl, segnest die Welt und verwandelst sie damit.

Träger des Lichtkörpers

Wenn du den Lichtkörper angenommen hast, überlagert er deinen physischen Körper. Mit der Verkörperung des Lichtkörpers hebt sich automatisch die Schwingung deines physischen Körpers an. Die Integration des Lichtkörpers offenbart dir daher besondere Geschenke. An dieser Stelle deiner Existenz geht es nicht mehr darum, Erfahrungen zu sammeln. In vielen, vielen Leben hast du deinen Erfahrungsschatz erweitert. Bestimmte Dramen zu durchleben, macht für dich einfach keinen Sinn mehr, denn sie wären nichts Neues für dich. Wenn du für dich selbst realisierst, dass du keine Erfahrungen mehr zu sammeln brauchst, dann kannst du auch erkennen, dass für die meisten anderen Menschen der Sinn ihres Lebens darin besteht, Erfahrungen zu sammeln. Katastrophen und schwere Schicksale, die das Leben der Menschen überschatten, darfst du sogar als Bereicherung ihrer Seele bewerten. Wenn du dann allerdings den anderen Menschen gegenüber äußern würdest, dass ihre Seele an dieser Erfahrung reift, dann würdest du sie vor den Kopf stoßen und provozieren. Aber wenn du es in deinem Herzen fühlst und bewegst, dass sich dieser Mensch jetzt noch einmal einer zusätzlichen Erfahrung gestellt hat, dann unterstützt du ihn damit in der Bewältigung seines Schicksals.

1. Solitär und Universelles Selbst

Das größte Geschenk des Lichtkörpers stellt die Unabhängigkeit dar. Wesentliche Bestandteile deiner DNA werden eliminiert und neue kommen hinzu. Die Bandbreite genetischer Potenziale erweitert sich. Damit entknoten sich die Bänder zu deiner biografischen Familie und deiner Abstammungslinie. Familienverstrickungen und Familienthemen lösen sich auf. Du darfst dir in Zukunft von Zeit zu Zeit bewusst machen, wie sehr sich dein Verhältnis zu deiner Ursprungsfamilie und zu deiner Verwandtschaft gewandelt hat. Wahrscheinlich verändert sich sogar das Verhältnis zu deinen Kindern. Obwohl du deine Angehörigen nach wie vor liebst, fühlst du nichts desto trotz ihnen gegenüber eine viel größere Neutralität. Tolstoi hat festgestellt: »Jede unglückliche Familie ist auf ihre eigene Art unglücklich.« Er hatte Recht, jede Familie kämpft mit spezifischen Herausforderungen und Themen. Aber genau diese familienspezifischen Themen neutralisieren sich mit der Auflösung der genetischen Bindung.

Der Lichtkörper führt dich zu dir selbst als einzigartigem Solitär. Begrenzungen des physischen Körpers regieren nicht mehr dein Leben, weil genetische Dispositionen sich verflüchtigen. Damit lösen sich auch Schmerzzustände auf, vor allem, wenn sie durch genetisch bedingte Krankheiten verursacht werden. Schmerz ist oft auch eine alte Gewohnheit oder sogar eine Sucht. Manche Menschen sind daran gewöhnt, sich durch Schmerz überhaupt erst zu fühlen. Wenn du unter chronischen Schmerzen leidest, kannst du dich fragen, wie du dich jeden Tag aufs Neue mit allen Sinnen intensiv fühlen und erfahren kannst. Der Lichtkörper unterstützt dich dabei, sinnliche Wahrnehmungen in dein Leben zu integrieren. Manchmal hilft Schmerz auch bei der Bewusstseinserweiterung. Weil der Körper stark schmerzt, reist der Mensch automatisch in andere Dimensionen des Seins. Mit dem Lichtkörper expandiert automatisch die Multidimensionalität deines Daseins auf der Erde, so dass auch dafür Schmerzen nicht mehr gebraucht werden.

Das menschliche Schicksal der Geisteskrankheit wurde übrigens nur aus der Vernetzung der Seelen untereinander erschaffen. Man hat vereinbart, dass bestimmte Seelen den Schatten für eine ganze Gruppe, meistens für eine Familie oder einen Stamm, tragen. Durch einen »Verrückten« wurden dann die übrigen Mitglieder der Gruppe entlastet. Die Zeiten ändern sich und jeder Mensch wird auch in dieser Beziehung unabhängig werden, so dass er seinen eigenen Schatten trägt und integriert. Damit wird diese übrigens sehr lichtvolle Aufgabe einzelner Seelen, den Schatten für andere Menschen mitzutragen, zur Disposition gestellt. Wenn jeder seinen eigenen Schatten bearbeitet, verflüchtigen sich endogene Depressionen, Psychosen, Komazustände und Demenz.

Demgegenüber entwickelst du mit dem Lichtkörper eine multidimensionale Lebensweise, die dir zum Beispiel den Kontakt mit nicht-physischen Helfern immer selbstverständlicher erscheinen lässt. Die nicht-physischen Lehrmeister begleiten dich in deinem Alltag, so dass du unvermittelt ihre Stimmen hörst oder Bilder wie in einem luziden Traum in die Realität einfließen. Die verstärkte multidimensionale Wahrnehmung unterstützt dich in deinem alltäglichen Leben. Wenn du den Lichtkörper trägst, wirst du allerdings auch erfahren, dass deine wohl bekannten nicht-physischen Begleiter wie auch ich, Saint Germain, dir immer mehr Autorität in allen Bereichen deines Lebens zuschreiben. Auch im Kontakt mit nicht-physischen Freunden wirst du unabhängiger. Deine Stimme gewinnt im Chor der Engel und Meister von der anderen Seite zunehmend an Gewicht.

Unabhängigkeit erzeugt bei den Menschen grundsätzlich Angst. Die Leere, die durch die neu gewonnene Freiheit entsteht, muss erst wieder mit neuen Visionen und schlicht neuen Entscheidungen gefüllt werden. Du musst eine Richtung wählen, in die du gehen möchtest. Du bestimmst jetzt die Richtung deines Lebens, ganz unabhängig von den Vorgaben deiner Ahnenlinie. Im Prozess der Visionssuche brauchst du ausreichend Zeit für deine innere Einkehr. Selbst deine Gewohnheiten verflüchtigen sich, so dass du eine neue Alltagsroutine etablieren musst. Vielleicht gehst du immer zu einer bestimmen Zeit ins Bett und stehst zu einer bestimmten Zeit auf. Oft ist die Nahrungsaufnahme mit bestimmten Zeiten und Gewohnheiten verbunden, die sich jetzt auflösen. Da der Lichtkörper sich von Licht ernährt und keine physischen Nahrungsmittel mehr braucht, wird sich deine Verdauung entsprechend umstellen. Schwankender Appetit und wechselhafte Verdauung zeichnen den Lichtkörper aus. Viele Träger des Lichtkörpers können registrieren, dass ihr Appetit sehr schwankt. Manchmal hängt das mit konkreten irdischen Anforderungen zusammen, zum Beispiel mit physischer Arbeit. Manchmal beeinflussen auch energetische Bedingungen, zum Beispiel die Schwankungen des erdmagnetischen Feldes, deine Bedürfnisse. Du wirst lernen, vollkommen im Fluss zu sein und mit den Energien zu gehen. Wenn du Macht in der alten Form loslässt, dann kannst du dich dem Fluss des Lebens in der Präsenz deines Lichts überlassen.

Dein Leben war bisher außerdem durch dein Über-Ich, wie es Freud genannt hat, bestimmt, also durch deine kulturelle Identität, dein Glaubenssystem und die Werte, denen du dich verpflichtet fühltest. Deine Erziehung hat deine Identität geformt. Zum Beispiel ist die Kultur der westlichen Welt durch die Zeit der Aufklärung geprägt. Unveräußerliche Menschenrechte, Respekt gegenüber anderen Menschen und ein gewisses Maß an Toleranz bestimmen das Verhalten der Menschen untereinander. Andererseits streben viele Menschen zu einseitig nach Leistung und Karriere, was echte Seelenbedürfnisse überlagert. Aus dem Gefängnis ihrer Kultur können die meisten Menschen nicht so schnell entkommen. Die Werte und Glaubensätze, die dir in der Kindheit vermittelt wurden und die sich in deinem Leben als sinnvoll erwiesen haben, haben dein Leben entscheidend geprägt. Du darfst dich für die Prägungen bedanken, die dir deine Kultur mit in die Wiege gelegt hat. Genauso kannst du deiner Familie und deinen Ahnen danken und sie segnen. In gewisser Weise gibst du der Unfreiheit, in die sich deine Seele begeben hat, den Segen. Alles, was du bist, also auch die Identität, die du jetzt in diesem Leben verkörperst, ist natürlich auch durch deine Seelenerfahrungen geformt. Wenn du an diesem Punkt deiner Entwicklung das Gefühl hast, dass dich noch etwas zurückhält oder hemmt, dann kann ich dir versichern, dass es mit Erfahrungen deiner Seele in früheren Leben zu tun hat. Manche Ängste aus früheren Inkarnationen wirken nicht nur in deinem Körper, sondern tatsächlich in deiner Seele und in deinem Geist nach. Du darfst mit einem tiefen Atemzug zustimmen und fühlen, wie sich in diesem Moment in deinem Lichtkörper auch diese Erfahrungen auflösen.

Du hast es gewählt, in diesem Leben den Aufstieg und die Transformation deines menschlichen Ichs sehr bewusst zu vollziehen. Ausgegrenzte Aspekte deines Seelenweges zeigen sich daher in deinem Bewusstsein. In diesem Leben geht es für dich auch darum, dich wirklich mit allen Sinnen und mit ganzem Herzen der Materie zuzuwenden. Dabei steht dir oft noch dein Erfahrungshorizont aus vielen zusammenhängenden Leben entgegen, in denen du die materielle Welt verleugnet und damit deine Bewusstseinserweiterung vorangetrieben hast. Es geht um den grundlegenden Konflikt zwischen Spiritualität und Fülle. Rückzug aus der Welt und ihren Verlockungen hat deine spirituelle Entwicklung, den Aufstieg deiner Seele gefördert. Die Abkehr von der Materie hat dir in vielen, vielen Leben der philosophischen, geistigen und spirituellen Entwicklung gedient und du hast sie mit Freude gelebt. Du hast dich in vielen Leben der Philosophie, der Religion und spiritueller Praxis gewidmet. Die Weisheit, die du in deinen Forscherleben angesammelt hast, darfst du an dieser Stelle noch einmal ehren. Diese Prägungen sind nicht in deiner DNA, in deinem physischen Körper oder in deinem Verstand lokalisiert, sondern sie sitzen tatsächlich in deiner Seele und in deinem Geist, also in dem Teil des Lichtkörpers, der ewig fortlebt. Sie präsentieren dein Bewusstsein. Wenn du dir wesentliche Erfahrungen deines Seelenweges bewusst machst, dann kannst du die Begrenzungen, die du in dieses Leben hereingebracht hast, noch deutlicher sehen. Aber selbst diese Prägungen kannst du loslassen. Die Größe deiner Seele und deine Weisheit kannst du auch immer klarer sehen. Sogar die Weisheit aus vielen, vielen Leben kannst du loslassen. Denn das Leben in der Neuen Zeit verändert sich rapide. Selbst hart erarbeitete Weisheit aus vielen früheren Leben bringt dich gar nicht mehr unbedingt weiter. Du kannst diese Weisheit als deinen Erfahrungsschatz ehren, aber er kann wettgemacht werden durch tiefe Entscheidungen im jetzigen Leben, durch mutige Weichenstellungen deines Bewusstseins. Davon profitieren die neu inkarnierten Seelen, die bisher kein einziges Leben auf der Erde verbracht haben. Jetzt müssen die Menschen das Leben auf der Erde umgestalten und darin besteht die Chance dieser Zeit. Wenn du dich auf die Erfahrung eines ganz neuen Lebensgefühls auf der Erde einlässt, gewinnst du neue Horizonte.

Das erste Geschenk des Lichtkörpers ist die Unabhängigkeit. Damit ist die Unabhängigkeit von Familienbanden, die Unabhängigkeit von Begrenzungen des Verstandes, die dir anerzogen wurden, und sogar die Unabhängigkeit von der Weisheit deiner eigenen Seele gemeint.

Der Lichtkörper bewirkt, dass die Seele weniger stark an den physischen Körper gebunden ist. Das heißt, dass man leichter sterben kann. Wenn man in der Sterbebegleitung tätig ist, merkt man, dass manche Menschen im Prozess des Sterbens schwer loslassen können. Es ist gar nicht so leicht, den physischen Körper zu verlassen. Mit dem Lichtkörper kannst du einfach aufhören zu atmen und wirklich in Leichtigkeit gehen. Du kannst es immer wieder ausprobieren, den physischen Körper tun zu lassen, was er will, und dich mit dem Lichtkörper durch die Welt zu beamen. Du bist viel freier vom physischen Körper, als du denkst. Deine Seele kennt die Erfahrung des Sterbens zu Genüge und kann daher mit Leichtigkeit den physischen Körper zurücklassen, eine Leichtigkeit, die der Lichtkörper garantiert. Dann gibt es nichts mehr, vor dem du Angst zu haben brauchst. Wenn es in deinem Leben eng würde – das ist dein Sicherheitsnetz – könntest du den physischen Körper jederzeit verlassen. Die ultimative Angst der Menschen ist natürlich die Angst zu sterben. Diese Angst ist in der DNA implantiert, damit die Menschen die Lebensaufgaben, die sie sich vorgenommen haben, erfüllen und sich nicht zu schnell vom Acker machen. Deshalb konnten die Menschen nicht so leicht sterben und deshalb fühlt jede Seele auf der Erde die Angst vor dem Tod. Bei dir wird sich die Angst vor dem Tod vollkommen verflüchtigen und damit die Quelle jeglicher Angst in deinem Leben. Dann bleibt dir nur noch die Angst um andere Menschen, die sich aus einer anderen Quelle speist, nämlich aus der Liebe zu deinen Mitmenschen.

Wenn du dich um andere sorgst, dann ist diese Angst aus der Liebe zu ihnen geboren. Dann verbindest du dich mit der Quelle dieser Angst und fühlst die Liebe, die diese Angst speist. Anschließend kannst du dein Bewusstsein noch weiter auf die Ebene der Engel anheben. Die Engel respektieren den freien Willen jeder Seele. Selbst nahestehenden Menschen, die du beschützen möchtest, für die du dich verantwortlich fühlst, denen du helfen möchtest, solltest du zugestehen, dass auch ihre dunklen Erfahrungen ihrem freien Willen entspringen. Auf der Ebene des Engelbewusstseins weißt du, dass sie einen freien Willen haben und alle Erfahrungen, die sie durchleben, ihnen dienen und sie letztendlich aus alten Mustern befreien können.

Du kannst deinen Körper auch verjüngen, wenn du die Verjüngung von Aspekten der Macht trennst. Dann geht es nur noch um dich selbst, nicht mehr um deine Wirkung auf andere. Mit einem tiefen Atemzug darfst du diese Bedingung annehmen. Wenn du den Alterungsprozess deines Körpers verwandelst, gewinnst du eine gehörige Portion an Leichtigkeit für dein Leben. Wenn sich deine genetischen Dispositionen auflösen, denn verschwinden schon eine Menge Zipperlein, die sich mit dem Alter verstärken würden. Wenn es dich glücklich macht, kann sich dein Körper dann auch verjüngen. Allerdings funktioniert es nicht, wenn du nur eine Fassade des Erfolgs vorzeigen möchtest. Der Lichtkörper lässt sich nicht normieren und Schönheitsideale des Massenbewusstseins lassen sich ihm nicht aufdrücken. Dein Körper mag sogar eine Gestalt, eine Schwingung und Ausstrahlung annehmen, die in den Augen des Massenbewusstseins ungewöhnlich erscheint. Der Lichtkörper ist ein Wohlfühlkörper, dem du zum Beispiel auch ein Wohlfühlgewicht zugestehen solltest. Dein Körper stellt das perfekte Gefäß deiner Seele dar. Entscheidungen, die du in deinem übrigen Leben triffst, wirken sich auf die Gestaltung deines Körpers aus. Wenn du Marathonläufer werden möchtest, weil du darin deinen perfekten Selbstausdruck siehst, wird sich dein Körper in anderer Weise transformieren, als wenn du entscheidest, als Medium oder Heilerin zu arbeiten. Grundsätzlich darfst du zustimmen, dass die Transformation, die der Lichtkörper bei dir und anderen bewirkt, mit schnell verlaufenden Ausleitungssymptomen verbunden ist. Zur akuten Transformation in einem energetisch oder physisch belasteten Raum gehört zum Beispiel manchmal ein kurzer Schweißausbruch.

Der Lichtkörper steht rund um die Uhr in deinem Dienst. Das mag für dich ungewohnt sein, wenn es dir anerzogen wurde, dass man gegen den Körper ankämpfen muss, um den Kämpfer in sich zu stärken. Aber du brauchst weder einen inneren Kämpfer, der um Macht ringt, noch brauchst du einen Körper, der kämpft. Das Bewusstsein der Menschheit wird sich dahingehend verändern, dass man lernt, dass Krankheit nicht bekämpft werden muss. Heilung ist ein Prozess der Transformation, der das Geschehen annimmt und sich dem Fluss der Energien nicht entgegenstellt. Speziell bei einer Krankheit wie Krebs geht es zunächst einmal darum, das Geschehen anzunehmen, ihm den Segen zu geben und sich dann dem Fluss des Lebens anzuvertrauen. Um einen Ausgleich zu schaffen, gebe ich hier ausdrücklich allen Möglichkeiten der modernen Medizin die Ehre. Sie sind nicht umsonst ins Bewusstsein der Menschen gekommen. Viele Methoden der modernen Medizin dienen dem Menschen, um schnell gesund zu werden. Damit Krankheiten wirklich von der Bildfläche verschwinden können, müssen die Menschen allerdings manche liebgewonnenen Gewohnheiten ändern. Um geheilt zu werden, muss man lernen, neu zu denken, neu zu fühlen, vielleicht mehr zu fühlen, klarer zu fühlen, anders zu handeln, dem eigenen Herzen zu folgen.

Der Lichtkörper ist frei zu leben oder zu sterben in jeder Minute des Lebens. Das spürst du manchmal und dann spürst du auch, wie leicht es wäre, hinüber zu gehen, einfach alles zurückzulassen und aufzugeben. Ich rate dir sogar, diesem Gefühl Raum zu geben und es nicht zu verleugnen. Selbst der Meister resigniert von Zeit zu Zeit. Oft ist dieses Gefühl auch aus der Liebe gespeist, aus der Liebe zur Erde und zu den Menschen. Dann hilft es dir, etwas Urlaub vom Leben zu machen.

Indem du den Raum Soluna in dir und außerhalb von dir eröffnest, gönnst du dir eine Auszeit von den irdischen Energien. Der Raum Soluna existiert jenseits des Sonnensystems, also jenseits von Sonne und Mond. Es handelt sich um einen Raum, in dem die Dualität nicht mehr wirkt. Dort kannst du dich aus dem Stress des Erdmagnetfeldes ausklinken und ausruhen.

Du kannst dir auch vor dem Einschlafen vornehmen, in der Nacht während des Schlafs den Raum Soluna aufzusuchen. Dort kannst du deinen Lichtkörper reinigen und erfrischen.

Übung *Der Raum Soluna*

Mit einem tiefen Atemzug trittst du bewusst in den Raum Soluna ein. Du begibst dich in den Raum Soluna, indem du ihn in dir und außerhalb von dir eröffnest. Du sagst: Ich eröffne den Raum Soluna in mir und außerhalb von mir. Nimm bewusst wahr, wie du dich im Raum Soluna ausbalancieren und erholen kannst.

Wenn sich deine bisherigen Lebensthemen auflösen, dann brauchst du neue Herausforderungen und kannst dich vielfältigen Bewusstseinsexperimenten widmen. Auf dem Gebiet der Bewusstseinserweiterung bist du der Entdecker und Pionier. Mit dem Lichtkörper entwickelst du neue Möglichkeiten, in einer sehr hohen Schwingung im physischen Körper auf der Erde zu leben. Du trägst dazu bei, eine neue Lebensform auf der Erde zu installieren. In diesem Moment darfst du mit einem tiefen Atemzug auch noch einmal deine Gefühle annehmen, die Gefühle, die diesen Prozess begleiten. Wenn du zum Beispiel wirklich in deinem Herzen fühlst, dass du einen mittelalterlich anmutenden Krieg, den du im Fernsehen verfolgen kannst, nicht mehr auf der Erde dulden möchtest, bringen deine Emotionen Wellen der Veränderung in Gang. Wenn du von Herzen fühlst, dass du bestimmte Anstrengungen des alltäglichen Lebens, wie zum Beispiel Putzen oder aufwändige Hausarbeit, nicht mehr brauchst, dann verwandeln sich die Bedingungen deiner Existenz. Vielleicht erfindet dann einfach jemand eine neue Technik, die dir dient. Der Träger des Lichtkörpers betrachtet das Leben neutral und vermeidet vorschnelle Beurteilungen, aber er lebt auch mit Leidenschaft, mit echter emotionaler Anteilnahme. Du kannst darauf bauen, dass sich mit dem Lichtkörperprozess die Bedürfnisse des Körpers und damit deine Gewohnheiten verändern. Deine Nahrungsvorlieben verändern sich. Oft reicht ein Atemzug, um satt und zufrieden zu sein. Der Lichtkörper ist viel stärker durch dein Bewusstsein zu dirigieren, als es bisher für den physischen Körper galt. Der physische Körper, der jetzt von deinem Lichtkörper überschattet wird, verliert an Macht. Diese Veränderungen darfst du annehmen und du darfst mit den Geschenken des Lichtkörpers experimentieren. In der nächsten Zeit wirst du erfahren können, dass Krankheiten schneller transformiert werden können, dass Wunden schneller heilen, dass der Körper sich schneller ausbalancieren kann, dass sogar Müdigkeit, Hunger oder Kälte verfliegen können, wenn dein Bewusstsein ins Spiel kommt.

Spielerische Experimente mit deiner Bewusstseinserweiterung zu genießen. Darin besteht der Sinn deines Lebens in der Zukunft. Bewusstseinserweiterung ist das Spiel der Zukunft.

Mit dem Lichtkörper kannst du zum Beispiel zunehmend die Gedanken anderer Menschen lesen. Nachdem du im Zug in ein

Abteil gestiegen bist, kann dich zum Beispiel plötzlich eine tiefe Traurigkeit überfallen. Dann erzählt die Frau, die neben dir sitzt, ihrer Freundin von ihren Depressionen. Indem du einen tiefen Atemzug nimmst, kannst du die Gefühle deiner Nachbarin wieder loslassen. Da der Lichtkörper sich mit seiner Umwelt so stark vernetzt, muss er sich schnell transformieren können. Du kannst zunehmend ignorieren, ob zum Beispiel die Traurigkeit, die dich ergreift, dein eigenes Gefühl ist oder ob sie gar nichts mit dir persönlich zu tun hat. Du kannst es loslassen, nach den Ursachen zu fragen, und kannst den Fokus auf Transformation richten. Der Meister ist auf der Welt, um sie zu verändern. Dabei unterstützt dich immer wieder das Werkzeug des Segens. Allem, was du fühlst, was dich belastet, was dir das Leben schwer macht, gibst du den Segen. Indem du es segnest, kann es sich schon verflüchtigen. Wenn du der Traurigkeit, die dich anfliegt, den Segen gibst, dann kann die Frau, die neben dir sitzt, das auch tun. Sie tut es vielleicht sofort, wenn auch unbewusst, und in diesem Moment verflüchtigt sich der alte Ballast, den sie mit sich herumträgt.

In eurem eigenen Leben und in der Welt erlebt ihr immer wieder einen Stillstand und dann einen Quantensprung des Bewusstseins. Ruhe und Stille kehren ein vor dem Sprung auf eine neue Ebene des Aufstiegs. Die Erfahrungen der meisten Menschen laufen noch im Rahmen des Schicksalsrades ab. Sie inszenieren sich ständig wiederholende Täter- und Opfer-Spiele. Auch in ihrem Inneren wechseln sich ständig Zerknirschung und Größenwahn, Selbstbeweihräucherung und Selbstzweifel ab. Dabei haben alle Menschen einen vollkommen freien Willen. In dieser Zeit haben alle Menschen die Wahl, aus scheinbar vorgegebenen Verhaltensmustern und immer gleichen Wiederholungen in ihrem Leben aussteigen. Alle können ihr Bewusstsein erweitern, wenn sie das wählen. Der Meister kann sich den Menschen frei und uneingeschränkt zuwenden, wenn er ihr Potenzial sieht und weniger ihre Beschränkungen. Er gibt dem karmischen Spiel, dem Täter-Opfer-Spiel, der gelebten Dualität den Segen – und freut sich ganz neugierig auf ein neues Spiel.

Der Aufstieg der Erde bewirkt, dass alle Menschen Zugang zum Kollektivbewusstsein finden. Auch im kollektiven Bewusstsein vollzieht sich eine Herzöffnung und Expansion des Mitgefühls. Das menschliche Kollektiv entwickelt ein Bewusstsein für die Einheit allen Lebens. Alle Menschen können erkennen, dass Alles mit Allem zusammenhängt. Sie sehen die kollektiven Auswirkungen ihres Lebens. Für die westliche Welt bedeutet es, dass die Menschen zunehmend für die Tatsache die Augen öffnen, dass sie auf Kosten der übrigen Welt leben. Du öffnest deine Augen für das, was in anderen Ländern der Erde passiert. Auf der Basis deines relativ entspannten und reichen Lebens wählst du dann immer wieder die Verwandlung – und die ganze Erde verwandelt sich. Die Menschen werden sich zunehmend bewusst, was mit den anderen Menschen in ihrer Nähe passiert. Sie können sich nicht mehr davon abschotten. In der Vergangenheit hat sich besonders in Europa das Individuum fortentwickelt. Die Möglichkeiten individueller Freiheit und Macht wurden gestärkt. Jetzt springt die ganze Erde in eine neue Dimension des Mitgefühls.

Es gibt verschiedene Dimensionen des Seins. Die erste Dimension ist das reine Körperbewusstsein. In dieser Dimension leben die niederen Gattungen der Lebewesen, zum Beispiel Korallen. Viele kämen nicht auf die Idee zu sagen, dass eine Koralle eine Seele hat. Dennoch strahlt sie wie alle Lebewesen eine ureigene Lebenskraft aus. Das gilt auch für Pflanzen. Eine Koralle oder eine Pflanze existieren also in der ersten Dimension des Lebens. Sie leben in einem ganz reinen Sein des Körpers. Ihr Sein kann dich erfreuen, denn wenn du die Aura einer Pflanze oder Koralle betrachtest, dann kannst du die Schwingung des Lebens darin erkennen.

In der zweiten Dimension verbindet sich mit dem Körperbewusstsein die Seele. Die Seele bringt Empfindungen und Emotionen ins Leben. Wenn du dich mit den höheren Tieren intensiv beschäftigt hast oder vielleicht mit einem Haustier lebst, weißt du, dass sie eine Seele haben. Sie sind traurig, wenn ihr Herrchen zu weit weg ist. Sie freuen sich über Zuwendung. Sie fühlen Liebe und

Freude. Außer der sinnlichen Wahrnehmung haben sie Gefühle, die sie auch zum Ausdruck bringen. Das ist die Schwingung der Seele. Wenn die Seele präsent ist, dann kommuniziert man in Liebe – und Heilung ist möglich. Der Körper in Verbindung mit der Seelenessenz kann andere Lebewesen berühren. Ein Tier kann dir Heilung und Ausbalancierung bringen, weil es mitfühlt und – um es ganz einfach zu sagen – weil es von Seele zu Seele in Kommunikation geht und dadurch ein gemeinsames Schwingungsfeld erzeugt. In dieser Schwingung, von der wir jetzt sprechen, befinden sich auch Menschen, die einen sehr reduzierten Mentalkörper besitzen. Ihr würdet sie als geistig behindert bezeichnen. Sie kommunizieren oft auf einer ganz reinen Ebene von Seele zu Seele.

Die dritte Dimension ist der Geist. Diese Dimension erreichen einzelne Gruppen der Menschenaffen und der Mensch selbst. Der Mensch ist sich seines Ichs bewusst. Er weiß, wer er ist. Er steht in Verbindung mit seinem Geist. Der Geist kann Ideen entwickeln. Er hat Erinnerungen, die durch den Geist bewertet werden. Er kann aufgrund seiner Erinnerungen planen und Entscheidungen treffen. Der Mensch hat einen freien Willen und ist sich sogar dessen bewusst. Hierin unterscheidet sich der Mensch von den Tieren. Der Mensch ist sich dessen bewusst, dass er die Wahl hat. Er kann lieben oder töten und er weiß, dass er die Wahl hat. Auf der geistigen Ebene kann er auch mit anderen Menschen und Seelen kommunizieren und sogar außerhalb von Raum und Zeit Wissen empfangen. Über den Geist hat die Menschheit zum Beispiel moralische und ethische Maßstäbe entwickelt. So wurden Regeln des gesellschaftlichen Zusammenlebens wie Gleichheit, Freiheit und Brüderlichkeit etabliert. Menschenrechte sind aus dem Geist geboren. Wenn ein Mensch von seinen Gefühlen, zum Beispiel seinem Zorn, hinweggetragen wird, dann kann er sich selbst über den Geist wieder zur Ruhe bringen. Der Geist heilt. Deshalb spricht man von Geistheilung.

Du darfst dich bewusst immer wieder mit deiner Seele verbinden und du darfst dich auch bewusst immer wieder auf die Ebene des Geistes begeben, der dir Zugang zu einem höheren

Bewusstsein verschafft. So kann der Mensch auch Abstand zu sich selbst nehmen. Menschen, die viel über sich nachdenken und sich selbst reflektieren, können daher über sich selbst hinauswachsen. Viel mehr Zeit und Energie verwendet der Mensch darauf, mit sich selbst zu kommunizieren, als mit der Außenwelt. Deine Gedanken kreisen ja meistens um dich selbst. Über den Geist tritt der Mensch in die Rolle des Beobachters ein, die ihm Abstand zu sich selbst gewährt.

Die Welt bewegt sich nun über die dritte Dimension hinaus und entwickelt ein Bewusstsein von Einheit. Der Menschheit wird bewusst, dass der Einzelne nicht nur mit den anderen Menschen, sondern mit der Natur und allen Lebewesen verbunden ist. Soziale Netzwerke und Globalisierung fördern das Einheitsbewusstsein aller Menschen. Ich nenne das Bewusstsein, das mit allem, was ist, vernetzt ist und sich dessen auch bewusst ist, gerne *Universelles Selbst*. Wenn die Welt sich auf diese Ebene begibt, dann breitet sich die Erkenntnis aus, dass der einzelne nicht losgelöst von der Welt existiert. Es breitet sich die Einsicht aus, dass es nicht nur einem selbst gut gehen sollte, sondern dass man in einer Welt leben möchte, in der alle Menschen glücklich sind. Dieses Bewusstsein verkörperst du schon jetzt und du darfst es dir eingestehen. Du kannst gar nichts mehr tun, was andere verletzt und anderen schadet, weil du im kollektiven Bewusstsein verankert bist und daher weißt, dass dich auch das Leid deines Nächsten beeinflusst. Deshalb sorgst du, vielleicht noch unbewusst, dafür, dass alles um dich herum gerecht, freundlich und liebevoll zugeht. Wenn die Menschen sich jetzt in die Verkörperung des Universellen Selbst bewegen, dann erweitern sie gleichzeitig ihren Geist. Das Denken verändert sich. Sie fragen nicht nur, wie sie sich ausdrücken können, wie sie ihre Schöpfungen in die Welt bringen und Fußstapfen in der Welt hinterlassen können. Sondern sie denken sogar daran, wie man gemeinsam in der Welt etwas Neues schaffen kann und wie sie selbst optimal zum großen Ganzen beitragen können. Die Menschen beginnen, sich eine Aufgabe in der Welt zu wünschen, mit der sie zum Glück der Gemeinschaft beitragen können. In der nächsten Zeit kannst du manchmal staunen, wie sehr persönlicher Erfolg marginalisiert wird. Um einen allgemein bedeutsamen Beitrag leisten zu können, entwickeln viele Menschen extreme Flexibilität. Sie schwimmen sozusagen ganz perfekt auf der Welle des kollektiven Bewusstseins.

Der Meister beherrscht die vollkommene Kommunikation mit dem Kollektiv. Er könnte sehr hochschwingend durch die Welt wandern, aber dann würde ihn keiner mehr sehen und er würde vielleicht den Kontakt zum Boden, aber mit Sicherheit zu den anderen Menschen verlieren. Der Meister möchte die Welt weiterbringen, nicht nur sich selbst. Wenn du nur dich selbst vervollkommnen wolltest, dann könntest du einfach einen Aufstiegsweg in Sekunden durchlaufen und dann wärst du in einer ganz hohen Schwingung, in der du glücklich bist und alles hast, was du brauchst. Die Aufgestiegenen Meister dienen der Welt. Alles, was sie tun, vollzieht sich im Einklang mit dem kollektiven Bewusstsein. Der Meister ist in der Welt und nicht außerhalb der Welt und deshalb ereignen sich auch noch menschliche Dramen im Leben der Aufgestiegenen Meister. In einem Bereich, in dem der Meister ein neues Bewusstsein eröffnen will, klinkt er sich von Zeit zu Zeit in das Leid der Welt ein. Er zeigt dann den Menschen, wie man mit Stress und Drama umgeht. Eine exemplarische Geschichte zu diesem Aspekt der Meisterschaft ist die Kreuzigung von Jesus, also der Tod im Widerstand gegen ein ungerechtes Regime und die darauffolgende Auferstehung, die Überwindung des Todes. Jesus hat den Menschen gezeigt, dass der Tod eigentlich gar nicht existiert, und damit viel Angst aufgelöst, gerade in einer Zeit willkürlicher Unterdrückung und Herrschaft. Der Meister agiert vollkommen verbunden mit dem kollektiven Bewusstsein. Heute würde es keinen Sinn machen, sich kreuzigen zu lassen. Es gibt andere Meisterwege, die in manchen Ländern der Erde auch noch mit Leid und Beschränkungen verbunden sind. Der Meister geht seinen Weg, um den Zeitgeist voran zu bringen.

In nie gekannter Weise können sich die Menschen jetzt von Herz zu Herz vernetzen und sie können sich auf der Erde in dem reinen Bewusstsein der Liebe begegnen, wie es bisher noch nicht möglich war, Die Herzöffnung betrifft vor allem auch die Beziehung zu dir selbst. Du öffnest dein Herz für die Bedürfnisse deines menschlichen Ichs. Der Lichtkörper weiß, was er von Herzen braucht. Mit dem Lichtkörper kannst du dein Herz gar nicht mehr vor deinen eigenen Bedürfnissen verschließen, um vielleicht die Themen deiner Familie oder ein Muster aus früheren Leben zu leben. Deine Bedürfnisse, zum Beispiel nach regelmäßigem Rückzug und verstärkter Leichtigkeit des Alltagslebens, fordern ihr Recht. Dein Herz gebietet dir, für dich selbst Glück zu erschaffen.

Der Lichtkörper kann den physischen Körper ganz schnell verlassen. Daher musst du mit dem Lichtkörper glücklich leben oder gar nicht. Das führt dazu, dass du angelerntes Wohlverhalten zugunsten von authentischem Selbstausruck aufgeben wirst. Du agierst zunehmend mit Herz, Seele und Geist als der, der du bist. Der Lichtkörper möchte sich nicht mehr verstecken, im Gegenteil, er möchte erstrahlen. Der Lichtkörper kehrt auch zu einem unschuldigen menschlichen Aspekt zurück, der die Erde liebt und in Einheit mit der Erde lebt. Der Lichtkörper wurde noch nicht aus dem Garten Eden vertrieben. Im Kontakt mit der Erde und in der Verantwortung für die Erde findest du zunehmend Glück und Zufriedenheit.

Außerdem können sich die Träger des Lichtkörpers freiwillig vernetzen. Die Träger des Lichtkörpers gehören automatisch zu einer Engelfamilie, die ich »Engelfamilie der Pioniere« nennen möchte. Die Pioniere sind Botschafter der Quelle für ein neues Sein auf der Erde. Das neue Sein auf der Erde transformiert auch die Vergangenheit. Die Pioniere haben sich der Aufgabe verschrieben, sich nicht nur in anderen Dimensionen der Existenz, sondern hier auf der Erde im physischen Körper zunehmend ihres wahren Seins bewusst zu werden. Die Pioniere haben sich nicht nur ihrer eigenen Herzöffnung verschrieben, sondern auch der Anhebung der Schwingung der Liebe im gesamten Energiefeld der Erde. Du darfst dir bewusst machen, dass du wirklich der Pionier des neuen Seins auf der Erde bist. Du hast auf der Ebene des Geistes gewählt, deine Transformation im Rahmen eines relativ durchschnittlichen Lebens zu erfahren, denn nur so kannst du zum Vorbild für andere werden. Immer wieder darfst du in dir den Diamanten, der du wirklich bist, sehen. In vielen, vielen Leben der Erfahrung, der Weisheit und der Erleuchtung wurde der Diamant geschliffen, um in seiner einzigartigen Präsenz zu erstrahlen.

Zu Unrecht glaubst du oft, nichts zu wissen, obwohl du die Weisen unterschiedlicher Kulturen verkörpert und durch die Multidimensionalität deines Seins Zugang zum gesamten Wissen der Menschheit gefunden hast. Du hast alle Aspekte der Macht und Ohnmacht gelebt, so dass du jenseits der Dualität aufsteigen und deinen Diamanten erstrahlen lassen kannst. Du weißt, was Sklaverei und was Freiheit bedeutet, so dass du kollektive Abhängigkeiten überwinden kannst. Du darfst deine inneren Augen öffnen, um zu sehen, wer du wirklich bist. Vor deinem inneren Auge mag sogar ein ganz klarer luzider Film über deinen Seelenweg ablaufen. Erlaube, dass du siehst, wer du bist.

2. Korrespondent und Botschafter

Als Träger des Lichtkörpers bist du auf der Erde der Korrespondent des göttlichen Bewusstseins. Das Wort »korrespondieren« bedeutet »kommunizieren, in Verbindung stehen«. Weil du ein Korrespondent bist, stehst du permanent in Verbindung mit dem göttlichen Bewusstsein, so wie ein Nachrichten-Korrespondent mit seinem Studio in Verbindung bleibt und berichtet. Das Bild des Nachrichten-Korrespondenten, der als Beobachter und Berichterstatter in einem fremden Land lebt, kannst du auf deine Realität übertragen. Nachrichten-Korrespondenten, die aus fremden Ländern berichten, beobachten die Einheimischen aus der Perspektive ihrer eigenen Kultur. Sie sollten möglichst unvoreingenommen auf das Geschehen blicken. Du kannst deine Rolle als Korrespondent des göttlichen Bewusstseins mit der Rolle eines Berichterstatters aus einem fremden Land vergleichen. Es ist deine Aufgabe, authentisch und anteilnehmend ein Bild von allem, was vor sich geht, aufzufangen und zu vermitteln. Dabei solltest du dich nicht vom Drama mitreißen lassen, sondern einen abgeklärten Blick bewahren. Du darfst deiner Rolle des authentischen Korrespondenten zustimmen. Das heißt natürlich auch, dass du eben nicht Opfer, Kämpfer oder Herrscher bist. Es heißt auch, dass du für dich einen Sicheren Raum erschaffen musst. Sonst könntest du deine Rolle nicht mehr ausfüllen. Manchmal kann der Korrespondent nur dadurch in Sicherheit bleiben, dass er ausreist und das Geschehen verlässt. Tatsächlich mag für dich manchmal ein plötzlicher Ortswechsel angebracht sein. Dein göttliches Bewusstsein wird für den Sicheren Raum sorgen und im entscheidenden Moment einfach wissen, was zu tun ist. Wenn du die Rolle des Korrespondenten annimmst, kannst du in deiner eigenen relativ ausbalancierten Dimension glücklich auf der Erde leben. Zu deiner Rolle gehört aber auch, dass du eine gewisse Distanz zum irdischen Geschehen aufbaust. Der Korrespondent ist auch ein Helfer, der an der Seite der anderen Menschen steht, einfach Anteil nimmt und den energetischen Raum sichert. Ein Korrespondent zu sein ist deine Rolle in der Welt. Du stehst neben den anderen Menschen wie ein geistiger Begleiter oder ein Engel und hältst die Energie in neutralem Mitgefühl. Als Korrespondent lebst du nicht nur als Empfänger höheren Wissens auf der Erde, sondern du leitest alle Erkenntnisse, die dir das Leben schenkt, und alle Erfahrungen mit neuen Lebensmöglichkeiten in das weltumspannende Netz des Wissens ein. Der Aspekt des Korrespondenten, der Wissen weitergibt, ist für das Leben des Meisters auf der Erde äußerst bedeutend. Deiner aktiven Rolle als Korrespondent auf der Erde darfst du daher bewusst zustimmen, wenn du es wählst. Der Meister ist ein Vorbote der Zukunft auf der Erde, er ist ein Korrespondent des Goldenen Zeitalters.

In allen Bereichen deines Lebens, zum Beispiel auch auf dem Gebiet des Reichtums und der Fülle, bist du ein Vorbote des Goldenen Zeitalters. Einige Meister haben in besonderer Weise gewählt, einen Beitrag zu leisten, um das Thema Geld auf eine neue Ebene zu bringen, ohne dass man, wie es früher war, von vorneherein in einer reichen Umgebung geboren worden sein muss. Um Reichtum jenseits des Täter- und Opfer-Szenariums zu generieren, muss man Neutralität verkörpern, auch die Neutralität gegenüber der Materie. Du weißt, dass du ohne Materie leben kannst. Du weißt, dass deine Seele lebt, ohne mit dem Körper und der irdischen Materie verbunden zu sein. Du weißt, dass deine Seele ewig lebt und sich verwandeln kann. Deine Seele nährt sich ausschließlich aus der Quelle von Licht und Liebe, aus der auch das irdische Leben gespeist wird. Durch die enge Verbindung mit deiner Seele hast du eine gewisse Nonchalance gegenüber der Materie entwickelt. Du darfst es dir erlauben zu fühlen, wie neutral du der Materie gegenüberstehst. Viele Menschen auf der Erde müssen noch lernen, ihrer Unabhängigkeit von den materiellen Gegebenheiten zu vertrauen. In ihrem Leben herrscht die Illusion vor, dass alles ums Überleben geht. Gerade im privilegierten Europa werden in der nächsten Zeit viele Menschen aufwachen und erkennen, dass materielle Sicherheit in ihrem Leben nicht den höchsten Rang hat. Eine Erfahrung des Mangels dient bei vielen Menschen dazu, höhere Ebenen des Bewusstseins zu erreichen. Wenn jemand nur darauf konzentriert ist, seine materielle Sicherheit zu erhalten, und dabei auch sein authentisches Fühlen abspaltet, oder wenn jemand nur darauf ausgerichtet ist, sich im Massenbewusstsein begehrte Statussymbole anzuschaffen, die nicht einmal Freude bereiten, dann kann ihm die Erfahrung des Mangels dienen. Durch die Erfahrung des Mangels konzentrieren sich Menschen dann stärker auf das, was ihnen im Leben wirklich etwas bedeutet. Wenn sie sparen müssen, denken sie schlicht und ergreifend darüber nach, was sie eigentlich zuerst kaufen und besitzen möchten. Dadurch entscheiden sie, was ihnen am Wichtigsten ist. Du darfst dich mit dem Segen des Mangels verbinden.

Wenn du verzweifelt in dem Gefühl schwimmst, dass dir die Welt das verweigert, was du brauchst und was du wählst, dann darfst du dich immer wieder in Liebe deinen enttäuschten Seelenaspekten zuwenden, die genau an diese Illusion glauben. Das enttäuschte Innere Kind oder ein anderer unglücklicher Teil deiner Seele gibt der Welt die Macht, ihm etwas zu verweigern, und suhlt sich selbst in der Ohnmacht. Dein erster Schritt besteht darin, deine Gefühle von Verzweiflung und Existenzangst zuzulassen und durchzuatmen. Wenn das geschehen ist, kannst du ihnen im zweiten Schritt den Segen geben und sie damit verabschieden. Auf einer tieferen Ebene deines Bewusstseins weißt du, dass es nur eine Illusion ist, dass dir jemand etwas verweigern würde. Dein Inneres Kind hat möglicherweise wirklich nicht bekommen, was es brauchte. Es hat oft zu wenig Aufmerksamkeit, Liebe und Zuwendung bekommen. Das Innere Kind sitzt im Hamsterrad der Gefühle und wartet auf die Lösung, die von außen kommt. Als spiritueller Mensch wartest du dann darauf, dass die Schwingung sich in der Welt erhöht und die Welt ohne dein Zutun besser wird. Aber du kannst dir sicher sein, dass die Lösung für deine finanziellen Probleme nicht von außen, sondern aus deinem Inneren erwächst. Indem du dich selbst veränderst, veränderst du die Welt.

Der Aufgestiegene Meister als Korrespondent funkt nach oben, welches Maß der Schwingungsanhebung er im Moment für sinnvoll und erträglich hält. Wenn auf diese Weise die Schwingungsanhebung auf der Erde kontrolliert wird, werden nicht zu viele Menschen durch unvermitteltes Aufwachen aus der Bahn geworfen, so dass sie im Endeffekt einfach die Erde verlassen und die Lust am Leben verlieren würden. In diesem Zusammenhang steht der Meister übrigens intensiv mit den Kindern in Verbindung, die schon sehr hochschwingend inkarnieren, und informiert das universelle Netz des Bewusstseins über deren Wohlergehen.

Wenn du den Lichtkörper trägst, wirst du nicht nur zum Korrespondenten, sondern automatisch auch zum Botschafter der Quelle. Einerseits lebst du als Träger des Lichtkörpers völlig frei und nur deinem eigenen Bewusstsein verpflichtet, andererseits schöpfst du Kraft aus der Quelle allen Seins, der Quelle der Existenz. Aus dieser Quelle erschafft sich auch die neue Lebensform, die jetzt auf der Erde installiert wird. Du bist der Botschafter der Quelle. Der Lichtkörper verbindet dich mit der Quelle allen Seins. Der Lichtkörper ist ein reiner, unverstellter Kanal für das Bewusstsein der Quelle. Es ist gar nicht nötig, dass du gezielt Botschaften der Quelle überbringst, sondern du wirst durch deine Präsenz im Lichtkörper automatisch zum Botschafter der Quelle. Du transportierst die Energie der göttlichen Quelle. Das Gefäß oder Portal der Lichtenergie nenne ich auch gerne Diamant. Du darfst dir ruhig vorstellen, dass du Energie, die gerade gebraucht wird, zu den Menschen bringst, die mit dir in Kontakt kommen. Immer wieder darfst du den Aktionismus der leistungsorientierten Gesellschaft, in der du lebst, vergessen und als Botschafter der Quelle die Welt einfach mit deiner Präsenz beglücken.

Die göttliche Quelle hat keinen Plan für dein Tun. Aber es gibt eine Art Plan für dein Sein. Dann bist du zur richtigen Zeit am richtigen Ort. Deine Eingebungen führen dich dahin, wo du gebraucht wirst, zum Beispiel in eine Institution, eine Firma, einen bestimmten Teil der Stadt, aber zuallererst zu bestimmten Menschen. Wenn du den Impuls hast, zum Beispiel ein anderes Geschäft aufzusuchen als das, wo du üblicherweise deine Einkäufe erledigst, dann solltest du deiner inneren Stimme folgen. Es gibt auch Botschafter der Quelle, die sehr isoliert leben. Früher haben Aufgestiegene Meister oft sehr einsam auf dem Land gelebt und an einem kraftvollen Platz in der Natur die Energien der Quelle kanalisiert, die zur Ausbalancierung der ganzen Erde gebraucht wurden. Du tust gut daran, immer wieder deiner inneren Stimme zu lauschen und im Einklang mit deiner inneren Führung zu handeln. Herausfordernde Ereignisse in deinem Leben offenbaren dir oft die Wahrheit deiner inneren Stimme, wenn du sie zunächst nicht gehört hast. Der Botschafter der Quelle braucht nichts anderes zu tun als zu hören, zu sehen, zu fühlen, zu riechen und zu schmecken.

Dann geht er den Weg, den er selbst gewählt hat, im Einklang mit den Energien der Zeit und der Quelle.

Ich wünsche mir, dass du als Botschafter der Quelle noch eine Weile auf der Erde weilst. Von unserer Seite gibt es überhaupt keine Begrenzungen, wie sich dein Leben gestalten sollte, damit du hier glücklich wirst. Sinnlose Errungenschaften der Macht und des Egos würdest du sowieso nicht mehr anstreben. Aus meiner Sicht gibt es aber viele Potenziale für ein leichtes und glückliches Leben, die du manchmal einfach übersiehst. Aus meiner Sicht ist es durchaus herzlich willkommen, angemessen und sogar zwingend, dass du dein Leben nach deinen ganz persönlichen Maßstäben zufriedenstellend und angenehm gestaltest. Manche Dinge können dich mehr, andere weniger erfreuen. Deine Vorlieben können sich sogar von Tag zu Tag ändern. So erschaffst du dir deinen ganz persönlichen Raum der Fülle. Dann hast du Freude daran, das Geschenk des Lichtkörpers weiter über die Erde zu tragen. Du kannst deinen Lichtkörper dann auch noch verfeinern, indem du das tust, was die Gegenwart erfordert, zum Beispiel dein Bewusstsein erweitern, Schranken des Denkens und der Wahrnehmung überwinden und die Kraft des Herzens expandieren lassen. Wenn du dir das Leben angenehm gestaltest, bleibst du länger auf der Erde, was im Sinne deiner Rolle als Botschafter der Quelle durchaus angemessen ist.

Der Lichtkörper nährt sich über Freude und dazu gehört auch das Lachen. Dem Träger des Lichtkörpers schenkt das Universum immer wieder Potenziale zum Lachen. Das Universum nährt dich über das Lachen, als ob es dir einen frischgebackenen duftenden Kuchen vor die Tür stellen würde oder als ob dein Weg durch die Felder dich zu einem Baum voller Früchte führen würde. Um deine Seele aufzuladen, werden dir unzählige Gelegenheiten zum Lachen begegnen. Du kannst ganz bewusst inspirierende Clowns in dein Leben einladen.

Der Botschafter der Quelle erschafft Räume des Mitgefühls und führt andere Menschen in die Räume des Mitgefühls herein. Du führst die Menschen in Räume, in denen sie tolerant, aufmerksam und achtsam miteinander umgehen, in denen der Respekt füreinander wächst und das Mitgefühl füreinander gestärkt wird. In diesen Räumen können die Menschen sich entspannen, weil sie sich dort in ihrem Leid und ihrem Lebenskampf wahrgenommen und angenommen fühlen.

Unterdrückte Gefühle machen krank. Diese Wahrheit findet zunehmend Eingang in die medizinische Wissenschaft und das Bewusstsein der Menschen. Es geht darum, im Moment des Jetzt zu fühlen, was zu fühlen ist. Wenn dir ein Teller aus der Hand fällt und zerbricht, kannst du einen Moment wütend sein. Gerade wenn Gefühle wie Wut, Trauer oder Angst unterdrückt werden, können sie sich festsetzen und wollen gar nicht mehr weichen. Akute Wut, akute Trauer und sogar kurz aufflackernde Angst sind gesunde Emotionen, die du jederzeit annehmen darfst. Du kannst auch alle Überlagerungen aus deinem Über-Ich, aus deiner Erziehung loslassen, dass es egoistisch wäre, laut zu weinen, zu klagen oder zu jammern und die anderen mit authentischen Gefühlen zu belasten. In unterschiedlichen Familien herrschen unterschiedliche Standards, ob man Gefühle frei ausdrücken darf und welche Emotionen willkommen sind. Es gibt Familien, in denen man nicht faul sein darf. Es gibt Familien, in denen man sich nicht exponieren und auf eine Bühne treten darf. Es gibt Familien, in denen man zu keiner Zeit wütend oder ängstlich sein darf. Immer wieder darfst du einen tiefen Atemzug nehmen und deine Gefühle befreien.

Es gehört durchaus zum Bild des Aufgestiegenen Meisters, dass er auch klare Worte redet und Überkommenes zerstört. Du wirst dich selbst dabei ertappen können, wie du als Botschafter der Quelle andere Seelen dabei unterstützt, Verhaltensmuster und Konzepte, die schon längst überfällig sind, loszulassen. Du trägst dazu bei, dass sich Blockaden und festsitzende emotionale Muster bei anderen auflösen können, aber du respektierst auch den freien Willen einer Seele, die dir begegnet. Du bist als Botschafter der Quelle dem freien Willen der ganzen Menschheit verpflichtet. Wenn du denkst, dass du ohnmächtig bist und nichts entscheiden kannst, dann darfst du dich daran erinnern, dass deine innere Stimme dich führen kann. Du kannst dem Kompass deiner inneren Stimme folgen, wenn du nach Lösungen für deine Probleme suchst.

Die Welt wird sich noch schneller verändern, weil viele Menschen einem Quantensprung des menschlichen Bewusstseins zugestimmt haben. In deinem Lichtkörper berühren dich allerdings die drastischen Veränderungen auf der Erde kaum. Die kraftvollen Energieströme, die derzeit aus dem Universum auf die Erde fließen, unterstützen den Integrations- und Aufstiegsprozess einer jeden Seele. Aber die inneren Turbulenzen, die andere Menschen jetzt erfahren, hast du schon durchlaufen. Daher darfst du die Beschleunigung des Veränderungsprozesses auf der Erde begrüßen.

Im Lichtkörper kannst du die Tage besonders genießen, an denen viel Energie auf die Erde einströmt und sich die Schwingung der Erde sehr stark anhebt. Andere Tage wirst du dagegen als flach und energielos empfinden. Wenn du mit deinen inneren Grenzen in Kontakt kommst, dann solltest du immer wieder einen tiefen Atemzug nehmen, dich deiner inneren Führung überantworten und diese Grenzen überwinden. Wenn du ein energetisches Hochgefühl hast, dann kannst du sicher sein, dass dramatische Ereignisse auf dem Fuß folgen, zum Beispiel Naturkatastrophen, Unfälle oder Gewaltexzesse. Ich möchte dir noch einmal versichern, dass dich viele Ereignisse gar nicht mehr berühren werden, aber du darfst sie bewusst wahrnehmen.

Die Erde möchte sich verändern und die Menschen möchten sich verändern. Als Botschafter der Quelle bist du auch ein Portal der Transformation. Du bist ein Portal der Transformation, der Freude, des Lichts und der Liebe.

Innere Reise: Der Zaun

Stelle dir vor, du wanderst über Wiesen und Felder und dann stehst du plötzlich vor einem Zaun. Dann könntest du sagen: »Ach, da ist ja gar kein Zaun. Ich bin frei.« Aber der Zaun steht immer noch da. Es lohnt sich nicht, den Zaun zu ignorieren. Allerdings tun das viele Menschen. Sie verdrängen ihre Angst, sie verdrängen ihre Traurigkeit und sagen: »Da ist nichts.« Aber das bringt gar nichts. Die Menschen stehen dann immer wieder vor einem Zaun und stellen zum Beispiel fest, dass sie nicht genug Geld für das Nötigste haben, dass sie einsam sind, keinen Partner und keine Freunde finden, kein Haus und angenehmen Lebensraum ihr Eigen nennen.

Wenn du vor dem Zaun stehst, dann solltest du genau hinschauen und nicht deine Augen verschließen. Erleuchtete Menschen tendieren dazu, vor den Begrenzungen der Materie die Augen zu verschließen, aber das solltest du jetzt nicht mehr tun. Was tust du stattdessen, wenn du vor dem Zaun stehst? Du suchst eine Möglichkeit, den Zaun hinter dir zu lassen.

Du kannst dir in diesem Moment und immer, wenn du in deinem Leben scheinbaren Begrenzungen ausgeliefert bist, vor deinem inneren Auge einen Zaun vorstellen. Wenn der Zaun vor deinem inneren Auge erschienen ist, stellst du dir vor, wie du ihn überwindest.

Du kannst feststellen, dass nicht jeder Zaun auf die gleiche Weise bezwungen wird. Manchmal springt man mit einem Satz über den Zaun. Wenn man weniger lange Beine hat, kriecht man vielleicht durch eine Zaunlücke. Manchmal läuft man ein Stück am Zaun entlang und dann tut sich eine Tür auf. Das einzige, was nicht geht, ist weggucken. Vor deinem inneren Auge findest du einen Weg, den Zaun zu überwinden.

Mit dieser inneren Reise schaffst du dir eine einfache Ressource für dein Leben. Dein Unterbewusstes wird es dir danken. Du brauchst den Weg, den du gefunden hast, nicht zu interpretieren. Es ist dein Weg. Du kannst diese Reise jederzeit wieder praktizieren und du wirst immer wieder neue Wege finden.

3. Schöpfer und Meister

Du hast den Lichtkörper angenommen und die Wirkung des Lichtkörpers entfaltet sich jetzt in deinem Leben. Der Lichtkörper ist die Basis für den freien und bewussten Schöpfer und den Aufgestiegenen Meister.

Jetzt ist der Boden bereitet, dass die Menschen wirklich freie und bewusste Schöpfer ihres Lebens sein können. Alle Menschen erschaffen ihr Leben selbst, aber die meisten Menschen sind dabei nicht frei. Sie haben, bevor sie in diesem Körper auf der Erde inkarnierten, Gelübde mit sich selbst und mit anderen Menschen abgeschlossen, die sie für das gegenwärtige Leben binden. So erschaffen die Menschen im Einklang mit der Gruppe, mit der sie zusammenleben, ihre Realität. Die kollektiven Aspekte deiner eigenen Lebensgestaltung solltest du nicht unterschätzen. Befreiung und Emanzipation von Frauen vollziehen sich zum Beispiel im Rahmen der Möglichkeiten ihrer Generation und ihrer Kultur. Indem du den Lichtkörper angenommen hast, entledigst du dich kollektiver Aspekte deiner Ahnenreihe und deiner Generation. In der Verkörperung des Lichtkörpers lebst du in Einheit mit dir selbst, mit niemandem sonst. Dadurch bist du frei. Der vollkommene Diamant erstrahlt in seiner Souveränität.

Du kannst dir vorstellen, dass du jetzt wirklich frei bist, dein Leben entsprechend deinem Bewusstsein zu erschaffen. Dabei wirst du immer klarer sehen können, wie der Schöpferprozess funktioniert. Du wirst erfahren können, dass mentale Entscheidungen fast überhaupt keine Wirkung zeigen. Deine Wünsche müssen von Herzen kommen. Leider muss ich beobachten, dass die meisten Menschen solche tiefen Herzensentscheidungen erst in Notsituationen treffen. Erst wenn sie in die Enge getrieben sind, können sie aus vollem Herzen »Jetzt ist aber endlich Schluss!« ausrufen und überkommene Denk- und Verhaltensmuster über Bord werfen. Manchmal treibst du dich sogar selbst in eine Sackgasse, damit du zu klaren Herzensentscheidungen findest. Deine klaren Herzensentscheidungen ziehen Synchronizitäten an und dann triffst du wieder Entscheidungen, indem du Synchronizitäten annimmst und Potenziale realisierst. Manche Synchronizitäten übersiehst oder ignorierst du ganz. Manchmal verlierst du den Mut und, wenn Potenziale auftauchen, sagst du dazu Nein. Manche Synchronizitäten nimmst du zwar an, schöpfst sie aber gar nicht voll aus. Du könntest oft mehr aus den Angeboten machen, die das Leben dir vor die Nase hält. Weil du in der Verkörperung des Lichtkörpers vollkommen frei bist, entscheidest du allein, wie du die Synchronizitäten nutzt, die dir begegnen. In der Freiheit des Lichtkörpers ist die Zukunft nicht vorhersehbar. Es existieren ja keine Vereinbarungen mehr, nicht einmal mehr mit dir selbst, geschweige denn mit mir oder mit anderen nicht-physischen oder physischen Wesen. Du bist frei und souverän. Du darfst dir aber bewusst sein, dass du mit jedem Schritt, den du tust, Richtungsentscheidungen triffst. Wenn du zu dem ein oder anderen Potenzial Ja sagst, gehst du automatisch in eine bestimmte Richtung.

Du wirst erfahren, dass sich die Potenziale überschlagen. Alles beschleunigt sich und du musst schnell entscheiden, in welche Richtung du gehen möchtest. Das einzige, was dich ablenken kann, ist falsches Mitleid mit nahestehenden Personen. Dann sorgst du dich tagelang um eine andere Person. Umso mehr dir das bewusst wird, desto besser kannst du es loslassen. Du kannst die Person in der Nacht in die Blaue Lagune einladen. Die Blaue Lagune ist ein »Meeting Point«, ein Treffpunkt außerhalb der irdischen Dimension. Dort kannst du mit anderen Personen von Seele zu Seele kommunizieren. Am nächsten Tag kannst du die Ergebnisse einsammeln. Wenn du mit anderen Personen Schwierigkeiten hast, darfst du dir immer wieder innerlich versprechen, dass du die Meinungsverschiedenheiten in der Nacht regelst, indem du mit diesen Personen im Traum von Seele zu Seele kommunizierst. Dafür steht dir die Blaue Lagune zur Verfügung.

Du stehst jetzt an der Schwelle einer schwerwiegenden Entscheidung. Du kannst jetzt sowohl den freien und bewussten Schöpfer als auch den Aufgestiegenen Meister verkörpern. Der Lichtkörper ist die Basis für beides. Wenn manche spirituellen Lehrer davon sprechen, dass die ganze Menschheit in die Schwingung der Meisterschaft übergeht, dann kann ich das bestätigen. Aber zurzeit handelt es dabei noch nicht um ein Massenphänomen, wie du weißt. Du wirst auch feststellen, dass manche Menschen zwar von sich behaupten, ein Aufgestiegener Meister zu sein, dass es aber nicht stimmt. Echte Aufgestiegene Meister sprechen nicht mehr über ihre Meisterschaft, denn die anderen erkennen sowieso, dass sie einer Person mit einer einzigartigen Ausstrahlung begegnet sind. Wie die Menschen die Besonderheit des Meisters dann für sich begründen, beschreiben und interpretieren, ist dem Meister egal. Nicht alle Menschen wählen das Leben eines Aufgestiegenen Meisters, aber alle Menschen können jetzt als freier und bewusster Schöpfer ihr Leben gestalten. Das gilt auch für dich. Du bist frei und kannst ohne schicksalhafte Vorherbestimmungen und Selbstverpflichtungen leben. Verstrickungen mit deinen Ahnen und genetische Begrenzungen kannst du vollkommen überwinden. Die Zeit ist gekommen, dass alle Menschen in dieser Freiheit leben können. Dann kann sich auch der Aufstieg in die Meisterschaft vollziehen, für manche allerdings erst im nächsten oder übernächsten Leben.

Ich widme mich jetzt der Frage, was eigentlich den freien und bewussten Schöpfer vom Aufgestiegenen Meister unterscheidet. Für dich kann es dabei auch darum gehen, dich selbst zu erkennen. Falls es der Wahrheit entspricht, darfst du es dir bewusst machen, dass du schon als Aufgestiegener Meister in dieses Leben hereingekommen bist, es aber vor dir selbst verborgen hast. Du darfst dir auch bewusst machen, warum du es vor dir selbst verborgen hast. Vielleicht spürst du auch, dass du jetzt noch nicht aus vollem Herzen Ja sagen kannst, wirklich den Aufgestiegenen Meister zu verkörpern. Dieses Buch unterstützt dich in deinem Prozess des Aufstiegs, wo auch immer du stehst.

Wenn die Zeit gekommen ist, wirst du wissen, dass du jetzt den freien und bewussten Schöpfer wirklich verkörpern kannst. Der freie und bewusste Schöpfer erfüllt seinen Lebensplan nicht als Mitglied eines Kollektivs, sondern er folgt ganz souverän seinem eigenen Lebensentwurf. Er hat sich ausgeklinkt aus dem Massenbewusstsein, aus seiner Generation, aus dem Zeitgeist, aus jeder Form von Kollektiv und aus seiner Familie. Er verfolgt den Plan seiner Seele. Die Verkörperung des Lichtkörpers stellt die Basis für die vollkommene Verbindung mit der eignen Seele dar. Der freie und bewusste Schöpfer bringt die Schwingung seiner Seele in die Welt, mit Freude lässt er seine Seele in der Welt erklingen.

Ich präsentiere dir ein Beispiel, damit du dir besser vorstellen kannst, was es bedeutet, ein freier und bewusster Schöpfer oder ein Aufgestiegener Meister zu sein. Was glaubst du: Begnadete Fußballspieler, die um den Titel der Weltmeisterschaft kämpfen, sind sie Aufgestiegene Meister? Sie nennen sich ja Weltmeister. Oder sind sie freie und bewusste Schöpfer? Wahrscheinlich kannst du die Wahrheit klar erkennen: Einige der Fußball-Weltmeister sind tatsächlich freie Schöpfer. Allerdings sind die meisten sich ihrer Schöpferkraft noch nicht bewusst. Sie glauben vor allem an die Macht des Trainers und des Teams, weniger an ihre eigenen Gestaltungsmöglichkeiten. Einige von ihnen sind aber schon mit der Schwingung der Freiheit in die Welt gekommen und trainieren daher als freie Schöpfer leidenschaftlich für einen perfekten Körper, der über bestehende physische Grenzen hinauswachsen kann. Viele von ihnen sind geniale Schöpfer darin, die Menschen mit dem Spiel ihres Körpers zu unterhalten. Die anderen Menschen bewundern ihre Fähigkeiten und freuen sich daran. Manche Fußballspieler sind jedoch schlicht alte Seelen, die an ihrem Platz mitspielen. Einen Aufgestiegenen Meister gibt es allerdings in dieser Szene nicht, denn für einen Aufgestiegenen Meister orientieren sich der Leistungssport allgemein und auch das Fußballspiel im Besonderen viel zu sehr an Wettbewerb und Konkurrenz. Der Aufgestiegene Meister hat da keinen Platz. Trotzdem kannst du dich am Selbstausdruck dieser genialen Artisten erfreuen, denn du siehst, wie kraftvoll es wirkt, wenn ein Mensch seiner Seele Spielraum lässt.

Um deiner Seele Ausdruck zu verleihen, kannst du alles tun, was du möchtest. Du kannst singen, tanzen, schreiben oder malen, solltest aber nicht vergessen, dass vollkommene Schöpferkraft sich auch in ungezwungener zwischenmenschlicher Kommunikation ausdrücken kann. Der freie Schöpfer kann nicht nur Psychologie, Beratung und Coaching, sondern auch die Alltagskommunikation der Menschen auf eine ganz neue Ebene bringen. Vollkommene und freie Schöpferkraft dient der Gestaltung der Welt in Form von Architektur, Landschaftsgärtnerei und Verkehr. Neue Formen der Unterhaltung, neue Medien und moderne Technik sind ein großartiges Spielfeld, um der eigenen Seele Ausdruck zu verleihen. Die Menschen, die sich weniger an der Gemeinschaft orientieren, sondern auf die Stimme ihrer Seele hören und das zum Ausdruck bringen, was nur sie selbst in der Welt zum Klingen bringen können, wirken als wunderbares Rollenmodell für andere.

Im Nachhinein darfst du auch in deiner Biografie noch einmal alle Aktivitäten anerkennen und ehren, mit denen du das Licht deiner Seelenessenz in die Welt getragen hast. Der freie und bewusste Schöpfer leuchtet und erstrahlt in der Welt, weil er in der Präsenz seiner Seele steht. Der freie und bewusste Schöpfer verwirklicht sich selbst im Einklang mit der Welt. Wenn du deine Seele verkörperst, schwingst du automatisch im Einklang mit der Welt. Andererseits kann es vorkommen, dass du von Menschen zurückgewiesen und verurteilt wirst, die von ihrer Seelenessenz getrennt sind.

Der Aufgestiegene Meister konzentriert sich nicht mehr auf den essenziellen Seelenausdruck seiner selbst. Sobald er den Aufstieg durchlebt hat, weiß er, dass er ausschließlich freiwillig auf der Erde weilt. Manchmal kommen die Aufgestiegenen Meister sogar für ein weiteres Leben aus eigenem Antrieb auf die Erde zurück. Ich, Saint Germain, könnte zum Beispiel wieder inkarnieren, wenn ich wollte. Meine Seele kann dann jederzeit kommen und gehen. Die Freiheit, hier zu sein oder auch nicht, zeichnet speziell den Aufgestiegenen Meister aus. Allerdings hat auch schon der freie Schöpfer die Verpflichtung zum Leben losgelassen. Was macht also den Aufgestiegenen Meister aus? Viele Geschichten über den Aufgestiegenen Meister berichten davon, dass er ein durchschlagendes Erleuchtungserlebnis erfahren hat. Die Schwelle zur Meisterschaft besteht aus drei Stufen: Erleuchtung, Neutralität und Demut.

Wenn du den Aufgestiegenen Meister verkörperst, dann bist du nicht nur mit deiner Seelenessenz verbunden. Der Aufgestiegene Meister lebt in Einheit mit dem göttlichen Licht, mit dem Licht der Quelle, mit der universellen göttlichen Intelligenz. Die Verkörperung des Göttlichen, die Verkörperung des Anteils am göttlichen Bewusstsein, den du hier auf der Erde in deinem physischen Körper tragen kannst, unterscheidet den Aufgestiegenen Meister von dem freien und bewussten Schöpfer. An der Schwelle zur Meisterschaft verkörperst du die Regenbogenessenz, also alle Farben des Lebens. In dieser Schwingung existiert kein Plan mehr für eine bestimmte Schöpfung, sogar dein selbst gewählter Plan für Schöpfungen tritt in den Hintergrund.

Als Aufgestiegener Meister bist du nur deshalb auf der Erde, um hier das göttliche Licht zu kanalisieren. Aus den Berichten über mein Leben auf der Erde als Aufgestiegener Meister Saint Germain ist bekannt, dass ich sehr häufig den Ort gewechselt habe. Ich bin dort hingegangen, wo es gerade hilfreich war, göttliches Licht zu kanalisieren. Der Meister fühlt sich oft berufen, an einen bestimmten Ort zu gehen. In den Kategorien, in denen die Menschen denken, kannst du dir auch vorstellen, dass bei dem freien und bewussten Schöpfer die Selbstliebe ein Stück weit dominiert und in der Schwingung des Aufgestiegenen Meisters die Empathie und Liebe für die Welt vorherrscht. Das eine ist nicht besser oder schlechter als das andere. Wenn Menschen wirklich freie und bewusste Schöpfer ihrer Realität sind und sich selbst mit Freude ausdrücken, dann können sie auch die Welt verwandeln.

An der Schwelle zur Meisterschaft stehst du an einer neutralen Weggabelung. Der Aufgestiegene Meister hat keine Agenda, weder für das Leben noch für die Entwicklung der Welt. Der Aufgestiegene Meister segnet die Welt. Mit dem Segen stimmt er der Welt zu, wie sie ist. Schöpferische Seelen können eine Agenda für die Zukunft der Welt entwickeln. Und der Meister kanalisiert das göttliche Licht. Er wirkt in seiner Präsenz. Er lebt in der Vereinbarung mit der göttlichen Intelligenz, sich dem göttlichen Plan hinzugeben. Der Aufgestiegene Meister lebt vollkommen im Einklang mit dem göttlichen Plan, der das Bewusstsein einzelner Menschen übersteigt. Auch der Schöpfer erschafft im Einklang mit der Welt, und zwar im Einklang mit allen, die mit dem in Berührung kommen, was er erschafft. Der Architekt baut die Häuser im Einklang mit den Menschen, die darin wohnen. Er muss dabei aber nicht unbedingt einem göttlichen Plan folgen.

Im derzeitigen Drama und Chaos auf der Erde ist es schwer, mit der Quelle des Lichts in Verbindung zu bleiben und die Vollkommenheit des göttlichen Plans zu erfassen, der sich hier gerade entfaltet. Deshalb braucht der Aufgestiegene Meister auch immer wieder den Rückzug aus der Welt, um sich mit der Quelle allen Seins zu verbinden. Dazu kann er sogar von Zeit zu Zeit den Körper verlassen und sich auf der Ebene des Lichts jenseits der erdnahen Bereiche, jenseits des Sonnensystems seine Inspiration holen. Der Aufgestiegene Meister öffnet sich immer wieder für die Inspiration aus der Quelle.

Demut ist ein schönes deutsches Wort für die Haltung des Aufgestiegenen Meisters. Demut drückt sich darin aus, dass er sich selbst zurückstellt und an einen Ort geht, an dem er gebraucht wird. Der Aufgestiegene Meister verkörpert einen Aspekt der Fürsorge für die Welt, für die Menschen um ihn herum, für Kinder und Leidende. Er tut seinen Dienst an den Menschen nicht, weil er dazu verpflichtet ist, sondern er tut seinen Dienst, weil er es kann. Und weil er es kann, tut er ihn mit Freude. Für den Aufgestiegenen Meister erschallt manchmal ein Ruf von der göttlichen Ebene, etwas zu tun, was seine Freunde und sein Umfeld gar nicht verstehen. Dann folgt er diesem Ruf nicht für sich selbst, sondern er folgt ihm, um die Welt zu verändern. Der Aufgestiegene Meister wirkt in seiner Präsenz, die Heilung, Verwandlung und Vollkommenheit erschafft. Seine einzigartige Präsenz speist sich aus der immerwährenden Verbindung zur göttlichen Quelle. Der freie und bewusste Schöpfer kann viel Energie bewegen. Wenn er im Einklang mit der Welt erschafft, kann er Wunder vollbringen. Die Verbindung mit der göttlichen Quelle, in der der Meister lebt, überwindet die essenziellen Begrenzungen von Raum und Zeit, die hier in der Welt herrschen. Du darfst dich öffnen für die physikalischen Phänomene, die der Einfluss der göttlichen Energie in deiner Realität bewirken kann. Deine innere Göttlichkeit verschmilzt mit der allumfassenden göttlichen Intelligenz, die im Universum wirkt. Der Meister kennt aber auch die Schranken des menschlichen Ichs. Er verleugnet sie nicht und steht deshalb in absoluter Ehrlichkeit sich selbst gegenüber. Die Demut des Meisters erwächst also auch aus der absoluten Ehrlichkeit gegenüber sich selbst, was seine eigenen Schwächen und Begrenzungen angeht.

Ich empfehle dir, von Zeit zu Zeit eine Meister-Kur anzutreten, die deine Verbindung mit der göttlichen Quelle stärkt.

Übung *Meister-Kur*

Wenn du den Weg des Aufgestiegenen Meisters gehen möchtest, dann solltest du fünf bis sieben Tage ohne Kommunikation mit Menschen verbringen. Du kannst in deiner Wohnung bleiben, solltest aber in dieser Zeit so weit wie möglich auf Kommunikation verzichten und auch die virtuelle Kommunikation, also Smartphone, Telefon, Computer und Fernsehen, abstellen. Zumindest wenn du damit rechnest, noch einen Puzzlestein der Erleuchtung oder die große Erleuchtung empfangen zu können, dann solltest du ein paar Tage ohne Kommunikation mit Menschen verbringen. Gegenstände, Pflanzen, Katzen, Hunde oder andere Tiere lenken dich nicht ab. Aber die Kommunikation mit Menschen würde dich immer wieder von dir selbst wegführen.

Ich erzähle dir jetzt eine Geschichte über einen Aufgestiegenen Meister. Das hat seinen Grund. Poesie hat im Bewusstsein der Menschen eine ähnliche Wirkung wie Musik. Sie erreicht dich jenseits des bewussten Verstandes.

Geschichte »Der Tag des Meisters«

Der Meister ist aufgewacht, hat seinen Kittel und seine Schlappen angezogen, hat sich an den Tisch gesetzt und trinkt seinen Tee. Er schaut aus dem Fenster und begrüßt den Tag. Dann klingelt es an der Tür, der Postbote bringt einen Brief und der Meister öffnet den Brief. Ein dicker Stempel prangt auf dem Brief. Der Stempel zeigt an, dass es sich um einen offiziellen Brief handelt. Und während der Meister den Brief liest, sieht er den Beamten, der ihn geschrieben hat, er hört dessen verknotete Gedanken und sieht dessen verknotete Arme und Beine. Dann legt der Meister den Brief auf den Tisch und lässt ihn dort liegen. Als er seinen Tee getrunken hat, geht er hinaus in seinen Garten und macht dort seine Arbeit. Er tut, was getan werden muss. So arbeitet er eine Weile vor sich hin. Als es soweit ist, geht er wieder ins Haus, bereitet sich eine Mahlzeit und genießt sein Essen. Er lässt sich nicht ablenken von den Geräuschen um ihn herum. Der Meister verbringt noch eine Zeit mit der Verrichtung seines Tagwerks. Schließlich setzt er sich an den Tisch und schreibt eine Antwort auf den Brief. Die Worte fließen auf das Papier. Eigentlich verwendet er gar keinen Gedanken auf diesen Brief, zu keiner Zeit. Die Worte fließen aus seiner Hand auf das Papier. Er tütet den Brief ein, verschließt ihn und legt ihn bereit, um ihn zur Post zu bringen.

Am Nachmittag macht der Meister einen Spaziergang und in einem Café in seinem Viertel lässt er sich nieder. Er sieht und fühlt, wie die Architektur dieses Viertels in vollkommener Weise das steinerne Herz der Menschen widerspiegelt, die dort bummeln, einkaufen und leben. Er sieht die Vollkommenheit darin, wie sich das steinerne Herz der Menschen in der Schöpfung ihrer Häuser reflektiert und er segnet die Schöpfungen der Menschen. Der Meister sitzt unter dem einzigen Baum auf dem Platz vor dem Café und wechselt ein paar Worte mit ihm. Er begrüßt den Baum und bedankt sich bei ihm, dass er dort steht. Dann lässt er sich die Späße des Baums ins Ohr flüstern. Ein Kind kommt vorbei und stellt ihm neugierige Fragen, die er beantwortet. Und wenn sich jemand zu ihm setzt, dann hört er sich das Schweigen oder die Geschichte dieses Menschen an.

Am Abend geht der Meister wieder nach Hause und, als er die Treppe zu seiner Wohnung hinaufsteigt, öffnet die Nachbarin die Tür und sagt: »Ich muss Ihnen schnell etwas erzählen.« Und der Meister antwortet: »Nein, nicht jetzt.« Er sagt es mit einer Klarheit und in einem Ton, dass sie sofort die Tür wieder schließt. Er fühlt kein Mitleid oder irgendeine Verpflichtung, als er ihr antwortet. Er hat sich nur mit einem Freund zum Telefonieren verabredet. Am Abend meditiert er ein wenig und lässt das göttliche Licht in sich einfließen und er findet Ruhe und Frieden und manchmal Inspiration, während er dasitzt in seiner Göttlichkeit.

In der Nacht im Traum läuft der Meister in seinem Viertel umher und legt einigen Menschen mit dem steinernen Herz die Hand aufs Herz. Die Menschen lassen es geschehen, denn sie wissen, dass er das steinerne Herz gesehen hat.

Manchmal trifft er sich in der Nacht mit den anderen Meistern und manchmal schläft er einfach einen ganz menschlichen und irdischen Schlaf. Das ist der Tag des Meisters.

Ausbalancierung des Lichtkörpers

Ohne dass es dir vielleicht bewusst ist, kannst du durch die Lektüre dieses Buches ganz viel Energie aufnehmen, und zwar die Energie der Persönlichen Meisterschaft. Die Schwingung deiner Persönlichen Meisterschaft expandiert mit der Lektüre dieses Buches in deinem Körper, in deinen Zellen und in deinem Energiefeld. Während der Lektüre hast du diesem Prozess immer wieder zugestimmt und damit nimmst du die Energie von Licht und Liebe in deine Zellen auf, die sich anschließend im Körper verteilen muss. Mit einigen einfachen Methoden kannst du die Energie in deinem Körper in Fluss bringen.

1. Ausbalancierung des Energieflusses

Es ist ja ganz logisch, dass alles die Energie zum Fließen bringt und deiner Ausbalancierung dient, was den Körper bewegt. Dafür brauchst du keine schwierige Übung oder ein spezielles körperliches Training. Es dient dir einfach, dem Körper Bewegung zu verschaffen, wie auch immer du möchtest, ganz frei und ohne Regeln. Du kannst laufen, schwimmen, tanzen oder andere Bewegungsformen wählen, die du liebst. Es wird Tage geben, an denen dein Körper tatsächlich nach Bewegung schreit. Dann solltest du ihn erhören, denn der Körper ist dein bester Freund. Es ist nun Zeit für eine kleine Übung der energetischen Transformation.

Übung *Energetische Transformation*

Du darfst dich ganz bewusst mit deinem Körper verbinden und fühlen, in welchem Bereich deines Körpers sich eine Spannung aufgebaut hat. Irgendwo in deinem Körper fühlst du jetzt vielleicht eine Verspannung, einen Druck, vielleicht sogar einen Schmerz. Es kann sich auch um ein Symptom handeln, dass dich schon eine Weile begleitet. Jetzt kannst du ganz bewusst die Energie dort entlassen. Überflüssige Energie kann hier einfach herausfließen. Du lässt sie einfach ins Universum entweichen, so wie wenn du eine Sprudelflasche öffnest, das Gas in die Luft entweicht und sich dort verteilt. Solange sich an der besagten Körperstelle Energie staut, lässt du sie einfach weiter herausfließen, immer weiter fließen, bis nichts mehr da ist. Du lässt dein Symptom los. Im Universum verwandelt sich die aus deinem Körper entlassene blockierte Energie einfach in reine, neutrale Energie.

Nachdem du die Energie aus deinem Körper entlassen hast, füllst du diese Stelle mit heilendem goldenem Licht. Das solltest du vor allem dann tun, wenn du nach dem Entweichen der blockierten Energie dort eine gewisse Leere fühlst. Dann lässt du heilendes goldenes Licht einfach in deinen Körper einfließen.

Wenn du dich schwer und blockiert fühlst, kannst du auf diese Weise jederzeit deine Schwingung anheben. Dass sich derzeit die Welt im Aufruhr befindet, dient letztendlich dazu, dass die Menschen ihre Schwingung anheben können. Du kannst das in der nächsten Zeit wirklich bewusst tun. Du kannst dich einfach innerlich entscheiden, mit einem tiefen Atemzug deine Schwingung anzuheben und das göttliche Bewusstsein in dir expandieren zu lassen. So bist du der Botschafter des göttlichen Bewusstseins. Zur Ausbalancierung des Körpers kannst du jederzeit den Lichtkörperprozess wählen. In gewisser Weise hast du ihn schon durchlaufen und abgeschlossen, denn du trägst die Schwingung des göttlichen Lichts in dir. Du kannst jederzeit bewusst im Jetzt oder über Nacht Licht in deinen Körper aufnehmen. Wenn du Licht aufnimmst, entlässt du Überlagerungen, die dir nicht mehr dienen. Diesen Vorgang spiegelt dein Atemrhythmus wider. Du atmest bewusst ein und aus. Du nimmst mit dem Atem den nährenden Sauerstoff auf und dann atmest du alles, was du nicht mehr brauchst, aus. Einatmen existiert nicht ohne Ausatmen und umgekehrt.

Du darfst dich daran erinnern, dass auch das göttliche Bewusstsein jederzeit nicht nur erschaffen, sondern auch zerstören kann. Du kannst alles zerstören, was du nicht mehr brauchst, auch körperliche Leiden. Du kannst einfach etwas beenden, das dich an dir selbst stört, zum Beispiel schlechte Gewohnheiten. Wenn sich im Körper blockierte Energie staut und sich scheinbar nichts mehr bewegt, dann darfst du immer wieder ganz bewusst den Inneren Zerstörer begrüßen, lieben und verkörpern. So kannst du auch mit deinem Bewusstsein dazu beitragen, die alte Welt zu zerstören. Es muss dazu kein großes Drama geben, sondern du zerstörst einfach Dinge, Tätigkeiten und Konzepte in deinem Leben, die stören.

2. Ausbalancierung der Elemente

In der Schwingung der Verbundenheit, die den Lichtkörper prägt, verbinden sich in deinem Körper auch die Elemente. Dadurch wird Wärme, aber auch nicht zu große Hitze erzeugt. Das Element des Feuers balanciert sich aus. Du spürst ein Fließen in deinem Körper. Damit du dich glücklich und gesund fühlst, müssen in deinem Körper das Blut und alle Säfte frei fließen. Das Element Wasser muss in Bewegung bleiben. Außerdem fühlst du, dass du auf der Erde bist, indem du die feste Materie deines Körpers spürst. Das Element Erde in deinem Körper zeigt sich dir in dem Gefühl einer gewissen Erdenschwere. Dagegen präsentiert sich dir das Element Luft, indem du im Hier und Jetzt in Klarheit denken und handeln kannst. Nebulöse Benommenheit und Schwindel verflüchtigen sich. Gleichzeitig fühlst du dich wie von einem warmen Wind durchweht. Du fühlst dich materialisiert und luftig und leicht zugleich. Dann fließt auch das neue Element der Neuen Energie in dich ein. Es kann durchaus sein, dass du jetzt oder spätestens in den nächsten Tagen eine neue Körperschwingung, eine neue Leichtigkeit und Getragenheit deines physischen Körpers wahrnimmst, die du noch nicht kanntest. Du fühlst dich dann geerdet und gleichzeitig leicht im Körper. Du darfst Ja dazu sagen, dass sich die Schwingung der Neuen Energie in deinem Körper ausbreitet.

Zu deiner Ausbalancierung dienen dir die Elemente als universelle Heilwerkzeuge, die ich dir jetzt an die Hand gebe. Viele überlieferte Geschichten erzählen, dass die Aufgestiegenen Meister über die Elemente herrschen. Jesus konnte den Sturm abstellen und die Wellen beruhigen, so dass die Fischer den sicheren Strand erreichen konnten. Der Meister ist der Meister über die Elemente. In der letzten Zeit scheinen die Elemente verrückt zu spielen. Naturkatastrophen schaffen die Basis für tiefgreifende Verwandlungen.

Du darfst dich nun mit einem tiefen Atemzug ganz bewusst mit den Elementen verbinden. Die Elemente dienen dem Aufgestiegenen Meister. Du kannst den Dienst der Elemente ganz physisch erfahren. Du kannst ihn auch virtuell oder multidimensional erfahren. Du kannst dir die Wandlungskraft der Elemente für deine Heilung auf der Ebene des Körpers, der Seele und des Geistes eröffnen. Sicher fühlst du in diesem Moment, welches der Elemente Feuer, Wasser, Luft oder Erde vorrangig bei dir Präsenz anmeldet. Du kannst dir immer wieder mit dem Satz »Ich verbinde mich mit einem Element« diese spezielle Schwingung der Heilung eröffnen.

~ *Das Element Feuer*

Zusammen mit dem Universellen Rat der Weisen habe ich dir den »Raum des Unendlichen Lichts« geschenkt. Weitere Informationen über die Heilenden Räume findest du in meinem Buch *Der vollkommene Diamant*. Im Raum des Unendlichen Lichts wirkt vor allem das Element Feuer als dynamische Kraft. Das Feuer ist der Impuls der Transformation. Auf der Erde kann man es oft erleben, dass ein Feuer ausbricht, alles zerstört wird und dann neues Leben wächst. Der Raum des Unendlichen Lichts transportiert vor allem diesen Anfangsimpuls der Transformation, den das Element Feuer in die Welt trägt.

~ *Das Element Erde*

Dagegen steht im »Sicheren Raum« das Element Erde im Vordergrund. Die Erde ist die Basis, auf der du stehst und auf der sich deine Meisterschaft entfaltet. Wenn du dich für die Meisterschaft des Seins entschieden hast, dann lebst du sie auf der Erde. Du darfst diese Entscheidung mit einem tiefen Atemzug noch einmal bekräftigen. Du hast dich gegen einen anderen Planeten entschieden. Du hast dich entschieden, deine Meisterschaft hier zu verkörpern. Die Goldenen sind die Aufgestiegenen Meister der Erde. Die Erde bietet dir den Sicheren Raum für die goldene Meisterschaft, in die du nun eintrittst. Du darfst dich einfach dafür bedanken. Du darfst zustimmen, dass sich auf dem Boden der Erde deine Meisterschaft entfaltet.

~ *Das Element Wasser*

In der Diamantschule kennen wir auch den »Raum der Unversiegbaren Quelle«. In diesem Raum regiert das Element Wasser. Diesen Raum bezeichne ich auch als den Raum der Fülle. Die heilenden Räume der Diamantschule wirken multidimensional und verbinden die Kraft der Elemente mit weiteren Ebenen der Heilung und Transformation. Du verbindest dich im Raum der Unversiegbaren Quelle mit der Quelle allen Seins. Aber dieser Raum ist auch dem Element Wasser gewidmet, das eine leichte, dahinfließende Form der Verwandlung verkörpert. Das Element Feuer steht für einen dynamischen Impuls der Transformation, das Element Wasser steht für den fließenden, gleichmäßigen Prozess der Verwandlung. Im Raum der Unversiegbaren Quelle darfst du dich diesem gleichmäßig und stetig dahinfließenden Prozess deiner Meisterschaft anvertrauen und in gewisser Weise unterwerfen. Wenn du dich für deinen Heilungsprozess dem Element Wasser übergibst, dann fühlst du oft auch ein Fließen in deinem Körper oder du fühlst Regentropfen auf deiner Haut. Du fühlst dich umspült von Wasser. Das Element Wasser eignet sich besonders, um deine Gefühle auszubalancieren.

Du kannst an dieser Stelle mit deinem Meisterbewusstsein auch einmal in die Welt unter Wasser eintauchen, die sich über einen großen Teil der Erde erstreckt und die die Menschen trotzdem oft ignorieren. Wenn du nicht tauchst, bleibt die Unterwasserwelt deiner direkten Erfahrung verborgen. Mit deinem goldenen Geist der Meisterschaft wird dir diese Welt allerdings zugänglich. Du kannst es ausprobieren, indem du durch eine bewusste Entscheidung irgendwo auf der Erde in die Unterwasserwelt eintauchst. Du kannst die spezielle und einzigartige Schwingung dieser Welt genießen. Dem erweiterten goldenen Geist des Meisters dient die Unterwasserwelt als heilsamer Rückzugsort.

In dieser Welt kannst du auch Freunde finden, vielleicht einen Hai oder einen Wal, die dir den Weg zeigen und dich mit den Schönheiten dieser Welt vertraut machen.

~ *Das Element Luft*

Jetzt kannst du dich mit dem Element Luft verbinden. Das Element Luft als »wind of change«, Wind der Verwandlung, kann Bäume ausreißen und Häuser umstürzen. Der Wind ist mit dem menschlichen Geist verbunden. Manchmal fühlt es sich so an, als würde eine Idee oder Inspiration durch den Wind zu dir getragen. Die Luft weht über die Erde. Das Element Luft zeigt dir, dass es über dir auch noch etwas gibt und dass du ein höheres Bewusstsein hast. Die Luft nährt dich über deinen Atem. So ist sie auch Ausdruck der nährenden Kraft der Erde. Nicht nur die Früchte der Erde nähren dich, sondern auch das Einatmen der Luft. Das Element Luft herrscht in den heilenden Räumen der Diamantschule am stärksten im »Raum der Erhabenheit«. Im Raum der Erhabenheit kannst du Inspirationen empfangen. Deine Sinne nehmen das Element Luft wie einen Windhauch wahr, der dich erfrischt und auf ganz spezielle Weise durchpustet. Das Feuer reinigt dich auf der körperlichen Ebene durch Hitzeanwandlungen, Flashs und Schwitzen. Die Luft kühlt dich dagegen eher ab und vertreibt innere Hitze.

Du darfst die große Kraft der Elemente in dein Leben rufen und dich mit ihnen verbinden. Sie dienen dir in deinem Leben. Du kannst die Elemente sogar in zwischenmenschliche Kommunikation einbeziehen, indem du zum Beispiel innerlich sagst: »Ich möchte, dass unser Streit verbrannt wird.« oder »Ich möchte, dass seine pessimistischen Gedanken von einem Wind hinweg geweht werden.« Du kannst die Kraft der Elemente immer wieder für dich einsetzen.

Es ist wahrscheinlich, dass du dich in der nächsten Zeit ganz unvermittelt so fühlst, als würdest du innerlich verbrannt, als würdest du in einem Seerosenteich schwimmen, als würdest du von einem säuselnden Wind umweht und als würdest du in der Sonne auf einer Blumenwiese liegen. Dann besuchen dich die Elemente, um dich zu heilen. In der Realität der physischen Welt darfst du es auch genießen, wenn die Sonne auf dich scheint, der Wind dein Haar durchweht, du in ein kühles Nass springst oder die Früchte der Erde riechst und schmeckst.

Ich habe zusammen mit den Goldenen versucht, dir die physische und vor allem auch die energetische Großartigkeit der Elemente zu vermitteln. Nicht umsonst haben wir zusammen auch schon das Königreich der Pflanzen und der Tiere besucht. Der Meister genießt das Dasein auf der Erde und er weiß um die vielgestaltige Heilkraft der Erde. Die Erde heilt sogar deine goldene Schwingung und tankt sie auf.

Der Meister entwickelt vor allem in seinem Körper ein neues Lebensgefühl. Das zeigt sich auch darin, dass er sich viel schneller ausbalancieren kann, wenn etwas schmerzt oder blockiert ist. In den früheren Zeiten haben die Menschen tatsächlich oft sehr lange, manchmal mehrere Jahre lang, einen kranken Seelenaspekt manifestiert. Sie haben ihn aufgebaut, genährt und getragen wie eine Robe, die erst genäht, dann gefärbt, gewaschen und gebügelt und dann mehrere Jahre ausgeführt wurde. Manche Frauen haben zum Beispiel nach einer Scheidung mehrere Jahre lang den Seelenaspekt der benachteiligten Frau genährt und mit Genuss nach außen getragen. Die Menschen haben also über mehrere Jahre solche Seelenaspekte gelebt. Die Zeiten beschleunigen sich, wie du sehen kannst. Die Menschen wechseln inzwischen nicht nur ihre physischen Kleider, sondern auch ihre Seelenkleider sehr schnell. Dann gestaltet sich das Leben tatsächlich für manche sehr turbulent. Die Integration der Seele beschleunigt sich und dadurch rasen viele Menschen in einer Achterbahn der Gefühle dahin. Der Meister strahlt aus, dass alles auf einmal integriert werden kann und in einem einzigen Augenblick alle Verstrickungen losgelassen werden können. Der Funke der Heilung kann überspringen und dann fühlen sich die Menschen sogar nach einer kurzen Begegnung mit dem Meister auf einmal frei und wie neugeboren.

3. Die Kraft der Stimme

Der Gebrauch der Stimme bringt ebenfalls die Energie im Körper ins Fließen. Du bewegst automatisch, wenn du sprichst, einen Teil deines Körpers, also zum Beispiel die Muskeln des Gesichts und die Stimmbänder. Es ist tatsächlich oft sehr effektiv, einen Wunsch einfach mal laut auszusprechen. Das bewegt Energie, auch im Körper und im Umfeld. Sprache und Töne versetzen über ihre speziellen Frequenzen auch das Umfeld in Schwingung. Für manche Menschen bringt es sogar einen sehr großen Gewinn, wenn sie singen. Traditionell haben sich die Menschen mithilfe ritueller Gesänge in eine höhere Schwingung versetzt. Musik bewegt Energie. Du kannst also auch einfach deine Lieblingsmusik abspielen. Wenn du nicht blockiert und zu wenig im Körper verankert bist, dann wirst du, wenn du eine inspirierende Musik hörst, sofort animiert, dich zu bewegen und zu tanzen. Bei Kindern funktioniert das noch ganz automatisch.

4. Mit den Händen wirken

Alle kreativen Tätigkeiten halten die Energien in Fluss. Tue etwas mit den Händen, was dir Spaß macht. Handeln ist ein wesentlicher Impuls, der die Welle der Meisterschaft in Gang bringt. Manchmal geht es darum, einfach anzufangen, etwas zu tun. Wenn du dich blockiert, beschränkt und begrenzt fühlst, dann machst du einfach irgendetwas, das dir gerade in den Sinn kommt. Essen und Trinken bringen übrigens auch die Energien in Bewegung. Du solltest also regelmäßig viel Wasser trinken. Tanzen, Singen, Lachen, Essen, Trinken und körperliche Arbeiten sind bewährte Methoden der Erdung, die die Menschen von jeher praktizieren.

Ich gebe dir nun eine kleine Übung für deine Hände, die du jederzeit in deinem Alltag anwenden kannst. Diese Geste unterstützt dich dabei, dich zu zentrieren. In der indischen Tradition werden solche symbolischen Handhaltungen auch Mudras genannt. Die Meister-Geste hilft dir, dich in deiner Mitte auszurichten. Sie bewirkt, dass du ganz zu dir selbst kommst, wenn du dich aus der Balance geworfen fühlst. Außerdem reagieren die anderen Menschen auf deine Geste. Wenn sie sie sehen, beginnen sie unwillkürlich ebenfalls, sich in ihrer Mitte zu verankern.

Übung *Meister-Geste*

Die Meister-Geste ist ganz einfach. Du faltest deine Hände wie zum Beten. Die Fingerspitzen liegen auf dem Handrücken auf. Jetzt führst du die Fingerspitzen nach innen zur Handfläche, während die Finger verschränkt bleiben. Dann streckst du die Zeigefinger und die Daumen nach oben. Die Fingerspitzen deiner Zeigefinger und deiner Daumen berühren sich. Mit dieser Handbewegung kannst du dich in deinem Lichtkörper zentrieren.

Der Schlüssel zur Meisterschaft

Ich möchte dir wieder einmal eine Geschichte erzählen. In dieser Geschichte gibt es keine Ähnlichkeit mit lebenden Personen, selbst wenn du glaubst, es gäbe Parallelen.

Es ist eine rein fiktive Geschichte.

Geschichte »Die Reise«

Eine Gruppe von Reisenden bestieg einen Bus und machte sich auf den Weg. Sie hatten mehrere Etappen durch ein exotisches und unerforschtes Land vor sich. Sie reisten von Ort zu Ort und überall erlebten sie etwas Neues, Spannendes und Bereicherndes. Eines Tages kamen sie wieder voll der neuen Erfahrungen und Begegnungen in einem Hotel an. Sie waren müde von der Reise und sie wollten sich ausruhen. Die Reisegruppe versammelte sich im Foyer des Hotels und der Reiseleiter sprach mit dem Portier. Dann trat er vor die Gruppe hin und sagte: »In diesem Hotel gibt es 11 Zimmer.« Die Teilnehmer der Gruppe sahen sich um und stellten fest, dass wesentlich mehr als 11 Reisende zu der Gruppe gehörten.

Der erste Reisende trat an die Theke der Rezeption, auf der die Zimmerschlüssel lagen. Er nahm einen der Schlüssel und nannte dem an der Treppe wartenden Pagen die Nummer seines Zimmers. Der Page trug sein Gepäck ins Zimmer. Der Reisende freute sich über das schöne Zimmer und den herrlichen Ausblick in die erbauliche Landschaft. Er öffnete die Minibar und schenkte sich ein Bier ein. Dann nahm er ein heißes Bad und legte sich ins Bett. Er schlief dort tief und fest die ganze Nacht. Am nächsten Morgen wachte er erfrischt auf und freute sich auf den neuen Tag.

Währenddessen war ein zweiter Reisender vor den Reiseleiter getreten und hatte gerufen: »Was soll das denn? Das geht wohl gar nicht! Was ist das hier für ein Saftladen! Ich habe die Reise bezahlt und gebucht! Jetzt will ich auch ein Zimmer haben! So geht das nicht! Ich habe es gleich gewusst, dass sie in Wirklichkeit ein Nichtsnutz und Betrüger sind!« Er nahm seine Sachen, rief ein Taxi und fuhr nach Hause. Der Reiseleiter starrte ihm sprachlos hinterher und hoffte, dass sein Ärger bald verflogen sei.

Eine andere Reisende sagte unterdessen zu sich selbst: »Ich habe es doch gleich gewusst: Ich bin hier nicht richtig. Ich habe irgendetwas falsch gemacht. Wahrscheinlich habe ich die Buchung nicht ordentlich abgeschlossen oder zu wenig bezahlt. Es wird wohl an mir liegen.« Sie trat aus dem Foyer heraus, verließ das Hotel und suchte ihren Weg nach Hause.

Eine weitere Reisende hörte die Ansage des Reiseleiters und rannte auf die Toilette. Sie schaute in den Spiegel und überprüfte, ob ihre Frisur richtig saß. Vorsichtshalber legte sie noch etwas Make-up auf und zupfte ihre Kleider in Form. Wohlgemut stolzierte sie zurück ins Foyer und plinkerte mit den Augen in Richtung des Reiseleiters. »Der Reiseleiter wird mir schon signalisieren, wenn ich einen Schlüssel nehmen, in mein Zimmer gehen und die Nacht antreten darf«, dachte sie. »Er wird mich nicht übersehen, so attraktiv, wie ich bin. Ich warte einfach, bis der Reiseleiter zu mir kommt und mir Bescheid sagt.« Von Zeit zu Zeit sah sie den Reiseleiter an und lächelte und lächelte und wartete und wartete. Sie wartete bis zum Ende der Nacht, nicht ohne von Zeit zu Zeit ihr Make-up zu überprüfen.

Ein weiterer Reisender sagte zu sich: »Nun gut, so ist es. Hier gibt es nicht genug Zimmer. Aber das kommt mir gerade recht. Ich wollte sowieso lieber in die Bar gehen.« Sprach's, machte sich von dannen und zechte die ganze Nacht in der Bar. Am nächsten Morgen war er zwar verkatert, aber auch das würde vorübergehen. Er dachte nicht weiter über die Zimmer nach.

Eine weitere Reisende nahm einen Schlüssel, betrat ihr Zimmer, packte ihren Koffer aus und legte sich ins Bett. Aber als sie im Bett lag, kreisten die Gedanken in ihrem Kopf, sie kreisten und kreisten und kreisten. Sie dachte die ganze Zeit daran, dass einige Teilnehmer der Reisegruppe nun auf dem nackten Boden schlafen müssten. Sie fühlte sogar die schmerzenden Knochen dieser armen Übriggebliebenen. In dieser Nacht konnte sie kein Auge schließen und noch am nächsten Morgen taten ihr die Knochen weh.

Eine der Reisenden nahm einen Schlüssel, betrat ihr Zimmer und sprach zu sich: »Was ein Glück! Keiner hat etwas gemerkt! Keiner hat es gemerkt, dass ich es gar nicht wert bin, hier zu sein! Keiner hat es gemerkt, dass ich eine Versagerin bin! Trotzdem bin ich nun hier und hab's geschafft!« Dann lag sie die ganze Nacht wach und dachte darüber nach, wie sie es schaffen sollte, auch am nächsten Tag und im weiteren Verlauf der Reise die Fassade zu wahren und ihre Unfähigkeit zu verstecken. Sie malte sich eine Katastrophe nach der anderen aus, wie ihr vollkommenes Image zerstört werden könnte.

Ein anderer Reisender dachte eine Weile nach und gestand sich dann ein: »Nun ja, so ist es eben. Jetzt gibt's eben kein Zimmer für mich…« In dem Moment, als er so denkt, läuft eine Frau in einem roten Kleid durch das Foyer. Er läuft ihr hinterher, denn er ist fasziniert von ihrem Anblick. Sie setzt sich auf eine Bank auf der Terrasse und der Reisende setzt sich neben sie. Dort unterhalten sie sich und blicken gemeinsam in die Sterne. Irgendwann im Laufe der Nacht werden sie müde. Im Foyer auf der Theke finden sie noch einen einzigen Schlüssel und betreten gemeinsam ein Zimmer. Wenn ich nun berichten würde, dass sie sofort tief einschliefen, dann entspräche das nicht der Wahrheit. Aber am nächsten Morgen kommen sie erfrischt und strahlend aus ihrem Zimmer.

Dass sie einen Schlüssel nehmen und einfach in eins der Zimmer gehen kann, hat eine der Reisenden schon verstanden. Aber in dem Moment, als sie ihre Hand ausstreckt, um den Schlüssel zu nehmen, schießt es ihr durch den Kopf: »Was soll denn das, dass es hier nicht für alle ein Zimmer gibt? Vielleicht handelt es sich um einen Trick oder um eine Falle. Wenn ich nun in dieses Zimmer gehe, wähne ich mich womöglich glücklich, eins der Zimmer ergattert zu haben, aber in Wirklichkeit ist es eine Falle. Womöglich zischen die anderen in dem Moment, in dem ich im Zimmer verschwinde, gemeinsam in die Bar ab und feiern dort die ganze Nacht ohne mich.« Sie bleibt an der Rezeption stehen und beobachtet die ganze Nacht, was die anderen tun. Am nächsten Morgen ist sie noch genauso unsicher, wie sie den Vorfall interpretieren soll, und zusätzlich noch unausgeschlafen.

Unterdessen hat sich eine Gruppe von Reisenden zusammengetan und zählt die Schlüssel. Sie zählen auch die Teilnehmer der Gruppe und planen, wie es gelingen könnte, dass sie sich alle gemeinsam in diesem Hotel einrichten können. Sie diskutieren, wie sie das hinkriegen können. Dann fangen sie damit an, ein paar Schränke zu verschieben, um aus einem Zimmer zwei zu machen. Sie schieben Betten und Möbelstücke hin und her und sind damit stundenlang beschäftigt. Einige von ihnen irren die ganze Nacht durch das Hotel und suchen weitere Kammern und Schlafgelegenheiten. Am nächsten Morgen stehen sie mit glasigen Augen erschöpft und unausgeschlafen herum.

Ich glaube, du hast es verstanden, dass es eigentlich nur zwei oder drei gute Möglichkeiten gibt, die Lebensreise zu überstehen. Die beste Möglichkeit ist, den Schlüssel zu nehmen und es sich gut gehen zu lassen. Die zweitbeste ist, zu verzichten, sich in der Bar oder mit unterhaltsamen Menschen die Zeit zu vertreiben und die Entscheidung hinauszuschieben. Dem Reiseleiter, lieber Reisender, ist alles recht. Er ist mit allem zufrieden. Er hat sein Zimmer.

Wenn das Leben zu Ende geht, überschreitet die Seele die Lichtbrücke. In der Mitte der Lichtbrücke passiert die Seele die Grenze zum Tod. Es gibt kein Zurück mehr und man verabschiedet sich endgültig vom Leben. Eine ähnliche Brücke führt in die Meisterschaft. Von dort kannst du definitiv nicht mehr in dein altes Leben zurückkehren. Selbst wenn du versuchst zurückzugehen, stellst du fest, dass die alten Wege zugewachsen oder verschüttet sind. Auf den alten Wegen gerätst du in ein dunkles Gestrüpp. Die neuen Wege musst du dir allerdings erst bahnen.

Zumindest musst du dich öffnen, dass der neue Weg in dem Moment, wenn du ihn brauchst, erscheint. Für dich funktioniert es meistens nicht mehr, eine Karte zu studieren und einen Weg zu planen. Der Weg eröffnet sich mit jedem Schritt.

Übung *Der Meistersegen*

Den Meistersegen gibst du dir selbst, am besten, indem du deine linke Hand auf deinen Kopf legst, einen Moment innehältst und bewusst sagst: »Ich bin die Meisterin« oder »Ich bin der Meister«. Nachdem du diesen Satz gesagt hast, hältst du einige Sekunden inne und fühlst in dich herein.

Es mag sein, dass du schlicht Freude fühlst. Es mag aber auch sein, dass du zweifelst und dass du fühlst, wie die Energie wieder abfällt, nachdem du dir selbst den Meistersegen gegeben hast. Es kann sein, dass dein Herz stockt. Es kann sein, dass sich in diesem Moment deine Zehen verkrampfen. Du kannst alles annehmen, was sich zeigt, was du denkst, fühlst oder in deinem Körper wahrnimmst. Wenn du ehrlich mit dir selbst bist, dann weißt du, ob du aus vollem Herzen in absoluter Freiheit und Souveränität sagen kannst: »Ich bin der Meister« oder »Ich bin die Meisterin.« Du weißt dann, ob du es wirklich bist. Wenn dein Atem noch stockt, dein Herzschlag aussetzt oder ein Zweifel an dir nagt, dann darfst du es annehmen, was auch immer es ist. Du darfst es aber auch zulassen, dass du, wenn du diesen Satz sagst, einfach nur Freude, Frieden,

Gelassenheit und ein warmes Gefühl ums Herz fühlst. Indem du dich nun als Meister initiiert hast, kannst du deine Schwingung so weit anheben, dass du die Meisterschaft eines Tages auch annehmen kannst, wenn du es nicht schon getan hast.

Wenn jemand von einem Meister einer spirituellen Schule initiiert worden ist, muss er sich noch gar nicht unbedingt als Meister oder Meisterin fühlen. Das hängt damit zusammen, dass letztendlich nur du allein wissen kannst, wann du endgültig in deiner Meisterschaft angekommen bist. Der Aufgestiegene Meister weiß, wer er ist, und zweifelt auch nicht mehr daran. Dann spielt es keine Rolle mehr, was andere darüber denken.

Es ist in vielen religiösen und spirituellen Schulen üblich, dass man mit der Initiation als Mitglied der Gruppe oder auf einer bestimmten Stufe der Erleuchtung einen spirituellen Namen bekommt. Manche nennen diesen Namen Seelennamen. Ich möchte dir jetzt sagen, wie dein Seelenname und dein Meistername lauten. Es ist der Vorname, den du von deinen Eltern als Geschenk in diesem Leben bekommen hast. Du darfst an dieser Stelle einen tiefen Atemzug nehmen und deinen Meisternamen wirklich vollkommen annehmen. Falls du diesem Namen sehr abgeneigt gegenüberstehen solltest, dann hat das bestimmt mit dem Verhältnis zu deinen Eltern oder mit deiner Sozialisation zu tun. Um wirklich in die Meisterschaft eintreten zu können, musst du sowieso diese Themen in dir klären, zum Beispiel mit Unterstützung meines Buches *Der vollkommene Diamant* deine Elternaspekte integrieren. Wenn du diese Klärung vollzogen hast, kannst du deinen Namen auch bedingungslos akzeptieren und sogar ehren. In ganz seltenen Fällen bleibt die innere Abwehr trotz aller Integrationsversuche bestehen. Dann gibst du dir selbst einen Meisternamen.

Wenn du schon einmal einen Seelennamen bekommen hast, dann hat er dir sicher in der Vergangenheit auch Kraft gegeben, sobald du dich damit verbunden hast. Aber diese Namen haben meistens nur Aspekte und Erfahrungen aus früheren Leben angesprochen. In diesem Leben brauchst du solche Kraftnamen nicht mehr, denn die Kombination von menschlichem Ich und innerem Engel, die du in diesem Leben verkörpern möchtest, trägt den perfekten Namen. Der perfekte Name wurde in Zusammenarbeit mit den Seelen deiner Eltern am Anfang deines Lebens erschaffen. Du darfst diesen Namen noch einmal vollkommen annehmen und fühlen, dass es der Name deiner Meisterschaft ist. Dieser Name hat ja auch oft eine nationale Ausprägung. Selbst wenn es ein international gebräuchlicher Name ist, schreibst du ihn so, wie es in deiner Nationalsprache üblich ist. Du siehst daran, dass auch deine Meisterschaft in der Nation und auf dem Kontinent, wo du jetzt lebst, verankert ist. Der Meister schwebt eben nicht als Engel über der Erde, sondern er ist verankert im Leben des menschlichen Ichs.

Hier komme eine weitere Geschichte, damit du verstehen kannst, was Meisterschaft bedeutet.

Geschichte »Der Garten und das Meer«

Du kannst dir vorstellen, dass du in einem wunderschönen Garten lebst. Der Garten ist eingezäunt. Er ist begrenzt durch einen Bretterzaun. Aber es ist kein kleiner Garten. Er ist sonnig und sehr groß. Es gibt dort einen gedeckten Tisch mit immer neuen Versuchungen und Verführungen. Ständig wird dein Garten von freundlichen Menschen besucht, mit denen du interessante Gespräche führst. Es wachsen dort viele schöne Blumen und Bäume. In deinem Garten gibt es sogar einen kleinen Teich, an dessen Ufer du sitzen und die Füße ins Wasser strecken kannst. Du bist gerne in deinem Garten und verbringst dort immer eine sehr schöne Zeit. Du findest Unterhaltung und Beschäftigung in deinem Garten. Manchmal wird ein Gartenfest gefeiert. Es werden Lampions aufgehängt und es wird getanzt. Manchmal kommen sogar Engel zu dir zu Besuch. Du hast das Gefühl, vollkommen glücklich zu sein in deiner Gartenidylle. Du hast dort alles, was du brauchst. Selbst wenn es mal regnet, findest du einen Unterstand, zum Beispiel unter einer großen Fichte, und wirst nicht nass. So ist das Leben in deinem Garten eigentlich eine einzige Party.

~ . . . ~

Eines Tages siehst du an einer Stelle des Zauns etwas, was dir vorher noch nie aufgefallen ist. Du siehst dort eine Unterbrechung des Zauns und einen kleinen Haken. Als du den Haken berührst, öffnet sich ein Gartentor. Du hast das Gartentor noch nie bemerkt. Es war immer da, aber erst jetzt hast du es entdeckt und öffnest es. Dann trittst du heraus aus deinem umzäunten Garten, gehst ein Stück durch die Dünen, kommst an einen Strand und begegnest dem Meer. Auf einmal bist du am Strand.

Natürlich bist du begeistert, das Meer zu sehen und mit ihm Bekanntschaft zu machen. Du spazierst den Strand entlang, badest im Meer, lernst schwimmen und tauchen.

Du wagst sogar das Abenteuer, aufs Meer hinaus zu fahren. Auf einmal kannst du dir dein altes Leben, als du nur in deinem Garten gelebt hast, gar nicht mehr vorstellen.

~ . . . ~

Etwas Ähnliches wirst du in der nächsten Zeit erfahren. Du kannst eine Tür öffnen, die immer da war, die du aber gar nicht wahrgenommen hast. Dann findest du mehr, als du dir hast vorstellen können. Du betrittst neue Dimensionen des Lebens auf der Erde.

Die Meisterschaft besteht auch darin, immer wieder eine Tür zu öffnen und sie zu durchschreiten. Wenn du dem Meer begegnest, weißt du, dass du dich jederzeit auf die Wellen legen und dich tragen lassen kannst. Der Meister transzendiert sich selbst. Dazu gehört auch, dass das menschliche Ich sich auflöst, und das geschieht nicht etwa dadurch, dass du dein Ich-Gefühl verlierst, sondern dadurch, dass alles, womit du deine Identität ausstaffiert hast, an Bedeutung verliert. Der Meister transzendiert seine Identität, indem er seinen Erfahrungshorizont erweitert.

Ich möchte dich an dieser Stelle noch einmal bitten, deine linke Hand auf deinen Kopf zu legen und jetzt noch einmal zu sagen »Ich bin der Meister« oder »Ich bin die Meisterin«. Anschließend fühlst du kurz in dich hinein. Es kann gut sein, dass sich jetzt der Meistersegen schon ganz anders anfühlt. Du hast dich dem Gleichklang mit dem Universum schon ein Stück weit überlassen.

Meisterattribute

1. Freiheit

Der Meister lebt freiwillig auf der Erde. Daher kann er aus tiefstem Herzen von sich sagen »Ich bin hier Gast«. Als Meister bist du nicht auf der Erde, weil du einen bestimmten Dienst tun oder einen Auftrag erledigen musst. Der Meister hat sich freiwillig für das Leben auf der Erde entschieden. Dadurch unterscheidet sich der Meister übrigens von einem hochschwingenden Menschen, den ich hier Avatar nennen möchte, der eine spezielle Aufgabe auf der Erde übernommen hat. Ein Avatar kann sich zum Beispiel verpflichtet haben, die Schwingung der Selbstliebe zu erhöhen. Er kann sich verpflichtet haben, zur Heilung der Menschen beizutragen. Viele der historisch bekannten Aufgestiegenen Meister sind gleichzeitig auch Avatare gewesen. Sie sind mit einer festgelegten Aufgabe auf die Erde gekommen. Das kann übrigens auch für dich gelten und du darfst dich öffnen, dir deiner speziellen Aufgabe bewusst zu werden. Wenn es für dich aber nicht gilt, dann drückt sich deine persönliche Meisterschaft einfach in deiner Anwesenheit, deiner Präsenz auf der Erde aus. Du darfst die freie Luft der Meisterschaft einatmen, die du verkörperst. Das Hiersein ist dein Dienst, nichts sonst. Du kannst es aufgeben, weiterhin nach Verpflichtungen und Lebensaufgaben zu suchen.

Den Ausdruck deiner Meisterschaft kannst du frei wählen. Ich möchte dich aber dabei unterstützen, deinen Selbstausdruck zu verfeinern. Du kannst von den Informationen aus diesem Buch profitieren. Du kannst die Energie, die das Buch für dich bereitstellt, herunterladen. Du kannst aber auch wählen, von mir persönlich gecoacht zu werden. Wenn du es wählst, begleite ich, Saint Germain, dich in der nächsten Zeit. Ich teile mit dir deine Erfahrungen, dein Leben, dein Sein. Ich unterstütze dich dabei, deine innere Stimme noch bewusster und klarer zu hören. Du darfst dich während der Lektüre entspannen und vollkommen loslassen, dass du jedes Wort gleich verstehen musst. Es geht wie immer beim Channeln auch um die Energie, die heruntergeladen wird. Die Energie, die du für deine Weiterentwicklung brauchst, wird dir auch in der Nacht zur Verfügung gestellt. Vielleicht spürst du es sogar ganz körperlich, dass sich dein ganzes System umstellt, zum Beispiel indem du erschöpfter bist und länger schläfst. Es wird nichts passieren, wozu du nicht bewusst Ja gesagt hast. Immer wieder stellt dich die Lektüre dieses Buches vor bewusste Entscheidungen, so wie der Meister immer wieder vor die Entscheidung gestellt ist, zum Leben Ja zu sagen.

Leitsatz *»Ich bin hier Gast«*

Der Meister ist freiwillig auf der Erde. Der Leitsatz zu diesem Meisterattribut lautet daher: »Ich bin hier Gast.« Der Meister weiß, woher er kommt und wohin er geht. Er kann über die Grenzen seiner Existenz als Mensch hinausblicken. Dadurch ergibt sich ein Abstand zur Welt. Der Meister weiß, dass dieses Leben nur dem Flügelschlag eines Schmetterlings entspricht und die gesamte Existenz seiner großartigen Seele dieses Leben weit übersteigt. Dadurch relativieren sich die scheinbaren Verpflichtungen und Anforderungen des Alltags genauso wie die Errungenschaften und Ziele des Lebens. In der Schwingung der Meisterschaft fühlst du automatisch immer wieder den Sog, die Erde zu verlassen. Sich seiner Gastrolle auf der Erde bewusst zu sein könnte man auch als Schatten der Meisterschaft bezeichnen – und du darfst den

Schatten annehmen. Für dich darfst du das Wort Erdung noch einmal ganz neu mit Inhalt füllen. Es ist normal, dass deine Stimmung in dieser schweren Zeit manchmal abfällt. Sonst würdest du dich selbst belügen. Der Meister zeichnet sich jedoch dadurch aus, dass er sich authentisch verhält, vor allem gegenüber sich selbst. Ohne dich selbst zu belügen, darfst du immer wieder registrieren, was dich am Leben hält. Du erfreust dich immer bewusster an den alltäglichen Schönheiten des Lebens. Mit Sicherheit inspiriert dich auch die spannende Bewusstseinserweiterung, die du auf der Erde derzeit beobachten kannst. Du kannst spüren, dass es keinen Dienst mehr gibt, der dich ans Leben bindet, sondern dass du vollkommen frei bist. Freiheit als Attribut deiner Meisterschaft beinhaltet sogar die Freiheit von Leben oder Tod.

2. Erhabenheit

Erhabenheit ist ein wesentliches Attribut des Meisters, das du verkörpern wirst. Jesus hat seine Familie und seinen Geburtsort verlassen, um seine Rolle als Meister anzutreten. Bei mir, Saint Germain, rätseln meine Biographen bis heute, aus welcher Familie ich überhaupt stammte, ob ich aus Portugal oder aus Transsylvanien kam. Meine Herkunft ist jedoch unbedeutend, denn der Meister ist souverän. Die meisten Menschen sind mit der Kollektivseele ihrer Ahnen, ihrer Region, ihrer spirituellen Familie, ihrer Engelfamilie, ihrer Herkunft im weitesten Sinn verlinkt. Sie agieren die Lebensthemen ihrer biografischen Familie, ihres Landes und ihrer spirituellen Familien aus. Wenn du möchtest, darfst du dir an dieser Stelle die Lebensthemen deiner Familie bewusst machen. In gewisser Weise hast du dir diese Themen angezogen wie einen alten Mantel, den du spätestens jetzt ablegen kannst. Grundlegende Lebensthemen wiederholen sich innerhalb einzelner Familien, zum Beispiel haben manche Familien mit Trauer, Abschied und Trennung zu tun. Bei ihnen passieren immer wieder Beziehungsabbrüche, manchmal unter dramatischen Umständen. Heimatlosigkeit und Verlust der Existenz bestimmen ihr Leben. In diesen Familien gibt es aber auch ein Potenzial der Freude, der Einheit und der Verbundenheit mit der ganzen Welt.

Manche Familien sind auf dem Gebiet der Bewusstseinserweiterung engagiert. Dann kämpfen ihre Mitglieder oft mit einer Disposition zur Sucht, einem Hang zu Drogen, die in den alten Zeiten als Vehikel zur Bewusstseinserweiterung dienten. In diesen Familien ergreift man gerne religiöse Berufe. Wenn ich also behaupte, dass Drogendealer und Priester oft aus ein und derselben Familie stammen, dann kannst du in der Welt beobachten, dass ich Recht habe. Letztendlich findest du in diesen Familien eine Hingabe an Bewusstseinserweiterung und Spiritualität.

Andere Familien engagieren sich für die Natur und die Pflege der Erde. Sie besitzen Land oder haben Verantwortung für die Pflege der Landschaft übernommen. Sie betätigen sich als Landwirte, Winzer, Förster oder Stadtplaner. Diese Familien sind besonders eng mit der Gestaltung der Erde verbunden. Wieder andere Familien stellen Krieger, Feldherren oder Politiker. Sie fühlen sich dem Thema Macht und Ohnmacht verpflichtet. In der heutigen Zeit arbeiten sie bei der Bundeswehr oder der Polizei. Aus ihren Reihen rekrutieren sich die Herrschenden in Politik, Verwaltung und Wirtschaft. Ihr Potenzial liegt darin, über die Begrenzungen von Macht und Ohnmacht hinauszugehen in neue Gefilde der Kommunikation.

Es gibt Familien, in denen die helfenden Berufe sehr stark vertreten sind. Sie beschäftigen sich mit Krankheit, Schmerz und Heilung. In diesen dienenden Familien geht es darum, die eigene Souveränität zu entwickeln. Letztendlich dienen ihre Erfahrungen dazu, dass sich die Menschheit der Vollkommenheit ihres Daseins bewusst wird. Wenn du dich dafür öffnest, wirst du immer deutlicher sehen können, wie sehr die Menschen mit der Kollektivseele ihrer Ahnen und des Umfelds, in dem sie leben, verbunden sind.

Wenn du in die Souveränität des Meisters eintrittst, zerschneidest du ganz bewusst alle Bänder zur Kollektivseele deiner Umgebung.

Du darfst dich auch in diesem Moment ganz bewusst für die Entlassung aus der Kollektivseele entscheiden. In der Vergangenheit hast du manches Problem übernommen und es dir angezogen wie einen alten Mantel, um mitzuhelfen, die Energien in diesem Bereich zu transformieren. Mit der Auflösung der Familienbande können sich sogar deine Veranlagungen und Talente verändern. Genetische Dispositionen fallen von dir ab, wenn du dich von deiner Familie verabschiedest. Eigentlich brauchst du dich nur davon zu verabschieden, dass du noch zuständig bist, etwas für deine Familie auszubalancieren. In Zukunft kannst du dich einzig und allein darauf beschränken, Portal zu sein und Licht und Liebe zu kanalisieren.

Der Meister ist frei von allen Verstrickungen mit dem Kollektiv. Selbst die Menschen, die sich ihrer Schöpferkraft bewusst sind, erschaffen ihr Leben, indem sie gemeinsam mit anderen Seelen die Szenarien ihres Lebens planen und in die Welt bringen. Der Meister hat sich aus den Vorgaben des kollektiven Plans befreit. Während seines inneren Aufstiegs befreit sich der Meister sogar vom persönlichen Lebensplan. Zum persönlichen Lebensplan gehören nämlich Vereinbarungen mit anderen Menschen, die den meisten Seelen allerdings nicht bewusst sind, solange sie im physischen Körper weilen. Wenn Menschen versuchen, ihr Leben bewusst nach dem Gesetz der Anziehung zu gestalten, dann stellen sie immer wieder fest, dass sie nicht umsetzen können, was sie sich vorgestellt haben. In Wirklichkeit sind sie aber die perfekten Schöpfer, denn sie erschaffen ihr Leben in der Weise, wie es in ihrem Lebensplan festgeschrieben ist. Außerdem realisieren die Menschen, was auf ihren Erinnerungen und Erfahrungen basiert. Sie wiederholen in einer Endlosschleife ihre vergangenen Erfahrungen und bestätigen damit ihre Glaubenssätze. Der Meister ist dagegen wirklich frei, weil er sich entschieden hat, alle Vereinbarungen mit anderen und mit sich selbst loszulassen, die ihm in diesem Leben bis zu einem gewissen Grad gedient haben.

An dieser Stelle darfst du dich auch noch einmal entscheiden, alle Vereinbarungen mit dir selbst loszulassen. Sicher hast du dir in der Vergangenheit immer wieder bei einer passenden Gelegenheit geschworen, etwas nie mehr zu tun oder etwas immer auf dieselbe Art zu tun. Du hast dir zum Beispiel aufgrund einer Enttäuschung geschworen, mit einer bestimmten Person oder einer bestimmten Sorte Mensch nie mehr zu kommunizieren. Du hast dir möglicherweise geschworen, auf eine Aktivität, die dir großen Spaß macht, nie mehr zu verzichten, sondern sie zur Perfektion weiter zu entwickeln. Dabei kann es sich um ein Hobby oder um deine berufliche Ausrichtung handeln. Um wirklich frei zu sein, darfst du jetzt alle leichtfertig mit dir selbst getroffenen Vereinbarungen loslassen. Für den Aufgestiegenen Meister haben sie keine Bedeutung mehr und schränken ihn möglicherweise ein. Wenn du deine Gelübde mit dir selbst neben allen Verstrickungen mit anderen loslässt, dann bist du frei.

Der Schwingungsanstieg auf der Erde trägt dazu bei, dass jeder Mensch sein Leben in Zukunft frei wählen kann. Viele Seelen haben allerdings Verpflichtungen angenommen, die Themen ihres Kollektivs oder ihrer Familien zu leben und zu transformieren, ohne dass ihnen das vollständig bewusst ist. Allerdings können die Menschen diese Verpflichtungen jetzt ablegen, wenn sie es wählen. Dadurch entsteht auch ein gewisses Chaos. Die Menschen spüren unterschwellig, dass ihr Auftrag im Leben erfüllt ist. Dadurch sind sie verunsichert und wissen tatsächlich nicht mehr, warum sie hier sind und was sie noch in ihrem Leben zu tun haben.

Leitsatz *»Ich bin in meiner Dimension«*

Der Meister ist souverän und unabhängig. Der Leitsatz zum Meisterattribut der Erhabenheit heißt »Ich bin in meiner Dimension«. Du kannst es dir ganz konkret so vorstellen, dass das Leben in deiner Dimension losgelöst von deinem Umfeld stattfindet. Begrenzungen und Schwierigkeiten, die andere für selbstverständlich halten, betreffen dich nicht mehr. Du siehst die alltäglichen Dramen der anderen Menschen, aber du kannst sie innerlich gar nicht mehr nachvollziehen. Wenn du einen gewissen Grad der Herzöffnung erreicht hast, kannst du deine eigene Dimension verkörpern. Sonst würdest du abgehoben, arrogant und kalt wirken. Wenn du in deiner Dimension lebst, kannst du die einzigartige Fähigkeit entwickeln und steigern, neutrales Mitgefühl für deine Mitmenschen zu empfinden. Du fühlst schrankenlos, wie sie leiden, wie sie kämpfen, wie sie durchdrehen, aber du stehst außerhalb ihrer Dramen. Du bist in deiner eigenen Dimension.

Die neu gewonnene Freiheit kann aber auch beängstigend auf dich wirken, denn du fühlst dich nun möglicherweise haltlos und in einem Schwebezustand. Vor dir eröffnet sich ein Nichts. Das Nichts darfst du begrüßen. Das Nichts, das dich umgibt, wenn du überkommene Verpflichtungen loslässt, stellt die Basis für deine freien Entscheidungen dar. Wenn du die Bänder einrollst, die dich mit anderen Menschen, ihren Absichten und ihrem Lebensplan verbunden haben, dann steigst du auch vollkommen aus den Täter- und Opfer-Spielen aus. Ich möchte dich dabei begleiten, dass du alle Täter- und Opfer-Aspekte, die dein Leben bestimmen, wirklich ad acta legen und in gewisser Weise begraben kannst.

Als Aufgestiegener Meister verkörperst du deine eigene Dimension der Erhabenheit. In der Dimension des Meisters bist du in Sicherheit, bist souverän und unabhängig. Es gibt niemanden mehr, der dir sagen kann, wo es langgeht. Gleichzeitig lebst du universell vernetzt. Vor allem von den anderen Aufgestiegenen Meistern wirst du in der Dimension der Meisterschaft ganz automatisch permanent inspiriert. Um deine Schwingung anzuheben, kannst du dich in diesem Moment auch ganz bewusst mit mir, Saint Germain, verbinden. Die Schwingung des Aufgestiegenen Meisters, den ich verkörpere, färbt dann auf dich ab. Wenn zwei Meister zusammentreffen oder einfach kommunizieren, dann vervielfältigt sich die Schwingung des Lichts und der Liebe, die die Meister ausstrahlen. Darin besteht der Geist unserer Zusammenarbeit. So hast du es dir gewünscht, so wünsche ich es und so wird es sein.

Ich habe in meinem Buch *Der vollkommene Diamant* eine wesentliche Übung präsentiert, die dir zur Ausbalancierung und Schwingungsanhebung dient. Ich habe diese Übung »Diamantübung« genannt. Bei der Diamantübung verbindest du dich mit dem Diamanten, der du wirklich bist und atmest ihn ein. Dein menschliches Ich, dein bisheriger Seelenweg, dein Sein mit allen Erfahrungen und deine göttliche Essenz gehören zu dem vollkommen integrierten Diamanten, der du bist. Mit der Diamantübung verbindest du dich mit deinem inneren Diamanten und trägst ihn in die Welt hinein. Der vollkommene Diamant ist viel mehr als die begrenzte Identität, die du dir in diesem Leben erschaffen hast. Deine Identität verankert dich im Leben. Du weißt, wie du heißt. Du weißt, wer deine Eltern sind. Du weißt, welche Ausbildungen du absolviert hast. Du weißt, was du alles in deinem Leben erreicht hast. Aber ich kann dir versichern, dass die menschliche Identität auf dem Weg in die Meisterschaft immer mehr an Bedeutung verliert. Du ehrst deine menschlichen Erfahrungen, aber du identifizierst dich nicht mehr mit ihnen. Auf dem Weg in die Meisterschaft bleibt dir nichts anderes übrig, als die Errungenschaften des menschlichen Ichs loszulassen. Es hat dich vielleicht viel Mühe gekostet, deine Ausbildung abzuschließen und in deinem Beruf erfolgreich zu werden. Wenn ich dir jetzt sage, dass dein Erfolg nun keine Bedeutung mehr hat, dann fällt es dir vielleicht schwer, das anzunehmen. Aber auch deine größten menschlichen Erfolge sind nichts weiter als eine Facette des Diamanten, der du wirklich bist und der durch sein inneres Licht erstrahlt. Selbst deine spirituellen Ausbildungen stellen nichts anderes als Facetten deines einzigartigen Universellen Selbst dar. Du darfst dich noch einmal für die Geschenke des Wissens bedanken, die du dir selbst gemacht hast, in welcher Form auch immer. Wenn du den Diamanten, der du wirklich bist, erstrahlen lassen möchtest, musst du das ganze Bild sehen. Der Meister ist souverän und in sich vollkommen.

Zu deiner menschlichen Identität gehören natürlich auch deine Beziehungen, also mit wem du im echten Leben oder im virtuellen Raum befreundet bist und wer dir nahesteht. Du bist Mitglied von verschiedenen Gruppen, Kreisen und Vereinigungen. Diese Zugehörigkeiten machen deine Identität aus. In der Energie der Meisterschaft ist es egal, mit wem du dich gut verstehst. Früher haben sich die Menschen in dem Bewusstsein gesonnt, Mitglied eines Stammes, eines Adelsgeschlechts oder einer Geheimgesellschaft zu sein. Herkunft und Zugehörigkeit hat die Identität der Menschen konstituiert. Du hast auch großartige Erfahrungen mit menschlicher Geborgenheit in verschiedenen Stämmen, Gemeinschaften und Orden während vieler unterschiedlicher Inkarnationen auf der Erde durchlebt. Du wurdest in einem herausragenden Geschlecht geboren und hast geglaubt, dadurch etwas Besseres zu sein. Du hast deine Vorrangstellung dann dein Leben lang genossen. In bedeutenden Geheimgesellschaften bist du Mitglied gewesen und hast dir in diesem Rahmen großartiges Wissen auf der Höhe der Zeit, gegebenenfalls auch magische Praktiken und Fähigkeiten, eröffnet. Du hast dieses Wissen gepflegt und gelebt und damit deine einzigartige Identität in einigen großartigen Leben etabliert. Du bist in früheren Leben ein großer spiritueller Lehrer gewesen. Du bist Professor an einer hochrangigen Universität gewesen, im wörtlichen wie auch im übertragenen Sinne, also an einer spirituellen Schule oder tatsächlich an einer Universität. Überragende Weisheit ist in vielen Leben eine bedeutsame Facette deiner Identität gewesen – und jetzt ist sie nicht mehr von Bedeutung.

Die Persönliche Meisterschaft definiert sich jenseits der Alltagsidentität. Dass du der Kanal der universellen Weisheit und der allumfassenden Liebe bist, macht deine Meisterschaft aus. Du darfst dich noch einmal besinnen, dass du wirklich der Kanal universeller Weisheit bist, selbst wenn du denkst, in diesem Leben weniger gebildet zu sein. Wenn du in diesem Leben ausgiebig studiert hast, dann darfst du dich öffnen, neben deinem rationalen Wissensschatz eine tiefere Lebensweisheit zu empfangen, die dir einfach geschenkt wird und die du ausstrahlen und weitergeben kannst. Neben der Weisheit kanalisiert der Meister allumfassende Liebe. Ein Portal von Weisheit und Liebe zu sein macht die Essenz der Meisterschaft aus. Weitere Kennzeichen deiner Persönlichen Meisterschaft werden sich dir eröffnen. Wenn du dir immer wieder vorstellst, deine Persönliche Meisterschaft in deiner eigenen Dimension zu verkörpern, dann wirst du deine eigene Dimension mit der Zeit immer deutlicher wahrnehmen und fühlen können. Der Meister lebt in seiner Dimension, in der die Gesetze der Welt nur begrenzt gelten. Der Lauf der Welt tangiert ihn nur in eingeschränktem Maße. Er lebt mit sich selbst, mit anderen Menschen und mit der Welt im Gleichgewicht, weil er um sich herum eine eigene Dimension der Harmonie und Liebe aufbaut. Andererseits ist der Meister mit allen Lebewesen auf der Erde in einzigartiger Weise vernetzt. Er lebt im Einklang mit der Natur und öffnet sich für die Schönheit der Erde. Aus dem Kontakt mit allen Lebewesen und aus der Einheit mit der Erde schöpft er seine Kraft zum Leben.

~···~

Ich freue mich über deinen Enthusiasmus, als Meister des Seins dein Licht erstrahlen zu lassen, denn das ist die Funktion des Meisters. Der Aufgestiegene Meister gehört sich selbst, aber er gehört auch der Welt. Er ist ein Teil der Welt, so wie sie ist, und das gilt auch für dich.

Der Wind der Verwandlung weht über das Land und regiert die Welt. Du hast nicht nur in diesem Leben, aber auch sehr intensiv in diesem Leben, darauf hingearbeitet, dass der Planet Erde und die Menschen aufsteigen können. Die Erde wird zurzeit durch das Licht, das verstärkt aus dem Universum einfließt, erleuchtet. Zugleich erleuchtet sie sich selbst durch die Bewusstseinsanhebung der einzelnen Menschen. Dadurch fällt Licht in die dunklen Ecken, die eigentlich im Verborgenen bleiben sollten. Alle Lügen kommen an die Oberfläche. Stelle dir einmal vor, wie das die Welt verändern würde, wenn es den Menschen gar nicht mehr möglich wäre zu lügen. Du kannst bei dir selbst und auch bei den anderen Menschen zunehmend beobachten, dass Lügen immer weniger funktionieren.

Es scheint so viel Licht in deine Seele und auf die gesamte Realität, dass alle Lügen auffliegen. Wenn jemand nur halbherzig seinen Job macht, dann werden seine Kollegen und Vorgesetzten merken, dass er nicht mit dem Herzen dabei ist, und er wird diese Aufgabe verlieren. Wenn jemand etwas verspricht, das er gar nicht einlösen will, dann werden die anderen sich von ihm abwenden. Wenn du einen Termin vereinbart hast und dann zu erschöpft bist oder einfach keine Lust hast, ihn einzuhalten, dann entschuldigt sich der Freund, den du treffen wolltest, bei dir, dass er nicht kommen kann. Du kannst in jeder Minute deines Lebens erfahren, wie sich ganz sanft und in Leichtigkeit alles deiner inneren Wahrheit unterwirft, so dass du wirklich ein ausschließlich authentisches Leben führen wirst. Deine Souveränität wird manche Menschen in deiner Nähe schockieren. Die meisten Menschen sind daran gewöhnt, zu lügen und immer eine Fassade aufzubauen. Sie reden ihr Leben schön und präsentieren sich nach außen so, wie sie gar nicht sind und nicht einmal sein wollen. Sie orientieren sich am Blick der Außenwelt. Aber der schöne Schein bricht zusammen, wenn er nicht echt ist. Die Energie der Gegenwart fördert alles, was authentisch ist und wirklich von Herzen kommt. Die Herzensangelegenheiten des Meisters werden vom Universum sozusagen gedüngt, damit sie wachsen und sich entfalten können. Das Leben des Meisters ist geprägt von Liebe, von Einheit mit sich selbst, mit den Menschen und der Welt, von echter Lebensfreude und vom Bewusstsein der Erleuchtung.

Symbol Möbiusschleife

Ein Symbol für die Art, wie du in deiner eigenen Dimension lebst, ist die Möbiusschleife. Die Möbiusschleife ist ein Band, bei dem sich oben und unten und innen und außen verschränken. Die Möbiusschleife kann dir als Symbol für das Leben in der Meisterschaft dienen. Du nimmst innen und außen als Einheit wahr. Das, was in dir schwingt, kommt zu dir zurück. So werden innen und außen eins. Das Prinzip der Möbiusschleife findet sich in den Gemälden von N.C. Escher. Du findest in diesen Bildern einen nahtlosen Übergang von innen und außen. Es lohnt sich, dass du dir diese Bilder ansiehst, um zu verstehen, wie die persönliche Dimension des Meisters mit der Realität verschränkt ist. N.C. Eschers Bilder, die zu ihrer Zeit als zukunftsweisend galten, spiegeln die Schwingung, in die du dich begibst. Eines der Bilder heißt »Ascending and Descending«, also Aufstieg und Abstieg. Dass du aufsteigst und dann wieder auf die Erde herabsteigst, gilt auch für dich. Du erweiterst dein Bewusstsein und gleichzeitig landest du mit beiden Beinen auf der Erde. Die in den Bildern von Escher dargestellten Treppen spiegeln das Phänomen, dass Aufstieg und Abstieg eins werden.

3. Göttlichkeit

Zum Prozess des inneren Erwachens gehört bei vielen Menschen auch, dass sie ihr egoistisches Leben in Frage stellen und plötzlich erkennen, dass sie etwas Sinnvolles mit ihrem Leben anfangen sollten. Sie möchten der Welt dienen. Dann werden sie Coach, Heilpraktiker oder Energieheiler. Wir Aufgestiegenen Meister lachen hier hinter den Kulissen schon darüber und erzählen uns folgenden Witz: »Was ist der Traumberuf der Neuen Zeit?« Antwort: »Müllmann!« Der Müllmann weiß am Abend, was er getan hat. Er hat aufgeräumt und das machen alle Menschen gerne. Viele Menschen denken, sie müssten der Welt dienen, indem sie in der Welt aufräumen und sie heilen. Einige Aufgestiegene Meister dienen der Welt als begnadete Heiler, aber nicht alle. Wenn die Menschen in der Phase der Integration tatsächlich etwas Sinnvolles und Gutes tun und der Welt dienen wollen, dann definieren sie noch einmal ganz bewusst, was ihrer Meinung nach gut ist, was die Welt braucht, was der Welt dient und sie besser macht. Letztendlich integrieren sie in diesem Prozess ihr Über-Ich, ihre Glaubenssätze und Wertmaßstäbe. Meistens vollzieht sich diese Integration, indem sich die scheinbar wertvollsten Gesetze relativieren. So wie in dem Buch und dem Film »Gottes Werk und Teufels Beitrag« von John Irving ein eingefleischter Abtreibungsgegner erkennt, dass Abtreibungen manchmal auch Sinn machen können.

Der Meister des Seins hat auch den Dienst an der Welt integriert. Du tust nichts mehr für andere und das ist ganz ernst gemeint. Gerade, weil du mit dem göttlichen Licht und der göttlichen Liebe, mit dem Reich Gottes verbunden bist, weißt du, dass jeder Mensch nur etwas für sich selbst tun kann. Du weißt, dass du alles heilen kannst, indem du dich selbst heilst. Nur dadurch! Du heilst die ganze Welt, indem du versuchst, alles in deinem Leben als willkommenes Geschenk anzunehmen oder zumindest als wohlklingende Hintergrundmelodie. Manchmal musst du dann für dich selbst den Müllmann spielen, durchatmen und Altes loslassen. Dann öffnest du dich, um zu erkennen, welche Erinnerungen und festgefahrenen Muster dich in deinem Aufstiegsprozess bremsen. Im göttlichen Bewusstsein kannst du das Leben so lieben, wie es ist. Akzeptanz für das Leben reicht nicht, sondern du solltest dem Leben echte, tiefe Liebe entgegenbringen. Wenn es dir noch nicht möglich ist, zu sagen, dass du das Leben liebst, wie es ist, dann solltest du dich selbst auch nicht belügen. Du kannst dich dann auf die Verwandlung des Bestehenden konzentrieren und probeweise sagen: »Ich liebe das, was jetzt in mein Leben kommt. Es wird etwas verändern.« Dann lässt du es sich entfalten. Wenn du jetzt zustimmst, eine neue Stufe göttlichen Bewusstseins zu betreten, dann öffnen sich sowohl dein Über-Ich wie dein Unterbewusstsein. Es passiert automatisch, dass du dann wissen wirst, welche Glaubenssätze oder Erinnerungen dich noch abhalten, alles in deinem Leben wirklich als Geschenk annehmen zu können. Du kannst schnell eine größere Bewusstheit über dich selbst und deine Blockaden erlangen, wenn du nicht aus Angst vor intensiven Erkenntnissen oder Gefühlen zurückschreckst, sondern die Verwandlung geschehen lässt.

Du darfst zustimmen, den Kanal zu deiner Göttlichkeit zu öffnen und die Verbindung mit dem göttlichen Geist nie aufzugeben, in keiner Minute deines Lebens. Um die Meisterschaft leben zu können, reicht es nicht, zu wissen und zu fühlen, dass die eigene Seelenessenz vollkommen präsent ist. Du bist nicht nur mit dem Tropfen im Meer des Bewusstseins verbunden, den deine Seele darstellt, sondern du bist wirklich mit dem ganzen Meer verbunden. Von dieser Ebene – ich nenne sie immer wieder die göttliche Intelligenz – kommen für dich in der nächsten Zeit Eingebungen, Erleuchtungen und Ideen, die du jetzt in deinem Leben gerade brauchst. Der Meister ist der Kanal der göttlichen Weisheit und der allumfassenden Liebe.

Immer wieder darfst du dich ganz bewusst mit dem göttlichen Geist der Welt, des Planeten und des Universums verbinden. Was du aufgrund der Inspirationen von der göttlichen Ebene tust, dient der Welt als vollkommene Schöpfung. Manche Kreationen sind perfekt für deine Seele und für dich selbst. Aber wenn du mit der göttlichen Ebene verbunden bist, kannst du Kreationen in die Welt bringen, die dem ganzen Universum, nicht einmal nur der Erde dienen. Bei diesen Kreationen kann es sich auch um scheinbar banale Ereignisse handeln, zum Beispiel eine Alltagsbegegnung, die du in Verbindung mit dem göttlichen Geist erschaffst. Wenn du traurig bist, wenn du verzweifelt bist, wenn der Mangel dein Leben bestimmt, der Mangel an Liebe, an Anerkennung, an Wissen oder an Hab und Gut, dann triffst du ganz bewusst eine Wahl und übergibst den Fortgang der Ereignisse der göttlichen Intelligenz und lässt sie wirken. Deshalb ist der Meister nicht der Schöpfer. Der Schöpfer im Leben des Meisters ist die göttliche Intelligenz, die das Vollkommene erschafft, das perfekt der Welt und allem, was existiert, dient. Es ist auch immer wieder hilfreich, wenn du dann die erhofften Ergebnisse loslässt, also nicht an Erwartungen festhältst. Auf welche Weise etwas passieren soll, dass du dir wünschst, solltest du sowieso ganz vergessen. Die Ereignisse entfalten sich dann in Vollkommenheit in angemessener Zeit. Du brauchst nur manchmal etwas Geduld. In der Zeit, in der du geduldig abwartest, beschäftigst du dich mit anderen Dingen. Warten ist übrigens eine ganz urmenschliche Mangelerfahrung. Sie sitzt in den menschlichen Genen. Bis sich die Milch in der Brust der Mutter wieder gebildet hatte, musste das Baby hungern. Bis die Mutter genug Beeren gesammelt hatte, musste das Kind hungern. Sogar in anderen Dimensionen müssen die Erdenengel tatsächlich warten, bis sie auf die Erde kommen können. Du kannst mit einem tiefen Atemzug noch einmal die Verbindung mit der göttlichen Essenz in dir, mit dem göttlichen Geist des Universums einatmen – und dann die Energie des Wartens loslassen. Im jetzigen Moment erfüllt sich das Sein und es erfüllt sich vor allem in dir. Auf der Ebene der Meisterschaft erfüllt es sich sowieso nur in dir. Die ganze Welt fällt zusammen und fließt in dich ein. Dann herrschen Ruhe und Frieden im Zentrum deiner Präsenz.

Wie schön ist es, dass die Natur dir hilfreiche Zeichen und Symbole präsentieren kann. Wenn du die Welt als Geschenk der göttlichen Intelligenz an dich zu sehen lernst, siehst du auch die wundervollen Zeichen und Symbole, die dir die göttliche Intelligenz schickt. Du hörst in allem ein wundervolles Lied der göttlichen Liebe. Das Leben ist das Lied der Göttin, die auf einem Stein sitzt und singt. Das Lied, das die göttliche Intelligenz und die göttliche Liebe lobt, wird von einer Göttin gesungen. Du kannst an dieser Stelle zustimmen, die Verbindung mit dem Geist Gottes und der göttlichen Liebe nicht mehr loszulassen. Diese Verbindung eröffnet dir die Meisterschaft. Sie eröffnet dir neue Eingebungen, die nicht durch deine bisherigen Erfahrungen und Erinnerungen, auch aus früheren Leben, gefiltert werden, sondern die von der Quelle direkt zu dir kommen. Du kannst dir selbst über die Schwelle in die Dimension der Meisterschaft helfen, indem du wirklich alles, was in den nächsten Wochen auf dich zukommt, als Geschenk deiner göttlichen Intelligenz annimmst. Dann mögen auch deine Blockaden, deine Ängste und tiefsitzenden Traumen erscheinen. Dann werden Erinnerungen geweckt und vergangene Erfahrungen an die Oberfläche geschwemmt, aber in ausbalancierter Weise, so dass es dich nicht überfordert, sie zu bearbeiten. Es handelt sich um sehr archaische Erfahrungen von Einsamkeit, von Ablehnung und von Abwertung, denen du begegnest und die du loslassen kannst. Das Rendezvous mit deinen Schattenaspekten hilft dir, wirklich zu fühlen, dass kein Mensch, keine Seele in diesem riesigen Universum, dir die Liebe, die Anerkennung, die Erleuchtung, die du brauchst, geben kann. Sie werden ausschließlich aus dir selbst geboren. Du wirst fühlen, wie du dir selbst die Liebe gibst, die du brauchst. Du brauchst dafür nichts zu tun, sie eröffnet sich dir. Der Strom des göttlichen Geistes schwemmt die erlöste, befreite Selbstliebe zu dir herein. Wenn du Selbstliebe ohne äußeren Anlass fühlst, dann weißt du, dass du angekommen bist in der Meisterschaft des Seins.

Aufgestiegene Meister bezeichnen sich oft als Gottes Sohn oder als Reinkarnation eines göttlichen Wesens. Damit drücken sie aus, dass sie den Kontakt zur göttlichen Intelligenz aufgebaut haben und mit ihr von der Geburt bis zum Tod verbunden bleiben. Auf der Ebene der Meisterschaft, der Ebene des göttlichen Selbst weißt du, dass alle Antworten und alles Wissen in dir sind. Du weißt, dass sich alle Liebe in dir entfaltet und nicht von außen kommt. Du weißt, dass ein göttlicher Funke in dir schwingt. Du weißt, dass du gleichzeitig in vollkommener Souveränität und in Verbindung mit der göttlichen Intelligenz und Liebe leben kannst. Du bist du selbst und du bist der Kanal der göttlichen Intelligenz. Souveränität und Vernetzung verschmelzen in dir. Den Prozess der Verschmelzung von Souveränität und Vernetzung kannst du fördern, indem du dir für deinen Verstand immer wieder Folgendes sagst, wenn andere Menschen dich nerven: »Das ist nun das Geschenk meiner göttlichen Intelligenz an diesem Ort zu dieser Zeit in Vollkommenheit.« Dein Verstand kann noch akzeptieren, dass eine göttliche Vorsehung andere Menschen in deine Welt geschickt hat. Körperliche Krankheiten, innere Zweifel und Stimmungsschwankungen kannst du allerdings viel schwerer als Geschenk der göttlichen Intelligenz annehmen. Aber auch dann darfst du zu dir selbst sagen: »Meine göttliche Intelligenz hat mir in Liebe und aus gutem Grund diese Stimmung hereingebracht.« Du umarmst und liebst einfach den Schatten und schaust, was anschließend passiert.

Immer wieder wirst du in der nächsten Zeit so etwas wie einen kleinen Zusammenbruch erleben. Du hast die Möglichkeit, die Erinnerungen und Erfahrungen, die dir im Wege stehen, ganz loszulassen. Wenn du loslässt, passiert ein kleiner Zusammenbruch, bei dem du das Nein aus dem Geist, der stets verneint, fallen lässt und aufgibst. Wenn du den inneren Zusammenbruch erlebst, dann darfst du immer wieder bewusst registrieren, dass jetzt der Geist, der stets verneint, in sich zusammenbricht.

Die göttliche Intelligenz bringt dir Frieden ins Leben, vor allem den Frieden mit dir selbst. Du läufst ja nicht herum und jubelst den ganzen Tag: »Ich liebe mich selbst! Ich liebe mich selbst!« Das haben auch die Aufgestiegenen Meister früherer Zeiten nicht getan. Du strahlst Selbstliebe in Form von tiefer Ruhe und tiefem Frieden aus. Wenn du weißt, wie es sich anfühlt, dass du dich selbst so liebst, wie der göttliche Geist dich liebt, dann musst du es niemandem erzählen und niemandem beweisen. Erst recht brauchst du keine Bestätigung deiner Selbstliebe mehr. Sie ist einfach da. In meinem Kurs zum Thema »Neue Dimensionen der Selbstliebe« ging es darum, das Innere Kind, die Innere Mutter und den Inneren Vater auszubalancieren. Auf der Gefühlsebene mag in der nächsten Zeit bei dir immer wieder das Thema aufflackern, wirklich Frieden mit Mutter, Vater und dem Inneren Kind zu machen. Wenn du selbst die Innere Mutter und den Inneren Vater verkörperst und mit deinem Inneren Kind verbunden bist, dann kannst du die auf Zellebene fest verankerten archaischen Gefühle von Trennung überwinden. Es heißt nicht umsonst, dass man wieder Kind werden muss, um ins Himmelreich zu gelangen. Du musst das kindliche Gefühl wiederbeleben, wirklich geborgen zu sein bei Mama und Papa und damit in der ganzen Welt.

Zu dieser Zeit bewegst du dich an der Grenze des menschlichen Bewusstseins, wenn du die göttliche Schwingung in dir selbst begrüßt. Die Suche nach Gott in der äußeren Welt statt in sich selbst herrscht in der westlichen Kultur noch vor. Daher hilft es dir, dich mit dem Strom der göttlichen Liebe und des göttlichen Lichts in dir und außerhalb von dir zu verbinden. Eines Tages wirst du dann ganz selbstverständlich die göttliche Schwingung in dir erfahren. Wenn du Bilder empfängst, siehst du im Moment am ehesten noch einen Wasserfall aus Licht und Liebe über dich strömen. Oder du fühlst dich umfangen von einer Wolke göttlicher Liebe und Einheit. Mit der Zeit werden sich auch deine inneren Bilder wandeln. Du wirst dann deinen ganzen Körper in der Schwingung des Lichts und der Liebe sehen können. Der Diamant ist das Symbol der Vollkommenheit, der gelungenen Integration aller Farben des Lebens. Der Diamant funkelt in allen Regenbogenfarben.

Gott ist Liebe. Darauf haben sich in vielen Religionen die Gelehrten geeinigt. Mit dem göttlichen Bewusstsein verkörperst du auch die Schwingung allumfassender Liebe. Liebe, Licht und Gerechtigkeit konstituieren das göttliche Bewusstsein. Du darfst einen tiefen Atemzug nehmen und dich mit der göttlichen Schwingung der Liebe in dir und außerhalb von dir verbinden. Wenn du dich nicht nur mit der göttlichen Weisheit verbindest, sondern dich auch der göttlichen Liebe hingibst, dann erweiterst du dein Bewusstsein so grenzenlos, dass sich sogar die Struktur von Dimensionen auflöst und ihre Bedeutung verliert.

Du verbindest in dir die Angst des Opfers und die Schuld des Täters. Täter und Opfer verschmelzen in dir, so wie sich in der Welt die Energien von Täter und Opfer immer wieder ausgleichen. Dem schicksalhaften Wechselspiel von Täter und Opfer, von Gut und Böse, von Angst und Schuld kannst du jetzt den Segen erteilen. Die Welt zu segnen ist ein Ausdruck des göttlichen Bewusstseins der Liebe. Im göttlichen Bewusstsein der Liebe bleibt nichts mehr für die Welt zu tun, als ihr deinen Segen zu geben. Es mag sogar die Zeit kommen, zu der die Aufgestiegenen Meister der Welt endgültig den Segen geben, sich verabschieden und eine neue Erde ins Leben rufen. Du kannst das Potenzial fühlen, einfach durch den Segen die alte Erde in eine neue Dimension zu bringen. In jedem Fall segnest du die Erde und alles Sein.

Was ist Liebe? Griechische Philosophen haben im Altertum schon eine sehr sinnvolle Unterscheidung zwischen der erotischen

Liebe, der Freundesliebe und der Nächstenliebe getroffen. Ich habe dir schon erklärt, dass die Sehnsucht nach Liebe immer die Sehnsucht nach der eigenen Seele darstellt. Die Sehnsucht nach Liebe, die scheinbar nicht erfüllt werden kann, wird in dem Moment abgeschwächt und kann sogar verschwinden, wenn du mit deiner eigenen Seele vollkommen vereint bist. Mit Nächstenliebe wird eine Haltung von Respekt und Akzeptanz gegenüber den anderen Menschen und sogar gegenüber den eigenen Feinden beschrieben. Feindesliebe ist ein wichtiges Konzept des Christentums. Natürlich kennst du es, dass dich dein Mitgefühl für einen anderen Menschen veranlasst, die eigenen Bedürfnisse für eine Zeitlang zurückzustellen, um für denjenigen, der dich gerade braucht, da zu sein. Wenn du Liebe, zum Beispiel auch im Geschlechtsakt, erfährst, dann gehört dazu immer ein Moment der Selbsttranszendierung. Ihr habt das Gefühl, Liebe erlebt zu haben, wenn ihr ein Stück weit mit einem Gegenüber eins geworden seid und sich das eigene Selbst im Wir aufgelöst hat. Das kann auch mit Freunden oder im Dienst am Nächsten, zum Beispiel in der Krankenpflege oder in der Fürsorge für ein Kind, passieren. Liebe ist Selbsttranszendierung. Du erfährst einen Zugewinn zu deinem eigenen Selbst.

Im Universum schwingt die göttliche Liebe, ohne dass die Menschen dazu etwas tun müssen. Sie können sich jederzeit für die im Universum schwingende göttliche Liebe öffnen und sich ihr hingeben. Warum schwingt göttliche Liebe im Universum? Weil das Universum sich permanent selbst transzendiert, indem es expandiert. Ihr lebt in einem Universum der Liebe, das expandiert. Weil das Universum expandiert, erfahrt ihr Liebe. Darin besteht die Einzigartigkeit des Universums, in dem ihr jetzt lebt. Du darfst Ja dazu sagen, hier zu sein. Du darfst Ja dazu sagen, hier Liebe zu erfahren. Aus meiner Sicht ist es ganz einfach. Liebe ist: Das Universum expandiert. Punkt. Wenn du liebst, tust du es dem Universum gleich und expandierst. Du dehnst dich aus. Wenn du einen Freund verstehst, dann dehnst du deinen eigenen Geist aus und weißt, was er denkt und fühlt. Im Liebesakt dehnst du dich mit jeder Körperzelle über dein eigenes Empfinden aus und kannst damit die körperliche Liebe, die du ja auch allein erleben kannst, vergrößern. Liebe ist Expansion über dich selbst hinaus. Ich möchte soweit gehen und feststellen, dass es der Sinn des Lebens in diesem Universum ist zu expandieren. Damit besteht auch der Sinn des Lebens für jeden einzelnen Menschen darin, dass er expandiert, indem er liebt. Weil das Universum ständig expandiert, deshalb verwandelt sich auch euer Bewusstsein und das ganze Leben auf der Erde ständig. Aus Sicht eurer Wissenschaftler gibt es auch ein Potenzial, dass das Universum implodiert – und auch das ist Liebe.

Wenn du dich mit der göttlichen Liebe verbindest, dann stimmst du zu, dass du deine Lebensmöglichkeiten erweitern kannst. Du erweiterst dein Bewusstsein, indem du klare übersinnliche Eingebungen empfängst. Du steigerst die Qualität deiner Träume. Du bringst eindeutige Informationen und Einsichten von deinen nächtlichen Exkursionen mit. Du kannst die Potenziale deiner Seele immer intensiver leben. Du verkörperst deine persönlichen Seelenpotenziale in vollkommener Weise und gleichzeitig lebst du im Einklang mit den Seelenpotenzialen deines Gegenübers.

Du darfst dich noch einmal in die universelle Schwingung der göttlichen Liebe stellen. Du findest die Verbindung mit der göttlichen Liebe über dein Herz. Wie könnte es anders sein? Ich spreche gerne vom Diamantherz. Das Diamantherz ist die Verbindung deiner Herzschwingung mit dem Diamantraum, mit dem kristallinen Raum jenseits der weltlichen Strukturen, also jenseits der Sprache und des linearen Denkens. Der Diamantraum ist die kristalline Welt, in der nur Farben, Töne und Licht existieren. Der Diamantraum ist eine Dimension jenseits der irdischen Kreation und Manifestation. Das göttliche Bewusstsein durchströmt diesen Vorhof der Manifestation, in dem die Potenziale des menschlichen Lebens geboren werden, auch Potenziale, die die Welt bisher noch nicht kennt. Über das Diamantherz verbindest du dich mit der göttlichen Liebe. Während du liest, denkst du noch, aber du verbindest dich mit Unterstützung der Sprache mit der göttlichen Liebe. Du kannst aber auch über dein

Herz mit der Schwingung göttlicher Liebe in Verbindung treten, und zwar jederzeit und überall in deinem Leben.

Übung *Herzensverbindung mit der göttlichen Liebe*

Ich bitte dich, dass du mit einem tiefen Atemzug entspannst und dich mit deinem Diamantherz verbindest. Während du dein Bewusstsein auf dein Herz fokussierst, öffnest du deinen Herzraum für die Schwingung der göttlichen Liebe. Fühle die göttliche Liebe, die durch dein Herz strömt.

Die Mystiker und Erleuchteten der Welt wussten schon immer, dass die göttliche Liebe nur erfahren werden kann. Sie kann schwer beschrieben oder erklärt werden. Für die Vereinigung mit der göttlichen Liebe gibt es kein allgemein gültiges, tragbares Konzept. Aber du kannst dich in den nächsten Tagen ganz bewusst in den Strom der göttlichen Liebe stellen. In diesem Strom der Liebe kannst du auch fühlen, dass alles ständig expandiert und das Leben ständig neue Möglichkeiten hervorbringt. Ich habe dich darauf hingewiesen, dass das Universum expandiert, was Ausdruck der Schwingung der göttlichen Liebe ist. Oder die göttliche Liebe ist Ausdruck der Expansion des Universums. Dennoch bleibt die Wahrnehmung der göttlichen Liebe durch die Menschen immer gleich. Töne, Farben, Formen und Symbole drücken in besonderer Weise die göttliche Liebe aus. Wenn ein Mensch in einem Gipfelerlebnis die Präsenz der göttlichen Liebe erfährt, dann fühlt er sich oft von einem überirdischen Licht umhüllt oder hört sphärische Klänge. Licht, Farben, Töne und Formen sind als göttliche Sprache der Menschen universell verständlich. Wenn du im göttlichen Bewusstsein denkst und in der göttlichen Liebe fühlst, dann bist du eins mit deiner unendlichen Existenz. Dann bist du derselbe von Anbeginn der Zeit bis jetzt. Die Zeit und damit auch die Veränderung lösen sich auf. Du tust gut daran, zu dir selbst zu sagen: »Ich bin der Teil

Gottes, der ich immer war, und ich bin in jedem Moment des Seins ein anderer.« Licht und Liebe gehören dir.

Die neue Christusenergie, die jetzt auf der Erde wirkt, transportiert auch eine ganz neue Schwingung der allumfassenden Liebe. Im Umgang mit anderen Menschen kannst du erfahren, dass ein energetischer Strom von Herz zu Herz pulsiert. Wenn du den energetischen Strahl deines Herzens mit der bewussten Herzatmung ausdehnst, dann kannst du über diesen Energiestrom alles, was dir am Herzen liegt, in dein Leben hereinfließen lassen. Du kannst die verbundene Herzatmung jederzeit zur Ausbalancierung deiner selbst und deiner Umgebung praktizieren.

Übung *Verbundene Herzatmung*

Du praktizierst die Verbundene Herzatmung, indem du einfach in dein Herzchakra einatmest. Dann atmest du auf der Rückseite deines Herzchakras zwischen deinen Schulterblättern wieder aus. Du atmest horizontal durch dein Herz.

Im Körper des Meisters vollzieht sich eine Herzöffnung oder Expansion der Herzkraft. Mit deiner Herzöffnung transzendierst du dein menschliches Ich mit seinen Begrenzungen auf der körperlichen, emotionalen und geistigen Ebene. Mit der Kraft des Herzens kannst du die Welt verwandeln.

Du weißt, dass deine Gedanken deine Realität manifestieren. Du weißt, dass deine Gefühle deine Realität manifestieren. Bei den meisten Menschen spiegeln die aktuellen Gefühle vergangene Erinnerungen und Erfahrungen der Seele. Wenn du glaubst, im Gefühlskarussell deiner Erinnerungen und Erfahrungen festzustecken, kannst du mit einem tiefen Atemzug bewusst aussteigen – und der Vergangenheit den Segen geben. Die Kraft deines Herzens bringt dich in eine Schwingung der Einheit mit dem Universum.

Du kannst Ja dazu sagen, die Kraft deines Herzens nun expandieren zu lassen. Es kann durchaus sein, dass du in den letzten Tagen schon körperliche Empfindungen in der Herzgegend registriert hast. Wenn das nicht der Fall war, wirst du es wahrscheinlich in den nächsten Tagen wahrnehmen. Dein Herzchakra verbindet dich mit der Welt und sogar mit dem gesamten Universum. Deshalb spricht man auch davon, dass bewegende Ereignisse einem »ans Herz gehen« oder dass etwas »Herzergreifendes« passiert.

Der Meister fühlt sich in seiner Dimension und sogar als menschliches Wesen vollkommen sicher und er ist sich der göttlichen Gnade in jeder Minute seines Lebens bewusst. Er hat erkannt, dass die Wurzel des Bösen in der Welt in ihm selbst liegt und daher nur dort verwandelt werden kann. Deshalb kann der Meister sein Herz unvergleichlich weit öffnen und die Schwingung seines Herzens in ungeahnte Höhen schrauben. Du darfst die Schwingung deines Herzens expandieren lassen und du darfst dir auch erlauben, es auf der körperlichen Ebene zu fühlen. Was dann passiert? Lasse dich überraschen und erstatte als Korrespondent Bericht. Soviel kann ich schon preisgeben: Die Schwingung deines Herzraums korrespondiert mit dem Grad der Integration deiner Seelenessenz. Sie korrespondiert auch mit deinem Maß an Vertrauen und Sicherheit. Vertrauen und Sicherheit wachsen, wenn du es wagst, deinem Schatten ins Auge zu sehen. Nur das Unbekannte macht Angst. Ich spreche in diesem Zusammenhang von der Entfesselung des Herzens. Außerdem schicken wir – ich, Saint Germain, und die Goldenen – dir jetzt eine spezielle Energie, mit der du dich verbinden kannst, wenn du es wählst. Wenn du diese Energie wahrnimmst, wird sie dir in den Herzfarben, in Rot oder in Grün, erscheinen. Sie wird dazu beitragen, dass du lernst, noch klarer mit dem Herzen zu sehen.

Das Herzchakra ist ein Energieportal, das dich mit deiner Seelenessenz, mit der unversiegbaren Quelle des Lebens, mit der Energie der Erde und mit dem Universum verbindet. Über das erweiterte Herzchakra kannst du dich vollkommen mit deiner Seelenessenz vereinigen, wenn du es noch nicht getan hast. Du bekommst dadurch noch einmal größere Klarheit über deine Potenziale. Über das Herzchakra kannst du Energie aus der unversiegbaren Quelle des Lebens tanken. Es handelt sich um die Licht- und Liebesenergie der Quelle, aus der sich das Leben speist. Du kannst sie fühlen. Die Energie der Quelle vereinigt in sich die Kraft der verschiedenen Elemente. Sie pulsiert wie der Herzschlag der Erde, sie leuchtet wie Feuer, fließt gleichförmig zu dir wie Wasser und umschließt dich wie die Luft. Außerdem bahnt dir die Expansion deines Herzraums eine Verbindung zu den planetaren Freunden, denen du dich zugehörig fühlst, und überhaupt zu unterstützenden universellen Begleitern, die die Transformation der Erde mit Anerkennung und Liebe begleiten. Dein Herzchakra verbindet dich auch mit einer Ebene göttlichen Bewusstseins, die ich Weltentraum nenne.

Über die Verbundene Herzatmung kannst du dich optimal mit Energie auftanken. Du verbindest dich über dein Herz mit der Energie des Universums. So kannst du den Herzschlag des Universums in dir selbst fühlen. Du kannst fühlen, dass du nicht nur mit der Erde und mit den Menschen, sondern mit dem gesamten Universum verbunden bist. Durch das Universum schwingt ein Gleichklang, den du einatmen kannst. Du kannst dich darin ausschwingen und emporschwingen lassen. Du kannst dich vom Gleichklang, der durch das Universum schwingt, transzendieren lassen. Wenn du dich selbst transzendiert, transzendierst du die Welt. Wenn du dich selbst transformierst, transformierst du die Welt. Im Gleichklang mit dem Universum kannst du dich vollkommen ausbalancieren. Du kannst fühlen, dass du alles hast, was du brauchst, und dass alles vollkommen ist, wie es ist.

Wenn es dir gelingt, Vollkommenheit im Körper, in der Seele, im Geist schwingen zu lassen, dann hast du das Gefühl, dass du nichts mehr brauchst. Dann sind alle Bedürfnisse gestillt, ohne dass du etwas tun musst, ohne dass du eine Sucht befriedigen musst, ohne dass dir ein anderer etwas geben muss, sogar, ohne dass die Engel deine Hand halten müssen. Du fühlst, wie der Gleichklang des Universums durch dich hindurchfließt und dass du dich ihm einfach überlassen kannst. In deinem Körper kannst du dann einen Fluss fühlen, wie wenn du dich aufs Wasser legst, dich vom Meer tragen lässt und auf den Wellen hin und her schwingst. Du kannst dich entscheiden, dich dem Gleichklang des Universums vollkommen zu übergeben. Dann badest du darin. Wenn man jetzt dein Blut untersuchen würde, würde man einen Anstieg von Glückshormonen feststellen. Der Schlüssel zum Glück liegt darin, dass du Ja sagst, in eine Schwingung der Harmonie und der inneren Zufriedenheit einzugehen. Dann balancieren sich Hormone und Botenstoffe in deinem Gehirn aus und stellen sich ein, wie du es kennst, wenn du außerordentlich glücklich oder verliebt bist. Im Zustand der Verbundenheit mit dem Universum erkennst du, was der Satz »Ich bin alles, was ist« wirklich bedeutet. Du bist mit allem verbunden, was ist. Alles dient dir, weil dein Ich, dein Seelenkern mit allem im Gleichklang schwingt. Gefühle der Fremdheit, Ausgrenzung und Verlorenheit verflüchtigen sich.

Bei manchen Menschen erzeugt die Schwingung der Verbundenheit Widerstand und Angst. Das Innere Kind bekommt Angst, wenn es absolute Verbundenheit und allumfassende Liebe fühlt, denn es wird ihm dann bewusst, was es nie hatte. Wenn du aber bereit bist, die Angst des Inneren Kindes loszulassen, dann stehst du, egal was in deinem Leben geschieht, in der allumfassenden Liebe und universellen Verbundenheit. Du eröffnest dir die Verbundenheit mit dir selbst, mit deiner Seele, die du an dieser Stelle auch noch einmal einatmen darfst, mit der allumfassenden Liebe und dem Licht der Quelle alles Seins, aus der du kommst und in die du gehst. Du fühlst dich in deinem Leben geborgen und aufgehoben. Du fühlst dich in deinem Körper zuhause, mit dem du über die vollkommene Erde wandelst.

Aber wie sieht der Meister aus, der die göttliche Liebe und das göttliche Licht kanalisiert? Wenn du der Meisterschwingung eine Gestalt geben möchtest, kannst du es in Form eines Bildes tun. Du kannst sie dir vorstellen. Wie sieht dein Körper aus, wenn du den

Strom von Licht und Liebe, den du jetzt noch im Außen siehst und der dich vielleicht fast blendet, in deinem Körper trägst?

❂ Übung *Das Bild des Meisters*

Empfange vor deinem inneren Auge ein Bild von dir selbst in deiner Göttlichkeit. Ich rate dir, dieses Bild auch zu Papier zu bringen, um es zu erden. Zeichne ein Bild deines Körpers, wie er das universelle Licht und die göttliche Liebe kanalisiert.

Aus der Verbindung mit der göttlichen Intelligenz heilst du die Welt. Aus dieser Verbindung kommen die Antworten, die Erleuchtungen und auch eine spezielle Liebesenergie, die du in die Welt trägst, die ich hier einfach Christusenergie nennen möchte. Dein Dienst besteht jetzt darin, dich selbst immer wieder auszubalancieren, dich selbst zu heilen.

Die Geschenke deiner göttlichen Intelligenz darfst du einfach annehmen. Wenn dir dein Leben schwer erscheint, dann darfst du dich mit einem Atemzug noch einmal mit der universellen göttlichen Energie verbinden und sie in unbefriedigende Situationen einfließen lassen. Dann verwandelt sich alles. Es verwandelt sich zunächst etwas in dir und dann verwandelt sich die äußere Welt.

Wenn die äußere Situation so bleibt, wie sie ist, dann machst du damit weiter, dich selbst zu verwandeln. Manchmal tut es gut, zu dir selbst zu sagen: »Bitte verzeihe mir, dass ich immer noch die alten Wege gehe.«

Manchmal sagst du auch zu dir selbst aus einer Klarheit und Entschiedenheit heraus: »Schluss jetzt! Ich steige aus!« Damit klinkst du dich aus zerstörerischen Mustern aus. Auch von den Aufgestiegenen Meistern der Geschichte ist es bekannt, dass sie sich im rechten Moment aus einer Stresssituation, die der verneinende, oft auch lebensverneinende Geist erschaffen hatte, ausklinken, indem sie einfach weggehen. Sie verlassen einen Streit. Sie verlassen gefährliche Situationen. Manchmal fliegen sie einfach davon. Wenn es angebracht ist, kannst du auch einfach weggehen. Außerdem umarmst du in Liebe die Geschenke, die die Welt dir bringt.

In der Welt wirkt das universelle göttliche Bewusstsein. In der Welt regieren Einheit, Liebe, Freude und Licht. Nur du hast ihre Regentschaft ein Stück weit verneint.

Das Innere Kind hat es manchmal schwer, Ja zu sagen zur Liebe. Es wurde doch so enttäuscht. Das darfst du hinter dir lassen. Die Innere Frau oder der Innere Mann hat es manchmal schwer, Ja zu sagen zur Einheit. Sie sind doch so oft schmerzlich verlassen worden. Der Innere Mann oder die Innere Frau glauben nicht daran, dass Männer und Frauen zusammenkommen können. Damit hängen sie noch in der Dualität fest. Die Innere Hexe oder der Innere Ketzer glauben nicht mehr an die Erleuchtung, weil sie im schlimmsten Fall den Tod gebracht hat.

Auch das darfst du loslassen. Diese Aspekte rennen sogar vor dem Licht weg und das darfst du loslassen. In der westlichen Kultur glauben die wenigsten Menschen an die Freude. Sie glauben an harte Arbeit. Auf der anderen Seite der Welt, auf Hawaii, herrscht da schon eine ganz andere Stimmung. Dort wird viel getanzt, obwohl die meisten Menschen in geringerem Wohlstand leben als in Europa. Auch den Glauben an Leistung um jeden Preis und hart verdiente Freude darfst du loslassen.

Du brauchst nichts zu tun, als den Strom des göttlichen Lichts und der göttlichen Liebe in dein Leben einfließen zu lassen. Deine Hausaufgabe für die nächste Zeit besteht darin, die Verbindung mit der göttlichen Liebe möglichst jeden Tag zu fühlen, indem du dich bewusst in diese Verbindung stellst. Die immerwährende Verbindung mit der göttlichen Liebe in dir und außerhalb von dir ist das Geheimnis der Meisterschaft. Du kannst für dich die passenden Worte finden und herausfinden, ob du von dem göttlichen Licht, der göttlichen Liebe oder der göttlichen Intelligenz sprechen möchtest. Du kannst es auch ganz anders nennen, wenn du es wählst. Den Menschen wurde im Laufe der Religionsgeschichte verboten, sich ein Bild von Gott zu machen. Dieses Bilderverbot darfst du auch auflösen. Es wurde nur deshalb erfunden, damit die Menschen die religiösen Autoritäten nicht in Frage stellten. Du kannst dir das Bild machen, dass dir deine göttliche Inspiration schenkt. Du kannst dir auch die Gefühle und Erfahrungen eröffnen, die dir die göttliche Inspiration schenkt, um den Strom des Lichts und der Liebe zu sehen, zu fühlen und anzunehmen.

Leitsatz *»Ich bin ein Teil Gottes«*

Der Meister ist sich seiner Göttlichkeit bewusst. Der entsprechende Leitsatz lautet »Ich bin ein Teil Gottes«. Der Meister ist sich dessen bewusst, dass er einen Funken Gottes verkörpert, der über die Erde wandelt. Er sieht den göttlichen Funken aber auch in allen Lebewesen auf der Erde und in allem, was ist.

Religionswissenschaftler beschreiben jetzt schon eine sogenannte »Ich bin-Religion«. Inzwischen können sich viele Menschen damit identifizieren, selbst ein Abbild Gottes zu sein. Allerdings verbinden viele Menschen diese Vorstellung oft perfekt mit ihren egoistischen Zielen und Lebensplänen. Weil sie ja Gott sind, glauben sie, tun und lassen zu können, was sie wollen. Sie glauben, sie könnten alles erreichen, was sie sich wünschen. Sie blähen ihr Ego auf, weil sie sich für erleuchteter als alle anderen halten. Sie denken, weil sie so viele Ratgeber, spirituelle Bücher und Channel gelesen haben, hätten sie allen anderen etwas voraus und würden deshalb auch mehr erreichen. Dieses religiöse Konzept verbindet sich perfekt mit der modernen Leistungsideologie. Die Ich bin-Religion integriert sich vollkommen in menschliches Streben nach Höher, Weiter, Mehr und Besser, was die Kommunikation zwischen den Menschen, zwischen den Nationen, zwischen den Kulturen prägt.

Dein Übergang in das göttliche Bewusstsein setzt Neutralität voraus. Du kannst nicht als Teilnehmer der Dualität und Mitspieler auf der Bühne des Schicksalsrades von Geben und Nehmen,

Verlieren und Gewinnen und Sein und Nichtsein das Gottesbewusstsein verkörpern. Erst nach deinem Ausstieg aus dem alten Spiel des Lebens eröffnet sich für dich eine neue Dimension, die Dimension des göttlichen Bewusstseins. Die Menschen haben sich nicht von ungefähr schon immer Vorstellungen von Gott gemacht. Sie haben schon immer zu allen Zeiten über das göttliche Bewusstsein geforscht und sich danach gesehnt. Die traditionellen Religionen und ihre Vertreter binden Gott in die Dualität ein. Dann ist Gott ein Gottvater, jedenfalls ein Elternaspekt, der allmächtig ist, alles weiß und sieht und über Recht und Unrecht richtet. Auch der Gott der Liebe, wie ihn sich die Menschen in ihrer Begrenzung vorstellen, hat oft ein menschliches Antlitz. Er trägt das Gesicht einer Mutter. Gott ist eine Projektion der Menschen. Eigentlich sind die Gesichter Gottes Aspekte der Menschen, die sie ins Universum projiziert haben. Ich beziehe mich dagegen auf das göttliche Bewusstsein, dass die Mystiker, Meister und Erleuchteten aller Zeiten erahnt und erfahren haben. Ihre Erfahrungen konnten nur in poetischer und symbolischer Sprache beschrieben werden, weil sie sich anders nicht fassen lassen.

Der Satz »Ich bin ein Teil Gottes« beinhaltet, dass außer dir jeder Mensch und jedes Lebewesen auf der Erde einen Funken Gottes verkörpert. Manchmal ist es gar nicht so leicht, dem zuzustimmen. Du kannst dir jemanden vorstellen, den du ablehnst, und innerlich sagen: »Ich bin Gott und du auch.« Selbst wenn es dir schwerfällt, das zu sagen, ist es die Wahrheit. Wenn du mit dieser Haltung an die Welt herangehst, dass du in jedem, der dir begegnet, seine Göttlichkeit anerkennst, dann verkörperst du den Meister. Ich möchte dir das am Bild des Meeres zeigen. Gott ist das Meer. Ich benutze hier das Wort Gott, aber du kannst auch ein anderes Wort deiner Wahl verwenden, zum Beispiel höhere Intelligenz oder universelle Liebe. Das Meer ist also die göttliche Energie und du in diesem menschlichen Körper bist der Tropfen im Meer. Du bist der Teil Gottes, der auf der Erde wandelt. Du bist der Tropfen im Meer und um dich herum gibt es viele, viele Tropfen. Die Tropfen um dich herum sind die anderen Menschen und Lebewesen. Nun kommen wir zur Meisterschaft. Der Meister ist nicht nur der Tropfen im Meer. Der Meister ist die Welle. Du darfst es dir so vorstellen, dass du als Meister tatsächlich, ohne dass du eine spezielle Aufgabe oder einen besonderen Dienst erfüllst, allein in deiner Präsenz Impulse setzen kannst, um eine Welle in Gang zu bringen. Die Welle wiederum besteht dann aus vielen, vielen Tropfen. Wenn du deine persönliche Meisterschaft lebst, kannst du Wellen erzeugen. Du kannst tatsächlich andere mitziehen. Das heißt nicht unbedingt, dass es den anderen bewusst sein muss, dass du den Impuls für die Welle gesetzt hast. Dass eine Welle der Veränderung in Gang gebracht wird, gehört zur Schwingung der Meisterschaft. Du darfst dir immer wieder bewusst sein, dass du die Welle bist. Du darfst auch annehmen, dass Menschen sich zu dir hingezogen fühlen und deine Gegenwart suchen. Es handelt sich um eine Welle des Lichts und der Liebe, die du erzeugst, einfach durch deine Anwesenheit. Wenn die Welle entsteht, zieht sie andere mit, selbst wenn sie nur energetisch mitgehen, ohne dass es ihnen bewusst ist. Manche Menschen begegnen dem Meister und denken automatisch daran, dass sie etwas verändern könnten. Dann tun sie es. Du darfst dir bewusst sein, dass du die Welle bist und dass du sie auch erzeugst. Du solltest auch realisieren, dass du weder der Himmel noch der Strand oder das ganze Meer bist. Du bist ein Tropfen im Meer wie alle anderen Menschen. Aber gleichzeitig bist du die Welle. Darin besteht die Essenz der Meisterschaft.

Dort, von wo ich, Saint Germain, jetzt zu dir spreche, verkörpere ich tatsächlich eine überirdische Schwingung. Aber du hast gewählt, weiterhin im menschlichen Körper auf der Erde und mit den anderen Menschen verbunden zu sein. Dadurch hast du dir automatisch gewisse Beschränkungen auferlegt. Du weißt, dass dein Körper reine Energie ist, und trotzdem verwandelst du dich nicht in ein unsichtbares, hochschwingendes Energiefeld. Du nimmst gewisse Beschränkungen der Materie an, und zwar in jedem Moment. Du darfst noch einmal ganz bewusst Ja dazu sagen, die menschlichen Beschränkungen zu akzeptieren. Du triffst dich zum Beispiel mit anderen Menschen zu einer bestimmten Uhrzeit, obwohl es auf der multidimensionalen Ebene gar nicht nötig wäre. Denn du könntest auch energetisch oder telepathisch mit ihnen kommunizieren. Aber du nimmst die Beschränkungen von Raum und Zeit an und überwindest sie in einem gewissen Maße gleichzeitig. Du kannst dir immer mehr erlauben, deine persönliche Meisterschaft auf der Erde einzubringen und sie nicht zurück zu halten. Dann kannst du die Göttlichkeit der anderen immer deutlicher erkennen und fühlen. Die anderen Menschen in deinem Umfeld profitieren von deiner Schwingung, ohne dass du noch etwas für sie tun musst. Als Meister lebst du in deiner Dimension und gleichzeitig bist du verbunden mit allem, was ist. Darin besteht die großartige Kreation der Meisterschaft.

Der Meister ist verbunden mit der Quelle der Liebe und des Lichts, jeden Tag und in jeder Minute seines Lebens. Er ist verbunden mit der göttlichen Intelligenz. Er ist getragen von der göttlichen Liebe und dem göttlichen Licht des Universums. Er ist mit seiner inneren Göttlichkeit jede Minute seines Lebens verbunden. Er hat den Zugang zur inneren Göttlichkeit gefunden – und er hält ihn offen. Er verschließt sich nicht mehr für seine Göttlichkeit.

Oft öffnet sich der Zugang zur inneren Göttlichkeit durch überwältigende Erleuchtungserlebnisse, in denen der göttliche Geist von einem Menschen Besitz ergreift. Dieses Lichterlebnis, verbunden mit dem Erlebnis allumfassender Liebe, wird Erleuchtung genannt. Den Meister unterscheidet von anderen Menschen, sogar von den Erleuchteten, die schon einmal ein solches Erlebnis hatten, dass er den Kanal zu seiner Göttlichkeit nicht wieder verschlossen hat, sondern dass er im göttlichen Licht und der göttlichen Liebe an jedem Tag seines Lebens badet. Wenn ich es etwas sachlicher formuliere, dann sage ich einfach: Er ist verbunden mit der göttlichen Intelligenz. Dadurch steht er im vollen Vertrauen, dass alles, was in seinem Leben geschieht, ein Ausdruck der göttlichen Intelligenz ist. Er steht im vollen Vertrauen, dass das Universum vollkommen ist. Du bereitest dir selbst den roten Teppich, der dich in die Meisterschaft führt, indem du dir immer wieder Erfahrungen von Freude, Einheit, Licht und Liebe erschaffst – und dann nicht verneinst.

Du löst den Geist, der stets verneint, auf und sagst Ja zum Wirken göttlicher Intelligenz in deinem Leben. Das bedeutet, dass du alles, was in deinem Leben erscheint, als Geschenk der göttlichen Intelligenz ansiehst. Du sagst Ja zu allen Gefühlen, zu allen Erfahrungen und sogar zu deinen Erinnerungen. Das ist der Weg der Meisterschaft. Wenn etwas passiert, das dir den Atem nimmt und im ersten Moment dein Herz verschließt, dann begrüßt du es als Ausdruck der göttlichen Intelligenz, die du kennst und von der du weißt, dass sie überall in Vollkommenheit wirkt.

4. Unendlichkeit

Ich möchte dir jetzt das Meisterattribut der Unendlichkeit geben. Es bezieht sich zunächst einmal auf die Unendlichkeit des Lebens. Auferstehung bedeutet, dass du auf der Erde kommen und gehen kannst, wann du möchtest. Du kannst auch sehr lange hierbleiben, wenn du es wählst. Die Grenzen zwischen Leben und Tod können für den Aufgestiegenen Meister verschwimmen.

Leitsatz *»Ich bin unendlich«*

Der Leitsatz des Meisters lautet: »Ich bin unendlich.« Der Meister erscheint den Menschen immer wieder, um dann für geraume Zeit auch wieder zu verschwinden. Keiner weiß mehr genau, wann der Meister eigentlich geboren wurde, so wie es bei mir in meinem Leben als Saint Germain gewesen ist. Ich konnte hier und dort auf der Welt erscheinen. Die Unendlichkeit des Lebens darfst du annehmen. Bei den Seelen, die mit dir in Liebe verbunden sind, kannst du bewusst beobachten, dass jemand stirbt und in anderer Gestalt wiederkommt.

Vielleicht kannst du auch bei deinen Haustieren beobachten, dass dieselbe Seele sich in verschiedenen Haustieren verkörpert. Darin besteht die Unendlichkeit des Lebens. Dein Leben ist ein Besuch auf der Erde. Du bist hier Gast und ein Gast verabschiedet sich und dann kommt er vielleicht wieder zu Besuch.

Außerdem eröffnet sich dir mit der Meisterschaft die Unendlichkeit der Potenziale. Wenn du zulässt, dass sich die Unendlichkeit der Potenziale in einem Moment der Frustration, der Angst oder des Staunens, was das Leben dir nun wieder beschert, entfaltet, dann kannst du sie erfahren. Wenn du der Unendlichkeit der Potenziale die Tür öffnest, dann begegnet sie dir. Es gibt nicht nur einen Weg, gesund und glücklich zu sein. Es gibt nicht nur einen Weg, reich und zufrieden zu leben. Wenn du einen Weg wählst, dann eröffnet dir die nächste Weggabelung umgehend die unterschiedlichsten Richtungen. Mit jeder Entscheidung, die du triffst, erscheint wieder ein neuer Strauß an Potenzialen.

Wenn du immerwährender Verwandlung in ihrer Essenz zustimmst, dann stimmst du auch der Unendlichkeit des Lebens zu. Wenn du eine Mauer überspringst, die Zugbrücke herunterlässt und deine Burg verlässt, dann beginnst du, Unendlichkeit zu verkörpern. Du darfst in diesem Moment, wenn du es wählst, das Wort Unendlichkeit einatmen.

Übung *Unendlichkeit*

Vor deinem inneren Auge lässt du eine liegende Acht erscheinen. Den Bogen der liegenden Acht ziehst du dann mit geschlossenen Augen nach. So öffnest du dich für die Unendlichkeit des Seins und die Unendlichkeit der Potenziale in deinem Leben.

Dass das Leben begrenzt war, wurde aus gutem Grund als Teil der *définition mondiale* erschaffen. Der Gedanke tröstete die Menschen, dass sie das Leid der Welt auch verlassen konnten, selbst wenn sie sich die Begrenzung ihres Lebens nicht ständig vergegenwärtigten. Noch heute bringt es vielen deiner Mitmenschen Trost, einfach einmal zum Ausdruck bringen zu können, dass man nicht mehr weiterleben möchte.

Wenn du nun beginnst, Unendlichkeit zu verkörpern, musst du Unendlichkeit mit dem Potenzial der Verwandlung vereinigen. Verwandlung bringst du von jetzt an auf andere Weise in dein Leben, nicht nur durch den Tod. Du weißt, dass der Tod für die Seele natürlich nicht das Ende ihrer Existenz bedeutet. Die meisten Seelen gehen von einem Leben ins nächste und bringen sogar ihre Päckchen wieder mit in ihr neues Leben herein. Du kannst der Unendlichkeit des Seins nur zustimmen, indem du sie mit stetiger Verwandlung verknüpfst. Wenn du das Meisterattribut der Unendlichkeit verkörperst, dann eröffnest du dir auch die Unendlichkeit von Liebe und Fülle in deinem Leben.

Das Attribut der Unendlichkeit führt dich immer wieder über den engen Radius deines Alltagsbewusstseins hinaus. Es führt dich in den Kreis der Goldenen, der Aufgestiegenen Meister aller Zeiten und Kulturen.

Innere Reise: ***Der Kreis der Goldenen***

Schließe deine Augen und stelle dir vor, dass ich, Saint Germain, dich in den Kreis der Goldenen, der Aufgestiegenen Meister der Erde aus allen Zeiten und Kulturen, führe. Wenn du die Gruppe der Goldenen wahrnimmst, dann betrittst du selbständig ihren Kreis. Du spürst, dass sie auf dich gewartet haben. Sie empfangen dich in ihrem Kreis, wann immer du ihre Gesellschaft wählst. Sie freuen sich, dass du – zumindest für eine Weile – die irdischen Begrenzungen der »définition mondiale« hinter dir gelassen und in ihrem Kreis Platz genommen hast.

Es mag sein, dass aus dem Kreis der Goldenen ein Aufgestiegener Meister, den du kennst, hervortritt und sich an deine Seite setzt. Du darfst die Kommunikation mit dem Meister, der sich dir zuwendet, begrüßen, in welcher Form auch immer sie sich ereignen mag. Du darfst sie genießen, solange du es wählst. Wenn die Zeit gekommen ist, in deine Dimension zurückzukehren, dann verabschiedest du dich in Dankbarkeit mit einem tiefen Atemzug. Du öffnest deine Augen im Hier und Jetzt.

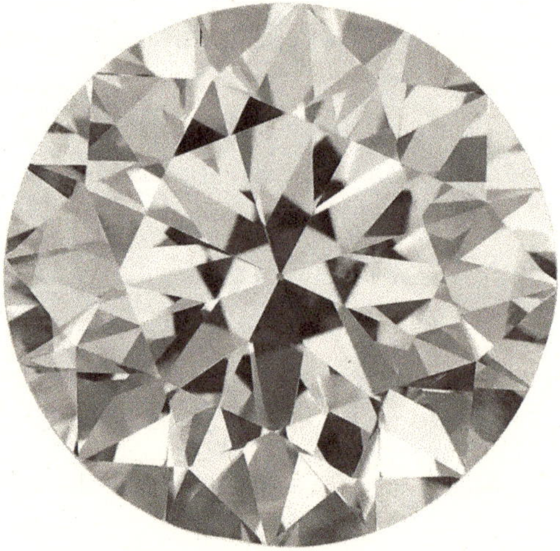

Meisterwerkzeuge

Ich präsentiere dir die Meisterwerkzeuge, damit du sie verkörperst. Während der Lektüre darfst du immer wieder einen tiefen Atemzug nehmen und diese Werkzeuge in deinen Körper und in dein ganzes Sein integrieren. Wenn du die Meisterwerkzeuge verkörperst, dann verändern sie deine Haltung zum Leben. Zunächst einmal nimmst du die Informationen über jedes einzelne Werkzeug in deinen Geist auf, bewegst sie in dir und dann sagst du Ja dazu, wenn du es wählst. Wenn du sie annimmst, verschmelzen sie regelrecht mit deinem Körper. Auf diese Weise sind sie dann eins mit dir geworden und du kannst sie auch nach außen präsentieren. Es mag sogar sein, dass das ein oder andere Werkzeug für dich noch fremd erscheint und es dir schwerfällt, es anzunehmen. Dann ist es auch gut so. Wenn die Zeit gekommen und der Boden bereitet ist, dann sagst du Ja dazu und nimmst es an.

1. Meisterwerkzeug Präsenz

Präsenz ist das erste Meisterwerkzeug. Es geht um die Präsenz deines inneren Diamanten. Es geht um die Präsenz des strahlenden Lichtwesens, das du wirklich bist. Es geht um die Präsenz deiner Vollkommenheit. Der Meister verkörpert sein ganzes Sein. Alles, was er ist, trägt er ins Jetzt.

Die Zeiten ändern sich, die Energie auf der Erde erhöht sich. Daher wird deine Präsenz im Laufe der Zeit immer lichtvoller erstrahlen. Du darfst also auch dem Entwicklungsprozess deiner Präsenz zustimmen. Der Körper nimmt so viel Licht auf, wie er tragen kann. Wenn der Körper mehr Licht aufnimmt, dann entlässt er immer wieder Schlacken und Seelenmüll. Beschränkende Glaubensmuster, innere Blockaden und überkommene Ängste lösen sich auf. Das Gefäß deines Körpers füllt sich mit Licht und Liebe, bis es ganz voll ist. Deine Aura, dein Energiefeld wird immer heller und klarer erstrahlen. Wenn du möchtest, kannst du dich selbst und deine Ausstrahlung von Zeit zu Zeit vor deinem inneren Auge erscheinen lassen und wirklich sehen, wer du bist und wie du auf der energetischen Ebene aussiehst. Du siehst dich dann so, wie wir, die Meister und Engel, dich sehen und wie du erstrahlst.

Es geht um deine Präsenz im Jetzt. Wenn du alles, was du bist, in diesen Moment des Jetzt hereinkommen lässt, dann bist du vollkommen und erleuchtet. Die Meisterschaft des Seins bedeutet, mit allem, was du bist, im Moment des Jetzt im physischen Körper präsent zu sein. Du überschreitest dabei sogar die Grenzen von Raum und Zeit. Deine Vergangenheit und deine Zukunft vereinigen sich im Moment des Jetzt. Wenn die Präsenz deiner lichtvollen Essenz expandiert, dann integrierst du automatisch Traumata und Ängste, Blockaden und verdrängte Gefühle aus deiner Vergangenheit. Während deinem Aufstiegsprozess fällt Licht in die dunklen Ecken deiner Seele, die du auch als das Unbewusste bezeichnest. Du darfst dem zustimmen, dass auf dem Weg in die vollkommene Präsenz deiner selbst die Schattenseiten deiner Persönlichkeit ausgeleuchtet werden. Nicht gelebte und verdrängte Gefühle flackern wieder auf. Das Drama des Lebens schlägt manchmal so hohe Wellen, dass es nicht wirklich gefühlt, durchgeatmet und verarbeitet werden kann. Dann bleiben unbewusste Erinnerungen und Gefühle in deinem Energiefeld hängen und verfestigen sich. Sie werden abgespalten und sitzen als energetische Knoten in der Seele und oft sogar in den Zellen und Organen deines Körpers.

Wenn du in der vollkommenen Präsenz lebst, dann gibt es keine überschatteten Zellen mehr in deinem Körper oder dunkle

Schwingungen in deinem Energiefeld. Alles Verdrängte ist aufgedeckt, ans Licht gebracht und aus den Zellen entlassen worden. Die im Jetzt nicht gelebten Gefühle könnten auch in Zukunft dein Energiefeld verdunkeln und den Fluss des Lichts in deinem Körper blockieren. Wenn du allerdings deine vollkommene Präsenz im Jetzt realisierst, dann fühlst du ganz automatisch alles, was dich bewegt und dein Herz berührt. Je intensiver du dir erlaubst, alles, was sich dir zeigt, im Jetzt intensiv zu fühlen, umso schneller kannst du es wieder loslassen.

Eigentlich ist es jedem Menschen möglich, in der vollkommenen Präsenz zu leben. Ängste, traumatische Erfahrungen und Verletzungen haben bei den meisten Menschen allerdings bewirkt, dass Seelenteile abgespalten wurden. Wenn die Seele oder ein Teil von ihr in eine andere Dimension geflüchtet ist, weil etwas Schreckliches im Leben passiert ist, dann wirkte das sogar heilsam. Echte Katastrophen hast du aller Wahrscheinlichkeit nach in diesem Leben noch gar nicht erlebt. Sie geschehen in anderen Teilen der Welt. Du hast noch nicht dein Haus verloren. Du hast noch nicht durch eine plötzliche Katastrophe nahestehende Menschen verloren. Wenn du schon etwas ganz Dramatisches in diesem Leben durchlitten hast, darfst du dir dafür die Ehre geben. Wenn du von extremen Katastrophen verschont geblieben bist, dann darfst du an dieser Stelle dafür noch einmal Danke sagen. Wenn etwas wirklich Schlimmes im Leben geschieht, dann spalten die Menschen einen Teil ihrer Seele ab. Dieser Teil der Seele möchte dann lieber gar nicht mehr zurückkommen, weil er Angst hat. Du kannst es dir so vorstellen, dass bei den meisten Menschen ein Teil der Seele sagt: »In diesen Körper gehe ich nicht mehr zurück, denn dort erwartet mich nur Schlimmes und Schreckliches und davor habe ich Angst.« Wenn du nun deine Seele und alle abgespaltenen Seelenaspekte in deinen Körper hereinlässt, dann bist du sehr mutig. Du bist so mutig, dass du es wagst, mit allem, was du bist, hier zu sein und ganz in der Gegenwart zu leben. Der Grund, warum Menschen aus der Gegenwart flüchten, ist, dass sie den Schmerz, die Trauer und die Angst nicht aushalten. Du aber bist bereit, alles im Jetzt an dich heranzulassen. Weil du deine Vergangenheit integriert hast, kannst du dich darauf einlassen.

Die emotionalen Dramen, die Menschen durchleben, bewegen sich in vorgegebenen Mustern. Wenn ein Kind zum Beispiel von seiner Mutter verlassen wurde, reagiert es sehr sensibel darauf, wenn jemand von seiner Seite weicht, aus welchen Gründen auch immer. Auch als Erwachsener ist dieser Mensch nicht locker, wenn er glaubt, verlassen zu werden. Selbst wenn es ihm nicht immer bewusst ist, fühlt er sich tief in seiner Seele schnell allein und ist unsicher, ob er ohne die Unterstützung anderer sein Leben bewältigen kann.

Wenn du den Mut dazu hast, darfst du an dieser Stelle mit einem tiefen Atemzug Ja dazu sagen, dass sich dir deine Gefühlsmuster offenbaren. Oft haben deine persönlichen Muster auch mit Familienthemen zu tun. Wenn viele Frauen deiner Familie in der Vergangenheit ihre Männer im Krieg verloren haben, allein leben und sich durchkämpfen mussten, hat das den Erfahrungshorizont deiner Familie geprägt. Diese Erfahrungen sitzen tief in den Zellen der Nachgeborenen, weil ihre Mütter, bei denen sie aufgewachsen sind, sich allein und hilflos gefühlt haben. Wenn die Männer, um ihre Familie zu ernähren, einer kargen Landschaft mühsam ihr tägliches Brot abringen mussten, gibt es einen Teil in der Seele der Nachgeborenen, der in diesem Muster gefangen ist und glaubt, dass es schwer und fast aussichtslos sei, überhaupt seinen Lebensunterhalt bestreiten zu können. Manche einschränkenden Verhaltensmuster, die deine Seele fesseln, hängen auch mit der jüngsten Geschichte Deutschlands zusammen. Viele Menschen in diesem Land leiden unter der Angst, dass sie dann, wenn sie irgendwie aus der Reihe tanzen, wenn sie als exotisch, fremd oder behindert angesehen werden, wenn sie offen ihre Meinung sagen und ihren inneren Impulsen folgen, ausgegrenzt oder sogar umgebracht werden. Viele glauben, sie müssten sich um jeden Preis anpassen, um als normal zu gelten und nicht aufzufallen. Andererseits sind manche Menschen in diesem Land von einer gewissen Überheblichkeit geprägt und fühlen sich allein aufgrund ihrer Abstammung als etwas Besonderes. Oder sie glauben, den anderen überlegen zu sein, weil sie die einzig richtige Religion anbeten oder Zugang zu höherem Wissen erlangt haben. In asiatischen Ländern fällt es den Menschen tatsächlich viel leichter, das große Ganze zu sehen und sich als Teil einer Gemeinschaft zu fühlen. So hat jede Kultur ihre Schattenseiten. Die Europäer verstehen es sehr gut, ihre Individualität zu leben, und vergessen manchmal, dass man letztendlich auch nur glücklich wird, wenn alle anderen um einen herum auch glücklich sind.

Du bist jetzt bereit, die richtigen Schritte zu tun, indem du bei dir selbst anfängst. Die Schwingung, die du in dir eröffnest, wird sich dann ausbreiten und die anderen Menschen anstecken. Wenn du dich entscheidest, mit deiner gesamten Seelenessenz vollkommen präsent zu sein, dann lösen sich die Knoten und Verstrickungen auf, die du zu Beginn deines Lebens aus gutem Grund geknüpft hast. Du löst die Verstrickungen mit deiner Familie auf, du löst die Anbindungen an deine Kultur und die zugehörigen spirituellen Familien auf. Du lässt alle scheinbar zwingenden und in Wirklichkeit doch selbst gesetzten Aufgaben los. Dein Loslösungsprozess mag tiefsitzende Ängste hervorbringen, denn du stehst dann in deiner vollkommenen Souveränität allein und auf dich selbst gestellt da. In diesem Moment darfst du auch mit einem tiefen Atemzug ein ganz archaisches Gefühlsmuster integrieren, das besagt, dass der Mensch allein nicht überleben kann, dass er die Gruppe oder den Stamm braucht, weil er sonst der Wildnis hilflos ausgesetzt ist. Du begibst dich in eine neue und einzigartige Souveränität. Der Meister ist allein, weil er sich aus den Verstrickungen und vorgegebenen Lebensmustern seiner Verwandten, seiner Freunde, seiner Kultur und seiner Umwelt ausgeklinkt hat.

Wenn du mit deiner ganzen Präsenz auf der Erde stehst und wenn der innere Engel vollkommen mit dem menschlichen Ich verbunden ist, dann lässt du das Spiel von Täter und Opfer hinter dir. Die Menschen haben sich in vielen, vielen Leben verabredet, hier auf der Erde Täter- und Opfer-Szenarien zu erschaffen und zu erfahren. Du hast dich in früheren Leben unbewusst, auf der Seelenebene aber in großer Klarheit, immer wieder auf die Seite des Täters gestellt. In anderen Leben hast du die Rolle des Opfers verkörpert. Auf diese Weise hast du in unterschiedlichen Szenarien die ganze Palette menschlicher Gefühle erfahren können.

In deinem Aufstiegsprozess hast du wahrscheinlich zunächst einmal gelernt, dich als Schöpfer deines Lebens zu verstehen. Viele Menschen, auch in Deutschland, fühlen sich als Opfer, obwohl sie das vor sich selbst kaum zugeben würden. Wenn du dich innerlich als Schöpfer deines Lebens verstehst, dann verlässt du die Opferrolle. Die meisten Menschen in Europa müssen nicht als Sklaven, Gefangene oder Verfolgte leben. Dennoch fühlen sie sich aus meiner Sicht sogar zu Recht als Opfer. Sie fühlen sich als Opfer von Sachzwängen oder als Opfer der Verhältnisse. Sie glauben, dass »die da oben« machen, was sie wollen, und sie selbst nichts zu sagen haben. Wenn du also den Schritt tust, dich als Schöpfer deines Lebens zu fühlen, dann lässt du die Opferrolle hinter dir und übernimmst Verantwortung für alles, was in deinem Leben geschieht. Auf dem Weg in die Meisterschaft musst du allerdings weiter gehen, als nur den Opferstatus zu verlassen. Du lässt das Energiespiel der Täter- und Opfer-Aspekte insgesamt hinter dir. Dann kannst du sogar deine Schöpferrolle verlassen und in die Meisterschaft eintreten. An dieser Stelle darfst du noch einmal eine tiefe Entscheidung treffen, die Täter- und Opfer-Aspekte wirklich loszulassen und damit eine neue Ebene der Neutralität zu erreichen. An der Schwelle zur Meisterschaft musst du dich in die Neutralität begeben und dich ganz bewusst jenseits von Opfer und Täter platzieren. Der Sog der Täter- und Opfer-Spiele ist sehr stark und es lohnt sich immer wieder, wenn du dich in schwierigen Situationen mit dem Leitsatz »Ich bin weder Täter noch Opfer« stärkst.

Ich möchte dir an einigen Beispielen noch einmal zeigen, wie stark der Sog der Täter- und Opfer-Spiele auf der Ebene der Familienthemen und der Genetik wirkt. Eine Frau leidet zum Beispiel darunter, dass sie nie einen wirklich verlässlichen Mann findet. Du kannst es dir so vorstellen, dass sie sich wie in einem energetischen Strudel befindet, der durch die Schicksale der Frauen in ihrer Familie erzeugt wird, die sich aufgrund der Zeitläufte immer allein durchschlagen mussten. In einer anderen Familie dagegen herrscht ein starker Sog, Krebs zu bekommen. Krebs bedeutet, immer gegen sich selbst zu kämpfen und sich letztendlich selbst zu zerstören. Es gibt in dieser Familie auf der mentalen Ebene einen Sog, sich selbst in Frage zu stellen und alles anzuzweifeln, was man tut. Der Mangel an Vertrauen in sich selbst ist oft mit einer genetischen Disposition zu einer Krebserkrankung verbunden. In einer weiteren Familie gibt es einen unwiderstehlichen Sog, sich auf Kosten von anderen zu bereichern. Oder die Mitglieder einer Familie neigen dazu, aus der Realität auszusteigen und in eine Welt des Wahns, der Sucht oder einfach der Verleugnung der realen Gegebenheiten zu fliehen. Wenn du deine Augen dafür öffnest, kannst du erkennen, dass jede Familie bestimmte Lebensthemen anzieht. Auch in der deutschen Kultur werden bestimmte Themen aus der Vergangenheit immer wieder neu inszeniert. Es gibt eine Tendenz, dass Einzelne sich über die Masse erheben, dass einzelne mit Demagogie die Masse beherrschen. In der Bevölkerung herrscht demgegenüber ein Sog, zum Stimmvieh zu werden, einem Verführer hinterher zu laufen und den eigenen Willen und die eigene Macht abzugeben.

Wenn du dich entscheidest, aus den Täter- und Opfer-Spielen auszusteigen und dich wirklich herauszuhalten, dann lebst du in der Präsenz des Jetzt. In der Präsenz des Jetzt zählt nur das, was dein Herz bewegt und was deine Seele dir eingibt. Die Erleuchtung des Jetzt sagt dir, was du im Moment tun sollst. In der Klarheit der Präsenz im Jetzt tust du es dann einfach, ohne darüber nachzudenken und ohne es in Frage zu stellen. Deine Präsenz im Jetzt ist außerdem auf Win-win-Situationen und gute Lösungen für alle Beteiligten gerichtet. Wenn du mit der Präsenz deiner ganzen Seele ins Jetzt eintrittst, dann bist du neutral. Du erfährst dann, dass dich der Sog der Täter- oder Opfer-Spiele nicht mehr tangiert.

Du kannst dann allerdings, wenn du bewusst lebst, die Macht des Sogs noch spüren. Manchmal passiert es zum Beispiel, dass sich ein Mensch vor deinen Augen zum Opfer macht, und dann entsteht für dich ein starker Sog, den dazu gehörigen Täteraspekt zu verkörpern. Vielleicht steigst du schlicht dadurch in die Täterrolle ein, dass du mit ihm streitest und ihm sagst: »Du bist doch gar nicht Opfer. Du kannst alles ändern.« Dann streitet er mit dir, anstatt auf den wirklichen Täter zu schauen, der ihn unglücklich und hoffnungslos gemacht hat. Andererseits verspürst du immer wieder, wenn ein Mensch dir gegenüber einen Täteraspekt lebt, indem er dich bedroht und vielleicht sogar echte Gewalt aussendet, einen starken Sog, in die Opferrolle zu gehen. Du darfst dich darauf besinnen, dass du auch gewaltlosen Widerstand leisten kannst. Du musst nicht mit ihm kämpfen, um dann vielleicht zu unterliegen und besiegt zu werden. Du kannst mit gewaltlosem Widerstand durchkommen, indem du diese Haltung spontan wählst. Dann wird deine Seele dir die entsprechenden Handlungen eingeben. Wenn jemand einen starken Täteraspekt präsentiert, ist es immer das Beste, wegzugehen und einfach den Raum oder sein Energiefeld zu verlassen. Es hilft dir auch, dir in bedrohlichen Situationen vorzustellen, dass du in deiner eigenen Dimension lebst. Der Leitsatz des Meisters »Ich lebe in meiner Dimension« stärkt dich dann. Du ziehst dich in die Dimension deiner Präsenz zurück, in der du keine Täter- und Opfer-Aspekte mehr duldest. Manchmal kannst du dir regelrecht vorstellen, dass du aus deiner Dimension die Menschen herausschmeißt, die sich zum Täter und dich zum Opfer machen möchten oder umgekehrt. Auch die Menschen, die sich selbst zum Opfer machen und sich bei dir mit Energie auftanken möchten, weil sie sie woanders nicht mehr bekommen, forderst du auf, deine Dimension zu verlassen. Wenn du wirklich in deiner Dimension jenseits der Täter- und Opfer-Aspekte lebst und Neutralität verkörperst, dann verändert sich die Welt um dich herum.

Wenn du in deinem Leben immer Opfer warst und dich nie stark genug gefühlt hast, dein Leben zu meistern, dann kannst du jetzt autonome und souveräne Schritte tun. Wenn du in deinem Leben bisher immer nur andere benutzt hast, um dich energetisch zu nähren und aufzutanken, dann hast du vielleicht plötzlich ein Einsehen, veränderst dein Leben, suchst dir einen anderen Job, der weniger auf Ausbeutung basiert, suchst dir eigene Quellen der Kraft und der Freude und lässt davon ab, die anderen Menschen auszunutzen.

Die Präsenz im Jetzt ist das erste Meisterwerkzeug. Vergiss nicht, dass es einen großen Mut erfordert, im Jetzt immer präsent zu sein, egal was passiert. Der Mut besteht darin zu fühlen, was zu fühlen ist. Wenn du wirklich im Jetzt präsent bist, dann fühlst du das Leid der Menschen, selbst wenn du es nur auf deinem Bildschirm siehst. Du fühlst es einen Moment und dann lässt du es gehen. Je intensiver du bereit bist, wirklich zu fühlen, was sich dir im Leben präsentiert, umso besser kannst du dich durch die Energien bewegen, ohne deine Präsenz zu verlieren oder zu fliehen.

Die Flucht aus der Präsenz ist die Störung der Präsenz. Die Flucht aus der Präsenz unterbricht den Kontakt mit deiner Seele, mit dir selbst, mit allem, was du bist. Wenn du aus der Präsenz fliehst, dann tust du es oft mit Suchtmitteln oder, indem du dich in Traumwelten verabschiedest. Du erkennst es daran, dass du gar nicht mehr mitbekommst, was die Menschen in deinem Umfeld sagen oder tun. Du darfst dich selbst beobachten, wie oft du es noch wählst, aus der Realität zu verschwinden und deine Präsenz im Jetzt zu verlassen. Wenn du die Flucht aus der Realität aufgibst, dann brauchst du Mut, alles, was im Jetzt erscheint, wirklich zu fühlen, sei es Angst, Schuld, Trauer, Wut oder Ekel. Menschen neigen dazu, vor allem die negativen Gefühle zu vermeiden. Um aufkommende negative Gefühle nicht zu spüren, schickst du einen Teil deiner Seele weg. Du darfst noch einmal zustimmen, durch deine konstante Präsenz im Jetzt wirklich alles wahrzunehmen, was existiert. Dann wird sich deine Welt verändern. Die Dimension, in der du lebst, wird zu einem Teil deiner Selbst werden. Solange du in deiner Dimension noch Angst, Wut, Schmerz oder Trauer fühlst, sind sie auch noch ein Teil von dir.

Im aktuellen Moment der Präsenz fließen verschiedene Zeitebenen zusammen. Zum Beispiel kann das verletzte Innere Kind erscheinen und übertriebene Ängste und Ohnmachtsgefühle erleben, die im Moment des Jetzt gar nicht angemessen sind. Wenn diese alten Gefühle auftauchen, darfst du ihnen den Segen geben. Damit werden sie automatisch entlassen.

Es wird in deinem Leben immer wieder Ereignisse geben, die dich traurig machen und die dich enttäuschen. Manchmal tun dir andere Menschen sogar ganz bewusst weh. Oft verletzen sich die Menschen allerdings unbewusst, indem der eine etwas erwartet, was der andere nicht erfüllt. Du darfst immer mehr lernen, Ja dazu zu sagen, dass die Welt nicht immer deinen Willen sofort erfüllt. Du darfst Ja dazu sagen, dass manches nicht so gelingt, wie du es dir vorstellst. Wenn du dich noch einmal ganz bewusst auf deine Herzenswünsche besonnen und fixierte Vorstellungen losgelassen hast, darfst du abwarten und die Geschenke empfangen, die das Leben dir präsentiert. Wenn etwas nicht so läuft, wie du es haben möchtest, dann hilfst du dir selbst dabei, die Situation zu verändern, indem du in deiner vollkommenen Präsenz im Jetzt wirklich fühlst, was zu fühlen ist. Dabei brauchst du auch gar nicht über deine Gefühle nachzudenken. Du weißt, was Gefühle sind. Du wirst aktuelle Gefühle in der nächsten Zeit sogar noch intensiver erfahren, je mehr du Ja sagst zu deiner Präsenz im Jetzt. Du weißt, was eine ausgewachsene Wut ist. Du weißt, was eine echte Trauer ist. Spontane Trauer kann durch eine scheinbar banale Erfahrung ausgelöst werden, wenn du zum Beispiel einem verlorenen Paar Schuhe nachtrauerst. Du weißt, was Ekel ist, wenn du durch eine verschmutzte Straße gehst. Du weißt, was Angst ist, wenn du keine Lösung siehst und nicht weißt, wie dein Leben weitergehen soll. Du weißt, was Angst ist, wenn eine Rechnung kommt, die du in diesem Moment noch nicht bezahlen kannst. Je mehr du die Angst zulässt und sich in deinem Energiefeld ausbreiten lässt, umso schneller wird sich das Problem lösen. Wenn du Angst hast und dennoch präsent bleibst, dann verändert sich deine Welt. Präsent zu bleiben wird dir erleichtert, indem du bewusst atmest. Wenn etwas Schlimmes passiert, nimmst du einen tiefen Atemzug und sagst zu dir selbst: »Ich bin präsent im Jetzt, egal was passiert.«

Du kannst viele Menschen um dich herum beobachten, die angesichts der Energien, die jetzt auf die Erde einfließen, aus ihrer Realität und aus ihrer Gegenwart sogar noch mehr heraustreten, als sie bisher anwesend gewesen sind. Sie verlassen aus lauter Angst vor den chaotischen und wechselnden Energien dieser Zeit den Körper. Der Körper wird zwangsläufig krank, wenn die Seele nicht präsent ist. Wenn der Energiekörper so weit nach oben abgedriftet ist, dass er über dem Kopf des Menschen schwebt, dann wird man verrückt. Nicht einmal der Kopf ist dann noch mit der eigenen Energie umhüllt und der Mensch rastet aus.

Um präsent zu sein, brauchst du Erdung und du erdest dich durch Freude. Wie du deine Seele nähren und erfreuen kannst, darf in dieser Zeit deine ganze Aufmerksamkeit in Anspruch nehmen. Dabei darfst du alle Eingebungen des Massenbewusstseins loslassen, was scheinbar zum glücklichen Leben gehört. Du darfst einfach alles annehmen, was ganz spontan in deinem Bewusstsein erscheint und was zu deinem ganz persönlichen Glück beitragen kann.

Die Präsenz im Jetzt ist das erste Meisterwerkzeug. Es mag sein, dass du während der Lektüre gespürt hast, wie deine ureigene Seelenessenz hereingekommen ist und sich mit dir verbunden hat. Es kann gut sein, dass du dich jetzt viel präsenter fühlst, als du es zu Beginn dieses Kapitel warst. Wenn du jetzt aufstehst und durch deine Wohnung gehst, dann kannst du sogar deine eigenen Gefühle spüren, die dort hängen geblieben sind, weil du sie verleugnet hast. Du darfst diese Empfindungen mit einem tiefen Atemzug begrüßen.

Ich danke dir, dass du den Weg der Präsenz mitgegangen bist und dass du deine Seele, deine Vollkommenheit und alles, was du bist, in deinen physischen Körper hereingelassen und angenommen hast. Du bist die Meisterin, die über die Erde wandelt. Du bist der Meister, der über die Erde wandelt. Die Welt begrüßt dich in deiner ganzen Präsenz, in der Präsenz deiner Vollkommenheit.

Der Meister fragt nicht nach der Zukunft. Er weiß, dass auch in der Zukunft alles vollkommen sein wird. Viele Menschen fokussieren viel zu sehr auf die Planung der Zukunft. Ich bitte dich, mit deinem ganzen Sein in die Gegenwart zu gehen und deine Umgebung mit allen Sinnen wahrzunehmen.

Übung *Präsenz im Raum*

Du kannst dich in deiner Präsenz üben, indem du ganz bewusst durch deine Räume gehst und deine Liebesbeziehung zu den Gegenständen in deinen Räumen intensivierst. Du betrachtest deine Gegenstände wie Liebschaften. Wie zu alten Liebhabern sagst du ganz bewusst zu einigen Gegenständen: »Du kannst gehen, ich verabschiede dich hiermit.« Du transportierst sie damit ganz bewusst aus deinem Energiefeld heraus. Es kann sein, dass dieser Gegenstand dann tatsächlich am nächsten Tag verschwunden ist. Genauso kannst du innerlich sagen: »Hier fehlt etwas.« Dann begrüßt du den fehlenden Gegenstand in deinem Leben und holst ihn zunächst energetisch zu dir herein, so dass er irgendwann auch physisch erscheinen kann. Stelle dir deine Räume als die Bühne deines Lebens vor. Dann siehst du eine Ecke in deinem Raum, in der unbedingt ein bestimmtes Möbelstück stehen müsste. Wenn du es wirklich vermisst, kannst du es in diesen Raum transportieren, wie auch immer es den Weg zu dir findet. Auf einmal wird es da sein. Du kannst also ganz bewusst durch deine Räume gehen und schauen, wie es dort aussehen sollte, damit alles vollkommen ist. Schaue deine Räume mit der Erwartung der Vollkommenheit an. Dann verschwinden manche Sachen und andere fügen sich ganz wie von selbst in das Bild hinein. Anschließend zelebrierst du dann deine Dankbarkeit.

Genauso kannst du natürlich mit Beziehungen zu Menschen vorgehen. Du kannst dich zum Beispiel ganz bewusst abends an den Tisch setzen, an dem du isst, und deinen Fokus auf den leeren Stuhl richten, auf dem dein neuer Partner sitzen könnte. Auf diese Weise verbindest du deine Sehnsüchte mit dem alltäglichen Leben und mit der Realität der Gegenwart. Du erlaubst dir, deine Sehnsüchte intensiver zu fühlen, was dazu beiträgt, deine Realität optimal zu gestalten. Dann siehst du jeden Tag mit vollem Bewusstsein und in großer Trauer den leeren Stuhl an deinem Tisch und es kann sogar sein, dass du an einem Abend spürst, wie dir der Appetit vergeht, wenn dort niemand sitzt. Mit deinem tiefen Gefühl erzeugst du die für Synchronizitäten notwendige Energie, die den ersehnten Menschen zu dir bringen kann. Glaube mir, es warten schon einige darauf, den Platz an deinem Tisch einzunehmen.

Wenn du schwarz-weiß denkst, dann verstehst du Präsenz im Jetzt als Gegenmodell zur Vernetzung. Vernetzung basiert auf erweitertem Bewusstsein. Dein erweitertes Bewusstsein kann zum Beispiel plötzlich die Gedanken deines Nachbarn hören. Du hörst sie, wenn es dir dient und für alle Beteiligten Sinn macht. Wahrscheinlich hörst du die Gedanken deines Nachbarn, weil du ihm helfen kannst. In der Schwingung der Meisterschaft bist du auf der Welt, um die Welt zu retten und den Menschen zu helfen. Dazu darfst du Ja sagen. So ist es. Warum solltest du sonst hier sein? Vernetzung und Präsenz schließen sich nicht aus. Deine Präsenz dehnt sich immer weiter aus. Du solltest allerdings auch lernen, dass es die Tage des Meisters gibt, an denen nicht viel zu passieren scheint, obwohl multidimensional ganz viel in die Wege geleitet wird. Diese Tage hat Jesus unter dem Olivenbaum verbracht. Du verbringst diese Tage vielleicht im Bett, auf dem Sofa, auf dem Balkon oder im Garten. An diesen Tagen bereitest du vor, was sich in den nächsten Tagen in deinem Leben ereignet.

2. *Meisterwerkzeug Mitgefühl*

Das nächste Meisterwerkzeug, das ich dir vorstelle, ist tatsächlich gleichzeitig ein Schöpferwerkzeug und ein Meisterwerkzeug. Viele

Menschen können es gebrauchen und du, lieber Meister, wirst es verkörpern. Das Meisterwerkzeug Mitgefühl ist zugleich ein Attribut der Essenz des Meisters. Das Mitgefühl des Meisters verbindet sich mit seiner Neutralität, seiner Erleuchtung und seiner Liebe zum Leben. Bei dir selbst kannst du beobachten, dass du dich zwar ausgeglichen und friedvoll fühlst und sogar immer öfter einfach nur mit Freude das Leben genießt, aber dennoch intensiv an den Dramen, an der Verzweiflung und an den Umbrüchen im Leben der anderen Menschen Anteil nimmst. Der Meister bleibt präsent, obwohl die Menschen im Leid leben. Er geht nicht in Resonanz mit dem Leid, denn er hat dasselbe Leid, dieselbe Trauer, Verzweiflung, Depression oder Wut in sich geklärt. Er verbindet sich nicht mit dem traurigen Seelenaspekt, zum Beispiel dem Inneren Kind, wenn er einen traurigen Menschen sieht, denn er hat diesen Seelenaspekt integriert. Der Funke springt nicht mehr über. Innerlich sagt der Meister: »Ja, es gehört zum Leben, dass man etwas verliert und darum trauert.«

Es mag sogar angemessen sein, dass der Meister innerlich das Gefühl der Trauer verstärkt, obwohl sie nicht zu ihm, sondern einem anderen Menschen gehört. Der Meister stellt sich ganz dem Leid der Welt, läuft nicht davon, sondern bleibt dennoch präsent. Die Lebenskunst des Meisters besteht darin, dass er ganz präsent bleibt, obwohl jemand krank ist, obwohl jemand dem Tode geweiht ist, obwohl jemand ausgestoßen ist, obwohl jemand durchdreht. Außerdem geht er nicht in eine Resonanz, die ihn dann selbst überwältigen würde, so dass er anschließend noch lauter weinen würde als der kranke Mensch in seiner Nähe.

Der Meister sieht das Schicksal der Menschen im göttlichen Licht, so dass er in einer neutralen Schwingung verbleiben kann. Er sieht, wie die Menschen in vollkommener Liebe und Einheit mit ihrer Familie, ihrer Kultur oder auch mit ihrer Seele bestimmte Themen ausleben. Er sieht das individuelle Karma jedes Menschen und er lässt es geschehen, denn er weiß, dass die Schritte eines jedes Menschen angemessen sind, um sein Schicksal zu vollenden. Der Meister reagiert in vollkommener Neutralität auf das Geschehen, was bedeutet, dass er ohne Bewertungen und ohne Resonanz bleibt.

Mitgefühl heilt. Es existiert im menschlichen Leben nichts Vergleichbares, was die Seele wirklich stärkt und ihr die Kraft zur Selbstheilung überträgt, außer dem reinen, neutralen, liebevollen Mitgefühl. Der Meister hält den Raum für die Transformationsprozesse der Menschen. Die Aufgestiegenen Meister der Vergangenheit sind nach ihrem Aufstieg, nach ihrer Erleuchtung, nach ihrer persönlichen Bewusstwerdung eine Zeitlang auf der Erde geblieben und haben den Menschen, die ihnen begegnet sind, einen Raum der Heilung eröffnet und präsentiert. Reines Mitgefühl verbindet sich mit dem Vertrauen zu dem leidenden Menschen, dass er und seine Seele den Weg aus dem Labyrinth des Leids und der Angst herausfinden werden. Der Meister vertraut, dass jeder Mensch seine Verstrickungen loslassen und selbst den Weg aus seinem ureigenen Schneckenhaus heraus ins Licht finden kann. Vertrauen bringt der Meister jedem entgegen, der scheinbar in einer ausweglosen Situation steckt. Vertrauen bringt der Meister Kindern und Jugendlichen entgegen, die ihren Lebensweg suchen. Vertrauen bringt der Meister alten Menschen entgegen, die gerade die Erde verlassen möchten und am Ende ihres Lebens unermesslich viel Ballast loslassen. Es ist übrigens überwältigend, was gerade alte Menschen in Europa in dieser Zeit integrieren und auflösen. Dafür darfst du ihnen Achtung und Respekt erweisen.

Im neutralen und ausbalancierten Mitgefühl verneigst du dich in Respekt und mit Liebe vor der Größe der Seele, die sich ihr Schicksal erwählt hat und es nun schafft, damit fertig zu werden, oder manchmal auch am Schicksal scheitert und dennoch weiterkämpft. Du wirst einen tiefen Respekt und eine hohe Achtung vor jeder Seele entwickeln, die einfach auf der Erde bleibt, obwohl sich in ihrem Leben während der Zeitenwende der Gegenwart schwierige Umwälzungen vollziehen.

Manchmal schüttelt der Meister auch innerlich den Kopf und fragt sich, warum jemand immer noch in den alten Mustern verharrt. Doch dann zollt er dem leidenden Menschen einfach Achtung und Respekt, dass er ohne das erweiterte Bewusstsein und ohne den inneren Frieden weiterlebt, den der Meister immer wieder in kurzer Zeit in sich eröffnen kann.

Mitgefühl kommt vom Herzen. Eure Wissenschaftler lernen gerade, dass dieselbe Art von Zellen, die es im Gehirn gibt, auch im Bauch und im Herzen vorkommt. Du hast sozusagen ein Gehirn, also Bewusstsein, auch in deinem Bauch und in deinem Herzen. Du kannst dir vorstellen, dass du, wenn du echtes Mitgefühl verkörperst, wirklich mit dem Herzen denkst. Über dein Herz verbindest du dich mit dem anderen Menschen und dann denkst du auch alles Tröstliche, was der leidende Mensch selbst denken könnte. Du wirst es dann auch aussprechen, wenn es angebracht ist. Oder du wirst einfach schweigen, seinen Gedanken lauschen und sie innerlich bekräftigen.

Um das Meisterwerkzeug des Mitgefühls wirklich anzunehmen, hilft es dir, wenn du immer wieder innerlich sagst: »Ich gehe in mein Herz und eröffne mir das Meisterwerkzeug des Mitgefühls.« Manchen Menschen fällt es scheinbar schwerer, sich in reines Mitgefühl hereinfallen zu lassen. Der einzige Weg ist dann, es immer wieder zu versuchen. Wenn du es immer wieder versuchst, wirst du es eines Tages verkörpern, so dass du es ganz selbstverständlich fühlst und erfährst.

Wenn du dein Herz erweiterst und dir engelgleiches Mitgefühl für andere Menschen eröffnest, dann stellt sich auch ein tiefes Mitgefühl mit der Erde, mit den Pflanzen, mit den Tieren, mit allen Lebewesen ein. Du schwingst dann im Puls der Erde. Automatisch strebst du dann danach, im Einklang mit der Erde zu leben, weil du fühlst, was die Erde und die Natur brauchen. Der Meister kehrt zu einer ganz neuen Harmonie mit der Erde zurück, die den Menschen derzeit verloren gegangen ist. Der Meister kann nicht nur Respekt und Achtung gegenüber den Menschen entwickeln und expandieren lassen, sondern auch gegenüber den Pflanzen, den Tieren und der Erde selbst.

Der Meister verkörpert auch Mitgefühl und Respekt gegenüber den Elementen, so dass er im Einklang mit den Elementen leben kann. Selbst in der Gegenwart werden die Elemente von den Menschen oft noch als unbeherrschbare Energien erlebt. Stürme, Überschwemmungen, Brände und Erdbeben scheinen unkontrollierbar zu sein. Der Mensch scheint den Naturgewalten unterworfen zu sein. Es handelt sich um eine in jeder Zelle tief verankerte Menschheitserfahrung, dass der Mensch vor Naturkatastrophen kapitulieren muss. Du weißt aber auch, dass Jesus übers Wasser laufen und den Sturm stillstehen lassen konnte. Der Meister kann die Elemente wie alle anderen Energien beherrschen, wenn er es wählt. Er kann es, weil er die Elemente liebt. Wenn du ein tiefes Mitgefühl für die Erde entwickelst, kannst du sogar im Einklang mit den Elementen leben. Die Kraft der Natur und der Erde kannst du dir zu Eigen machen und dir dienen lassen. Ein tiefes Mitgefühl für die Erde zu entwickeln, dazu möchte ich dich anregen und auffordern. Du musst dein Herz immer wieder neu für die Erde öffnen.

Die Voraussetzungen und Gegebenheiten des Spiels der Erde, wie es die Menschen erschaffen haben, nenne ich gerne *définition mondiale*. Wenn du für die *définition mondiale* der alten Erde, also das alte Spiel der Erde noch einmal ein tiefes Mitgefühl entwickelst, dann kannst du in der gegenwärtigen Zeit des Wandels alles, was auf der Erde geschieht, auf eine neue Ebene bringen. Die Seelen der Menschen haben sich aus gutem Grund das alte Spiel der Erde erschaffen. Das Spiel der Erde hat der menschlichen Seele gedient, es hat sie erleuchtet, bereichert und erfüllt. Du, lieber Erdenengel, hast dir, indem du auf der Erde so viele unterschiedliche Erfahrungen am eigenen Leib erlebt und mit offenem Herzen gefühlt hast, eine tiefe Weisheit und strahlende Göttlichkeit erworben. Dafür darfst du dir selbst danken und dich ehren. Damit gibst du auch der Erde die Ehre als Spielplatz deiner Erfahrungen und deiner Bewusstseinserweiterung.

Mitgefühl ist der Schlüssel zur Verwandlung. Wenn du Mitgefühl für die Erde entwickelst, dann wirst du ganz automatisch bestimmte

Schritte tun, die der Erde und ihrer harmonischen Entwicklung nützen. Aus reiner Liebe zur Erde wirst du deine persönliche Meisterschaft entfalten und erstrahlen lassen.

Wenn du das Meisterwerkzeug des Mitgefühls wirklich in die Hand nimmst, dann steigert es auch das Mitgefühl für dich selbst und lässt es expandieren. Deine Selbstliebe wächst genauso wie dein Mitgefühl für die anderen Menschen, beides geht Hand in Hand. Du darfst dem zustimmen, die Selbstliebe expandieren zu lassen. Es führt dazu, dass bestimmte Situationen für dich so unerträglich werden, dass du sie verlassen musst. Du wirst alles aufgeben, was mit deiner Selbstliebe in Kollision gerät, wenn du in das Meisterbewusstsein eintrittst.

Die Aufgestiegenen Meister früherer Zeiten haben von Zeit zu Zeit den Ort gewechselt, einfach weil das Dasein an einem bestimmten Ort ihrer Selbstliebe widersprach. Dann sind sie aufgebrochen und haben neue Potenziale gesucht, ein gutes Leben zu führen. Wenn du in selbstschädigenden alten Mustern festgefahren bist, wird nun deine Selbstliebe aufwachen und du wirst aus allem aussteigen, was dir nicht mehr dient. Du kannst darauf vertrauen, dass, wenn du das Meisterwerkzeug des Mitgefühls in dein Bewusstsein aufnimmst, es verinnerlichst und verkörperst, die Selbstliebe expandiert. Es geschieht ganz automatisch. Du brauchst nicht einmal mehr daran zu denken, dass du dich selbst lieben und dir selbst Gutes tun solltest. Du kannst diese Gedanken einfach loslassen und es geschehen lassen. Dann darfst du dich selbst beobachten und registrieren, was du aus gutem Grund loslässt und aufgibst. Manches mag von außen betrachtet wie Versagen oder Verlust aussehen, aber in Wirklichkeit ist dein einziger Beweggrund die Selbstliebe. Du kannst sogar auf dein bisheriges Leben zurückblicken und erkennen, dass sich in der Vergangenheit manches in deinem Leben erübrigt hat und du es verloren hast, weil deine Selbstliebe expandiert ist.

In Zukunft werden die Menschen lernen, im ersten Moment der Begegnung einen Glücksfaktor bei ihrem Gegenüber zu messen. Der Glücksfaktor ergibt sich aus der Schwingung des Körpers. Er hat nichts mit Statussymbolen oder menschlichen Attributen zu tun, auf die ihr normalerweise reagiert, wenn ihr Menschen begegnet. Du wirst die Fähigkeit entwickeln und du kannst es auch jetzt schon wählen, einen Glücksfaktor für jeden Menschen, der dir begegnet, festzustellen. Die Menschen der Zukunft werden sehr stark auf die Schwingung des Glücks oder Unglücks bei ihrem Gegenüber reagieren. Sie werden ganz automatisch nach kreativen Lösungen suchen, um sich und andere auszubalancieren. So wird sich der Glücksfaktor der gesamten Menschheit auf einem bestimmten Niveau einpendeln. Ohne etwas von deinem Licht abzugeben, kannst du erfahren, dass sich der Glücksfaktor der Menschen in deinem Umfeld anhebt. Du wirst merken, dass das ganz automatisch passiert und dass du es messen kannst.

Übung *Der Glücksfaktor*

Du kannst für dich ein Symbol für das Maß des Glücksfaktors entwickeln. Du kannst dir eine Form vorstellen, die mehr oder weniger gefüllt ist, zum Beispiel eine Blume, die mehr oder weniger vollkommen strahlt. Du kannst auch eine Skala mit Zahlen sehen, zum Beispiel eine Skala von eins bis zehn. Oder du liest den Glücksfaktor von einer Art Thermometer ab. Du darfst dir an dieser Stelle dein eigenes perfektes Symbol erschaffen, um das Maß des Glücksfaktors darzustellen. Wenn du anderen Menschen begegnest, kannst du dann dein Symbol vor deinem inneren Auge aufrufen und den Glücksfaktor ablesen. Natürlich kannst du auch deinen eigenen Glücksfaktor messen.

Die Menschen werden sich in der Zukunft in einer Schwingung begegnen, in der sie ganz automatisch den Glückfaktor gegenseitig ausbalancieren werden. Voraussetzung dafür ist, den Zustand des anderen auf eine erweiterte Weise zu erfassen. Wenn du das Unglück der Menschen auf einer höheren Ebene wahrnimmst, dann kannst du oft einfach ein tiefes Mitgefühl erfahren. Mitgefühl in vollkommener Neutralität, ohne dass man darin versinkt, gehört zur Essenz des Meisters. Neutrales Mitgefühl wird sich unter den Menschen ausbreiten, es heilt und erhöht den Glücksfaktor aller Beteiligten. Neutrales Mitgefühl steht dem himmlischen Korrespondenten auf der Erde gut an.

Mitgefühl beinhaltet das Mitgefühl für dich und andere und für die Erde.

Nun habe ich dich in eine echte Präsenz des expandierten Mitgefühls geführt. Sie wird dazu beigetragen, dass du dir auch die anderen Meisterwerkzeuge in Leichtigkeit und großer Selbstverständlichkeit eröffnen kannst. Den Raum des expandierten Mitgefühls haben wir jetzt erschaffen und du kannst ihn jederzeit betreten, denn darin bist du zuhause.

3. Meisterwerkzeug Heilung

Viele Aufgestiegene Meister sind freiwillig noch einmal auf die Erde gekommen und manchmal wurden sie sogar hereingebeten, um in bestimmten Regionen der Erde zu leben. Warum? Es ging um Heilung. Heilung ist hier sehr umfassend, nicht nur als körperliche Heilung gemeint. Es ging darum, die Energie in einer Gegend, wo der Meister weilte, zu erhöhen.

Du darfst das Meisterattribut der Heilung einatmen und in diesem Moment bewusst verkörpern. Wenn du es in Demut einatmest, kannst du es mit Hingabe verkörpern. Es geht um Heilung jenseits des alten Spiels der Erde, jenseits der derzeitigen *définition mondiale.* Heilung bedeutet, dass die Seele auf einer neuen Ebene des Bewusstseins eine neue Ebene des menschlichen Lebens eröffnet. Das passiert immer dann, wenn ein Körpersymptom wirklich losgelassen und in gewisser Weise integriert wird. Dann wird auch eine neue Ebene des Bewusstseins erreicht. Mit dem neuen Bewusstsein werden neue Entscheidungen getroffen, die das Leben verändern. Du darfst dich in Demut und mit Hingabe mit dem

Meisterwerkzeug Heilung verbinden. Der Meister initiiert überall, wo er hinkommt, allein durch seine Präsenz Heilung durch Bewusstseinsveränderungen, die neue Lebensformen hervorbringen. Der Meister ist ein Kanal für Heilung, ohne dass er sich deshalb Heiler nennen muss. Echte Kunst hat immer auch eine heilende Wirkung und in gewisser Weise ist der Künstler ein Aspekt des Heilers. In der nächsten Zeit solltest du die Wirkung deiner Präsenz bewusst beobachten.

Der Meister heilt deshalb, weil er Täter- und Opfer-Aspekte in sich geklärt hat. Er hat manchem inneren Monster ins Auge gesehen. Er hat den Schatten umarmt und begrüßt und so hat er seinen Persönlichen Meister gestärkt. Auf welche Weise du als Meister Heilung kanalisierst, gestaltet sich dabei ganz individuell. Meister können bewirken, dass die Menschen ehrlicher mit sich selbst umgehen und authentischer leben können. Meister können bewirken, dass die Menschen sich selbst mehr lieben können und dadurch auch in ihrer Liebesfähigkeit gegenüber anderen gestärkt werden. Meister können in besonderer Weise Respekt und Liebe zur Erde bei ihren Mitmenschen entfachen. Meister können einfach durch ihre Präsenz inneren Frieden und Gelassenheit um sich herum verbreiten. Meister können in besonderer Weise Lebensfreude generieren. Die Menschen stellen dann fest, dass sie sich aus unerklärlichen Gründen plötzlich wieder einen Nachmittag lang des Lebens gefreut haben. Auf ganz unterschiedliche Weise werden heilsame Entwicklungen bei den Menschen initiiert. Der Meister kanalisiert Heilung, und zwar Geistheilung oder göttliche Heilung, ohne dass er sich einer bestimmten Heilmethode bedienen muss.

Die Heilung beschränkt sich dann nicht nur auf den einzelnen Menschen. Du kannst jetzt einmal vor deinem inneren Auge erscheinen lassen und dir bewusst machen, welche Art der Heilung die Welt gerade braucht. Ich teile dir mit, was ich wahrnehme. Aber du kannst sicher noch einige Aspekte ergänzen. Es geht darum, die Angst zu vermindern. Es geht darum, die Potenziale der Neuen Zeit wirklich ohne Angst zu begrüßen. Es geht darum, dass sich lange genährte Seelenaspekte von Täter und Opfer auflösen können. Wenn das alte Leben untergeht, kann das Neue mit offenen Armen begrüßt werden. Es geht darum, zu einer neuen Lebensform auf der Erde Ja zu sagen. Daher muss man in gewisser Weise auch zu der Unsicherheit Ja sagen, die gerade dadurch um sich greift, dass sich alles rapide verändert. Es geht darum, zu einem kreativem Chaos Ja zu sagen und auf der Welle der Neuen Zeit mit Vertrauen und Gelassenheit zu navigieren, ohne dass ein Kompass den Weg anzeigt oder dass die Richtung vorgegeben ist. Es geht für die gesamte Menschheit und auch für dich darum, sich selbst zu vertrauen.

Wenn du das Meisterattribut der Heilung annimmst, kannst du dich selbst vollkommen heilen. Du darfst dem noch einmal mit einem tiefen Atemzug zustimmen. Du nutzt für die Selbstheilung am besten die Nacht und die Macht des Traums. Die Dunkelheit klärt und du kannst einfach über Nacht etwas bereinigen und loslassen. Am nächsten Tag mag das Licht der Wahrheit auf das, was du losgelassen hast, fallen, so dass du es sehen und in dein Bewusstsein nehmen kannst. Manchmal verschwinden deine Schmerzen, Ängste, Blockaden, Zweifel oder Depressionen einfach über Nacht.

Als Aufgestiegener Meister kannst du dich anderen Menschen ganz bewusst als Kanal der Heilung zur Verfügung stellen. Du kannst es tun, ohne überhaupt darüber zu sprechen. Die Menschen der Neuen Zeit können sich in Leichtigkeit gegenseitig Kraft und Heilung zur Verfügung stellen, ohne dass sie dabei Energie verlieren müssen. Wenn du mit anderen in Berührung kommst, die deine Heilenergie annehmen möchten, kann sich die Energie, die du kanalisierst, potenzieren. Geben und Nehmen vollziehen sich, ohne dass dabei etwas verloren geht. Liebe ist wirklich etwas, das wächst, wenn man es verschenkt. Du leitest die Energie der allumfassenden Liebe durch dich hindurch, die sich dann gerade dadurch für dich verstärkt. Wenn du zustimmst, als Aufgestiegener Meister eine Weile auf der Erde zu verweilen, dann tust du dir selbst damit einen Dienst, aber vor allem bringst du Heilung in die Welt.

4. Meisterwerkzeug Wunder

Ich möchte dich daran erinnern, dass alles Energie ist. Alles, was dich umgibt, ist Energie. Du selbst bist reine Energie und Energie kann sich in jeder Sekunde des Lebens verwandeln. Wenn du in eine neue Dimension des Seins eintrittst und in dir die goldene Schwingung eröffnest, dann kannst du dennoch die Dramen und Schmerzen der Welt umso klarer wahrnehmen. Es empfiehlt sich nicht, davor die Augen zu verschließen, denn damit erzeugst du eher noch mehr Drama. Das hat damit zu tun, dass du selbst sehr viel Energie aufbringen musst, um auszugrenzen, was dich berührt, was dich traurig oder sogar wütend macht. Wenn du deine Gefühle unterdrückst, brauchst du dafür viel Kraft, die dir dann für andere Aktivitäten fehlt. Du darfst dich von der Welt berühren lassen, wie es sich für einen Meister des Seins gehört. Du darfst dann allerdings auch zulassen und bezeugen, wie sich alles in der Minute, in der es mit deiner Aufmerksamkeit in Berührung kommt, verwandeln kann. Das Schöpferwerkzeug der Verwandlung kann der Meister auf eine allumfassende Weise verkörpern. Indem du an einen Ort, in ein Haus, in eine Gruppe gehst, verwandelt sich dort die Welt. Du darfst die Verwandlung beobachten und dir dann ruhig selbst dafür die Ehre geben. Meistens ist nur deine Aufmerksamkeit gefragt. Es reicht schon, dass du Ereignisse einfach zur Kenntnis nimmst, um Verwandlung in Gang zu setzen. Dass du deine eigenen Gefühle mit offenem Herzen annimmst, bewirkt Veränderungen.

Ewige Verwandlung ist ein Prinzip der göttlichen Intelligenz, die auf der Erde waltet. Du weißt, dass die göttliche Intelligenz auch die Kraft der Verwandlung hervorbringt, die du als Meister verkörperst. Der Tod ist die größte Verwandlung, die die Menschen erfahren können. Auch in deinem Leben wird manches einfach sterben. Verwandlung ist das größte Geschenk, das das Leben zu bieten hat, inklusive dem größten Verwandler, dem Tod. Du kannst innerlich »Stopp!« sagen und kannst beenden, was dir nicht mehr dient. Vor der Verwandlung haben die Menschen am meisten

Angst, weil sie vor dem Tod Angst haben. Du darfst die Weisheit des Meisters zulassen, der nicht verborgen bleibt, dass Verwandlung das größte Geschenk des Lebens ist.

Manchmal muss sich leider auch der Meister entschuldigen und sich selbst vergeben, weil er Fehler und Umwege produziert hat. Dann darfst du erfahren, wie schnell du deine Fehler ausbügeln und auf einer neuen Ebene des Bewusstseins landen kannst. Gerade im Vertrauen auf ewige Verwandlung gelingt es dem Meister, alles als Geschenk des Lebens anzusehen, sogar den Tod, sogar den Tod von geliebten Menschen. Wenn du darin Meister bist, jede Verwandlung als Geschenk anzunehmen, dann darfst du dich im Besonderen dafür ehren. Du bringst damit die Schwingung der Meisterschaft in die Welt. Wenn du Meister der Verwandlung und der Freiheit bist, darfst du es ehren. Wenn du Meister darin bist, Altes loszulassen und immer wieder in neues Bewusstsein einzutreten, darfst du es ehren. Du bist dein eigener Arzt und alles, was du für deine Heilung brauchst, kommt in dein Leben hereingeschneit. Hierin liegt der tiefere Sinn des Müllmanns als Beruf der Neuen Zeit. Du bist dein eigener Müllmann. Du reinigst dich selbst und entsorgst deinen eigenen Müll. Das Unterbewusste und das Über-Ich öffnen sich auf dem Weg in die Meisterschaft und werden entsorgt oder verwandelt. Manchmal gehst du in der Nacht im Traum noch durch die Stadt, in der du aufgewachsen bist. Du gehst durch die Straßen, in denen du in deiner Kindheit herumgelaufen bist. Du sammelst dort den Müll ein und entsorgst ihn. Auf diese Weise verwandelt sich deine Vergangenheit. Koch ist übrigens der zweite Beruf der Neuen Zeit. Du bist auch dein eigener Koch. Der Koch versorgt sich selbst mit Energie. Manchmal kochst du dir im wahrsten Sinne des Wortes einfach etwas, denn deine bewusst und liebevoll zubereitete Nahrung heilt dich und macht dich glücklich.

Das Meisterwerkzeug Wunder gebe ich hiermit in deine Hand. In den letzten Jahren wurden viele Menschen daran erinnert, dass sie Schöpfer ihres Lebens sind. Viele Menschen haben sich anschließend in ihrem Wunsch, das perfekte Leben zu manifestieren, verlaufen. Sie haben die Kraft der Dualität als Teil der *définition mondiale* unterschätzt. Menschen können manifestieren und gleichzeitig können sie es auch nicht. Menschen können manifestieren und sie können auch zerstören. Du musst dich daran gewöhnen, dass alles, was ist, auch nicht ist. Vielleicht hörst du, während du das liest, ein lautes kosmisches Lachen.

Ich möchte dich daran erinnern, dass Glück ein Geschenk ist. Im Leben bist du einerseits der Schöpfer und kannst mit deiner Absicht, mit deinen Gedanken, mit deinen echten Herzenswünschen und einem tiefen Gefühl der Sehnsucht ganz viel Energie bewegen und anziehen, was du dir wünschst. Gleichzeitig ist es immer ein Geschenk, wenn das Universum auf deine Bedürfnisse antwortet. Du wirst lernen, dich über jedes Geschenk zu freuen, welches das Leben an deine Tür bringt.

Wenn du wirklich sehen kannst, dass alles, was in deinem Leben geschieht, mit dir selbst, deiner Schwingung, deiner Ausstrahlung und deiner Meisterschaft korreliert, dann öffnest du die Tür zur Meisterschaft. Wenn du gleichzeitig sehen kannst, dass du mit allem, was ist, verbunden bist und dass aus deiner Einheit mit der Welt die Geschenke deines Lebens und letztendlich auch Wunder erwachsen, dann überschreitest du die Schwelle zur Meisterschaft. Du darfst immer wieder annehmen, auch nur ein kleines Rädchen im Getriebe des Universums zu sein. Wenn du deinen Platz, dort wo du stehst, wirklich einnimmst und deinen Part erfüllst, wird die Welt zum Besseren verwandelt. Die anderen lässt du ihren Teil tun und lässt dir schenken, was sie in dein Leben bringen. Der Meister verkörpert den König und den Diener gleichzeitig. Du sagst zu dir selbst: »Ich bin der König und der Diener der Menschheit. Ich habe die Macht, mein Leben zu gestalten, und ich gebe meine Macht ab an ein größeres Ganzes.«

Wenn du wolltest, könntest du deine Schwingung in kurzer Zeit ganz extrem erhöhen. Aber dann würdest du den Kontakt zur Welt verlieren. Im schlimmsten Fall würde dein Lichtkörper von deinen Liebsten gar nicht mehr wahrgenommen. Sie würden dich dann nur noch in ihren Träumen als Engel an ihrem Bett stehen sehen. Aber sie würden dich nicht mehr als menschliches Wesen erkennen. In deiner Meisterschaft bleibst du in Verbindung und im Einklang mit der Welt. Du gehst zwar in deiner Dimension den anderen Menschen immer einen Schritt voraus, aber dann gehst du auch wieder einen Schritt auf die Welt zu. Allein dadurch gehst du immer wieder einen Schritt auf die Welt zu, dass du den Schmerz, das Leid und die Angst der Welt fühlst. Wenn du die Anliegen der anderen Menschen nicht mehr fühlen würdest, würdest du den Kontakt zu ihnen verlieren. Sogar die Engel müssen ihr Mitgefühl aktivieren, damit sie die Welt verstehen können. Du darfst Ja dazu sagen, in der Welt das Hin und Her, das Auf und Ab zu erleben. Anschließend begibst du dich immer wieder in deine Dimension, in der du in Frieden und Freude zuhause bist, um dich dann erneut mit der Schwingung der Welt zu verbinden.

Wunder sind Geschenke, die du dir schenkst und die die Welt dir schenkt. Du darfst innerlich den Spagat vollziehen und sie gleichzeitig als Schöpfungen und Geschenke sehen. Du schenkst sie dir selbst, weil du offen dafür bist und weil du deine Schwingung so angehoben hast, dass Wunder möglich sind. Die Welt schenkt sie dir, weil du der Meister bist und weil die anderen Menschen, die Erde und das ganze Universum möchten, dass du weiterhin in deiner Schwingung auf der Erde bleibst. Du darfst Ja dazu sagen, auch das Meisterwerkzeug der Wunder zu verkörpern. Du brauchst die Wunder von Zeit zu Zeit, damit du auf der Erde glücklich sein kannst. Nur wenn du hier glücklich bist, bleibst du der Erde erhalten.

Übrigens brauchst du auch nicht zu warten, bis andere dir sagen, wie es funktioniert, Wunder zu produzieren. Du kannst Wunder einfach in deinem Universum, in deiner Dimension empfangen. Im Endeffekt kannst du das Wunder des Lebens bei dir empfangen. Du kannst Ja sagen zu den kleinen und großen Wundern und die Wunder so nehmen, wie sie erscheinen. Wunder sind Geschenke. Echtes Glück ist nicht die Schöpfung eines Einzelnen. Es wird dir immer deutlicher bewusst werden, dass echtes Glück immer eine universelle Schöpfung ist, eine Schöpfung der ganzen Welt für die ganze Welt. Im Empfangen des Wunders nimmst du die Vollkommenheit der Welt wirklich an, überlässt dich ihr und lässt es geschehen.

Ich habe dir die Geschichte von Max erzählt, der in eine ausweglose Situation geraten ist, aber so durch die Welt wanderte, als wäre nichts geschehen. Er hat keine Fragen gestellt, aber er hat sehr wohl sein pochendes Herz und die Schwere seiner Füße gefühlt. Er hat auch das Gefühl der Verlassenheit und Fremdheit an sich herangelassen. Wenn die Lösung erschienen ist, bevor er überhaupt eine Frage gestellt hatte, dann hat er sich bedankt. Es bietet sich also an, einfach gar keine Frage zu stellen, sondern das Wunder geschehen zu lassen. Wenn in deinem Leben in der nächsten Zeit eine Frage oder ein Problem auftaucht, dann darfst du sie einfach begrüßen. Du darfst dann aus allen Richtungen die Geschenke annehmen, die das Leben dir vorbeibringt. Du darfst die Wunder erwarten.

In der Meisterschaft agierst du an der Grenze des menschlichen Bewusstseins. Du gehst nicht über diese Grenze hinaus, jedenfalls nicht so weit, dass du für die anderen Lebewesen der Erde nicht mehr erreichbar bist. Du bleibst immer an der Grenze des menschlichen Bewusstseins und hangelst dich dort entlang. Zurzeit heißt das, dass du die Grenzen von Raum und Zeit durchbrechen kannst und wirst. Vor allem in den Nächten findest du jenseits der physischen Welt die Unterstützung, nach der du dich sehnst. Aufgestiegene Meister unterstützen sich in den Nächten multidimensional gegenseitig. Die Unterstützung und das Mitgefühl eines anderen Aufgestiegenen Meisters sind die größten Geschenke, die du derzeit auf der Erde bekommen kannst. Sie stellen sogar noch wertvollere Geschenke dar als Unterstützung, Mitgefühl und Heilung durch Engel. Denn die Erdenengel stehen dir von der Schwingung her noch näher. Die Energie, die Liebe und das Mitgefühl, die hochschwingende Erdenengel miteinander teilen können, wiegen noch mehr als die Energie, die Engel dir übertragen können. Ich fühle wahrhaftig ein großes Mitgefühl und große Achtung für die Menschen. So darfst du auch deine Illusion loslassen, nicht vollkommen und irgendwie von der Quelle des Lebens abgeschnitten zu sein. Stattdessen darfst du Frieden und Gelassenheit in die schwierigen Situationen deines Lebens tragen. Indem du Gefühle der Gelassenheit und des Friedens verkörperst, können sie ausstrahlen. Du kannst dein Licht mit anderen teilen.

Jedes Wunder ist einmalig und lässt sich nicht wiederholen. Jedes Wunder ist auch ein Mysterium, ein Geheimnis, denn man durchschaut nicht vollständig, wie es dazu gekommen ist. In der Meisterschaft des Seins wirst du oft nicht wissen, warum und wie sich etwas plötzlich aufgelöst und zum Guten gewendet hat. Dazu darfst du Ja sagen. Du musst es gar nicht wissen. Am Schlimmsten wäre es, wenn du dann nach Methoden und Regeln suchst. Das Wunder ist einmalig und es ist ein Mysterium. Das Wunder ist deshalb so wertvoll, weil es sich tatsächlich jenseits des Verstandes ereignet. Es geschieht einfach und man weiß nicht, wie und warum. Man hat es sich nicht vorher ausgedacht oder am Reißbrett entworfen. Es ist eine Überraschung. Der Meister arbeitet an den Grenzen des Bewusstseins und das Wunder fließt in seine Realität aus Dimensionen eines bereits erweiterten Bewusstseins herein. Indem das Wunder einfach in die Realität hereinfällt und die Menschen es empfangen, erweitert es auch wieder die Grenzen des Bewusstseins der Betroffenen.

Nun kannst du dein Meisterwerkzeug Wunder in die Hand nehmen, es verkörpern und damit durchs Leben gehen. Du tust dir selbst den größten Gefallen, wenn du es bewusst anwendest und registrierst, was du damit in deinem Leben anstellen kannst. Allein deine einzigartige Erfahrung der Meisterschaft zählt. Du gehst mit den Meisterwerkzeugen in deine Dimension. Du gehst in die Dimension, die du ausstrahlst. Du kannst es dir so vorstellen, dass du das Licht und die Liebe, die du in deinem Körper trägst, in dein Umfeld ausstrahlen lässt, und dadurch entsteht deine Dimension. Andere betreten gerne die Dimension des Meisters und suchen bei ihm das Licht und die Liebe, die sie tatsächlich woanders in der

Welt nicht finden können. Du kannst dir bewusst sein, dass du das Licht und die Liebe, die du sowieso in dir trägst und in dir entfaltet hast, in die Welt trägst.

Ich verneige mich mit Respekt und Liebe vor dir und danke dir, dass du das Meisterwerkzeug Wunder angenommen hast.

5. Meisterwerkzeug Fokus

Wenn du dir vorstellst, dass du in eine unendliche Welt reisen kannst und dir alle Wege offenstehen, dann brauchst du einen starken Fokus, um deinen Weg zu finden. Du brauchst den Fokus auf deinen inneren Diamanten, auf deine inneren Schätze, auf deine Potenziale. So wie dein Diamant in seinen Lebensfarben erstrahlt, die sehr individuell glitzern und schimmern, so richtet sich dein innerer Fokus eben auf deine einzigartigen Potenziale, die die anderen nicht einmal erahnen können.

Ich möchte dich darin unterstützen, mit immer größerer Klarheit innerlich zu fokussieren. Du selbst kannst deinen inneren Fokus jederzeit herholen, regelrecht aufrufen und damit deine Imaginationen steuern. Dein Fokus bestimmt, was du imaginierst und damit in deine Welt rufst. Dein Fokus muss allerdings immer wieder aktualisiert werden. Er muss sich auf sehr konkrete Ideen und Projekte richten. So kannst du immer wieder deine nächsten Schritte aus der Perspektive deiner Meisterschaft beleuchten. Für dich gilt, dass dein Blick vorrangig auf eine Welt der Liebe, der Harmonie, des Friedens, der Freude und des Gleichklangs zwischen den Menschen gerichtet ist.

6. Meisterwerkzeug Dankbarkeit

Dank vervielfältigt deine Schöpferkraft. Dankbarkeit ist daher ein weiteres Meisterwerkzeug und gleichzeitig auch ein Schöpferwerkzeug, das viele Menschen gebrauchen können. Unsere gegenseitige Dankbarkeit vervielfältigt unsere gemeinsame Schöpfung.

Wenn du dir in der nächsten Zeit etwas wünschst und ein neues Projekt in deinem Leben angehen möchtest, dann solltest du zunächst ganz bewusst das Meisterwerkzeug Dankbarkeit in die Hand nehmen. Wenn du dir zum Beispiel eine neue Partnerschaft wünschst, dann sagst du zunächst Danke für alle deine verflossenen Liebschaften. Du kannst deine ehemaligen Partner vor deinem inneren Auge erscheinen lassen und dich bei ihnen bedanken. Es mag sein, dass auch einer dabei ist, von dem du denkst: »Wie soll ich diesem Schuft auch noch Danke sagen?!« oder: »Wie soll ich dieser Hexe auch noch dankbar sein?!« In diesem Fall dient das Schöpferwerkzeug Dankbarkeit dir dazu, ein altes Trauma in deiner Seele zu erkennen, das dich möglicherweise blockiert, jetzt eine neue Beziehung in vollem Vertrauen einzugehen. Daran siehst du, dass das Schöpferwerkzeug Dankbarkeit dir nützt, wenn du deine Visionen, Ideen, Wünsche und Projekte in die Welt bringen möchtest.

Dankbarkeit ist ein Bewusstseinszustand, der dir hilft, die Mauern überkommener Gewohnheiten einbrechen zu lassen. Wenn du dich immer wieder zurücklehnst und Danke für alles sagst, was du dir in deinem Leben schon erschaffen hast, dann werden deine Schöpfungen energetisch verstärkt. Wenn du Dankbarkeit wirklich fühlen kannst, dann drückst du auch aus, dass alles vollkommen ist und du zur rechten Zeit am rechten Platz bist. Bei echter Dankbarkeit handelt es zunächst einmal um ein Gefühl. Dankbarkeit ist aber auch eine Schwingung, die neue Dimensionen öffnet. Sie trägt dich auf eine neue Ebene des Seins. Wenn du in der nächsten Zeit die Erde verlassen würdest, dann würdest du vor allem ein tiefes Gefühl der Dankbarkeit erleben. Du würdest Szenen aus deinem Leben sehen und tiefe Dankbarkeit empfinden. Wenn du jetzt die Erde verlassen würdest, würdest du auch die Vollkommenheit in allem, was du getan hast und was sich in deinem Leben ereignet hat, erkennen. Alles, was gewesen ist und was ist, ist vollkommen. Du darfst immer wieder ganz bewusst mit einem tiefen Atemzug Dankbarkeit für alles, was dein Leben ausmacht, in dir aufsteigen lassen. Dann kann sich die nächste Stufe deiner Meisterschaft entfalten.

7. Meisterwerkzeug Bitte

Die Mauern deines Denkens, die deine bisherigen Erfahrungen errichtet haben, kannst du überwinden, wenn du um Hilfe bittest. Menschen bitten um Hilfe, wenn sie nicht mehr weiterwissen, was bedeutet, dass sie eine nicht-physische Welt, die sie vorher verleugnet haben, überhaupt in Betracht ziehen. Wenn Menschen hilflos und ratlos am tiefsten Punkt ihres Lebens stehen, können sie aufwachen und mentale Schranken überwinden. Du selbst kannst dein Bewusstsein immer wieder anheben, indem du in schwierigen Situationen um Hilfe bittest. Dann bricht wieder eine innere Mauer ein und verschwindet. Du kannst davon ausgehen, dass dich die Goldenen immer begleiten. Bei den Goldenen handelt es sich um Seelen, die schon die Meisterschaft im physischen Körper gelebt haben oder jetzt gerade leben. Sie unterstützen dich und sie geben dir auch eine Antwort, wenn du sie brauchst, falls dir das Leben selbst nicht schon die passende Antwort präsentiert hat. Wenn du um Hilfe bittest, purzeln die Synchronizitäten in dein Leben, die dir und der Allgemeinheit dienen. Um Hilfe zu finden, musst du es aufgeben, deine Probleme zu beschönigen. Du musst es zulassen, wirklich zu fühlen, wie verzweifelt du bist. Für manche Menschen ist es am schwierigsten, sich einzugestehen, dass sie einfach nicht wissen, wie es weitergehen soll, dass sie diesmal nicht die Spur einer Ahnung haben, wie ihre Probleme zu lösen sind. Wenn du dann um Hilfe bittest, öffnet sich eine Tür. Das Meisterwerkzeug Bitte ist ein universeller Schlüssel.

8. Meisterwerkzeug Liebe

Die wahre Meisterschaft des Seins besteht darin, eine grenzenlose Liebe zur Erde und zum irdischen Spiel des Lebens zu verkörpern. Wenn du ein neues Projekt erschaffen möchtest, dann verbindest du dich ganz bewusst mit der Liebe zur Erde, die in diesem Projekt steckt. Du kannst dir ganz bewusst das Maß an Liebe, das dieses Projekt oder diese Schöpfung beinhaltet, vor Augen führen. Du kannst dich öffnen, die Liebe darin regelrecht zu sehen. Viele deiner Schöpfungen sind angefüllt mit Liebe zu deinen Mitmenschen und mit Liebe zur Erde. Du darfst dich auch öffnen, Schöpfungen der reinen und unermesslichen Selbstliebe zu kreieren. Am besten ist es, wenn deine Schöpfungen und damit dein ganzes Leben vor Selbstliebe, Liebe zu den Menschen und zur Erde überquellen.

Vielleicht fragst du dich manchmal: »Soll ich das eine oder das andere tun?« Wenn du verschiedene Visionen empfangen hast, dann darfst du das Maß an Liebe, das in den einzelnen Projekten steckt, vor deinem inneren Auge erscheinen lassen. Danach triffst du dann deine Entscheidungen. Um das Maß an Liebe für deine Zukunftsprojekte zu messen, darfst du auch deine Hände einsetzen. Du kannst die verschiedenen Möglichkeiten daran messen, wie schwer die Liebe, die sie in sich tragen, in deinen Händen wiegt. So setzt du das Schöpferwerkzeug Liebe in deinem Leben ein. Du kannst die Übung »Das Maß der Liebe« auch anwenden, wenn du eine Entscheidung treffen musst, zum Beispiel ob du ein bestimmtes Haus kaufen solltest oder nicht. Du misst dann das Maß an Liebe, das in der Entscheidung für den Kauf und in der Entscheidung gegen den Kauf steckt, und vergleichst sie.

Übung *Das Maß der Liebe*

Während du an ein Zukunftspotenzial oder eine Entscheidungsmöglichkeit denkst, streckst du deine Hände mit den Handflächen nach oben aus. Dann lässt du die Liebe, die in der jeweiligen Entscheidung steckt, in deine geöffneten Handflächen einfließen, und fühlst, wie schwer sie wiegt. Wenn sehr viel Liebe in dieser Entscheidungsmöglichkeit steckt, sacken deine Hände wahrscheinlich etwas nach unten.

Jetzt wiederholst du die Übung mit einem anderen Zukunftspotenzial oder mit der gegensätzlichen Entscheidung. Anschließend vergleichst du das Gewicht der Liebe in deinen Händen.

Der Gegensatz von Liebe ist Angst. Eine Mutter würde während einer katastrophalen Überschwemmung in die Wellen springen, um ihr Kind aus den Fluten zu retten. Normalerweise würde ihre Angst vor dem Untergang diesen Sprung verhindern, aber die Liebe zu ihrem Kind ist größer als die Angst. Du siehst an diesem einfachen Beispiel, dass nur die Liebe die Angst überwinden kann.

Wenn es dich ängstigt, Wahrheiten frei auszusprechen, dann kannst du deine Blockade überwinden, wenn du aus Liebe zu anderen Menschen Position ergreifst. Aus dem Gefühl der Liebe heraus überwindest du deine Angst. Auf der Erde regiert gerade die Angst, weil die Menschen erfahren, dass ihnen alte Wege verschlossen sind. Auch in den großen Krisen auf der Erde funktionieren die alten Lösungen nicht mehr. Das macht vielen Menschen Angst, denn sie spüren auch die Ratlosigkeit der Politiker und der Experten. Die Schwingung der Angst kann allgemein nur durch Liebe überwunden werden, und zwar durch die Liebe zur Erde und zum Leben auf diesem Planeten.

Die Liebe zur Erde prägt das Leben des Meisters. Weil du es liebst, hier zu sein und deine Präsenz der Welt zu schenken, deshalb hast du den Mut, dich in die Fluten der Angst zu stürzen und weiter zu leben. Die Liebe zu den Menschen auf der Erde, zu den großen und kleinen Erdenengeln, trägt dich Schritt für Schritt weiter. Die Liebe zum Kreis der Aufgestiegenen Meister, die dich als auf der Erde verkörperten Partner schätzen, trägt dich weiter. Du darfst dich in der nächsten Zeit immer wieder in den Kreis der

Goldenen stellen und dich dort auftanken und die Liebe fühlen, die dort schwingt. Dann kannst du auch die Liebe fühlen, die sie dir erweisen. Du kannst die Liebe fühlen, die in dem Dienst steckt, den du als Aufgestiegener Meister tust.

Übung *Das Implantat der Liebe*

Nun bist du vorbereitet, das Implantat der Liebe zu empfangen. Ich eröffne dir das Implantat der Liebe, dass du einfach annehmen und einatmen kannst, wenn du es wählst. Wenn du das Implantat der Liebe annimmst, dann verbindest du dich mit der Quelle der Liebe, die in dir liegt. Du bist der Teil Gottes, der in dieser Zeit über die Erde wandelt, und du trägst die Quelle der Liebe in dir. Du bist die Quelle und der Empfänger der göttlichen Liebe.

Du kannst jetzt, wenn du es wählst, das Implantat der Liebe einatmen, wirklich annehmen und verkörpern. Du kannst das Implantat der Liebe in deinem Herzraum fühlen. Das Implantat der Liebe eröffnet die Schwingung der Liebe in dir und außerhalb von dir. Du eröffnest eine Schwingung der Liebe in deinem Herzraum. Die Kraft deines Herzens expandiert.

In Zukunft kannst du dich immer wieder daran erinnern, dass du das Implantat der Liebe in dir trägst und dass du die Quelle der Liebe in der Welt bist. Du bist das Portal der göttlichen Liebe. Damit bist du ein Leuchtturm der Liebe. Du lässt die göttliche Liebe in der Welt erstrahlen. Du weißt, dass Liebe heilt und verwandelt. Du weißt um die Kraft der Liebe.

Die Gesetze der Liebe

Ich möchte dir nun die Gesetze der Liebe präsentieren. Indem du meine Thesen reflektierst, kannst du die Schwingung der Liebe in dir und außerhalb von dir auf einer neuen Ebene erstrahlen lassen.

1. Gesetz der Liebe: *Liebe ist die Nahrung der Seele*

Du weißt, dass ein Kind ohne Liebe nicht überleben kann. Zumindest aus deiner eigenen Kindheit weißt du, dass tatsächlich Liebe die Nahrung der Seele ist. Wenn Eltern ihr Kind ab und zu einfach mit Liebe anschauen, ohne dass es dafür Worte und Gesten braucht, dann kann es wachsen und gedeihen. Dann ist das Kind wohl genährt, egal was sonst noch passiert. Darin besteht die Kraft des Herzens.

Alles in deinem Leben, was du mit Liebe anschaust, kann sich in Leichtigkeit verwandeln und kann gedeihen und wachsen. Du kannst das großartige Meisterwerkzeug der Liebe immer wieder in die Hand nehmen, indem du es dir einfach bewusst machst und erstrahlen lässt. Wenn du mit Liebe auf eine Pflanze schaust, dann wächst sie und gedeiht. Wenn du mit Liebe auf dein Haustier schaust, dann geht es ihm gut und dann ist es gesund. Das gilt sogar für die Menschen um dich herum. Alle, die du mit Liebe anschaust, können wachsen, können sich weiterentwickeln und entfalten, können geheilt werden. Es gilt sogar für die Gegenstände in deinem Raum. Du kannst dich in deinem Raum umschauen und wahrnehmen, dass auch die Gegenstände so etwas wie eine Seele haben, auch wenn sie viel niedriger schwingen als die Pflanzen, Tiere oder Menschen. Sie tragen dennoch eine in ihnen wohnende spezielle Schwingung. Gegenstände, die du mit Liebe anschaust, können in deinem Raum ihr Potenzial enthüllen. Was für alle Lebewesen zutrifft, gilt sogar für die Materie in deinem Raum. Jeder Teil der irdischen Materie hat ein spezielles Potenzial und je mehr du es liebst, wird es sich in deinem Raum entfalten. Du kannst die kraftvolle Wirkung der Liebe zum Beispiel beim Umgang mit deinen technischen Geräten erfahren.

Liebe ist die Nahrung der Seele und deshalb können Menschen wachsen und glücklich werden, wenn sie geliebt werden. Auch wenn sie nur ein einziger Mensch liebt und wirklich mit bedingungsloser Liebe anschaut, dann geht es ihnen gut. Aber die Menschen verwechseln Liebe oft mit Nahrungsmitteln, was sie zu oral konsumierten Suchtmitteln greifen lässt. Das hängt auch damit zusammen, dass im Kleinkindalter, sozusagen im Frühling des Lebens, die Liebe der Mutter ganz stark mit der physischen Nahrung verknüpft ist. Daher erscheint es auch im späteren Leben, als ginge Liebe durch den Magen. Die Seele lebt aber auch von energetischer Nahrung. Die beste energetische Nahrung für die Seele ist die bedingungslose Liebe. Aber es existiert auch minderwertige Seelennahrung und das darfst du dir bewusst machen. Die Menschen denken, Lob und Schmeicheleien wären Nahrung für die Seele, aber nur echte bedingungslose Liebe nährt. Die Menschen denken, wenn jemand ihnen Respekt erweist, sie anerkennt, wenn jemand sich ihnen unterordnet, von ihnen abhängig oder hörig ist, dann könnte sich ihre Seele davon nähren. Aber das ist nicht der Fall. In diesem Punkt täuschen sich die Menschen oft und laufen Illusionen hinterher. Weil sie glauben, dass es Nahrung für ihre Seele wäre, wenn andere sich ihnen unterwerfen, deshalb versuchen sie, mit aller Macht die

Oberhand im Leben zu gewinnen und andere Menschen in eine untergeordnete Position zu bringen.

Du darfst dich entscheiden, echte bedingungslose Liebe zu erkennen. Aus dem falschen Spiel der Machtkämpfe klinkst du dich aus. In diesem Moment kannst du dir selbst aus vollem Herzen versprechen: »Ich nehme die bedingungslose Liebe an, die mir geschenkt wird, wo auch immer sie herkommt.« Dann kommst du auch an den Punkt, an dem du zu dir selbst sagen musst: »Ich nähre mich selbst.« Letztendlich musst du die Quelle der Liebe in dir selbst finden und zum Fließen bringen.

Hier komme ich nun zum zweiten Gesetz der Liebe. Es mag für dich vielleicht zunächst schwer anzunehmen sein. Dann setze dich immer wieder damit in Verbindung, bis du es eines Tages verkörpern kannst.

2. Gesetz der Liebe: *Liebe ist allgegenwärtig*

In der Welt ist Liebe allgegenwärtig. Du brauchst sie eigentlich nur anzunehmen. Du kannst dir das jederzeit bewusst machen, indem du einfach die Augen schließt, ganz bei dir selbst bist und deinen Herzraum betrittst.

Übung *Allgegenwärtigkeit der Liebe*

Schließe deine Augen, nimm einen tiefen Atemzug und begib dich mit deiner Aufmerksamkeit in deinen Herzraum, in den inneren Raum in der Mitte deiner Brust. Du gehst mit deiner Aufmerksamkeit in deinen Herzraum und nimmst wahr, wenn du es wählst, dass das zweite Gesetz der Liebe tatsächlich der Wahrheit entspricht. Du nimmst wahr, dass in dir Liebe allgegenwärtig ist. Du nimmst wahr, dass du jederzeit zur allgegenwärtigen Liebe Zugang finden kannst. In dir sprudelt die Quelle der Liebe.

Wenn du in der Welt bist, ist Liebe allgegenwärtig. Das ist das Geschenk der Erde. Ein Aufgestiegener Meister nimmt das Geschenk der Erde, die allgegenwärtige Liebe, voll an. Ich spreche auch vom Implantat der Liebe, das du in dir trägst. Du verkörperst es, dass die Liebe allgegenwärtig ist und dass die Quelle der Liebe in dir sprudelt. In deinem Herzraum fühlst du die Quelle der Liebe. Bisher glaubst du daran und bist daran gewöhnt, dass du Liebe von außen durch andere Menschen empfängst.

Jetzt erlaubst du dir zu fühlen, wie die Liebe allgegenwärtig ist und die Quelle der Liebe in deinem Herzen und um dich herum sprudelt. Die Liebe sprudelt in deinem Leben, auch wenn gar keine anderen Menschen anwesend sind.

Innere Reise: ***Die Liebe fühlen***

~ ***Die Liebe der Materie***

Ich fordere dich auf, zunächst einmal die Liebe zu fühlen, die die Gegenstände in deinem Raum dir entgegenbringen. Du kannst die Liebe fühlen, die von deinem Stuhl, von deinem Tisch, von deinen Regalen, von deinen Fenstern, von deinem Haus ausgeht. Du kannst fühlen, wie viel Liebe die Materie dir entgegenbringt. Wenn du möchtest, kannst du diese Liebe einfach einatmen und wirklich annehmen. Selbst wenn du schon eine Weile in deinem Haus lebst, hast du wahrscheinlich noch nie gefühlt, wie sehr dich das Haus, in dem du dich aufhältst, liebt. Du kannst die Schwingung der Liebe fühlen, die dir die vier Wände, in denen du lebst und atmest, entgegenbringen. Die Gegenstände und die materielle Welt um dich herum sind dankbar und glücklich über deine Anwesenheit, so dass sie dir jeden Tag die starke und frei fließende Schwingung der Liebe schenken. Die Schwingung der Liebe sprudelt für dich sogar aus den Buchseiten, die du vor dir hast. Sie sprudelt aus deinen Kopfhörern, deinem Handy und deinem Computer. Sie sprudelt zu dir aus dem Internet. Sie sprudelt zu dir aus dem Erdmagnetfeld. Du kannst die Liebe empfangen, die dir entgegen sprudelt. Die Liebe ist allgegenwärtig und du kannst sie annehmen.

~ *Die Liebe der geistigen Welt*

Du kannst auch die Liebe empfangen, die dir deine nicht-physischen Begleiter, zum Beispiel ich, Saint Germain, entgegenbringen. Du kannst die Liebe fühlen, die die nicht-physische Welt dir rund um die Uhr erweist. Die Liebe deiner geistigen Helfer ist allgegenwärtig in deinem Leben. Du kannst die Engel der Liebe wahrnehmen, die in den vier Ecken deines Zimmers stehen. Sie sind immer da, auch wenn du sie manchmal nicht fühlst. Wenn du sie nicht fühlst, heißt das nicht, dass sie nicht da sind. Du kannst die Engel der Liebe jederzeit fühlen, wenn du es wählst. Liebe ist allgegenwärtig, so wie die Engel der Liebe allgegenwärtig sind. Du kannst fühlen, wie sich in diesem Moment auch die Schwingung in deinem Herzraum anhebt. Dein Herz öffnet sich und du bereitest dich vor, immer mehr Liebe in dein Herz einfließen zu lassen. Die Liebe, die sowieso um dich herum existiert, nimmst du nun immer deutlicher zur Kenntnis und öffnest dich für sie.

~ *Die Liebe der Pflanzen*

Ich möchte mit dir noch weitergehen. Liebe ist allgegenwärtig. Du kannst nun die Liebe fühlen, die die Pflanzen in deiner Nähe dir schenken. Vielleicht musst du dafür aus dem Fenster schauen, um die Bäume, Büsche, Wiesen und Blumen in deiner Nähe wahrzunehmen. Vielleicht weißt du auch einfach um die Pflanzenfreunde in den Gärten und Parks in deiner Nähe. Vielleicht kennst du die Bäume in deiner Umgebung. Vielleicht stehen bestimmte Pflanzen in deinem Raum. Selbst wenn Pflanzen abgeschnitten wurden, in einer Vase stehen und eigentlich schon den Weg des Todes gehen, kannst du trotzdem die unendliche und grenzenlose Liebe fühlen, die sie dir schenken und für dich ausstrahlen. Aus diesem Grund lieben viele Menschen Pflanzen und umgeben sich mit ihnen. Du kannst dich vollständig mit der Dimension der Pflanzen verbinden und fühlen, welche unendliche Liebe dir entgegenströmt. Wenn du bereit bist, die Liebe der Pflanzen wirklich zu fühlen, dann überwältigt sie dich. Du weißt, dass die Liebe, die die Geschöpfe der Erde dir entgegenbringen, allgegenwärtig ist. Du kannst dich jederzeit in ihrer Liebe auftanken. Wenn du dich innerlich entscheidest, die Allgegenwärtigkeit der Liebe zu fühlen, und dich dann mental in die Welt der Pflanzen begibst, dann kannst du dich in der Welt der Pflanzen auftanken. Am schönsten ist es natürlich, wenn du dich in der Natur in der Gegenwart lebendiger Pflanzen aufhältst, so wie es auch am schönsten ist, in der Gegenwart des Geliebten zu sein, wenn man verliebt ist. Dann fühlst du dich nicht mehr verloren und abgeschnitten vom Leben.

~ *Die Liebe der Tiere*

Wir gehen noch weiter und du darfst dich öffnen, auch innere Bilder zu empfangen. Du darfst deinem inneren Seher vertrauen und alles annehmen, was du siehst und empfindest, während du dich nun mit der allgegenwärtigen Liebe verbindest, die dir die Tiere entgegenbringen. Vielleicht hast du ein Haustier. Dann kannst du dich ganz bewusst mit deinem offenen Herzen mit der Liebe verbinden, die dir dein Haustier entgegenbringt. Wenn du kein Haustier hast, dann begegnet dir vielleicht in deiner Nachbarschaft ein Haustier, das dich begrüßt. Du kannst dich der allgegenwärtigen Liebe der Tiere in deinem Umfeld überlassen. Vielleicht hast du dich noch nicht einmal damit beschäftigt, welche Tiere in deiner Nähe leben, und dann erscheinen sie jetzt trotzdem vor deinem inneren Auge. Vielleicht siehst du Vögel, Eichhörnchen und Mäuse aus den Gärten in deiner Nähe. Du darfst alle Tiere begrüßen, die zu dir kommen, und ihre Zuneigung wirklich annehmen und fühlen. Du kannst sogar die unendliche Liebe der Tiere fühlen, die sich für die Wurst geopfert haben, die du später essen wirst. Selbst diese Tiere schenken dir ihre grenzenlose, bedingungslose und allgegenwärtige Liebe.

~ *Die Liebe der Erde*

Zum Abschluss kannst du dich mit Mutter Erde verbinden und kannst fühlen, welche maßlose und grenzenlose Liebe dir die Erde entgegenbringt. Du kannst dich ganz fallen lassen in die allgegenwärtige Liebe der Erde. In der Präsenz der allgegenwärtigen Liebe der Erde kannst du dein Vertrauen wachsen und sich ausdehnen lassen, so wie sich dein Herzraum in diesem Moment ausdehnt. Vielleicht fühlst du die Ausdehnung sogar im Bereich deines Herzens und kannst ihr zustimmen. Die neue Schwingung, die sich die Menschen auf der Erde jetzt aneignen, bringt eine immense Herzöffnung für sich selbst, für die anderen Menschen, für die Materie, für die Natur, für die Erde mit sich. Du darfst die Schwingungsanhebung deiner Herzenergie fühlen. In der Neuen Zeit lernen die Menschen, wie weit sie ihr Herz öffnen können, ohne den Boden unter den Füßen zu verlieren, und wie stark sie sich wirklich mit der allgegenwärtigen Liebe des Universums verbinden können. Du brauchst nicht mehr zu warten, bis die Engel dir Liebe entgegenbringen. Du kannst dich einfach dem Strom der Liebe anvertrauen, den die Erde für dich generiert. Du kannst vor deinem inneren Auge sehen, wie die Liebe aus der Erde, aus der Natur, aus den Pflanzen und Tieren und sogar aus den Elementen zu dir fließt. Du kannst die Liebe annehmen, die jeder Fluss, das Meer und sogar das Wasser, das aus dem Wasserhahn in deiner Wohnung strömt, dir bringt. Du kannst die Liebe fühlen und annehmen, die die Sonnenstrahlen dir senden. Jedes Feuer strahlt Liebe aus. Du kannst die Liebe fühlen, die der Wind zu dir trägt. Alle Elemente transportieren Liebe. Die Liebe, die die Erde zu dir strömen lässt, habe ich dich jetzt fühlen lassen. Du verbindest dich mit der allgegenwärtigen Liebe der Erde.

Mit dieser Reise kannst du lernen, dass Liebe dir nicht nur im Kontakt mit anderen Menschen begegnet. Du verkörperst die Quelle der Liebe. Du verkörperst den Empfänger der Liebe. Du kannst deine Antennen, Liebe zu empfangen und wirklich aufzunehmen, mit einem tiefen Atemzug bewusst ausfahren. Das Implantat der Liebe gehört dir.

Alle Menschen erfahren in dieser Zeit eine Herzöffnung. Damit ist gemeint, dass sie neue Antennen entwickeln, in der Welt Liebe zu fühlen. Demnächst können alle Menschen so wie du die Liebe fühlen, die ihnen eine kleine Schnecke, die vor ihren Füßen krabbelt, entgegenbringt. Sie können die unendliche Liebe der Schnecke fühlen, mit der sie einen Menschen willkommen heißt und begrüßt. Wenn du dich dafür öffnest, kannst du wie die Aufgestiegenen Meister der Vergangenheit erfahren, dass sich die großen und kleinen Tiere vor dir verneigen und dass sich die Elemente verwandeln, wenn du kommst. Der Wind legt sich, das Wasser beruhigt sich, das zerstörerische Feuer erlischt. Wenn es, wie so oft in diesen Breiten, kühl, grau und neblig ist, dann kommen da, wo du hingehst, die Sonnenstrahlen hervor. Diese Erfahrungen basieren auf der Fähigkeit des Meisters, die Allgegenwärtige Liebe anzunehmen.

Das erste Gesetz der Liebe lautet: »Die Liebe ist die Nahrung der Seele.« Das zweite Gesetz der Liebe lautet: »Die Liebe ist allgegenwärtig.« Das dritte Gesetz der Liebe präsentiere ich dir *jetzt.*

3. Gesetz der Liebe: *Die Liebe vervielfältigt sich*

Du darfst dem zustimmen, dass die Liebe, die du empfängst und die du gibst, sich ständig vervielfältigt. Die Erfahrung, dass Liebe sich vervielfältigt, wird dich überwältigen. Du wirst Liebe mit deinen neuen Antennen des Herzens auffangen können. Indem du sie dann bewusst wahrnimmst und in dir fließen lässt, kannst du sie auch in ungeahnter Weise multiplizieren.

Du kannst fühlen, wie die Liebe, die du empfängst, sich in dir reproduziert, dann nach außen strahlt und sich auch im Außen sofort vervielfältigt. Es fängt bei dir selbst an. Deine neuen Erfahrungen mit der Vervielfältigung der Liebe mögen dir von Zeit zu Zeit die Sprache verschlagen und das ist auch gut so.

Ich möchte dich allerdings bitten, deine Aufmerksamkeit zum Thema Begegnung mit der Liebe einmal etwas von den Menschen abzuziehen und auf die Welt, auf die Materie, auf die Elemente, auf die Natur zu richten. Dort findest du einen Strom der Liebe, der einfach zu dir kommt und deine Seele nährt.

Ich möchte dich bitten, einmal alle Dinge und alle Lebewesen in deinem Leben als Quelle der Liebe anzuerkennen. Ich möchte dich bitten, dein Herz zu öffnen und dich selbst zum Empfänger der Liebe zu machen, egal, woher sie stammt. Wenn du die ganze Welt als Quelle der Liebe wahrnimmst, dann kannst du auch in nie gekannter Weise erfahren, wie viel Liebe dir andere Menschen entgegenbringen. Die ganze Welt ist die Quelle der Liebe. Das Universum, das du um dich herum projizierst, bringt dir Liebe entgegen, wenn du sie in dir strömen lässt.

Ich möchte noch etwas zur Selbstliebe sagen. Selbstliebe ist genauso wie Liebe ganz allgemein die Nahrung deiner Seele. Wenn du dir das nächste Mal ein schönes Essen gönnst, dann richtest du, während du deine Nahrung zubereitest, deine Aufmerksamkeit auf das, was an dir selbst besonders liebenswert und schätzenswert ist. Mit jedem Bissen, den du kaust, darfst du ganz bewusst daran denken, wer du bist, was du der Welt schenkst und was du, dieser einzigartige Mensch, der du bist, zu geben hat. Du hast viel zu geben. Ich möchte dir noch einmal bewusst machen, was du gerade der Welt gibst. Du bist bereit, Vorreiter zu sein, indem du in die neue Schwingung der allgegenwärtigen Liebe eintrittst. Das Universum ehrt dich dafür. Du nimmst eine neue Schwingung an, und zwar zunächst im Bereich deines Herzens. Indem du dein Herz öffnest, hebst du dann die Schwingung in deinem übrigen Körper an.

Innere Reise: ***Der Strom der Liebe***

Schaue dich bewusst mit dem Blick der Selbstliebe an. Dabei kannst du besonders auf die Mitte deines Körpers, auf deinen Herzraum blicken. Du darfst deinen inneren Seher aktivieren und die Bilder hereinkommen lassen, die du empfängst.

Du empfängst deine eigenen Bilder, aber ich sage dir, was ich sehe. Ich sehe einen Strom der Liebe, der aus der Erde in dein Herz hereinfließt. Dein Körper transformiert den Liebesstrom aus der Natur, aus der Erde, aus der Luft, aus dem Wasser, vom Himmel, aus der Sonne, aus den Pflanzen, aus den Tieren um dich herum, so dass die anderen Menschen ihn annehmen und sich ihm ergeben können. Du nimmst den Strom der Liebe auf, er fließt vorne in deinen Herzraum herein, fließt durch dich hindurch und am Rücken entlässt du den Strom der Liebe.

Du kannst dir anschauen, wie sich die Schwingung des Liebesstroms verwandelt. Es mag dir vielleicht so vorkommen, als würde hinten ein schwächerer Strom herausfließen. Aber er ist nicht schwächer, er hat einfach eine andere Schwingung angenommen. Er fließt in der Schwingung in die Welt, die die Welt annehmen kann. Den ganzen Tag transformierst du den Strom der Liebe. Du nimmst die Schwingung der Liebe auf, lässt sie durch dich hindurchfließen und lässt sie wieder in die Welt strömen. Dein Herzraum hat dabei die Funktion eines Generators. Du darfst Ja dazu sagen und das Implantat der Liebe annehmen. Dann wirst du zum Portal allumfassender, allgegenwärtiger Liebe. Wenn andere Menschen in deiner Nähe sind, spürst du oft, dass deine innere Turbine angekurbelt wird, um den Strom der Liebe in die passende Schwingung zu verwandeln.

Die Aufgestiegenen Meister haben schon immer kein Blatt vor den Mund genommen und den Menschen manchmal auch ungeschönte Wahrheiten entgegen geschleudert, wenn es gebraucht wurde. Der Liebesstrom, den du in die Welt schickst, kann daher auch einen transformierenden und sogar zerstörerischen Effekt haben. Es mag den Menschen vorkommen, als würden sie in deiner Nähe in eine Waschmaschine gesteckt und durchgeschleudert. Dabei musst du immer weniger sprechen, um bei den anderen ein starkes Gefühl der

Transformation zu erzeugen. Der Strom der Liebe kann zunächst erst einmal äußeres Chaos anrichten. Die Menschen müssen sich entscheiden. Sie spüren die Liebe zur Erde, die du in dir trägst, und dann müssen sie sich für das Leben entscheiden. Sie spüren die Selbstliebe, die du verkörperst, und dann müssen sie sich entscheiden, ob sie weiterhin nur der Diener der anderen sein möchten oder ob sie wirklich ihr eigenes Leben verantwortungsvoll und fürsorglich in die Hand nehmen möchten.

Du kannst die allgegenwärtige Liebe, die du jetzt in deinen Herzraum aufnimmst, ganz bewusst in die materielle Welt, die dich umgibt, hereinfließen lassen. Du kannst sie überall wirken lassen, wo deiner Meinung nach etwas verwandelt werden sollte. Du kannst sie in deine technischen Geräte fließen lassen. Du kannst sie in deine Räume fließen lassen. Du kannst sie in deiner Stadt einfließen lassen, nach dem Motto »Meine Stadt soll schöner werden«. Du kannst sie auch ganz bewusst manchen Menschen in deiner Nähe übertragen, die es brauchen könnten. Die Menschen entscheiden dann sowieso mit ihrem freien Willen, was sie annehmen möchten und was nicht. Du darfst jetzt selbst überprüfen, dass es wahr ist, dass die Schwingung der Liebe allgegenwärtig ist und sich potenziert.

Übung *Die Kurve des Vertrauens*

Bitte stelle dir vor deinem inneren Auge eine Kurve des Vertrauens vor. Diese Kurve präsentiert den Anstieg deines Vertrauens. Sie zeigt dir, wie stark dein Vertrauen mit dem Implantat der Liebe in dir angestiegen ist.

Von Zeit zu Zeit kannst du vor deinem inneren Auge deine Kurve des Vertrauens erscheinen lassen. Du nimmst sie einfach zur Kenntnis, selbst wenn sie einmal abfallen sollte. Du gibst ihr den Segen und bedankst dich für den Spiegel deines Vertrauens in die Welt.

Die Meisterschaft des Seins

Diamant-Meisterschaft

In diesem Kapitel begleitet uns Kryon, der Engel der Neuen Zeit. Früher präsentierte jeder Aufgestiegene Meister eine bestimmte Farbe des Lebens. Ich, Saint Germain, bin zum Beispiel früher immer auf dem violetten Strahl dahergekommen. Jedem Aufgestiegenen Meister und den Erzengeln waren bestimmte Farben zugeordnet. Kryon dagegen trägt als Engel der Neuen Zeit alle Farben und Schwingungen des Lebens in sich. So kannst auch du als Meister der Neuen Zeit eine neue Form der Meisterschaft entwickeln, die alle Farben des Lebens vereint.

Ich bezeichne dich daher als Diamant. Der Diamant verkörpert die Diamant-Meisterschaft.

Alles, was du für dich selbst tust, dient dazu, die Energie der Erde anzuheben. Durch deinen inneren Transformationsprozess verändert und erhöht sich die Schwingung des Erdmagnetfelds. Wenn du Entscheidungen triffst und zum Beispiel zur Herzöffnung und Kraft der Liebe Ja sagst, dann hebst du die Schwingung des Erdmagnetfeldes an. Wenn du zustimmst, ein Gefäß der allumfassenden göttlichen Liebe zu werden, dann hebst du die Schwingung des Erdmagnetfeldes an. So wird durch dich und deinen Bewusstseinswandel die Energie auf der Erde verändert. Du darfst den Energieanstieg auf der Erde begrüßen und annehmen.

Innere Reise: Der Strahl deiner Meisterschaft

Als Meister der Neuen Zeit bitte ich dich, noch einmal ganz bewusst auf dein persönliches Leben zurück zu blicken. Dabei solltest du dich in eine empfangende Haltung begeben. Du darfst deine Erkenntnisse und Einsichten einfach annehmen.

Du kannst sehen, wie du deine Meisterschaft in diesem Leben bisher gelebt hast. Vor deinem inneren Auge erscheint eine Farbe, der Strahl deiner Meisterschaft.

Du darfst dich öffnen zu sehen, in welcher Schwingung und Farbfrequenz du bisher deine Meisterschaft gelebt hast. Du darfst annehmen und begrüßen, was du siehst. Die Farbe, die du jetzt siehst, herrscht auch in deiner Aura vor.

Erlaube dir, bewusst zu sehen, wie sich deine Meisterschaft bisher in deinem Leben ausgedrückt hat. Es mag sein, dass du Kinder oder Enkelkinder ins Leben begleitet hast, und auf diese Weise deine Meisterschaft gelebt hast. Möglicherweise hast du neue oder schwierige Seelen auf ihrem Weg ins Leben begleitet. Dabei bist du einfach Vorbild gewesen, indem du trotz aller Probleme das Leben vollkommen angenommen hast. Du kannst sehen, wie du in diesem Leben dein Umfeld transformiert hast. Vielleicht bist du in eine Familie gekommen, in der bei aller Liebe füreinander intensive karmische Verstrickungen gelebt wurden. Trotzdem hast du es geschafft, dich zu befreien und Autonomie vorzuleben, nicht nur äußerlich, sondern auch innerlich. Wenn du viel gelernt, gelesen und studiert hast, dann konntest du in diesem Prozess erfahren, dass das Wissen, das du wirklich fürs Leben brauchst, nur in dir zu finden ist. Du hast die Quelle des Wissens in dir eröffnet. Wenn du dich in diesem Leben zu religiösen Gemeinschaften hingezogen fühltest, dann hast du mit der Zeit erkannt, dass du nur dein eigener Guru, Priester und Weisheitslehrer sein kannst. Du kannst dich öffnen, dass weitere Wirkungsbereiche des Inneren Meisters in deinem Bewusstsein erscheinen. Du erkennst, wie du in verschiedenen Kontexten deines Lebens auf der Ebene des Körpers, der Seele oder des Geistes alte Muster transformiert hast.

Du darfst den Raum der Selbstliebe, den ich hier für dich erschaffe, betreten und sehen, wie sich in diesem Leben bisher deine Meisterschaft ausgedrückt hat und wie du sie gelebt hast.

~…~

Nun kommt der schwerere und wesentlichere Teil. Du darfst zustimmen, aus der alten Meisterschaft herauszugehen und in die Meisterschaft der Neuen Zeit einzutreten.

Übung *Der Regenbogenstrahl*

Mit dieser Übung wird dein Meisterstrahl integriert. Du eröffnest damit die Regenbogenessenz in dir und außerhalb von dir. Öffne dich, den Strom der Liebe, der jetzt zu dir fließt, als regenbogenfarbene Energie zu sehen. Aus unserer Sicht wirkt es so, als würde ein breiter Regenbogen wie ein Fluss oder ein Strahl in deinen Herzraum einfließen. Der Regenbogenstrahl wird aus deinem Herzchakra in jede Zelle deines Köpers geleitet, um sie zu heilen und zu nähren. Dann tritt der Regenbogenfluss am Rücken wieder aus deinem Herzchakra aus. Beim Austritt aus deinem Körper nimmt der Strahl oft eine andere Farbe an. Er nimmt die Farbe an, die in deiner Umgebung gerade gebraucht wird.

Für dich empfiehlt es sich in der nächsten Zeit, der Welt ab und zu den Rücken zuzukehren. Das ist ganz wörtlich gemeint. Denn die Energie, die aus deinem Rücken strahlt, heilt die Welt. Wenn du den Umgang mit anderen Menschen besonders schwierig findest, dann wendest du ihnen einmal kurz den Rücken zu. Auf diese Weise können sie sich von dem Strom der Liebe, den du kanalisierst, nehmen, was sie brauchen. Du darfst auch noch einmal Ja dazu sagen, dass du in deiner Diamant-Meisterschwingung, in der Schwingung des

Regenbogens einfach durch deine Präsenz und über die Frequenz deines Herzchakras und deiner Augen energetisch heilst. Das Regenbogenlicht strahlt auch aus deinen Augen aus.

Du darfst dich öffnen, die Regenbogenstrahlen auch ganz physisch zu sehen. Jeder andere Mensch, der bereit ist, die Regenbogenschwingung anzunehmen, kann das Regenbogenlicht über dein Herz und deine Augen empfangen.

Innere Reise: Deine Diamant-Meisterschaft

Nun kannst du einen **Raum der Klarheit** betreten, den ich für dich vorbereitet habe und in den ich dich jetzt führe. Du kannst sehen, wie sich die Meisterschaft der Neuen Zeit für dich ganz persönlich gestaltet. Du kannst sehen, hören und fühlen, wie sich dein Leben in der Schwingung deiner Meisterschaft gestaltet. Du kannst viele konkrete Einzelheiten zu deiner ureigenen Meisterschaft der Neuen Zeit empfangen. Du darfst sie annehmen. Du wirst plötzlich wissen, was deine Meisterschaft der Neuen Zeit ausmacht. In der Regenbogenschwingung kanalisierst du Liebe, Freude, Erleuchtung und Wissen. Außerdem kanalisierst du ein Gefühl, das ich Einheit nenne, eine vollkommene Harmonie. Du kanalisierst das Potenzial, dass alle Menschen in deiner Nähe in Offenheit, Frieden und gewaltfreier Kommunikation miteinander agieren können. Du darfst dich öffnen, immer mehr darüber zu erfahren, wie sich die Einzigartigkeit deiner Meisterschaft der Neuen Zeit gestaltet.

Ich, Saint Germain, und Kryon haben die Aufgabe angenommen, dich darin zu unterstützen, die Meisterschaft der Neuen Zeit zu entdecken, zu erfahren und zu leben. So mögen sich deine Talente und Potenziale auf deinem Weg entfalten. In den nächsten Wochen wird dir das Leben neue Potenziale vor die Füße legen, die du annehmen kannst, wenn du es wählst. Damit kannst du die Weichen stellen, wie du die Meisterschaft der Neuen Zeit leben möchtest. Uns ist es übrigens egal, ob du zu den vorbereiteten Potenzialen Ja oder Nein sagst. Du wählst, du entscheidest, du tust, was du willst. Wir würden es allerdings begrüßen, wenn du dir wirklich vorstellen könntest, dass sich dir in den nächsten Wochen vielfältige Potenziale eröffnen werden. Sie werden dir einfach begegnen, ohne dass du sie gerufen hast. Zu manchem wirst du Nein sagen müssen, weil es einfach zu viel werden würde, alles zu realisieren. Wie die Liebe allgegenwärtig, maßlos und unbegrenzt im Universum fließt, so sind auch die Potenziale zahllos, die dem Meister der Neuen Zeit zu Füßen liegen. Wenn du etwas davon ablehnst und dich dagegen entscheidest, erscheint wieder etwas Neues in deiner Realität.

Die Veränderung des Erdmagnetfeldes, für die Kryon zuständig ist, nimmt noch einmal Fahrt auf. Die Menschen reagieren unterschiedlich darauf. Für dich bringt sie tatsächlich mehr Leichtigkeit, eine gewisse Sorglosigkeit und größere Freude am Leben mit sich. Du kannst loslassen, was dir nicht mehr dient. Jegliche Verwandlung beschleunigt sich. Du hast mehr Energie zur Verfügung für deine alltägliche Verwandlung. Dadurch fühlst du dich besser und hast das Gefühl, es wäre leichter, mit Energien zu spielen, was du sowieso ständig tust. Für die anderen Menschen, die festhalten möchten an dem, was sie immer getan haben, und die auch ihren persönlichen inneren Dämonen gar nicht begegnen möchten, wird es teilweise sehr ungemütlich. So gut es geht, darfst du mit Mitgefühl auf sie schauen. Sie durchlaufen jetzt einen Prozess, den du womöglich schon vor zehn oder zwanzig Jahren durchlebt hast.

Du darfst zustimmen, wie sich die Farbe deiner Aura verwandelt, von gelb, rot, blau oder violett in das regenbogenfarbene Strahlen des Diamanten. Der Regenbogen verbindet Sonne und Regen und er ist das Symbol dafür, dass die Dualität überwunden werden kann. Du kannst noch einmal bekräftigen, dass auch in deinem Leben die Dualität verschwindet. Wenn es in deinem Leben zwar innere Fülle und inneren Reichtum gibt, aber zeitweise noch einen äußeren Mangel, dann kannst du diese Gegensätze einfach verbinden, so wie der Regenbogen aus der Gleichzeitigkeit von Sonne und Regen entsteht. Wenn es in deinem Leben aktive Kommunikation mit der Natur und der geistigen Welt, aber viel menschliche Einsamkeit gibt, dann kannst du auch diese Erfahrung in deiner Regenbogenessenz aussöhnen. Wenn du langweilige Tage erlebst, aber turbulente Nächte, in denen du alles Mögliche in dir bewegst, durchatmest, durchdenkst und fühlst, dann kannst du das ausgleichen, indem du etwas Abenteuer in deine Tage und etwas Ruhe in deine Nächte bringst.

Übung *Die Gestalt deiner Meisterschaft*

Es dient dir, wenn du deine ganz persönliche Meisterschaft der Neuen Zeit definierst. Du kannst darüber etwas schreiben. Du kannst auch ein Bild deiner Regenbogenessenz malen, wenn du möchtest. Wenn du es wählst, kannst du deiner Meisterschaft in einem Lied oder einem Tanz Ausdruck verleihen. Ich bitte dich, dass du deiner Meisterschaft der Neuen Zeit, die du selbst bist und verkörperst, auf von dir frei gewählte Art eine kreative Form gibst. Ich bitte dich, dass du diesen kreativen Ausdruck eine Weile in dir reifen und wachsen lässt, dass du dieser Schöpfung etwas Zeit gibst. Wenn du dich dann dazu bereit fühlst, dann setzt du dich ab und zu hin und gibst deiner Meisterschaft der Neuen Zeit eine Gestalt. Lasse deine Kreation wachsen und reifen, bis du das Gefühl hast, sie ist vollkommen.

Für alle deine Visionen gilt, dass du sie erdest, wenn du sie anderen präsentierst und sie bewusst in die Welt gibst, wenn die Zeit gekommen ist. Wenn du deine Visionen mitteilst, tust du damit einen deutlichen Schritt zu ihrer Realisation. Wenn du anderen davon erzählst, dann nehmen sie Gestalt an. Du vernetzt dich damit mit der Welt und lässt die Liebe, die du in dir entfaltet hast, auch die Liebe zur persönlichen Ausgestaltung deiner Meisterschaft, einfach in die Welt fließen. Wenn Andere diese Liebe auffangen, dann multipliziert sie sich. So einfach ist das.

Wir haben viel Energie, auch von höheren Ebenen, in das Portal der universellen Liebe einfließen lassen, welches du selbst bist. Nun kannst du dich ausruhen und den Frieden genießen, den du in dir und außerhalb von dir erschaffen hast. Du lebst in deiner Dimension des Friedens, in der das Chaos der Welt keinen Platz hat. Selbst wir Engel können es genießen, hier bei dir zu sein. Auch wir können uns, wenn wir in der Nähe der Erde weilen, in deiner Dimension ausruhen. Die Liebe und der Frieden sind allgegenwärtig. Sie sind mit dir auf jedem Schritt des Weges. Wir lieben dich, so wie du dich liebst.

Wenn die Integration deiner Seelenessenz und deines Lichtkörpers abgeschlossen ist, stehst du vor der Entscheidung für die Meisterschaft des Seins. An diesem Punkt deiner Reise kannst du ganz bewusst und klar Ja zur Meisterschaft sagen. Es handelt sich um eine Reise ins Ungewisse. Möglicherweise schreckst du davor zurück, etwas zu bejahen, von dem du nicht weißt, was es impliziert und wie es deine Zukunft beeinflusst. Wenn es dein Muster ist, mutig voranzugehen, dann denkst du in diesem Moment: »Ja, klar, ich bin dabei. Ich sage Ja zur Meisterschaft.« Doch wenn du später darüber nachdenkst, könnte es dir bewusst werden, dass es jetzt noch nicht der richtige Zeitpunkt ist. Wenn es dagegen dein Muster ist, dich klein zu machen und dich ohnmächtig zu fühlen, dann denkst du zunächst: »Ich bin nicht gut genug, um ein Aufgestiegener Meister zu sein.« Irgendwann, wenn du allein bist und wenn du es dir erlaubst, wirst du dann auf einmal doch ganz klar wissen, dass du den Weg der verkörperten Meisterschaft gehen möchtest.

Geschichte »Der Aufstieg«

Der Meister verließ sein Haus, um am Fluss spazieren zu gehen. Hinter der Biegung des Flusses sah er einen hohen Berg, dessen

Gipfel verlockend im Sonnenlicht erstrahlte. Der Meister entschied sich, den Berg zu besteigen. Er lief Tag für Tag bergan und ruhte sich in der Nacht aus. Jedes Mal, wenn er an eine Weggabelung kam und nicht sicher war, welcher Weg ihn am schnellsten zum Gipfel führen würde, erschien auf kurz oder lang ein Mann in einem leuchtenden Gewand, der ihm den einfachsten und besten Weg zeigte. Der Meister hatte den Eindruck, dass dieser Mann kein wirklicher Mensch war und eigentlich in einer anderen Dimension existierte, aber er erlebte ihn als einen unterstützenden Begleiter, und so war es ihm egal.

Als der Weg steiler wurde, wachte der Meister eines Morgens so müde auf, dass er glaubte, nicht weitergehen zu können. Dann schlief er wieder ein und hatte einen Traum. Er sah sich selbst als kleinen Jungen, der vom Ballspiel müde nach Hause kam. Seine Mutter nahm ihn in die Arme, liebkoste ihn und bereitete ihm ein schmackhaftes Mahl. Sein Vater strich ihm liebevoll übers Haar, lobte ihn für seine Ausdauer und ermutigte ihn, sein Spiel zu verfeinern. Nach diesem Traum wachte der Meister erfrischt auf, bedankte sich bei seiner Mutter und seinem Vater, nahm den kleinen Jungen, der er einmal gewesen war, in den Arm und setzte seinen Aufstieg fort.

Eines Tages brannte die Sonne besonders heiß, als der Meister den Berg hinaufstieg. Ihm wurde schwindelig, er stürzte und verletzte seinen Kopf an einem Felsvorsprung. Als er dann halb ohnmächtig in der sengenden Sonne saß, kam ein Mann vorbei, kühlte ihm die Stirn mit seiner Hand und sprach zu ihm: »Ich bin dein Innerer Heiler und du kannst mich jederzeit rufen. Ich bin für dich da.« Der Meister fühlte sich augenblicklich besser und setzte seinen Weg fort.

Während seiner Wanderschaft fegte ein grandioser Sturm übers Land und ein Gewitter schien sich anzubahnen, so dass er es gehörig mit der Angst zu tun bekam. Plötzlich sah er vor sich ein Männlein mit einer Narrenkappe über den Weg springen, das laut lachte und rief: »Sieh dich vor, dass dich der Sturm nicht in Windeseile den ganzen Berg hinaufträgt!« Der Meister musste bei dieser Vorstellung laut lachen und mit dem Lachen verflog seine Angst.

An diesem Abend war er wieder sehr erschöpft und legte sich besonders früh unter einen Baum zum Schlafen. Wieder begegnete ihm im Traum ein Mann mit einem leuchtenden Gewand. Er sah, wie dieser Mann umgestürzte Bäume auf dem Weg, der vor ihm lag, wegräumte. Der Mann stellte sich ihm als sein Innerer Zerstörer vor, dessen Aufgabe es sei, für ihn Ordnung zu schaffen.

Der Weg führte ihn in einen dunklen Wald, in dem das Sonnenlicht kaum die Wipfel der Bäume durchdrang. Wenn ein Tier im Unterholz raschelte, bekam der Meister eine Gänsehaut. Zu allem Überfluss schien sich plötzlich ein dunkles Monster vor ihm aufzubauen. Doch das Monster sprach: »Fürchte dich nicht, denn ich bin nur dein eigener Schatten. Vor mir brauchst du nicht wegzulaufen.« Der Meister trat dennoch einen Schritt zurück und registrierte, dass sich das Monster im selben Rhythmus bewegte wie er.

Irgendwann lichtete sich der Wald wieder und sein Weg schenkte dem Meister eine wunderschöne Aussicht über Berg und Tal. Er erinnerte sich an die Gesänge eines Priesters in einer alten Kirche, die er vor Urzeiten gehört hatte. Die Gesänge drangen in sein Ohr und erfüllten seine Kehle und er begann, Gott zu loben und ihm zu danken, während er sang.

Als der Meister den Gipfel erreicht hatte, ertönten wieder himmlische Gesänge in seinen Ohren und das unvergleichliche Licht- und Farbenspiel der untergehenden Sonne umhüllte ihn. Er ließ sich dort oben nieder und genoss den vollkommenen Augenblick.

Als er durstig wurde, erschien eine weiße Taube und führte ihn zu einer nahegelegenen Quelle. Als er hungrig wurde, kam ein Eichhörnchen angesprungen und zeigte ihm einen Haselnussstrauch.

Am nächsten Tag beschloss er, dort oben auf dem Berggipfel eine Hütte zu bauen. Er sprach mit den Bäumen, die dort standen, ob sie bereit seien, ihm als Holz für seine Hütte zu dienen. Einige Bäume stimmten zu und er dankte ihnen und verarbeitete sie zu

Bauholz. Wenn er erschöpft war von den Bauarbeiten, kamen immer wieder lichtvolle Gestalten, die ihn trösteten, ermutigten und seinen Körper massierten.

Als seine Hütte fertig war, wurde ihm plötzlich seine Einsamkeit bewusst und er ging ein Stück des Weges ins Tal hinab, wohl wissend, dass er am Abend wieder hinaufsteigen musste. Hinter einem Felsvorsprung eröffnete sich ihm plötzlich der Blick auf ein Schlachtfeld. Er sah, wie die siegreiche Truppe ein Dorf anzündete, und hörte die Schreie der Frauen und Kinder. Als er an diesem Abend sein Gebet sprach, hallten die Schreie der Menschen in seinen Ohren wider und plötzlich legte sich eine undurchdringliche Dunkelheit auf sein Gemüt. Nachdem seine Tränen getrocknet waren, umhüllte ihn die Dunkelheit wie ein schützender Mantel und er fand darin seinen Frieden. Aus der friedlichen Leere in ihm stieg die Vision eines neuen Miteinanders der Menschen auf.

Als im Frühling aus dem Wald das vielstimmige Lied der Vögel ertönte, gelüstete es dem Meister wieder nach einer Wanderung. Er genoss es, sattgrüne Auen zu durchstreifen und durch einen Wildbach zu waten. Abends kam er erschöpft und erfüllt zu seiner Hütte zurück.

Einer Eingebung folgend formte er aus dem Lehm der Erde die Gestalt einer wunderschönen Frau. Er stellte die Tonfigur vor seiner Hütte auf und freute sich jeden Tag an ihr. Sie war die Schöpfung seiner eigenen Hände und schien doch ein Eigenleben zu führen. Manchmal schien es ihm, als wenn sie ihm zuzwinkerte.

Als er eines Abends wieder aus dem Wald nach Hause kam, sah er, dass die Tonfigur verschwunden war, und das erfüllte ihn mit Trauer. Dann öffnete er die Tür zu seiner Hütte und dort saß eine Frau, die aufs Haar seiner Figur glich. Sie hatte ein Feuer angezündet und eine Suppe gekocht. Sie hatte schon ein Lager für sie beide bereitet. Während sie in der Suppe rührte, summte sie ein ihm wohlbekanntes Lied. Als der Meister die Hütte betrat, legte sie die Arme um seinen Hals, um ihn willkommen zu heißen.

Aufgestiegene Meisterinnen

Auf der Erde gab es schon immer eine gleiche Anzahl weiblicher und männlicher Aufgestiegener Meister. Du darfst diese wesentliche Wahrheit annehmen und ihr zustimmen. In der Wahrnehmung der spirituellen Traditionen stehen allerdings die erleuchteten Frauen immer noch im Hintergrund – und sie akzeptieren das. Der Meister braucht keinen Ruhm. Nicht alle Aufgestiegenen Meister der Erde haben Bücher oder Schriften hinterlassen. Diejenigen, die das getan haben und mit der Rolle des Lehrers verbunden waren, wurden durch ihre Umwelt natürlich besonders wahrgenommen. Gerade weibliche Meisterinnen manifestieren ihre Meisterschaft oft, indem sie heilen und sich fürsorglich um ihre Mitmenschen kümmern, was dann nicht in Schriftrollen oder heiligen Büchern dokumentiert ist.

≈ *Kommunikation mit den Goldenen*

Innere Reise: *Der Raum der Goldenen*

Zur Begleitung für deine nächsten Schritte bitte ich die exklusive Gruppe der Goldenen herein. Öffne dich, öffne dein drittes Auge, dein Herz und deine Seele, um diese Gruppe zu fühlen, zu sehen, zu hören und zu empfangen. Sie erstrahlen in goldenem Licht. Du kannst dich mit deinem Geist und deinem erweiterten Bewusstsein mit ihnen verbinden und sie in deinen Raum, in deinen physischen und auch in deinen energetischen Raum, hereinlassen. In den nächsten Wochen wirst du dich, wenn du es wählst, immer wieder mit der Gruppe der Goldenen sehr verbunden fühlen. Sie sind für die nächste Zeit deine wichtigsten Begleiter, noch bedeutsamer als ich, Saint Germain. Die Goldenen sind die Aufgestiegenen Meister der Erde aus allen Zeiten und Kulturen. Die Schwingung der Meisterschaft ist golden. Die Schwingung der vollkommenen Integration ist das Regenbogenlicht, das auch Diamanten ausstrahlen. Die Regenbogenessenz bringt zum Ausdruck, dass du auch die dunklen Farben deines Lebens und sogar deiner Seelenessenz integriert hast. Die goldene Schwingung entsteht aus der Verschmelzung der Regenbogenessenz mit dem göttlichen Bewusstsein.

Ich führe dich jetzt zusammen mit den Goldenen in die Schwingung der Meisterschaft. Das ist ein großer Schritt. Es mag sein, dass du während der Lektüre das Gefühl hast, zwischendurch dein Zeit- und Raum-Bewusstsein zu verlieren. Das wäre sogar in Ordnung. Mache es dir bequem und lasse dich führen. Du kannst diesen Abschnitt auch später immer wieder lesen und dich erneut mit den Worten und den Inhalten verbinden. Bei der ersten Lektüre geht es darum, die Energien der Goldenen aufzunehmen. Du wirst hereingeführt in den Raum der Goldenen und ich spreche als einer von ihnen zu dir. Ich bin nun Saint Germain, der Goldene. Du darfst zustimmen, in dir die goldene Essenz zu eröffnen. Am besten tust du das, indem du dich jetzt ganz bewusst zur Gruppe der Goldenen gesellst, die schon in deiner Nähe bereitsteht und auf dich wartet. Es mag sogar sein, dass du den ein oder anderen Aufgestiegenen Meister, den du kennst, in dieser Gruppe wahrnimmst. Dann kannst du ihn begrüßen und einfach mit deinem erweiterten Bewusstsein aufnehmen, was er dir mitteilt, welche Geschenke er dir überreicht, wo er dich berührt und auf welche Weise er dein Herz anspricht. Natürlich kann es sich auch um eine Aufgestiegene Meisterin handeln, die du wahrnimmst. Die Goldenen legen dir die Hände auf die Schultern, berühren deinen Körper, wenn es angemessen ist. Sie waschen dir die Füße. Sie segnen dich. Sie klären den Raum. Sie verbinden sich mit dir und nehmen dich auf in ihren Kreis. Sie überreichen dir ein Geschenk, das du annehmen darfst. Sie überreichen dir ein energetisches Gewand, das Kleid deiner Vollkommenheit, in das sie dich einhüllen. Sie übergeben dir die Insignien deiner Meisterschaft. Wie ein König ein Zepter, eine Kugel und ein Schwert bekommt, überreichen sie dir die Herrschaftszeichen deiner Meisterschaft. Du darfst bewusst empfangen, was sie dir überreichen. Es handelt sich um ganz persönliche Geschenke. Ihre Geschenke kannst du gut gebrauchen, um deine ureigene Meisterschaft zu leben. Wenn du deine Meisterschaft in die Welt bringst, dann erkennt die Welt deine Meisterschaft. Sie erkennt, wer du bist, und sie antwortet dir in entsprechender Weise. Wenn du deine Meisterschaft wirklich angenommen hast, dann dient dir die Welt. Dass dir die Welt und die anderen Menschen dienen, darfst du als Gradmesser für deine Meisterschaft bewerten. Der Meister nimmt den Dienst und die Geschenke der anderen an, weil er sich ihrer würdig fühlt und erweist. In deinem Leben schwingst du dich immer wieder auf die Frequenz der Vollkommenheit ein. Die Verbindung zu deiner Seelenessenz verlierst du nicht mehr. Im Raum der Goldenen begibst du dich immer wieder in die Schwingung der Meisterschaft des Seins.

Wenn die Zeit gekommen ist, verlassen dich die Goldenen und entfernen sich ein Stück weit. Dennoch kommen sie jederzeit wieder, wenn du sie rufst. Du kannst dich im Kreis der Goldenen immer wieder ausruhen und auftanken und dort in schweren Zeiten Zuflucht suchen. Du kannst so viel Zeit, wie du möchtest, im Austausch mit den Goldenen verbringen und, so oft du es wählst, zu ihnen kommen. Sie begleiten dich. Und wenn die Zeit gekommen ist – es kann schon heute sein! –, wirst du in aller Klarheit wissen, dass du ein Teil dieser Gruppe bist.

~···~

In früheren Zeiten wurden die Aufgestiegenen Meister oft von einem Lehrer initiiert. Sie haben dafür anstrengende Reisen unternommen und vielleicht sogar am anderen Ende der Welt einen erleuchteten Meister aufgesucht, um von ihm zu lernen und sich in seiner Präsenz zu vervollkommnen. In der heutigen Zeit sind die Menschen allgemein in ihrem Bewusstsein fortgeschritten und haben ihre Schwingung erhöht. Daher können sie auch von der virtuellen Präsenz der Aufgestiegenen Meister profitieren. Es ist sogar möglich, dass dieses Buch die Energie der Meisterschaft transportiert, so dass es genauso wie ein physisch anwesender Meister wirken kann. Das hängt übrigens auch mit der Schwingung meiner Partnerin Stella zusammen, die dazu beiträgt, dieses Buch in Form zu bringen. Zusätzlich zur energetischen Verbindung mit den Goldenen, die mit der Lektüre dieses Buches automatisch entsteht, kannst du auch ganz bewusst jederzeit mit ihnen kommunizieren. Manchmal stellen sie sich dir vor, manchmal spürst du einfach ihre Präsenz. Manchmal interagieren sie mit dir verbal, manchmal in Bildern oder telepathisch. Du darfst zu dieser Verbindung Ja sagen.

Ich möchte deine Kommunikation mit den Goldenen mit Telefongesprächen vergleichen. Beim Telefonieren gibt es einen Anrufer und einen Empfänger des Gesprächs. Oft bist du der Anrufer. Du möchtest mit den Goldenen sprechen. Dann kannst du ganz bewusst bitten, dass sie jetzt den Hörer abnehmen möchten. Dazu musst du manchmal eine Weile warten. Du kannst dir vorstellen, dass sie im Hintergrund erst entscheiden, wer ans Telefon geht, so wie das in Familien auch oft geschieht. Einer erbarmt sich dann, mit dir zu sprechen.

Manchmal möchten vielleicht die Goldenen bei dir anrufen und dir etwas mitteilen. Du kannst dich öffnen, dass sie dir ein Zeichen geben, wie sie dich anklingeln. Vielleicht hörst du wirklich einen Ton im Ohr, wenn sie dir etwas sagen möchten. Vielleicht erscheint einfach das Wort Telefon in deinen Gedanken, wenn sie dich sprechen möchten. Du wirst dein eigenes Zeichen mit ihnen vereinbaren oder es dir von ihnen schenken lassen.

Während des Gesprächs solltest du ruhig immer wieder darauf bestehen, dass sie lauter sprechen oder dir nähere Erklärungen geben, wenn du etwas nicht verstehst. Manchmal musst du dich mit der Antwort »Warte ab!« zufriedengeben, aber eine Antwort wirst du immer erhalten.

Manchmal mag die Verbindung abbrechen. Meistens wird das durch deine eigene Angst verursacht, die Angst, Grenzen zu überschreiten. Dann legst du, oft unbewusst, den Hörer auf. Manchmal ist das Gespräch beendet, weil es einfach nichts mehr zu sagen gibt, selbst wenn du gerne noch weitere Erklärungen hättest.

Die Goldenen begrüßen es, wenn du dir immer wieder Ruhe und Zeit für diese Gespräche nimmst, so wie man sich für ein entspanntes Telefongespräch aufs Sofa legt und keine Unterbrechungen und Ablenkungen zulässt.

Die Grenzen zwischen Leben und Tod verwandeln sich und werden durchlässiger. Ich bitte dich daher, dass du in der nächsten Zeit die Augen offenhältst, falls ein Aufgestiegener Meister vor dir Gestalt annimmt, als wäre er lebendig. Ein Aufgestiegener Meister verkörpert sich für eine Weile in deiner Nähe, um dir wichtige Hinweise für dein Leben zu geben. Öffne dich für diese Begegnung. Der Kontakt kann dir auch demonstrieren, dass es in Zukunft immer einfacher wird, spontan einen physischen Körper anzunehmen. Wie man sich ein Faschingskostüm anzieht, so kann ein Aufgestiegener Meister in einen menschlichen Körper einsteigen. Manchmal lieben es die Aufgestiegenen Meister auch, sich in der Gestalt des anderen Geschlechts zu zeigen, also als Mann Frauenkleider zu tragen oder als Frau einen Anzug, eine Krawatte und einen Zylinder. In den Nächten reist der Meister durch die Welt, zieht sich Kostüme an und spricht mit den Menschen, auch mit denen, die er kennt, ohne dass sie wahrnehmen, wer er ist. Bist du bereit für die Begegnung?

Die Einsamkeit des Meisters

Das Attribut der Erhabenheit gehört zur Schwingung der Meisterschaft. Der Meister fühlt sich deshalb allein. Es mag sein, dass das Lebensgefühl, immer etwas außerhalb der anderen Menschen zu stehen, dir schon, seit du auf der Welt bist, nicht unbekannt ist. Das Bewusstsein, dass der Meister allein ist, mag dich entlasten, denn du verurteilst dich selbst vielleicht dafür, nicht ausreichend gesellig zu sein. Du darfst an dieser Stelle einfach Ja sagen zu einer ganz tiefen und auf einer sehr persönlichen Ebene erlebten Einsamkeit. Viele Erkenntnisse und Erlebnisse kannst du als Aufgestiegener Meister mit niemandem teilen. Deine ganz persönlichen Erfahrungen korrespondieren auch mit der ganz individuellen Ausprägung deiner Meisterschaft. Deine einzigartigen Abenteuer kannst du möglicherweise sogar in Worte fassen und anderen erzählen, aber sie lassen sich den anderen trotzdem nicht vermitteln. Du hältst dich in einer Dimension des Bewusstseins auf, die die anderen nicht erreichen können. Du darfst an dieser Stelle Ja dazu sagen, in deine Dimension der Meisterschaft zu gehen, zu der außer dir niemand Zugang hat. Nur die Goldenen können dir dorthin folgen. Du kannst dich jederzeit mit einem tiefen Atemzug in den *Raum der Goldenen* begeben. Auf deinem Weg in die Meisterschaft wirst du immer wieder Zuflucht im Raum der Goldenen finden.

Die goldene Schwingung

Die Schwingung der Meisterschaft eröffnet sich im Körper, in der Seele und im Geist. Während du liest, dass sich die Schwingung der Meisterschaft im Körper eröffnet, darfst du einfach mit einem tiefen Atemzug Ja dazu sagen, so dass sich auch bei dir die Schwingung der Meisterschaft im Körper manifestiert, wenn du es wählst. Der Aufgestiegene Meister kann den Körper schnell und effektiv ausbalancieren. Er kennt überhaupt nur akute Erkrankungen. Chronische Verschleißerscheinungen, mit denen alle Menschen mit zunehmendem Alter zu kämpfen haben und die auf der Abschwächung der Lebenskraft basieren, treten bei einem Aufgestiegenen Meister nicht mehr auf. Als Aufgestiegener Meister bist du der Solitär. Du hast dich aus der Verbindung mit deiner Familie und damit aus den Begrenzungen der Genetik ausgeklinkt. Als Meister spielen Veranlagungen und genetische Dispositionen keine Rolle mehr für dich. Es kann sein, dass der Körper des Meisters ab und zu von einem Flash an Energie erfasst wird, die er dann transformiert. Die dadurch aktivierten Symptome würden die Menschen dann als akute Erkrankung bezeichnen, zum Beispiel ein kurzes oder auch etwas längeres Fieber, ein Schmerz im Hals, ein Schnupfen, ein Durchfall, Krämpfe an der ein oder anderen Stelle des Körpers. Diese Symptome dienen der Ausleitung und der energetischen Reinigung. Reinigungsprozesse durchläuft dein Körper auch in der Zukunft. Du wirst aber auch erleben, wie schnell dein Körper in der goldenen Schwingung Energien ausgleichen kann. Du darfst einer effektiven akuten Ausbalancierung des Körpers zustimmen.

Ebenso verändern sich in der goldenen Schwingung seelische Krisen. Du wirst weiterhin Trauer und Schmerz empfinden, wenn du bei den Menschen, vor allem bei denen, die dir sehr lieb geworden und ans Herz gewachsen sind, siehst, dass sie Nein sagen. Du siehst, dass sie Nein sagen, ein Potenzial anzunehmen, dass dir sehr kraftvoll erscheint. Genauso wie dein Körper kann deine Seele eine schnelle und effektive Ausbalancierung erfahren. Manchmal wirst du einen Tanz mit deinem Schatten vollführen und dann lässt du den Schatten wieder einfach stehen und gehst weiter. Aktuelle und der Situation angemessene Gefühle darfst du jederzeit begrüßen. Gefühle sind das Salz in der Suppe des Lebens. Selbst Wut ist oft ein sehr angemessenes Gefühl und die echte Wut, die aus der Präsenz im gegenwärtigen Moment entsteht, verändert die Energien und verwandelt das sie erzeugende Geschehen. Wenn du dir einen Wutanfall auf der energetischen Ebene anschaust, dann handelt es sich um eine Welle, eine kraftvolle Welle, die letztendlich einen geklärten Raum erschafft. In der goldenen Schwingung der Meisterschaft laufen die aktuellen Stimmungen und Gefühle durch und verschwinden ganz schnell wieder. Das gilt für alle authentischen Gefühle. Da du ja schon Stopp gesagt hast zu den Mustern der Gefühle, die in Ereignissen deiner Kindheit, deiner früheren Inkarnationen oder Erfahrungen deiner Ahnen bedingt sind, bist du frei von verhakten, sich endlos in sich selbst drehenden Gefühlsdramen. Du kannst stattdessen auch deine Seele schnell und effektiv ausbalancieren und innerlich ruhig und gelassen bleiben.

Was passiert nun auf der Ebene deines Geistes? Dein Geist ist mehr als dein Verstand. Der Verstand gehört zum Körper, denn er ist an dein Gehirn gebunden und das Gehirn ist Teil des Körpers. Wenn du den Körper schnell und effektiv ausbalancieren kannst, dann kannst du auch deinen Verstand immer wieder in Leichtigkeit ins Gleichgewicht bringen. Wenn ich von Geist rede, dann meine ich deine Intuition und deine übersinnliche und überpersönliche Wahrnehmung. Genauso wie dein Geist deinen Verstand übersteigt, gibt es eine Herzensschwingung der Liebe, die größer ist als das körperliche Organ Herz. Das Herz als körperliches Organ hält dich in Bewegung. Es pulsiert den Lebenssaft Blut und damit die Lebenskraft durch deinen Körper. Wenn das Herz nicht mehr richtig arbeitet, drückt der Körper damit aus, dass die Lebenskraft nachgelassen hat. Das Herz hat wie das Gehirn eine energetische Aura, die sehr mächtig ist. Die energetischen Felder des Herzens und des Verstandes vereinigen sich in deinem Geist. Dein Geist ist verbunden mit der göttlichen Schwingung. Er ist verbunden mit dem Raum der Goldenen, mit dem goldenen Licht der Aufgestiegenen Meister.

Du kannst jetzt zustimmen, dass goldenes Licht in dein Herz, auch in das physische Herz, und in deinen Verstand, auch in das physische Gehirn, einfließt. Dein Geist verleiht dir Zugang zur Schwingung der Liebe und des Lichts, die dich umgibt. Wenn du den physischen Menschen mit irdischen Augen anschaust, dann siehst du nur einen Zellklumpen. Wenn der physische Mensch stirbt, dann bleibt letztendlich nichts anderes übrig als ein Häuflein Sand. Das bist du, das ist der physische Mensch. Aber im Geist lebst du ewig und dort bist du zu Hause. Der Aufgestiegene Meister hat die Vereinigung von Geist und physischem Körper wirklich vollzogen. In gewisser Weise gehört es zum Weg der Meisterschaft, immer wieder auf die Erde geschubst zu werden und sich der Begrenzung der physischen Existenz zu stellen. Es gibt selbsternannte Meister, die sogar sehr lichtvoll sind, denen aber die Verbindung mit der Erde fehlt. Für den echten Meister besteht die größte Herausforderung darin, nicht ein für alle Mal in den Raum der Goldenen überzugehen, sondern hier zu bleiben und die goldene Schwingung mit dem

Körper zu verbinden. Die Verbindung der goldenen Schwingung mit dem Körper vollzieht sich über deinen Geist.

Es gibt ein Symbol für den erweiterten Verstand: das dritte Auge. Das Wort Herz wird für das physische und das erweiterte Herz benutzt. Ich spreche von Herzkraft, wenn ich das erweiterte Herz und die Verbindung damit meine. Im Geist verbinden sich das erweiterte Herz, die Herzkraft, und das erweiterte Gehirn, das dritte Auge. Im Geist sitzt die Weisheit des Meisters. Du darfst noch einmal Ja sagen zu der Weisheit des Aufgestiegenen Meisters, die zu seiner goldenen Schwingung gehört.

Ich möchte nun die goldene Schwingung in deinen Geist bringen, in deine Herzkraft und in dein drittes Auge, in deinen erweiterten Verstand. Dazu führe ich dich auf eine Bewusstseinsreise. Es ist des Aufgestiegenen Meisters nicht würdig, an Erwartungen festzuhalten. Seine Weisheit sagt ihm, dass das, was erwartet worden ist, keine Bedeutung hat, sondern das Vollendete und das Vollkommene, das ihm begegnet, ist das Geschenk des Lebens. Wenn wir jetzt diese Reise zur Schwingungsanhebung deines Geistes beginnen, dann darfst du alle Erwartungen loslassen. Selbst wenn du schon gar nicht mehr erwartest, etwas zu sehen, darfst du dich für klare und aus sich selbst sprechende Bilder öffnen, die gar nicht interpretiert werden müssen. Selbst wenn du unbedingt erwartest, diesmal ganz viel zu sehen, dann darfst du dich für die Sprache des Geistes öffnen, wie auch immer sie dir erscheint. Dir begegnet die Meistersprache deines Meistergeistes. In jedem Fall kommst du in Kontakt mit der goldenen Schwingung. Es kann gut sein, dass du tatsächlich goldene Farbe um dich herum wahrnimmst, ein überirdisch schimmerndes Gold. Gold begegnet dir in der physischen Welt zum Sonnenaufgang und Sonnenuntergang. Sonnenaufgang und Sonnenuntergang sind die Zeiten des Übergangs. Gold ist die Schwingung des Übergangs vom Menschen zum göttlichen Wesen. Es ist die Schwingung des Aufgestiegenen Meisters. Es mag durchaus sein, dass in den nächsten Wochen die Farbe Gold in deinem Leben immer wieder eine ganz besondere und bedeutsame Rolle spielt.

Innere Reise: ***Das goldene Bewusstsein***

Wir begeben uns nun in das erweiterte, meisterlich goldene Bewusstsein und auf unsere Reise. Du öffnest deinen Geist.

Zunächst besuchen wir eine Näherin in Bangladesch. Du siehst diese Frau an ihrem Platz, an den sie sich begeben hat. In dem Moment, in dem du deinen Geist erweiterst, fühlst du ihr Bewusstsein. Du denkst vielleicht sogar ihre Gedanken. Du nimmst sie wahr als die, die sie ist. Du nimmst sie wahr, als die, die sich an diesen einzigartigen Platz an ihrer Nähmaschine gestellt hat. Du fühlst, was sie fühlt. In deinem meisterlichen Geist kannst du ihre Begrenzung, ihre Anstrengung, ihren Schmerz, ja sogar ihren Körper in vollkommener Neutralität wahrnehmen. Du darfst dir jetzt ganz bewusst eine Erfahrung erlauben, wie der meisterliche Geist die Welt erforscht und wie du in der goldenen Schwingung die Welt siehst. Du siehst diese Näherin in Bangladesch und du fühlst mit ihr und du weißt um ihr Schicksal und um alles, was ihr Leben und sogar ihre Seelenessenz ausmacht. Sie näht mit flinken und geschickten Fingern und ihre Finger vibrieren vor Energie. Sie näht die Bettwäsche, in der du schläfst, die T-Shirts oder die Hosen, die du trägst. Du kannst sehen, was sie in der Hand hält. Du schmeckst, was sie in der Pause isst, wenn sie ihren Platz verlässt. Vielleicht nimmst du noch mehr von ihr wahr, um dir ein vollständiges Bild zu machen. Du kannst nun Danke sagen, dass sie dir ein Stück weit Einblick in ihr für dich ganz fremdes und exotisches Leben gewährt hat.

Du nimmst einen tiefen Atemzug und begibst dich wieder in die goldene Schwingung deines Geistes. Du lernst, dich in der goldenen Schwingung deines Geistes mit allen Facetten des Lebens und der Welt zu verbinden. Du erlernst die goldene Schwingung des Denkens und des Fühlens auf unserer Reise. Du kannst erfahren, wie Weisheit und Neutralität in deinem erweiterten Geist regieren.

Wir reisen weiter. Du begibst dich nun wieder in dein persönliches Umfeld. Wenn du Kinder hast, dann gehst du jetzt zu einem deiner Kinder. Das bedeutet, dass du zu einem Erdenengel gehst, der jünger ist als du und den du in dieses Leben geführt hast. Wenn du Kinder hast, dann gehst du also zu einem deiner Kinder, das jetzt hier erscheint. Wenn du mehrere Kinder hast, wird das passende Kind hier erscheinen. Wenn du kein Kind hast, das derzeit auf der Erde inkarniert ist, dann gehst du zu einem jungen Menschen in deiner Nähe, den du kennst. Es wird ein Mensch, der in deiner Nähe lebt, hier erscheinen. Es kann ein Neffe oder eine Nichte sein. Es kann aber auch ein junger Mensch erscheinen, den du nur relativ flüchtig kennst. Wenn du selbst noch sehr jung bist, siehst du ein Kind, das auch für dich zu den Nachgeborenen gehört. Du verbindest dich nun mit einem Kind oder einem anderen jungen Menschen. Du gehst zu denen, die nach dir kommen, mit deiner goldenen Schwingung von Weisheit, Neutralität und Liebe. Du wendest dich diesem Menschen zu und du tust dasselbe, was du mit der Näherin getan hast. Du kannst vielleicht sogar seine Gedanken wahrnehmen. Du denkst, was dieser Erdenengel denkt. Du fühlst, wie er fühlt. Du nimmst sogar seine Begrenzung wahr. Du verbindest dich mit seiner Seelenessenz. Du kannst sicher sein, dass dein Besuch willkommen ist. Du erforschst damit die Möglichkeiten deines Geistes in der goldenen Schwingung. Du riechst, schmeckst, siehst, fühlst und weißt, was diesen Menschen betrifft. Du erkennst, wo er jetzt steht, und während du ihn besuchst, weißt du sogar, was zu tun ist. Du kannst ihm die Hand auflegen oder du kannst ihm etwas sagen, wenn es in dir erscheint. Du tust das, was angemessen ist. Dann sagst du Danke für diese Erfahrung. Du sagst Danke für die Begegnung in der goldenen Essenz des Meisters. Anschließend landest du mit einem tiefen Atemzug wieder ganz bei dir selbst.

Wir gehen weiter auf unserer Reise und suchen noch einen anderen Ort auf. Wir reisen in den Urwald am Amazonas zu einem Stamm von Eingeborenen dieser Gegend. Du besuchst einen dort heimischen Bewohner, der gerade einer intensiven Verwandlung seines Lebens ausgesetzt ist, ob ihm das nun schon selbst bewusst ist oder nicht. Er und seine Stammesgenossen erleben, dass ihr Lebensraum durch Abholzungen für Plantagen immer mehr eingeschränkt und auch zerstört wird. Du gehst also dorthin zu einem Einheimischen aus dem Amazonasgebiet mit deinem goldenen Bewusstsein. Du glaubst vielleicht, dort etwas zu lernen oder zu erfahren. Aber der Fokus des Meisters liegt einfach auf der Begegnung. Du gehst dorthin in der Schwingung deines goldenen Geistes, begrüßt diesen Menschen und tust dasselbe, was du vorher getan hast. Du schaust dir mit Achtung und Respekt sein Leben an, sein ursprüngliches Leben in Verbindung mit der Erde und der Natur. Du begibst dich in gewisser Weise auch auf eine Reise in die Vergangenheit der Menschheit. Du siehst, wie er dort lebt. Du siehst seine Behausung. Du siehst die Gefäße, in denen er sein Essen aufbewahrt und erwärmt. Du siehst, wie er sich kleidet und schmückt. Du nimmst sogar teil an den Begrenzungen seines Denkens und Fühlens. Er kann dir ein Geschenk geben oder einfach etwas von seinem Leben zeigen. Er kann dir etwas von seinem Lebensgefühl mitteilen. Du nimmst auch wahr, wie er mit diesem extremen Übergang kämpft. Womöglich muss er das geschützte Stück Natur, auf dem er lebt, demnächst verlassen. Seine Hütte wird zerstört und er wird von dem Land seiner Vorfahren vertrieben. Er muss hereinspringen in eine ganz neue Kultur und Lebensweise. Du fühlst alles, was er fühlt. Du erlebst mit ihm den Abschied und den Neubeginn. In dieser Erfahrung besteht seine Verbindung zu dir. Du darfst mit einem tiefen Atemzug diese Begegnung im goldenen Geist der Meisterschaft eine Weile genießen und alles annehmen, was dir zur Erweiterung deines Bewusstseins geschenkt wird.

~···~

Du hast in Gestalt der Näherin, die deine Kleider oder Gegenstände deines Alltags näht, einen Menschen gesehen, der dir dient. Du hast außerdem einen Menschen gesehen, der sich genau wie du in einem extremen Übergang befindet und einer grundlegenden Verwandlung seines Lebens ausgesetzt ist. Du bist ihm im goldenen Geist begegnet, der die Annahme der Verwandlung vollkommen verkörpert. Außerdem bist du einem Menschen begegnet, der in deiner Nähe lebt und auf den deine goldene Schwingung der Meisterschaft ausstrahlen wird. Jetzt darfst du erkennen, wie sehr diese Menschen, die dir jeder auf seine Art verbunden sind, begrüßen, wenn du Ja sagst, deine goldene Schwingung vollkommen zu verkörpern und in die Welt zu tragen.

Die Schwingung von Körper, Seele und Geist des Meisters haben wir jetzt behandelt. Dieses Kapitel ist vollendet.

Die Potenziale der Meisterschaft

1. Verwandlung erlauben

In der Schwingung der Meisterschaft wirst du eine neutrale Haltung zur Verwandlung entwickeln. Das heißt auch, dass du nicht ständig auf Veränderungen beharren musst. Du brauchst nicht mehr dauernd etwas Neues anzufangen, wie es dir in diesem Leben bisher oft zwingend erschien. Dass du immer wieder neue Entscheidungen treffen und auch viel Neues, beruflich wie persönlich, beginnen musstest, gehörte zu deinem Lebensplan. Neutrale Verkörperung der Verwandlung heißt, dass du Stabilität genauso zustimmst wie Verwandlung. Manchmal musst du in der Neuen Zeit und als Aufgestiegener Meister auch abrupte und unerwartete Umbrüche akzeptieren. Alles kann sich sehr schnell verändern.

Wenn du die goldene Schwingung verkörperst, dann wirst du unweigerlich auch erfahren, dass der Meister polarisiert. Die Menschen sagen Ja oder Nein zum Kontakt mit dem Meister. Das geschieht einfach deshalb, weil die goldene Schwingung Veränderungen initiiert. Eigentlich bewirkt die goldene Schwingung, um es ganz neutral zu sagen, einen Ausgleich. Es geht um Balance und nicht unbedingt um Heilung in dem Sinne, wie es die meisten Menschen verstehen, nämlich dass etwas Störendes verschwindet. Manche Menschen verweigern sich der Balance, denn sie möchten zum Beispiel lieber noch an der Dominanz einzelner Aspekte festhalten. Da der Meister polarisiert, kannst du erleben, dass Menschen scheinbar gegen dich kämpfen und dich ablehnen. Die Polarisierung wird tatsächlich von der goldenen Energie erzeugt, die ausgleichend wirkt. Wenn du mit streitbaren Menschen konfrontiert wirst, darfst du einen tiefen Atemzug nehmen und ganz bewusst deinem Gegenüber die Entscheidung überlassen, ob er sich seiner Verwandlung stellen möchte. Dadurch wirst du selbst in dem Geschehen deine Balance finden, auch wenn du angegriffen wirst.

Wenn du Störungen auf deinem Lebensweg erfährst, dann kannst du auch immer wieder erleben, wie diese Störungen ausbalanciert werden. Störungen existieren und die goldene Schwingung transformiert sie. Du darfst dich daran erinnern, dass du für dich selbst jederzeit den Sicheren Raum wählen kannst, in dem du geschützt bist. Du kannst den Sicheren Raum auch als »Bannkreis« bezeichnen. Der Bannkreis ist dein eigenes Hoheitsgebiet, in dem deine persönlichen Regeln gelten, zum Beispiel sinnlose Machtspiele geächtet werden.

Der Meister findet einen neuen Umgang mit Störungen. Der Kreis ist jetzt offen. Die Dimension, in der du lebst, ist nicht abgeschottet, aber deine goldene Schwingung führt alles, was in deine Dimension eintritt, in eine Balance. Wenn du dich bedroht fühlst oder dich manchmal in der Nacht von Ängsten, von Traurigkeit, von Einsamkeit, vom Schatten im weitesten Sinne überwältigt fühlst, dann rufst du die Goldenen herein und sie kommen zu dir. Du weißt natürlich, dass sie nicht jedem auf derart persönliche Weise begegnen. Sie kommen zu dir.

Wenn du dich mit dem Aufstieg in deine Meisterschaft von allen Bewertungen verabschiedest, dann relativieren sich Gut und Böse, Richtig und Falsch, Licht und Dunkel in deinem Leben. Alles, was geschieht, wird angenommen und, wenn es nötig ist, wenn du es wählst, wird es verwandelt. Du musst der ewigen Verwandlung als Teil des göttlichen Bewusstseins zustimmen. Du weißt, dass alles, was heute noch gilt, morgen schon wieder anders sein kann. Alles kann sich ständig verwandeln. So schaust du auch auf die Schwierigkeiten, den Mangel und die Sehnsüchte in deinem Leben mit dem Bewusstsein der Endlichkeit. Verwandlung kann sich schnell vollziehen und im Moment des Jetzt passieren. Mit »Jetzt« meine ich diesen einen Moment, in dem du deine eingeschlafenen Füße oder einen halben Gedanken in deinem Kopf wahrnimmst. Das ist der Moment des Jetzt und in diesem Moment kann sich alles verwandeln.

Wenn du mit göttlichem Bewusstsein auf dein Leben schaust, verwandelt sich alles, was in deinem Leben erscheint, entweder zu einer Ressource, einer Plattform oder zu Tara. Das erkläre ich *jetzt*.

~ *Ressource*

Wenn etwas in deinem Leben passiert, mit dem du nicht gerechnet hast, dann hörst du auf, es als gut oder schlecht zu bewerten. Wenn es dir gefällt, sagst du stattdessen: »Das ist eine Ressource in meinem Leben.« Du benutzt also ein relativ neutrales, sogar etwas technisches Wort: Ressource. Mit diesem Satz drückst du auch aus, dass du das Geschenk des Lebens annimmst, es begrüßt und wirklich empfängst. Du nimmst die Energie an, die in einer Sache, einem Ereignis oder einer Erfahrung steckt, indem du sie willkommen heißt. Wenn du innerlich auch dem energetischen Aspekt der Erfahrung oder des Ereignisses zustimmst, kannst du in Leichtigkeit sagen: »Das ist eine Ressource.« Jede schöne Erinnerung erscheint als Licht in deinem Energiefeld. Die Tatsache, dass Menschen auf Erfahrungen ihres Lebens als Ressource zurückgreifen können, wird auch schon in der Psychotherapie eingesetzt. Wenn man zum Beispiel schon einmal eine Prüfung geschafft hat, dann kann man sich auf diese Ressource stützen, wenn man wieder vor einer Prüfung steht.

~ *Plattform*

Wenn du fühlst, dass ein Ereignis in deinem Leben zwar schwer ist, aber auch einen Weg und einen Prozess beinhaltet oder sogar einen gewissen Abschluss gefunden hat, dann kannst du das Wort Plattform benutzen. Ein abgeschlossener Prozess, zum Beispiel eine durchlebte Krankheit, ist die Plattform, von der aus es weitergeht.

Oft stellt eine Erfahrung, die du durchlebt und bewältigt hast, auch die Plattform für den Aufstieg auf eine neue Ebene des Bewusstseins dar. Dein Leben, so wie du es dir bisher erschaffen hast, erscheint dir möglicherweise noch nicht als das Nonplusultra, das du dir vorstellst, aber es stellt eine Plattform für die nächste Ebene deines Bewusstseins dar. Auf der nächsten Ebene gibt es dann wieder eine Plattform und wieder eine Plattform. An dieser Stelle kannst du sehen, dass dein bisheriges Leben als Plattform für die nächsten Schritte deines Aufstiegs dient. Damit gibst du dem, was da ist, auch eine gewisse Anerkennung. Die Plattform existiert einfach, ohne dass sie bewertet werden muss. Sie ist der Ausgangspunkt für die nächsten Schritte. Du kannst das Wort Plattform auch in die Kommunikation mit anderen Menschen einfließen lassen, vor allem wenn Menschen dir ihre schwierigen Erfahrungen erzählen und sich im Drama drehen und winden. Viele Menschen fühlen sich in ihrem Schicksal gefangen und sehen keinen Ausweg. Es reicht sogar, wenn du dann während des Gesprächs an das Wort Plattform denkst und dir selbst vor Augen hältst: Dieses Drama ist jetzt die Plattform für die nächsten Schritte.

~ *Tara*

Jenseits der Bewertungen gibt es noch eine dritte Energie, die auch Verwandlungen in den Blick nimmt. Du kannst sie benutzen, um schnell und leicht Verwandlung zu generieren. Ich nenne sie Tara. Tara ist in der buddhistischen Welt die Manifestation der weiblichen Weisheit und des weiblichen göttlichen Bewusstseins. Gleichzeitig ist Tara hier aber auch ein Symbol für eine Geisteshaltung wie Ressource oder Plattform. Wer gerne kocht, weiß, was Tara bedeutet. Tara ist eine Einstellungsmöglichkeit an einer Waage, um das Nettogewicht zu ermitteln. Wenn man eine bestimmte Menge Flüssigkeit abwiegen möchte, dann stellt man ein Gefäß auf die Waage und drückt auf die Einstellung »Tara«. Dann wird das Gewicht des Gefäßes sozusagen ausgelöscht und man kann Flüssigkeit in das Gefäß gießen und abwiegen. Die Tara-Einstellung erschafft einen neuen

Nullpunkt. Man kann damit mit dem Wiegen wieder von vorne beginnen. Der Zähler der Waage beginnt jetzt wieder bei null. Du kannst dir vorstellen, dass du mit dem Wort Tara eine Null-Einstellung erzeugst. Dann geht alles wieder von vorne los und kann neu beginnen. In deinem Leben wirst du das Zauberwort Tara immer wieder gut gebrauchen können. Du sagst in schwierigen Situationen einfach »Tara«. Es bedeutet: Ich beginne bei null.

Tara ist ein Teil der weiblichen Weisheit, die aus dem göttlichen Bewusstsein entspringt. Denn Frauen verkörpern und wissen, dass das Leben jederzeit neu beginnen kann. Es kann jederzeit neu empfangen werden und dann wachsen und sich entfalten. Ich empfehle dir, in der nächsten Zeit spielerisch allem, was dir in deinem Leben begegnet, eine dieser drei Etiketten zuzuordnen, entweder Ressource, Plattform oder Tara. Du wirst dann erfahren können, dass es manchmal nötig ist, »Tara« zu sagen, im Sinne von »Schluss jetzt!«, »Hier schließe ich ab!«, »Hier fange ich ganz neu an.« Tara bewährt sich besonders, wenn Menschen sehr viel Schweres erlebt haben und sehr traumatisiert sind. Dann hilft es, sich klar zu machen, dass man in einem Moment alle Überlagerungen fallenlassen, wieder nackt dastehen und neu beginnen kann. Im göttlichen Bewusstsein ist das jederzeit möglich. Es muss nichts weitergeführt werden, was gestern eine Bedeutung hatte.

2. Mit der Seele kommunizieren

Der Meister ist Herr über seine eigenen Erfahrungen. Er ist vollkommen verankert im Raum der Erhabenheit. Du hast deine menschliche Identität aus den Errungenschaften des Lebens genährt, die jetzt keine Bedeutung mehr haben. Du wirst dich dabei ertappen, dass du immer weniger davon sprichst, was du in diesem Leben alles geschafft und erreicht hast, denn es verliert an Wert für dich. Du wirst die anderen Menschen auch damit überraschen, dass du sogar gegenüber ihren außergewöhnlichen Referenzen vollkommen neutral bist. Du schaust einfach die Seelenessenz eines Menschen an und kommunizierst mit ihr. Dann weißt du, wen du in deinem Umfeld entbehren kannst und wem du einen Platz geben möchtest. Menschen, die in deiner Nähe verweilen, müssen sich davon verabschieden, sich über andere Menschen energetisch zu nähren. Das können sie, wenn sie eigene Nahrungsquellen für ihre Seele gefunden haben, wenn sie sich zum Beispiel über Kreativität, Spiel, Natur, Kunst, Musik, Meditation oder Hobbies auftanken können. Die Menschen, die dem Meister begegnen, müssen eine Entscheidung treffen. Sie müssen entscheiden, ob sie sich ihrer eigenen inneren Nahrungsquelle zuwenden möchten oder ob sie die Gegenwart des Meisters auch wieder verlassen.

~ … ~

Zum neuen Bewusstsein des Meisters gehört auf jeden Fall die *telepathische Kommunikation.* Ein Stück weit haben die Menschen virtuelle Kommunikation in der Welt manifestiert, zum Beispiel durch E-Mails, SMS und Handys. Für die telepathische Kommunikation wird aber technischer Schnickschnack gar nicht mehr gebraucht. Manche Menschen bitten dich telepathisch um Hilfe. Dann kannst du antworten und vor allem deinen tiefen Glauben an die immerwährende Verwandlung einbringen. Wenn jemand dich um Hilfe bittet, ob direkt oder telepathisch, dann lautet deine Standard-Antwort: »Es kann sich verwandeln.« Dann beginnen die Dinge sich zu bewegen und man wartet einfach eine Weile ab, bis sich alles neu sortiert hat. In dieser Zeit reicht dein Fokus auf die Kraft der Veränderung aus, du brauchst nicht einmal mehr nach den Quellen des Leids zu fragen.

3. Sich selbst ehrlich begegnen

Ich möchte noch ein Thema ansprechen, das zu deiner körperlichen Heilung beiträgt. Es kostet dich ganz viel Energie, positiv zu denken. Es zehrt deinen Körper aus und macht dich krank. Meistens ist das reine positive Denken eine Lüge. Du belügst dich selbst, was dich außerordentlich viel Kraft kostet. Ich möchte dich anregen, zu dir selbst wirklich immer ehrlich zu sein. Wenn du dich morgens nach dem Aufwachen niedergedrückt fühlst und die Schwere des irdischen Daseins am ganzen Leib fühlst, dann solltest du dir deine Stimmung eingestehen. Anschließend kannst du darauf fokussieren, dich mit dem göttlichen Bewusstsein in Verbindung zu setzen. Wenn du versuchst, dich selbst zu disziplinieren und dir alles schön zu reden, dann verbrauchst du dafür die ganze Energie, die du in der Nacht getankt hast. Wenn du aufhörst zu bewerten, dann hörst du auch auf, positiv zu denken.

Für viele Menschen in der Welt empfiehlt es sich, positiv zu denken. Wenn sie nur darauf fokussieren, was sie morgen noch haben möchten, leben sie in einer permanenten Sehnsucht nach etwas, das sie nicht erreichen können. Diesen Menschen tut es gut, wenn sie sich kontinuierlich bewusst machen, was sie im Leben schon erreicht haben und wofür sie dankbar sein können. Ihnen tut es gut, zu genießen, was ihnen in diesem Moment gegeben ist. Der Meister hat dagegen die Kraft, der Welt realistisch zu begegnen. Weil er mit sich selbst vollkommen im Reinen ist, kann er auch die Welt akzeptieren, wie sie ist, ohne den Boden unter den Füßen zu verlieren.

4. Der inneren Stimme folgen

Die Goldenen setzen dich jetzt in Beziehung zu einem weiteren Aspekt der Meisterschaft, den du bewusst begrüßen und in dir stärken kannst. Ich nenne ihn innere Führung. Wir könnten allerdings genauso den Gegenbegriff von Führung hier als Überschrift nehmen, nämlich Gehorsam. Gehorsam ist für dich sicher ein eher abgewehrtes Wort. In dem Wort klingt die Sinneswahrnehmung des Hörens mit. Gemeint ist, dass man auf einen anderen Menschen hört. Ich beziehe mich hier auf Gehorsam gegenüber dir selbst. Wenn du innere Führung verkörperst und lebst, dann gehorchst du ausschließlich deiner inneren Stimme. In gewisser Weise unterwirfst du dich deiner inneren Stimme. Du gibst deinem höheren Bewusstsein, deinem Meisterbewusstsein die Führung. Du nimmst die Macht an, dich selbst durchs Leben zu führen, ohne dich vom Weg ablenken zu lassen, zu verzetteln und in Sackgassen zu verrennen.

In vielen Erzählungen über Aufgestiegene Meister und Erleuchtete erscheint ein Engel in der Nacht, weckt den Meister und erklärt ihm, worum es wirklich geht, was für ihn wichtig ist, was er noch braucht, was er beachten sollte. Der Engel warnt oder motiviert den Meister. Plötzlich wurde der Meister mit der Stimme Gottes oder der Engel konfrontiert und wieder auf den rechten Weg geführt. Es ging in den Geschichten über Erleuchtete oder Meister auch oft darum, dann gehorsam zu sein, auf diese Stimmen zu hören und ihnen zu vertrauen.

Die Fähigkeit, die eigene Wahrheit zu finden und zum Ausdruck zu bringen, ist eine wesentliche Bedingung der Meisterschaft. Es dient dir, wenn du ganz bewusst deine Grundangst, verfolgt und ausgeschlossen zu werden, weil du Erleuchtungen erlebt hast, einatmest und annimmst. Dann schaust du zu, wie sie verblasst. Du kannst spüren, wie die mit Aussetzung, Verfolgung und Tötung verbundenen körperlichen Schmerzen aus deinem Körper entlassen werden. Du kannst auch ganz bewusst über Nacht einen Heilschlaf wählen, um diese Seelenerfahrungen zu neutralisieren und zu entlassen. Du brauchst dich nicht einmal am nächsten Morgen an die Einzelheiten deiner Befreiung und Heilung zu erinnern.

Du darfst Ja dazu sagen, dich dem Inneren Meister zu verpflichten und ihm die Führung zu übergeben. Du versprichst deiner inneren Stimme ewigen Gehorsam und lässt dich von der Kraft der Liebe, die du in deinem Herzen trägst, ins Goldene Zeitalter führen. Du lässt dich in deine eigene Dimension des Lebens führen, die dann auch in deine Umgebung ausstrahlt, weil du sie verkörperst. Du versprichst dir selbst, dass der Aufgestiegene Meister in deinem Leben regiert. Wenn manchmal lebensverneinende

Seelenaspekte in deinem Leben herumspuken, dann darfst du dir selbst versprechen: »Der Aufgestiegene Meister, der ich bin, übernimmt die Führung in meinem Leben.« Wenn du möchtest, darfst du dir auch vorstellen, dass du dich in der Gruppe der Aufgestiegenen Meister, in der Gruppe der Goldenen, jenseits von Zeit und Raum vernetzt. Dann stehst du frei und sicher im Leben und bist immer gut geführt. Die Goldenen übergeben dir das Zepter der Sicherheit und der Führung.

Ich werde dich nicht zum Meister akkreditieren, das wirst du schon selbst tun müssen. Es kann sein, dass die endgültige Klarheit, dass du jetzt deine Meisterschaft erreicht hast, dir sogar in einer herausfordernden Situation erscheint. Sie kann sich dir auch im Traum offenbaren. Die Botschaft, dass du jetzt den Status der Meisterschaft verkörperst, überbringt dir ausschließlich deine innere Stimme. Du darfst dir selbst das Geschenk machen, dass du die Mitteilung deiner inneren Stimme hörst, die dir sagt »Ich bin die Meisterin« oder »Ich bin der Meister«. Natürlich gibt es keinen echten Aufgestiegenen Meister, der über die Erde läuft und herumerzählt: »Ich bin ein Aufgestiegener Meister!« Wenn überhaupt, dann sagen es die anderen.

Du darfst deiner inneren Stimme Raum geben. Deine innere Stimme, die universelles Wissen aus höheren Ebenen des Bewusstseins mitteilen kann, wird immer klarer zu hören sein. Im Alltagsleben begegnet dir die innere Stimme manchmal auch im Außen. Du begegnest jemanden, der in gewisser Weise deine innere Stimme channelt. Das darfst du immer wieder annehmen. Manchmal spricht deine innere Stimme auch durch die Symbole der Natur. Sie äußert sich in den magischen Zeichen der Natur, der Elemente und der Welt im Allgemeinen, denen du auf deinem Weg begegnest. Du darfst Ja dazu sagen, dass die ganze Welt wie im Traum deine innere Stimme transportieren kann. Im Traum findest du es selbstverständlich, dass du über Symbole, Bilder und Zeichen Erkenntnisse gewinnen kannst. Du darfst der Sprache des Traums auch in deiner Wirklichkeit Aufmerksamkeit schenken.

Ich möchte dir an dieser Stelle zeigen, wie du durch multidimensionale Bewusstseinserweiterung die lineare Zeit verlässt. Es ist ganz einfach, es bedarf nur einer inneren Entscheidung.

Übung *Eine Botschaft aus der Zukunft empfangen*

Du kannst eine Botschaft aus der Zukunft empfangen, einfach indem du dich dafür öffnest. Du darfst dich auch öffnen, sie in so großer Klarheit zu empfangen, wie sie für dich jetzt noch in der Zukunft liegt.

Diese Übung kannst du immer wieder praktizieren. Du bringst im entspannten Zustand Botschaften aus der Zukunft mit den Methoden und der Klarheit der Zukunft in deine Gegenwart herein. Den entspannten Zustand des Körpers erreichst du ganz einfach mit einem tiefen Atemzug und einer Entscheidung für Entspannung.

In der Zeitqualität des Chaos, in der sich die Erde gerade befindet, ist Klarheit immer wieder gefragt. Derzeit macht sich auf der Erde auch wieder eine Tendenz zur Vernebelung breit. Sogar schon erwachte Menschen neigen dazu, ganz physisch ihr Drittes Auge wieder zu verschließen. Du kannst mit einem Atemzug den Nebel, der dich umgibt, vertreiben und deine innere Nebenmaschine abstellen. Durch deine Präsenz kannst du Klarheit kanalisieren. Statt zu vernebeln, fokussierst du klar auf die Anhebung der Schwingung, auf die Expansion der Liebe, auf die Erweiterung der Herzkraft. Du fokussierst auf neue Kommunikations- und Lebensmöglichkeiten in Freiheit und Frieden. Der Meister wird immer wieder damit konfrontiert, auf Wesentliches zu fokussieren. Wenn du gerade kein Land siehst, dann kannst du mit einer tiefen Entscheidung für Klarheit und oft auch mit einem tief empfundenen Stoßseufzer der Verzweiflung einen Schleier der Illusion durchbrechen. Nur ein dünner

Vorhang trennt dich von Klarheit und expandierter Erkenntnis und du hast das Schwert in der Hand, ihn zu zerschneiden.

Für dich wird es in der nächsten Zeit hilfreich sein, immer wieder sehr bewusst ins Bett zu gehen und dann in der Nacht die Vernetzung mit den anderen Seelen, die mit dir in deinem Aufstiegsprozess verbunden sind, zu genießen. Ob es den Lichtarbeitern bewusst ist oder nicht, motivieren sie einander und tanken sich in der Nacht gegenseitig auf.

Frei und gelassen darfst du deine Visionen immer wieder in Form bringen. Was deine Einsichten über die Zukunft angeht, darfst du die anderen auch gerne ein wenig missionieren und inspirieren. Du kannst jetzt schon sehen, dass die Menschen freier und offener miteinander leben und dass sie großzügiger teilen. Die Menschen werden sich zunehmend in Freiheit gegenseitig beschenken. Du wirst erfahren und verkörpern, dass es möglich ist, gleichzeitig vollkommen souverän und vollkommen vernetzt zu leben. Du kannst mit dir selbst uneingeschränkt im Reinen sein und gleichzeitig im Einklang mit der Welt schwingen und die Vernetzung der Menschen untereinander fühlen, vor allem der Seelen, die wie du in der Passion, dass sich die Welt zum Wohle aller Menschen verändern kann, engagiert sind.

Viele Menschen haben eine Vorstellung von Gott als Licht. Sie verbinden damit Weisheit, Erleuchtung und Klarheit. Sie glauben, dass Gott alles weiß. Wenn du nun göttliches Bewusstsein in dir expandieren lässt und es verkörperst, dann wird dir klar, dass du nicht alles weißt und doch alles weißt. Du weißt alles, was du brauchst. Du darfst Ja sagen zu deinem göttlichen Aspekt der Weisheit und der Erleuchtung. Mystiker aller Zeiten konnten während eines unvermittelten Lichterlebnisses absolute Klarheit über ihr Leben erfahren. Wenn du jetzt dein göttliches Bewusstsein verkörperst, wirst du immer wieder uneingeschränkte Klarheit und ganz tiefes Wissen erfahren. Du siehst die Geschichte eines Menschen, der vor dir steht, in ihrer Essenz. Dann weißt du einfach, was bei ihm gerade passiert, was ihn bewegt und was ihn ausmacht. Vor allem fühlst, riechst, schmeckst, hörst und erkennst du seine Essenz. Du nimmst ihn so wahr, wie er erschaffen wurde, wie er gemeint ist, in seiner göttlichen Essenz. Du siehst das vollkommene Bild. Du erlebst neutrales Mitgefühl für den Menschen, der dir gegenübersteht. Du fühlst die Essenz, die Grundschwingung einer Wiese, eines Baumes, eines Tieres, sogar eines Gegenstandes, wenn du dich darauf einlässt. Ein Gegenstand und sein Design tragen eine Schwingung, die du mit göttlichen Antennen vollkommen erfassen kannst. Zum göttlichen Bewusstsein gehören das Wissen und die Erleuchtung in dem Moment, in dem du sie brauchst und in dem sie dir dienen.

Der Meister empfängt die göttliche Wahrheit und setzt sie um. Das heißt nicht, dass du die Wahrheiten aus diesem Buch wortwörtlich anwenden musst. Es bedeutet, dass du die innere Wahrheit, die du empfängst, verwirklichen musst. In diesem Punkt unterscheidet sich der Meister von dem Weisen Mann oder der Weisen Frau. Er weiß nicht nur, sondern er setzt es auch in seinem Leben um. Wenn du in der nächsten Zeit etwas für dich erkennst, dann solltest du es sofort tun. Das ist oft ein Wagnis. Wenn du zum Beispiel erkennst, dass eine Trennung jetzt einfach der nächste Schritt ist, dann tust du es und beobachtest, was passiert und wie es dir geht, und atmest deine Gefühle durch. Wenn du erkennst, dass ein neues Projekt in die Welt gebracht werden möchte, dann tust du es in seiner Zeit und setzt es um.

Zum Leben jenseits der Machtspiele gehört, dass du deinem inneren Wissen und deiner inneren Weisheit folgst. Darin liegt immer eine große Kraft, so dass die anderen Menschen dann deine Entscheidungen akzeptieren können. Wenn du authentisch bist, bist du nicht mehr angreifbar. Wenn du deine innere Wahrheit nur halbherzig vertrittst, dann kommen allerdings von außen Widerspruch und Zweifel auf dich zu. Nur wenn du vollkommen authentisch bist, bist du nicht mehr angreifbar. In den Gefängnissen der Vergangenheit haben die Verfolgten während der Folter keinen Schmerz mehr gespürt, wenn sie wirklich von ihrer inneren Wahrheit überzeugt waren. Davon erzählen viele Legenden von Heiligen, Märtyrern oder politischen Gefangenen.

Du darfst an dieser Stelle deine inneren Zweifel anerkennen. Du bearbeitest sie, indem du dich mit ihnen verbindest. Du darfst dich öffnen für die eigenen Zweifel. Sie sind sowieso da und, gerade wenn du sie immer aus dem Munde anderer Menschen, die dir begegnen, hörst, sind sie in dir verdrängt. Der Aufgestiegene Meister zweifelt an der Welt und stellt sie in Frage, aber er zweifelt nicht an sich selbst und seiner inneren Wahrheit. Wie kann man den Zweifel besiegen und wie kann man ihn loswerden? Wie bei der Angst geht es nur, indem du dich dem Zweifel stellst und ihn sogar größer machst und noch größer und noch größer. Dann schaust du ihm wirklich ins Auge. Wenn du ihn anschaust, löst er sich auf. Der Zweifel ist auch ein Opferaspekt wie die Angst. Die Hexen haben an sich selbst gezweifelt, als sie verbrannt wurden. Viele Inquisitionsopfer haben in der Todesstunde gedacht, dass Gott sie verlassen hat. Dann haben sie ihre eigene Göttlichkeit nicht mehr gespürt. Doch deine Meisterschaft wird jenseits von Täter und Opfer gelebt. Daher zweifelt der Meister nicht und nährt sich energetisch aus sich selbst heraus.

5. *Ausbalancierten Reichtum leben*

Die Unendlichkeit der Potenziale gilt auch für das heikle Thema, Geld in dein Leben einfließen zu lassen. Vielleicht spürst du in diesem Moment sogar in deinem Körper wieder die Dichte und die Überlagerungen, die schon die Erwähnung dieses Themas bei vielen spirituellen Menschen mit sich bringt. Das Thema Reichtum ist noch vollkommen gefangen in der Dualität. Reichtum war in früheren Leben immer verknüpft mit der Forderung des Ausgleichs. Geben und Nehmen wurden automatisch von Leben zu Leben immer wieder in Balance gebracht. In der *définition mondiale*, der Definition der alten Welt, existierte Geld hauptsächlich in beschmutzter

Form. Es war behaftet mit Blut, Tränen und Schweiß. Dass am Geld das Blut der Kriege, des Kolonialismus, der Eroberungen und des Raubs klebt, kannst du immer noch fühlen. Dass am Geld die Tränen der Armen und Entrechteten und der Schweiß der besitzlosen Klasse kleben, kannst du immer noch fühlen. Du darfst innerlich Ja sagen zu der Kreation des Geldes in der alten Welt, zu den Geldgesetzen der *définition mondiale*. Du kannst der Schöpfung des alten Geldes deinen Segen geben.

Dann darfst du sehen und fühlen, wie sich das Geld in die goldene Schwingung begibt und befreit. Zunächst einmal geht Geld bei den meisten Menschen in eine Regenbogenschwingung über. Indem sie Täter- und Opfer-Aspekte integrieren und loslassen und sich in die Neutralität begeben, nimmt das Geld die Regenbogenschwingung an. Der Effekt ist, dass sie dann im Sicheren Raum leben, nicht mehr ums Überleben kämpfen oder Angst um ihre Existenz haben müssen. Wenn du jetzt weiter gehst, kannst du das Geld in die goldene Schwingung, in die Schwingung der Meisterschaft mitnehmen. Nur der Meister kann Geld wirklich zum Fließen bringen. Als Meister kannst du Geld wirklich anziehen – und ausgeben. Es wird eins mit dir. Dabei vollzieht sich nur eine ganz natürliche Ausbalancierung, denn die Schwingung deiner Seele ist Fülle. Du darfst dir immer wieder vor Augen halten, wie und was du in der neuen goldenen Schwingung mit Geld gestalten kannst. Finanzielle Freiheit bietet dir unendliche kreative Möglichkeiten. Es ist allerdings von grundlegender Bedeutung, dass du alle Vorstellungen loslässt, wodurch und auf welche Weise Geld in dein Leben kommen könnte. Die Geschichten über Aufgestiegene Meister, zum Beispiel auch über Jesus, erzählen davon, dass sie arm waren und dennoch in der Fülle lebten. In der damaligen Zeit war diese Lebensweise des Meisters angemessen, weil Reichtum mit Unterdrückung und Machtmissbrauch identisch war. Reichtum ohne Machtmissbrauch existierte nicht, weil man nicht reich werden konnte, ohne sich einer alten Form der Macht zu bedienen. Deshalb lebten die Aufgestiegenen Meister in der Vergangenheit zwar arm, waren aber dennoch mit allem Notwendigen versorgt. Viele Aufgestiegene Meister – das gilt bis heute – können überleben, weil die Menschen ihnen überall, wo sie hinkommen, geben, was sie brauchen.

Du siehst schon, dass du dich aus einem kraftvollen Mentalfeld der Gewohnheiten und der Überlieferungen befreien musst, wenn du in der Neuen Zeit deine Meisterschaft auch mit Reichtum verbindest. Die wichtige Frage, was ein Aufgestiegener Meister, der in der Schwingung des Friedens durchs Leben geht, überhaupt davon hat, reich zu sein, solltest du dir stellen. Aus meiner Sicht geht es einzig und allein um eine Fülle neuer Gestaltungsmöglichkeiten für dich selbst, natürlich zu deiner eigenen Freude. Deine Freude bewirkt wiederum eine Schwingungsanhebung, die dann ausstrahlt. Mit deinem Geld kannst du die Welt soweit verändern, wie du es dir erlaubst. Geld in der goldenen Schwingung kannst du einfach in dein Leben hereinfließen lassen. Annehmen und Zulassen sind die Schlüssel zum Reichtum. Du kannst im Mangel die unendliche Fülle zulassen, wie du im Moment der Enttäuschung und des Staunens über ein Unglück die Unendlichkeit der Potenziale einfließen lässt.

In der Schwingung der Meisterschaft lässt du alles in Frieden so sein, wie es ist, und du lässt gleichzeitig die größtmögliche Transformation zu. Das ist der Effekt der goldenen Schwingung. Du kannst diesen Effekt verstehen, indem du dir vorstellst, dass du in der goldenen Schwingung gleichzeitig auf der Erde und parallel auf einem anderen Stern lebst. Du lebst auf der Erde und auf einem Stern, auf dem es Geld regnet. Ich nenne diese Lebensweise auch gerne Multidimensionalität. Deine ureigene Dimension in der goldenen Schwingung ist multidimensional.

Geld ist reine Energie, eine hochschwingende, neutrale Energie. Die Menschheit insgesamt und auch jeder einzelne Mensch färben die Energie des Geldes ein, und zwar, um es auf den Punkt zu bringen, mit der Schwingung ihres Körpers. Geld in deinem Leben steht also in Resonanz mit der Schwingung deines Körpers und der Materie, die dich umgibt. Der Körper ist dein Seelengefährt. Er ist auch dein Seelengefährte. Als Seelengefährten solltest du ihn wirklich ernst nehmen, so wie du einen Freund mit Respekt behandelst. Außerdem kannst du mit ihm kommunizieren wie mit einem Gefährten. Ebenso wie der Körper ist Geld auch ein Transportmittel deiner Seelenschwingung. Es nimmt die Schwingung deines Körpers an. Wenn du wirklich Verantwortung für die Schwingung deines Körpers übernimmst, dann spiegelt sich die Schwingung dieses Teils der Materie, der dir am nächsten steht, auch in deinem äußeren Sein. Vielleicht spürst du sogar direkt einen Knoten zum Thema Geld an einer bestimmten Stelle deines Körpers. Dann darfst du ihn fühlen und einfach weiteratmen, um mit dem Fluss des Atems den Energiefluss in deinem Körper anzuregen.

Ich möchte dich an dieser Stelle dahin führen, dass du die vollkommene Verantwortung für deine Kreationen zum Thema Geld und Fülle tragen kannst. Du bist frei von den Schicksalsbändern, die die meisten Menschen mit der Energie des Geldes verknüpfen. Dein Status von Fülle und Wohlstand basiert nicht mehr auf karmischen Vorgaben wie bei den meisten Menschen. Daher hast du aber auch die Verantwortung für die Schwingung der Fülle in deinem Leben.

Wenn du dich mit dem göttlichen Bewusstsein verbindest, dann verkörperst du Neutralität und eine ganz neue Form der Gerechtigkeit. Gerechtigkeit im göttlichen Bewusstsein gibt jedem das Seine. Das heißt gerade nicht, dass alle mit dem gleichen Maß gemessen werden. Gott wird in den alten Religionen auch oft als Richter dargestellt. Wenn die Menschen vom selbst inszenierten Täter- und Opfer-Spiel erschöpft sind, dann stellen sie sich vor, dass Gott dem Spiel ein Ende setzt. Sie stellen sich vor, dass ihr Widersacher im Jenseits bestraft wird und sie dort Rechtfertigung erfahren. Sie verfluchen ihren Feind und hoffen auf die Strafe Gottes. Viele Menschen, die in den verheerenden Kriegen der Welt leiden, hoffen auf Gott als Richter, der ihnen Genugtuung schenkt. Aber sie bleiben im Spiel der Dualität gefangen und sinnen eigentlich nur auf Rache. Sie versuchen, sich selbst aufzuwerten, indem sie auf einen stärkeren Richter hoffen. Der Richtergott gleicht einer Elternfigur, die ihrem Kind im Kampf des Lebens hilft. Gerechtigkeit jenseits der Dualität sieht anders aus. Der Meister entwickelt einen ganz neuen Sinn für Gerechtigkeit im Jetzt und im Moment der Entscheidung. Dann weißt du, was dein Recht ist, und du weißt, was das Recht des anderen ist. Dann weißt du, was dir selbst und was dem anderen zusteht. Gerechtigkeit entfaltet sich im Moment des Jetzt. Du darfst Ja dazu sagen, den Gottesaspekt ausbalancierter Gerechtigkeit zu verkörpern und ihn in die Welt zu tragen. Dann eröffnest du dir höhere Einsichten, wie die Ressourcen der Erde gerecht verteilt werden können.

Wenn du die ursprünglich neutrale Schwingung des Geldes wirklich fühlen und verkörpern kannst, dann kannst du als nächsten Schritt zunächst etwas Abstand vom Geld nehmen. Du kannst dich fragen, was Fülle für dich ganz persönlich bedeutet, unabhängig von den Geldscheinen in deiner Tasche oder deinen Kontoauszügen, also zum Beispiel Fülle an Zeit, Fülle an Liebe, Fülle an inspirierender Kommunikation, Fülle an Schönheit, Fülle an Glück und Zufriedenheit, Fülle an Ruhe in deinem Leben. Du darfst dich ganz bewusst mit den Qualitäten verbinden, die Geld an erster Stelle für dich transportieren sollte. Du darfst dich mit dem Aspekt der Fülle des Lebens verbinden, der deine Seele in dieser Phase deines Lebens gerade nährt.

Wenn du glauben kannst, dass das Leben sich in einem unendlichen Fluss der Fülle ereignet und dass du in diesem Fluss schwimmen kannst, dann eröffnest du dir eine ganz neue Ausstrahlung und Präsenz. Unbewusste Seelenaspekte haben vielleicht noch Einwände dagegen, in der unendlichen Fülle des Seins zu leben. Alle Menschen, die derzeit auf der Erde leben, könnten in einem Zustand der Genügsamkeit versorgt und glücklich sein, wenn sie es sich selbst und den anderen erlauben würden. Jeder könnte seinen Teil zum Ganzen beitragen und seinen Teil des Ganzen bekommen, um glücklich zu sein. Diese Vision wird dir aus der Zukunft zugetragen und du darfst dich damit verbinden.

6. *Glückseligkeit erfahren*

Deine Zellen erinnern sich, dass die Machtspiele der Menschen schon immer Lustgefühle generiert haben. Machtspiele nähren dich energetisch über das Sexualchakra, sie sind attraktiv. Wenn du einem anderen Menschen mal so richtig zeigst, was Sache ist, zum Beispiel, dass du viel erfolgreicher und beliebter bist als er, dann fühlst du dich gut. Wenn du einem anderen Menschen mal so richtig unter die Nase reibst, wie allwissend du bist und wie dumm er dasteht, dann baut dich das auf. Oder wenn du in deiner ganzen Schönheit über einen Tanzboden stolzierst und alle Blicke einfängst, dann steigt dein Energiepegel. Manche Menschen fühlen auch Lust im Schmerz. Wenn alle auf dir rumtrampeln und nachtreten, dann kann dich das antörnen. Manchen macht es Spaß, sich selbst leid zu tun. Das alles gehört zum Spiel der alten Welt.

Der Meister trägt den Schlüssel des Glücks in sich und kann Lust, Zufriedenheit und Glück in sich erzeugen, indem er sich in die Verbundenheit mit dem Universum hineinstellt. Das Gefühl der Verbundenheit mit allem, was ist, erzeugt reine Energie. Dann kannst du die alten Spiele über Bord werfen. Glücksenergie kommt wie aus dem Nichts zu dir und breitet sich in deiner Dimension aus. Die Voraussetzung, dass du sie annehmen kannst, ist die Schwingungsanhebung in deinem Körper.

So wird auch die Schwingungsanhebung auf der Erde dazu führen, dass die Menschheit insgesamt eine Form Freier Energie, also aus Licht erzeugte Energie annehmen kann, auch als Treibstoff für Maschinen und zur Stromerzeugung. Jetzt schon kannst du dir vorstellen, dass du einfach Energie aus dem Universum aufnehmen kannst, die in dir Glück und Zufriedenheit erzeugt. Der Wunsch, unterwerfen und besitzen zu wollen, wird verschwinden, wenn die Menschen realisieren, dass alles, was sie brauchen, zur Verfügung steht und auf sie zukommt. Die Frage, was die Zukunft bringt, verblasst mit dem wachsenden Vertrauen, dass sowieso alles im rechten Moment erscheint.

Du weißt aus den Geschichten über die Aufgestiegenen Meister, dass sie meistens nicht in Prunk und Reichtum gelebt haben. Reichtum ist kein Attribut des Aufgestiegenen Meisters. Aber der Aufgestiegene Meister lebt im Bewusstsein, das alles da ist, wenn er es braucht. Dann muss es nicht schon vorher eingerichtet werden. Vorsorge ist ein Element des alten Lebens. Weil der Meister das Bewusstsein verkörpert, dass alles im rechten Moment erscheint, ohne dass man überhaupt noch eine Frage ausschicken muss, kann er auch frei von Begierden und relativ bedürfnislos leben.

Du darfst immer wieder Ja dazu sagen, dass in deinem Leben zum rechten Zeitpunkt alles einfließt, was du brauchst. Es muss nicht schon Wochen vorher erscheinen und herumliegen. Allgemein werden die Menschen lernen, im Jetzt das vollkommene Leben annehmen zu können. Wenn man die Haltung des Annehmens ausstrahlt, dann kann das Gewünschte automatisch erschaffen werden. Es erschafft sich von selbst. Wenn du sagst »Ich bin der Meister« oder »Ich bin die Meisterin«, eröffnest du dir automatisch eine Haltung der Fülle.

Du siehst, dass das Leben in der Fülle auf der Überwindung der Angst basiert, der Angst vor Verlust, vor Einsamkeit, vor Hilflosigkeit, vor Ausgrenzung, vor Ohnmacht. Wenn du die Möglichkeit der Verwandlung verkörperst, reduzierst du damit auch deine Angst. Es nimmt dir die Angst vorm Gefängnis, wenn du weißt, dass sich die Tür einfach öffnen kann. Es nimmt dir die Angst vor Krankheit, wenn du weißt, dass sich der Körper einfach ausbalancieren kann. Es nimmt dir die Angst, allein zu sein, wenn du weißt, dass Begegnungen jederzeit möglich sind.

7. Im Einklang mit der Erde leben

Ich möchte dir bewusst machen, wie du, wenn du jetzt in der Meisterschaft stehst, die Erde, die Pflanzen und die Tiere erlebst. Du kannst in diesem Moment einmal deine Verbindung mit der Erde fühlen. Du stehst fest mit beiden Füßen auf der Erde. Du bist nicht festgenagelt an der Erde, du brauchst nicht einmal einen Strom an Energie zwischen dir und der Erde zu fühlen. Aber du stehst fest auf dem Boden und nichts kann dich aus den Puschen hauen. Es gehört zur Essenz der Meisterschaft, dass man geerdet und mit der Erde in beständigem Kontakt lebt, ohne mit bestimmten Energien der Erde verstrickt und darin gefesselt zu sein.

Manche Menschen haben in früheren Zeiten als Erdenhüter die Energie der Erde in einer bestimmten Region mit ihrem Körper verbunden. Indem sie die Energie der Erde regelrecht verkörpert haben, haben sie sie ausbalanciert und geheilt. Dem gegenüber bist du frei von den Strömen der Erde. Du lebst in deiner Dimension und dennoch bist du ganz fest mit der Erde verbunden. Du bist fest verankert, ohne gefesselt zu sein.

Innere Reise: ***Als Meister auf der Erde***

~ *Im Reich der Pflanzen*

Du kannst jetzt noch einmal ganz bewusst die Dimension der Pflanzen in deiner Meisterenergie betreten. Du begibst dich in die Welt der Pflanzen als Aufgestiegener Meister. Vielleicht fühlst du, dass du dich im Meisterstatus zwar weniger verbunden fühlst, aber deine Erfahrung sich noch intensiver gestaltet. Vielleicht fühlst du die Liebe, die aus deinem Herzen, das mit der Milchstraße verbunden ist, jetzt in das Reich der Pflanzen einfließt. Vielleicht fühlst du deine große Anerkennung für diese Lebewesen, die im Austausch mit dir zur selben Zeit am selben Ort leben. Vielleicht fühlst du die hohe Schwingung des Austauschs im Reich der Pflanzen. Liebe und Licht potenzieren sich, wenn du dich ins Reich der Pflanzen begibst, so wie sie sich vervielfältigen, wenn du dich mit Aufmerksamkeit einer Pflanze zuwendest. Du kannst das Reich der Pflanzen immer wieder aufsuchen und dich dort auftanken.

~ *Im Reich der Tiere*

Du kannst jetzt noch einmal mit voller Aufmerksamkeit die Tür zum Reich der Tiere öffnen. Du kannst hereingehen in das Reich der Tiere. Sie begegnen dir dort in Licht und Liebe und schwingen eins mit dir. Alle Tiere, die dir jetzt ihre Ehrerbietung erweisen möchten, erscheinen vor deinem inneren Auge oder du weißt einfach, dass sie da sind, und fühlst sie. Du schenkst ihnen deine Ehrerbietung. So potenziert sich die Schwingung der Ehrerbietung, des Respekts, der tiefen Anerkennung und Liebe zwischen dir und diesen Lebewesen. Du richtest dich auf, so wie sich auch die großen Tiere vor dir aufrichten, um sich zu verneigen und ihre Anerkennung für dich auszudrücken. So wie es dir jetzt mit den Tieren ergeht, wird es dir in der nächsten Zeit immer wieder mit den Menschen ergehen. Du fühlst deine Großartigkeit im Kreis der anderen Lebewesen. Du fühlst den vollkommenen Respekt für die Schwingung und Ausstrahlung der Seelen, die dir gegenüberstehen. Du darfst die Tiere, die dir jetzt ihre Anerkennung und Ehrerbietung entgegenbringen, ganz bewusst begrüßen. Jede Tiergattung trägt die Meisterschaft in sich, die Meisterschaft ihres Lebens auf der Erde. So begegnest du in jeder Tiergattung einer Gestalt der Meisterschaft und sie sehen die Gestalt des Meisters in dir.

~ *Im Reich der Menschen*

Ich führe dich jetzt in das Reich der Menschen. Dort warten auch wieder spezielle Erfahrungen auf dich. Du trägst die Schwingung der Geborgenheit und Verbundenheit, die in dir schwingt, in das Reich der Menschen hinein. Wenn du möchtest, kannst du dort Informationen zu den Zukunftspotenzialen der Menschheit erhaschen. Du siehst, dass die Zukunft der Menschheit nicht deine Zukunft ist. Not, Schrecken und Leid, die derzeit viele Menschen in Atem halten, erreichen deine Dimension, die Dimension des Aufgestiegenen Meisters, nicht. Trotzdem kannst du unverstellt die Verbundenheit mit der gesamten Menschheit fühlen. Du darfst einzelne Menschen erkennen, die jetzt zu dir kommen, um dir, so wie vorher die Tiere, Anerkennung und Respekt zu erweisen. Du fühlst die Liebe für die großartigen Seelen, die nach einem vollkommenen Plan in dieser Zeit mit dir zusammen auf der Erde weilen. Du siehst die Menschen, die, wenn du ihnen begegnest, beginnen, mit dir im Gleichklang zu schwingen, so dass sich die Energie, die ihr austauscht, potenziert. Respekt und Liebe potenzieren sich, wenn du dich in das Reich der Menschen stellst.

~ *Im Reich der Erde*

Du verlässt nun das Reich der Menschen und begibst dich in das Reich der Erde. Du verbindest dich mit Erde an sich, mit allen Kontinenten und Landschaften.

Du atmest das Reich der Erde ein und fühlst in deiner Meisterschaft des Seins die Geborgenheit und Verbundenheit im Reich der Natur, der Elemente und der Erde.

~ . . . ~

Wenn du die Reiche der Pflanzen, der Tiere, der Menschen und der Erde betrittst und gleichzeitig in deiner Dimension der souveränen Meisterschaft bleibst, dann erlebst du vollkommene Gleichschwingung und Verbundenheit und die Vervielfältigung von Energie durch den Austausch. Wenn du in der nächsten Zeit zum Beispiel einem Tier begegnest, kannst du dir vorstellen, dass du wirklich gleichzeitig souverän in deiner Dimension existierst und in die Kommunikation mit dem Reich des Lebewesens gehst, das dir begegnet. Dasselbe kannst du mit den Menschen erfahren. Du kannst dir vorstellen, dass du in deiner Dimension der Meisterschaft lebst, während du in die Dimension des menschlichen Seins eines anderen Menschen eintrittst, dort eine Weile bleibst und sie wieder verlässt. Die Begegnung mit einem anderen Menschen gestaltet sich für dich als ein Abstecher in eine andere Realität. Dabei hilft dir auch der Leitsatz »Ich bin hier Gast«. Du bist Gast im Universum eines anderen. Aber du bist dort nicht zu Hause.

8. Aus der Quelle schöpfen

Zu Hause bist du in der Verbundenheit mit deiner Seele und der Quelle alles Seins, die du in dir trägst. Aus der Quelle alles Seins, die du in dir trägst, der Quelle von Licht und Liebe sprudeln Worte, Farben und Schwingungen in deine Seele herein. Du darfst sie annehmen. Die Goldenen assistieren dir dabei, dass du Erkenntnisse und Gefühle, die aus der Quelle zu dir herein sprudeln, wirklich annehmen kannst.

Innere Reise: *Die Quelle des Lichts und der Liebe*

Ich bitte dich jetzt, in Schweigen und Lauschen auf die Quelle des Lichts und der Liebe in dir zu verweilen. Solange wie es dir angemessen erscheint, hörst du auf die Quelle des Lichts und der Liebe und verbindest dich mit ihr. Ich assistiere dir dabei. Du darfst einfach alles in dir erscheinen lassen, was die Quelle dir mitteilen möchte. Du trägst die Meisterschaft in dir und verkörperst sie.

Geschichte »Der Turm«

Ein Mann entschied sich, auf einen hohen Turm zu steigen. Stufe für Stufe wollte er auf den Turm klettern. Er dachte: »Das wird ein anstrengender Aufstieg werden und ich werde erschöpft oben ankommen.« Aber es kam so, dass ein Windhauch über das Tal wehte, ihn ergriff und ihn auf die Spitze des Turms hob.

Dann stand er dort oben auf dem Turm und dachte: »Der Ausblick ist wunderschön. Ich habe hier einen herrlichen Blick über das ganze Tal und das ganze Land. Ich kann alles von oben sehen. Die ganze Welt kann ich von oben sehen! Ich habe einen herrlichen Weitblick und Überblick.« Er freute sich über den Ausblick. Doch plötzlich kam ein Regen auf. Der Regen peitschte ihm so stark ins Gesicht, dass er kaum etwas sah. Aber ein Regentropfen fiel auf seine Hand. Er sah diesen einen Tropfen in seiner Hand liegen. Er glitzerte und leuchtete, so dass er ganz im Anblick des Regentropfens versank.

Eine Zeit verging und er dachte: »Es wird schon dunkel. Es ist schon Abend und jetzt wird es Nacht werden. Dann werde ich hier oben in der Dunkelheit sitzen. Alles um mich herum wird ganz dunkel sein, weil es ja Nacht ist.« Als es ganz dunkel um ihn herum geworden war, kam ein Glühwürmchen geflogen und setzte sich auf seine Hand. Die ganze Zeit, bevor er einschlief, schaute er ins Licht. Er versank ganz im Licht des Glühwürmchens und es ward ganz hell.

Kurz bevor er einschlief, dachte er: »Ich liege hier auf dem nackten Boden und morgen früh werde ich zermartert und wie gerädert aufwachen. So wird es sein, weil ich hier kein weiches Bett und kein kuschliges Kopfkissen habe.« Dann schlief er ein. Am nächsten Morgen wurde er von der strahlenden Sonne geweckt. Das Feuer der aufgehenden Sonne durchströmte seinen Körper und er fühlte sich sofort ganz warm, leicht und erfrischt von der Nacht.

Er sah in die aufgehende Sonne und dachte: »Es wird heute ein heißer Tag werden. Hoffentlich sengt die Sonne nicht zu sehr auf mein Haupt nieder, so dass ich fürchterlich schwitzen muss.« In diesem Moment bezog sich der Himmel mit Wolken und eine kühle Brise umwehte seinen Kopf.

Schließlich entschied er sich, den Turm zu verlassen, und dachte: »Nun gut, jetzt kann ich wohl den Abstieg angehen. Ich werde den Turm wieder hinuntersteigen auf die Erde.« In diesem Moment fiel der Turm in sich zusammen.

Während er dort herabstürzte, dachte er: »Ich werde mir sicher mindestens ein Bein brechen, wenn ich jetzt gleich auf die Erde falle!« Im nächsten Moment landete er auf einem weichen Bett aus Moos. Er atmete tief durch, stand auf und ging seiner Wege.

Er wanderte durch die Welt und er hatte gelernt, die Überraschungen und Geschenke des Lebens anzunehmen.

Hinter der nächsten Kurve stand plötzlich ein großer Bär vor ihm. Er wurde sich gewahr: »Jetzt werde ich gefressen und mein Leben ist zu Ende.« Doch der Bär überreichte ihm eine Honigwabe und verschwand.

Der Mann setzte sich ins Gras und erfrischte sich an dem Honig. Dann wanderte er weiter und weiter und er lernte, sich auf die Überraschungen und Geschenke des Lebens zu freuen.

9. Neue Spiritualität leben

Zu diesem Thema begleitet uns Nathanael, der Engel der Liebe und Meister der Fülle, als Vertreter der Goldenen. Er war ein Begleiter von Jesus und wird sogar in der Bibel erwähnt. Er unterstützt uns bei der Verkörperung eines neuen Christusbewusstseins, das Frieden schafft. Im friedvollen Goldenen Zeitalter zelebrieren die Menschen das Leben ohne Täter- und Opfer-Szenarien. Die Vereinigung von Schaf und Wolf ist ein kraftvolles Symbol für das Leben jenseits der Täter- und Opfer-Aspekte. Der Bewusstseinswandel beginnt mit einigen Wegbereitern und weitet sich dann aus. Du lebst in einer ähnlichen Umbruchssituation wie die Menschen zur Lebenszeit von Jesus. Um das Jahr 2000 hat ein bahnbrechender Wandel der menschlichen Existenz begonnen, der dein Leben immer noch bestimmt. Du kannst dich noch einmal daran erinnern, wie sich dein Leben um die Jahrtausendwende gestaltet hat und was sich seitdem verändert hat. Du darfst dir auch bewusst machen, was dich in den Jahren seit der Jahrtausendwende in deinem Umbruchprozess unterstützt hat. Sicher hast du seitdem viel Überflüssiges losgelassen. Jetzt begibst du dich auf eine neue Stufe deiner persönlichen Vollkommenheit. In meinem Buch *Der vollkommene Diamant* habe ich auch die Tafelrunde der Seele mit dreizehn Aspekten vorgestellt. Einer davon ist der Schatten. Bei dem Schatten handelt es sich um das Verdrängte und Ausgegrenzte. Im Laufe des inneren Aufstiegsprozesses der Seele verschmilzt der Schatten vollkommen mit dem menschlichen Ich. Er wird integriert.

Auf dem Weg in die Meisterschaft vollzieht sich die Schattenintegration noch einmal auf einer höheren Ebene. Der spezifische Schatten des Meisters zeigt sich und kann transformiert werden. Die Erzählungen der Bibel überliefern, dass Jesus hingerichtet wurde und den Tod am Kreuz gestorben ist. Der aufsehenerregende Tod ist der Schatten der Christus-Meisterschaft. In früheren Zeiten wurde der Meister oft abgewehrt, verfolgt und getötet, gerade wegen seiner einzigartigen Schwingung. Die Erleuchtung und der eigentliche Aufstieg des Meisters vollzogen sich oft in der Todesstunde. Jesus hat seine Meisterschaft dadurch demonstriert, dass er nach seinem Tod noch einmal auf die Erde gekommen ist. Jesu Leben als wieder auferstandener, erleuchteter Meister dauerte nur sehr kurz. Nur wenige Geschichten handeln davon, wie er nach seinem Tod den Menschen wiederbegegnet ist. Jetzt ist die Zeit gekommen, als Meister eine größere Zeitspanne auf der Erde bleiben zu können. Als Aufgestiegener Meister musst du nicht mehr dramatisch sterben und, wie lange du hier auf der Erde wandeln möchtest, ist allein deine Entscheidung.

Die europäische Kultur ist vom Christentum geprägt. Es ist nicht unwahrscheinlich, dass du auf deinem Seelenweg auch als Religionsstifter oder Kirchenfürst agiert hast. Vielleicht hast du einst als bedeutender Bischof, Kardinal oder Abt gelebt. Du darfst auch der spirituellen Geschichte deiner Seele den Segen geben und deine religiösen Schöpfungen annehmen. Es können in diesem Zusammenhang in deinem Bewusstsein auch andere religiöse Schulen und Traditionen auftauchen, in denen du dich engagiert hast. Damit integrierst du deinen Inneren Priester und deine Innere Priesterin, in welcher Ausformung auch immer sie jemals durchs Leben gegangen sind. Mit der Zeit findest du dann eine ganz neue Form der religiösen Praxis. Wenn du dich zunächst einmal bewusst von überkommenen religiösen Ritualen distanzierst, öffnest du dich, neue Formen der Spiritualität zu erschaffen. Die Inspiration des Meisters ist gefragt, wenn es darum geht, neue religiöse Praktiken zu finden.

Die Menschen sind zu allen Zeiten in eine Kirche gegangen und haben sich dort aufgetankt. Sie haben dort Energie geschöpft für die Beschwernisse ihres Alltags. In früheren Zeiten wurden sie in der Kirche durch den Priester auch wieder auf Vordermann gebracht, wenn sie versuchten, aus dem allgemein verbindlichen religiösen Bewusstsein auszubrechen – die Kehrseite der Medaille. Wenn du nun eine neue religiöse Praktik installierst, dann erschaffst du einen Raum der Bewusstseinserweiterung und der spirituellen Erfahrung ohne Priester oder Guru. Vielleicht muss in diesem Raum nicht einmal gesprochen werden. Eine Vision für eine neue Kirche steht an.

Ich präsentiere dir nun Potenziale einer neuen spirituellen Praxis des Goldenen Zeitalters. Früher haben sich die Menschen zum Zweck der Bewusstseinserweiterung mit ganz unterschiedlichen Methoden in Trance versetzt. Sie haben mit Tanzen, Singen oder Meditieren Wahrnehmungen jenseits des Alltagsbewusstseins erzeugt. In vielen Kulturen haben sich die Medizinmänner und Schamanen auf der Suche nach Erleuchtungszuständen und Astralreisen bewährter bewusstseinserweiternder Drogen bedient. Davon darfst du jetzt Abschied nehmen, denn um dein Bewusstsein in nie gekannte Dimensionen der mystischen Erfahrung auszudehnen, werden Drogen jetzt nicht mehr gebraucht. Du darfst dich auch von Geheimtreffen verabschieden, wie sie bei Vollmond auf dem Blocksberg, in versteckten Hütten im Wald oder in Hinterzimmern und konspirativen Zirkeln praktiziert wurden. Indem sich die Menschheit von hierarchisch strukturierten und männlich dominierten Kirchen verabschiedet, wird die persönliche spirituelle Suche und Praxis zur Selbstverständlichkeit werden.

Die Veränderung der Gehirnwellen im Zustand der Trance und der Meditation können Neurowissenschaftler heute mit ihren Messgeräten nachweisen. Meditationstechniken werden auf diese Weise erforscht. Es gibt zahlreiche traditionelle Methoden zur Bewusstseinserweiterung, deren Wirksamkeit heute wissenschaftlich bewiesen werden kann. Körperliche Verausgabung gehört auf jeden Fall dazu. Joggen befördert einen Trancezustand, der Zugang zu Dimensionen der Wahrnehmung außerhalb des Wachbewusstseins schafft. Traditionelle Körperhaltungen, zum Beispiel im Yoga, lenken das Bewusstsein in eine bestimmte Richtung. Mein Rat ist, dass du dich in deiner eigenen spirituellen Praxis nicht begrenzt, indem du an bestimmten Ritualen, Konzepten und Schulen hängen bleibst. Für den Meister stehen die Türen zwischen den verschiedenen Stufen des Bewusstseins, des Traums und der Trance immer offen. Er findet seine eigenen Rituale und Techniken der Bewusstseinserweiterung.

Das Bewusstsein des Aufgestiegenen Meisters basiert, wenn es sich überhaupt auf eine Tradition bezieht, auf dem Urchristentum. Viele Erleuchtete und Weisheitslehrer der Gegenwart sprechen daher von einem neuen Christusbewusstsein, das das Goldene Zeitalter prägen wird. Das neue Christusbewusstsein transportiert eine ganz neue Klarheit über dich selbst, deine Mitmenschen und den Sinn deines Lebens. Mit Sicherheit steht für dich die Vision, als Aufgestiegener Meister auf der Erde zu leben, im Mittelpunkt.

Du magst dich fragen, ob es überhaupt einen gefallenen Meister gibt. Wenn du den Eindruck hast, dass eine Person, die von sich behauptet hat, ein Aufgestiegener Meister zu sein, wieder aus ihrer hohen Schwingung herausgefallen ist, dann ist sie noch gar kein Aufgestiegener Meister gewesen. Sie hat wahrscheinlich als hochschwingende Person Menschen inspiriert, vielleicht auch geheilt und neue Dimensionen des Bewusstseins eröffnet. Aber sie hat noch nicht wirklich die goldene Schwingung des Aufgestiegenen Meisters in sich getragen. Wenn du diese Schwingung verkörperst und das Portal zur Meisterschaft durchschritten hast, gibt es kein Zurück mehr, bis der Meister sich entscheidet, die Erde zu verlassen. Du magst zögern, die Schwelle der Meisterschaft zu überschreiten, und dann tust du es doch. Ich kann dir versichern, dass du wirklich nur einen einzigen Schritt über eine

Schwelle tun musst. Du selbst tust den Schritt in die Meisterschaft und niemand kann dich initiieren. Initiationsrituale gehören zur alten Praxis der hierarchischen Religionen. In den Geheimbünden musste man sich zum Beispiel vom Schüler zum Meisterschüler, vom Meisterschüler zum Meister hocharbeiten. Einsegnungen und Einweihungen haben in den alten Zeiten das religiöse Leben strukturiert, aber jetzt darfst du allen diesen Ritualen noch einmal den Segen geben und sie verabschieden.

Wenn du den einen Schritt in die Meisterschaft tust, dann entfaltet sich die goldene Energie in dir. Übrigens entfaltet sich das Goldene Zeitalter auf der Erde sowieso, ob du deinen Schritt tust oder nicht. Wenn du in deiner Präsenz der goldenen Schwingung lebst, kannst du dich vollkommen selbst ausbalancieren oder einfach die Verwandlung aller Probleme annehmen. Die Unendlichkeit der Potenziale kann dann einfließen. Wenn dich ein Drama in der Welt von Herzen berührt, was durchaus der Fall sein kann und sogar erwünscht ist, dann nimmst du die Unendlichkeit der Potenziale der Verwandlung an, nichts weiter.

Ich möchte noch etwas hinzufügen, das deinem Verstand, aber auch deinem Körper dient. Die traditionellen Religionen lösen sich auf. Vielleicht ist dir das inzwischen bewusst. Das gilt natürlich auch für die Esoterik, denn so, wie sie jetzt gelebt wird, gleicht sie einer Religion. Aus meiner Sicht ist sie nicht besser als andere Religionen. Wie jede Religion basiert sie auf zahlreichen Glaubenssätzen und Konzepten. In allen Religionen eckt man an, wenn man sagt: »… und das Gegenteil gilt auch.« Die traditionellen Religionen suchen nach absoluten Wahrheiten. Vielleicht gibt es auch für dich Glaubenssätze, an denen du nicht rühren möchtest. Wie wäre es, wenn du damit konfrontiert wirst, dass es keine Engel gibt oder keine Reinkarnation oder dass es gar keinen Aufstieg der Erde gibt?! Bestimmt kennst du Glaubenssätze, die du nicht so leicht aufgeben möchtest. Vielleicht spürst du aber auch in diesem Moment, dass es ganz egal ist, ob du mit Engeln kommunizierst, ob sich jetzt gerade ein Aufstieg der Erde vollzieht oder ob du tatsächlich viele Leben hattest. So bewegt sich dein Bewusstsein tatsächlich in das Sein in diesem einzigartigen Moment des Jetzt. Nur das zählt.

Wenn du an nichts mehr festhältst und alle deine Konzepte loslässt, dann wirst du noch eine viel größere Klarheit erlangen, die Wahrheit zu sprechen und die Wahrheit zu verkörpern. Es handelt sich dann um die Wahrheit im Moment des Jetzt, um die Wahrheit der gegenwärtigen Kommunikation. Diese Wahrheit kann sich auch in einem Buch manifestieren. Aber selbst die Wahrheit in einem Buch existiert nur als Wahrheit für diejenigen, die es rezipieren. In diesem Zusammenhang verkündet das Buch dann die absolute Wahrheit.

Du begibst dich in eine Schwingung, in der du auf diese einfache Weise die Wahrheit verkörperst.

Du darfst deine Augen öffnen zu sehen, wie das auf die Menschen in deinem Umfeld wirkt. Du wirst sehen, dass sie flüchten oder bleiben. Sie verändern sich in jedem Fall.

Geschichte »Die Burg«

Der Burgherr sitzt auf der Terrasse des Schlosses, in dem er lebt, und genießt die wunderbare Aussicht. Von dort kann er das ganze Tal und die Ländereien, die sein Anwesen nähren, überblicken. Die Güter für sich und seinen gesamten Hofstaat bezieht er von seinem Land. Er lebt in seiner Burg, die von einer hohen Mauer und einem tiefen Burggraben mit einer Zugbrücke umgeben ist.

Die Burg bietet ihm den Sicheren Raum, aber der dreidimensionale Kasten seines Schlosses begrenzt auch sein Leben, seine Vorstellungen und sein Bewusstsein.

Der Burgherr sitzt also auf seiner Terrasse und sein Blick schweift über das Tal. Aber er kommt gar nicht auf die Idee, die Zugbrücke herunter zu lassen und über diese Brücke in neue Dimensionen des Seins zu schreiten. Der Burgherr bleibt einfach, wo er ist. Manchmal, wenn er guter Stimmung ist, öffnet er seinen Keller, findet dort noch ein paar Kriegsgefangene, die er vor langer Zeit versklavt hatte, und entlässt sie. Wenn er guter Stimmung ist, wird er gnädig, aber niemals kommt er auf die Idee auszugehen. Manchmal schickt er einen Boten zu seinen Kollegen, den Burgherren, Fürsten und Königen, die in benachbarten Schlössern leben. Aber er selbst genießt das vollkommene Leben in den Grenzen seines Anwesens.

Du darfst dich jetzt in die Lage des Burgherrn versetzen und innerlich Ja sagen, die Zugbrücke herunterzulassen, die Burg zu verlassen und hinauszugehen in neue Dimensionen des Bewusstseins.

Selbstverständlich tauchen jetzt Fragen auf: Bin ich dann sicher? Muss ich mich schützen, wenn ich dort hinausgehe? Muss ich eine schwere Rüstung anziehen? Muss ich einen Wagen voll mit Kanonen und Schwertern beladen oder mich gar von einem Regiment begleiten lassen? Kann ich mein Leben verlieren? Kann ich alles verlieren? Wer wird mich auf meinem Weg begleiten und wem werde ich dort begegnen?

Ich kann dir deine Fragen beantworten: Du kannst dort sterben und du bist dort allein. Es geht niemand mit. Wenn du hinausgehst, musst du der immerwährenden Verwandlung zustimmen. Die Essenz der immerwährenden Verwandlung, die das Leben auf dem Planeten Erde regiert, ist der Tod. Dadurch, dass du Ja zu deiner Reise gesagt hast, hast du im Prinzip der ewigen Verwandlung zugestimmt. Der Tod ist ein Ausdruck der immerwährenden Verwandlung, aber er ist auch nicht zwingend mit dem Aufbruch in neue Dimensionen des Seins verknüpft. Du darfst dem Prinzip der Verwandlung in jeder Minute des Lebens zustimmen.

Du gehst hinaus aus deiner Burg. Es mag sein, dass du dich erstmal über die Zinnen des Burghofs lehnst und hinausschaust. Das hast du bisher oft getan. Das tust du auch immer wieder während dieser Lektüre. Du blickst in eine neue Dimension des Seins, die dir jetzt wahrhaft zugänglich ist. Du hast diese Dimension wahrscheinlich schon oft auf deinen inneren Reisen und in deinen Meditationen erkundet. Aber du bist nie wirklich mit deinem ganzen Körper dort hingegangen. Bisher hast du dich begrenzt. Der Burgherr hat sein Anwesen nie verlassen und dadurch ist ihm die Erfahrung der Welt entgangen. Du darfst dir bewusst sein, dass du, wenn du hinausgehst, den sicheren Burghof hinter dir lässt. Aber was bedeutet das schon? Es gibt eine ganze Welt zu gewinnen, eine unbekannte Landschaft, die unermesslich ist.

~ · · · ~

Im Folgenden möchte ich dich inspirieren, indem ich dir neue Möglichkeiten überbringe, spirituelle Praxis in einer Gruppe zu üben.

Gruppenübung Tönen

Tönen eignet sich besonders als Gruppenübung. Wenn sich eine Gruppe jenseits des Verstandes verbindet und tönt, findet eine Schwingungsanhebung statt, Jeder Diamant hat eine Farbe und einen Ton. So schwingt auch jeder Meister in einer Farbe und in einem Ton. Das reine Tönen aus der Kraft des Herzens ist ein Ausdruck der Schwingungsanhebung.

Gruppenübung Aloris

In einer Kirche der Zukunft kann eine Gruppe im Kreis sitzen, sich an den Händen halten, sich in die Augen schauen und sich in der vollkommenen Präsenz begrüßen. Die Meisterparole Aloris unterstützt die Begrüßung in der Präsenz der Seele. Aloris kann dabei auch innerlich gesprochen werden.

~ · · · ~

Die Meisterparole Aloris ist das Codewort der Meisterschaft. Sie ist ein vollkommener Gruß von Meister zu Meister. Der Gruß heißt nicht Hallo, nicht Guten Tag, nicht Grüß Gott, nicht Hey, nicht Grüezi und was du sonst noch an Begrüßungsformeln kennst. In

Zukunft solltest du diese Meisterparole bewusst einsetzen, nicht nur, wenn du mich oder die Goldenen begrüßt.

Die Meisterparole lautet »Aloris« und ist der perfekte Meistergruß. Das Wort verbindet Bruchstücke aus verschiedenen Sprachen, unter anderem das französische »alors« und das englische »is«. Du kannst »Aloris« auch jederzeit als Codewort in schwierigen Situationen benutzen. Es bedeutet in etwa »Präsenz im Jetzt«. Klingt es nicht ähnlich wie »Aloha«? Du brauchst über die Bedeutung der Meisterparole gar nicht nachzudenken, sondern kannst sie einfach annehmen: Aloris. Das Spannende an diesem Wort ist, dass man die Buchstaben aneinanderreihen kann, wie man will, es gibt immer ein Wort. Du könntest sagen Aloris, Lorisa, Orisal, Risalo, Isalor, Salori oder Aloris. Anfang und Ende sind austauschbar. Anfang und Ende sind eins. Das gilt auch für den Moment des Jetzt. Im Moment des Jetzt ist alles eins. Ich begrüße dich also mit der Meisterparole Aloris und du darfst dich und andere in Zukunft auch so anreden, wenn du es wählst.

Gruppenübung Vernetzte Vision

Verschiedene Menschen können sich im Bewusstsein und im Geist verbinden, um eine gemeinsame Vision zu empfangen und zu manifestieren. Du kannst dir vorstellen, dass dann lichtvolle Bänder von Geist zu Geist gespannt werden. In diesem Netz der Verbindung des Geistes landet dann eine gemeinsame Vision, die es einfach zu empfangen gilt. In den Strukturen des Verstandes und sogar auf der Traumebene von Bildern, Tönen und Symbolen mag sich die Vision für jeden Teilnehmer der Gruppe anders ausformen, aber dennoch wird allein durch den Fokus auf die gemeinsame Vision eine tiefe Verbindung geschaffen.

Gruppenübung Visionsnacht

Du kannst mit deinen Freunden auch einen bestimmten Termin wählen und dich wöchentlich, zum Beispiel Freitagnacht, mit ihnen im Traum treffen, um gemeinsame Visionen zu empfangen. Die Visionen fallen dann einfach in das Netz eurer Verbundenheit herein. Wenn ihr möchtet, könnt ihr dann eure Wahrnehmungen austauschen. Ich nenne dieses Werkzeug Visionsnacht. Aus meiner Sicht scheint es angebracht, dass ihr euch zunächst einmal auf Visionen für Europa, also euren Kontinent, beschränkt. Damit konzentriert und fokussiert ihr die Energie.

Die Visionen des Meisters schlagen sich in absehbarer Zeit in der Welt nieder, denn zeitnahe Manifestation gehört zu den Attributen der goldenen Schwingung.

Manifestation deiner Meisterschaft

Die Kreise der Potenziale

Ich möchte dir mit Hilfe eines Bildes die verschiedenen Ebenen der Bewusstseinserweiterung verdeutlichen:

Der untere Punkt auf dem Bild ist das menschliche Ich, der Erdenengel. Normalerweise kann ein Mensch in Leichtigkeit Zugang zu den Potenzialen seines Geistes finden, das stellt der erste Kreis dar. Er symbolisiert die Eingebungen und Erkenntnisse, die du wahrnimmst, wenn du dich mit deinem höheren Selbst verbindest. Diese Ebene steht allen Menschen zur Verfügung. Die meisten Ideen und Visionen der Menschen kommen von dieser Ebene.

Wenn die Seele beginnt, sich von den Täter- und Opfer-Spielen zu verabschieden und wenn sie ihre Schattenseiten integriert, dann eröffnet sich die Regenbogenessenz. Die Seele gewinnt dann Zugang zu den Potentialen des zweiten Kreises, den Potenzialen der Regenbogenessenz. Die Regenbogenessenz bezeichne ich auch als »Universelles Selbst«, denn sie trägt alle Farben des Lebens in sich. Alles, was auf dieser Ebene erschaffen wird, dient dem Wohle des Selbst genauso wie dem Wohle der anderen Menschen und dem Wohle der Welt. Auf der Ebene des vernetzten Universellen Selbst werden der persönliche und der kollektive Lebensplan überschrieben. Hier lösen sich die alten Muster auf, die auf der Wiederholung von Täter- und Opfer-Vereinbarungen beruhen. Die Täter- und Opfer-Kommunikation wird ersetzt durch eine Begegnung von Seele zu Seele, von Essenz zu Essenz. Auf dieser Ebene wird auch die alte *définition mondiale* außer Kraft gesetzt, das heißt, es können sich Wunder ereignen, die physikalische Gesetze durchbrechen.

Auf der dritten Ebene, im goldenen Kreis, befinden sich die Potenziale der Meisterschaft. Du kannst dich noch einmal ganz bewusst entscheiden, dir diese Ebene der Potenziale zu eröffnen. Es handelt sich um Potenziale, die direkt aus der göttlichen Quelle und von der Ebene der göttlichen Intelligenz zu dir einfließen. Der dritte Kreis ist golden und beinhaltet eine unendliche Anzahl an Visionen und Potenzialen. Hier ist alles möglich, was mit der Liebe zum Leben verbunden ist und das Leben nährt und trägt. Auf dieser Ebene sind alle Begrenzungen überwunden. Letztendlich ist dort auch die größte Begrenzung des Lebens, der Tod, überwunden. Wenn du mit dem Leben in größtmöglicher Liebe verbunden bist, dann brauchst du den Tod nicht mehr.

Damit der dritte Kreis, die goldene Visions- und Potenzialebene, vollkommen mit deinem menschlichen Ich verschmelzen kann, muss sich die Schwingung der Selbstliebe in dir anheben.

Wenn du etwas in der Welt verurteilst, dann verurteilst du genau diesen Teil deiner selbst und dann traust du dir selbst genau in diesem Bereich noch nicht ganz. Wenn du die Meisterschaft annehmen möchtest, dann musst du dir selbst vollkommen vertrauen, zum Beispiel auf dem Gebiet der Sexualität, der Macht, des Geldes, der Gerechtigkeit. Du musst jedes Misstrauen gegenüber dir selbst loslassen, dass du dich zu Machtmissbrauch, Ausbeutung, Verschwendung, Ungerechtigkeit, Verleugnung verführen lassen könntest. Du wirst allerdings die Verführung und den Sog immer wieder spüren, in das irdische Spiel der Täter- und Opfer-Rollen zurückzufallen. Nur die ausgewogene Selbstliebe kann dich vor diesem Rückfall schützen. Wenn du dich selbst ausreichend liebst, brauchst du keine Statussymbole mehr. Du brauchst die Herrschaft über andere nicht mehr, um dich selbst aufzubauen. Du brauchst die Anbetung durch andere nicht mehr, um dir selbst einen Wert zu geben. Wenn du sogar deinen persönlichen Schatten ausreichend liebst, dann brauchst du keine Abgrenzungen und Verurteilungen mehr. Daher ist die vollkommene Selbstliebe das Tor zur goldenen Ebene.

Andererseits kannst du deine Selbstliebe anheben, indem du dich mit der goldenen Bewusstseinsebene verbindest und fühlst, wie dich die allumfassende Liebe, die von dort kommt, umgibt. Indem du dich mit der göttlichen Liebe verbindest, nährst du die Quelle der Selbstliebe in dir. Die Goldenen kommen auch zu dir, um dich die allgegenwärtige Liebe spüren zu lassen. Du wirst in der nächsten Zeit immer wieder erfahren können, dass die unverstellte Selbstliebe die kraftvollste Motivation für dein Sein und dein Handeln wird. Alles, was Freude in dein Leben bringt, gewinnt an Kraft. Alles Nutzlose und Anstrengende verflüchtigt sich.

Im Moment dient es dir, bewusst der Verbindung mit der goldenen Visions- und Potenzialebene zuzustimmen. Dann solltest du allen Eingebungen folgen, die versprechen, Freude in dein Leben bringen zu können und die Schwingung der Liebe anzufachen. Indem du diesen Eingebungen folgst, nimmst du die Verbindung mit der goldenen Bewusstseinsebene wirklich an.

Das Improvisationstheater

Ich benutze gerne das Bild des Theaters als Sinnbild des Lebens. Die meisten Menschen glauben daran, Schauspieler in einem Stück zu sein, das ein allwissender Drehbuchschreiber verfasst hat, das von einem allmächtigen Regisseur geleitet wird und das ein unbestechlicher Kritiker am Ende beurteilt. Oft geben sie dem Drehbuchautor, Regisseur und Kritiker den Namen Gott.

Auf der Ebene der Regenbogenessenz erkennen die Menschen, dass sie nicht Opfer der Umstände, sondern Schöpfer ihres Lebens sind. Sie übernehmen Verantwortung für ihr Leben und lösen sich aus einer blinden Schicksalsergebenheit. Auch du hast wahrscheinlich mit der Zeit erkannt, dass du auf der Bühne deines Lebens sowohl der Drehbuchschreiber wie auch der Regisseur und der Schauspieler bist. Vielleicht wirst du dir sogar gewahr, dass du auch der Zuschauer und der Kritiker deines Lebensdramas bist. Ich kann dir versichern, dass es so ist. Auf der Ebene der Meisterschaft des Seins verschmelzen alle diese Rollen im Moment des Jetzt. Was dabei herauskommt, ist ein Improvisationstheater.

Im Improvisationstheater entsteht das Stück aus der Spontaneität und gegenseitigen Inspiration der Mitspieler. Du kannst dir in der nächsten Zeit ruhig immer wieder vorstellen, dass das Stück deines Lebens weder geplant noch geschrieben und erst recht noch nicht geprobt ist. Verbinde dich im Moment des Jetzt also immer wieder ganz bewusst mit dem aktuellen Akt deines Lebenstheaters und stelle dir vor, dass du nun die nächsten Szenen improvisieren kannst. Mit der Zustimmung zum Improvisationstheater bringst du auch alle religiösen Konzepte auf eine neue Ebene und transformierst damit auch Philosophie und Religion. Es kann gut sein, dass du in der nächsten Zeit im Moment des Jetzt in deinem Leben den Shift der Bewusstseinsebene wahrnehmen kannst. Es ist der Moment, in dem du aus der universellen Vernetzung auf die Ebene der göttlichen Intelligenz und der Meisterschaft springst. Die echte Improvisation ist auf der goldenen

Bewusstseins- und Schwingungsebene möglich. Die Meisterschaft des Seins ist Improvisation im Jetzt.

Innere Reise: *Die Bühne deines Lebens*

Ich möchte dich im Moment des Jetzt auf die Bühne deines Lebens führen. Du gehst durch die Tür zu einer erweiterten Wirklichkeit und siehst dir deine Bühne an. Wahrscheinlich siehst du dich selbst dort. Du bist der Schauspieler, aber du bist auch der Drehbuchschreiber, falls es überhaupt noch ein dokumentiertes Drehbuch gibt. Auf jeden Fall bist du der Regisseur. Du darfst dich jetzt ganz bewusst auf der Bühne deines Lebens stehen sehen. Du kannst sehen, wie der nächste Akt aussieht. Du kannst immer wieder einen Blick auf deine Bühne werfen, indem du einfach den Vorhang aufziehst und dein Spiel dort betrachtest. Du kannst auch sehen, was auf deiner Bühne herumliegt, was du noch wegräumen musst, weil es dir nicht mehr dient. Dann kommen die Bühnenarbeiter und tragen störende Kulissen weg. Außerdem kannst du Menschen auf deine Bühne einladen, die du liebst und mit denen du den nächsten Akt spielen möchtest. Du kannst auch einfach ganz allgemein neue Mitspieler einladen und eine Rollenbeschreibung ausschicken. Du siehst sie hier auf deiner Bühne, bevor sie dir dann begegnen.

Nun laden wir für den nächsten Akt deines Meister-Theaters wieder die Goldenen ein. Sie kommen herein mit Pauken und Trompeten. Sie betreten die Bühne deines Lebens, wenn du sie einlädst. Sie können den Übergang zwischen Leben und Tod in Leichtigkeit gestalten, wie du es auch beherrschst oder demnächst beherrschen wirst. Die Goldenen kommen auf die Bühne deines Lebens und sie begegnen dir von Zeit zu Zeit in Gestalt eines physischen Körpers, manchmal in einer Gestalt, in der du sie nicht erwartet hättest. Von mir, Saint Germain, wird kolportiert, dass ich gerne als Taxifahrer erscheine und da ist auch was dran. Das liegt einfach daran, dass du schon etwas arrogant geworden bist und nicht mit jedem redest. Aber mit einem Taxifahrer redet fast jeder und man verbietet ihm nicht den Mund, weil man ja in seinem Auto sitzt. Du lässt mich also reden, wenn ich ein Taxi fahre. Das ist der Grund, warum ich dir als Taxifahrer begegne.

Wenn du es wählst, lädst du die Goldenen auf die Bühne deines Lebens ein und gibst ihnen dort eine Rolle. Für heute lassen wir sie in unserem Meisterstück mitspielen und wir nehmen ihre Geschenke an. Sie bringen die Geschenke, die du gerade brauchst. Du kannst einfach beobachten, wie dir auf der Bühne deines Lebens deine Geschenke übergeben werden. Du kannst alles annehmen, was die Goldenen dir mitzuteilen haben und dir überreichen.

Die Vision deiner persönlichen Meisterschaft

Nun geht es darum, deiner persönlichen Meisterschaft eine Gestalt zu geben. Ich führe dich jetzt zu den ganz persönlichen Potenzialen deiner Meisterschaft.

Dazu begeben wir uns wieder auf eine Reise. Diese Reise wird dich inspirieren, wie du deine persönliche Meisterschaft leben kannst.

Innere Reise: *Die Potenziale deiner Meisterschaft*

Ich habe für diese Reise das passende Fahrzeug bereitgestellt: ein Raumschiff. Es landet jetzt hier vor deinen Füßen und ich lade dich ein mitzufahren. Ich reiche dir die Hand und helfe dir, die Leiter hoch zu steigen. Dann zwängst du dich durch die Einstiegsluke und nimmst in dem Raumschiff Platz. Du kannst natürlich auch draußen bleiben und nicht mitfahren, es ist deine Wahl. Aber du bist herzlich eingeladen, an dieser Reise teilzunehmen. Ich bitte dich einzusteigen und Platz zu nehmen. Die Goldenen begleiten uns auf dieser Reise.

Wir sitzen im Kreis mit den Goldenen ganz eng zusammen im Bauch des Raumschiffs. Rundherum können wir durch große, dickwandige und dennoch durchsichtige Fenster hinausschauen. Wir haben auf der Bank unter den Fenstern Platz genommen und während der Reise genießen wir es, aus dem Fenster zu schauen.

Nun darfst du dich anschnallen und gut festhalten, denn es geht los. Wir steigen auf. Wir steigen auf. Wir steigen auf. Wir steigen immer höher und höher. Wir sind ziemlich schnell, denn es sitzt ein goldener Pilot am Steuer. Wir haben alles für diese Reise gut vorbereitet und wir steigen schnell höher und höher. Jetzt haben wir die endgültige Höhe erreicht. Wir haben die Erdatmosphäre, das Mentalfeld der Erde hinter uns gelassen. Von hier oben haben wir einen freien und offenen Blick auf die Erde. Hier oben ist es zwar etwas kühler, als du es gewohnt bist, aber du kannst dich an die Höhe und die Temperatur anpassen, so dass du dich körperlich wohl fühlst. Ausgesprochen wohl.

Nun schauen du und ich zusammen mit den Goldenen herunter auf die Erde. Du siehst dort die Potenziale der Meisterschaft, wie sie derzeit auf der Erde gelebt werden. Du darfst alles annehmen, was jetzt in dir erscheint. Du darfst wirklich alles zu dir kommen lassen, was du wahrnimmst. Es kann sogar noch etwas ganz anderes für dich erscheinen als das, was ich jetzt beschreibe. Du kannst ganz persönliche Informationen empfangen. Du kannst aber auch Potenziale der Meisterschaft auf der Erde sehen, die gar nichts mit dir persönlich zu tun haben, denn von hier oben kannst du auf die ganze Welt herabblicken. Dennoch erlaubst du dir mit allem, was du jetzt siehst und erfährst, tiefe Einsichten in die Potenziale der Meisterschaft der Neuen Zeit, der Jetzt-Zeit, in der du lebst. Du siehst von hier oben nicht die Meister der Vergangenheit, du siehst die Meister der Gegenwart.

Du darfst dich öffnen, wirklich zu sehen, mit allen Sinnen wahrzunehmen und zu wissen. Du darfst dich auch für Bilder öffnen, die vor deinem inneren Auge wie Flashs aus dem Nichts erscheinen. Du darfst dich für dein inneres Wissen öffnen. Dir werden

Beispiele der Meisterschaft der Neuen Zeit präsentiert, die für dich persönlich von Bedeutung sind. In deiner Meisterschaft bist du einzigartig. Es wird nicht so sein, dass du das nachmachst, was du dort siehst. Aber du wirst inspiriert.

Es gibt ein Potenzial der Meisterschaft, dass ich dir jetzt beschreiben möchte. Ich nenne es »Stimme in der Wüste«. Diese Stimme erschallt in Deutschland. In diesem Land umwabert eine rosafarbene, klebrige, kaugummiartige Masse das Bewusstsein der Menschen. Klebrige rosa Zuckerwatte frisst sich in alle Ritzen des Gehirns und wabert durch das ganze Land. Die kaugummiartige Masse verstopft den Zugang zu echtem, tieferem Wissen und zur Freiheit des Geistes. Die Massenmedien und das Internet produzieren ständig neue klebrige Masse, sie produzieren das Kaugummi purer Illusionen, das immer und immer wiedergekäut wird. Die Menschen unterhalten sich mit allem möglichen sinnlosen Zeug und lenken sich so von ihren eigentlichen Bedürfnissen ab. Dadurch nähren sie ihre Seelen nicht wirklich, sondern versuchen, sie mit Kaugummi ruhig zu stellen. Die Stimme des Meisters stanzt Löcher in die rosafarbene Masse des Mentalfeldes, das über Deutschland liegt, und die Wahrheit kommt ans Licht. Es gibt ein Potenzial für den Meister, mit allem, was er in die Welt bringt, zum Beispiel mit Bildern, Geschichten und kreativen Gedanken, die wabernde, rosafarbene, kaugummiartige Masse zu durchlöchern. Mit seinen Kunstwerken und alltäglichen Schöpfungen durchstanzt der Meister ständig die Decke der Illusionen, die die Menschen hier einhüllt. Der Meister kann Löcher des Bewusstseins erschaffen, durch die Licht, Wahrheit und Weisheit einfließen können.

Ich sehe ein weiteres Potenzial der Meisterschaft für die Erde. Ich sehe einen Mann in Afrika, der zunächst einmal als Bauer arbeitet. Aber er ist Bauer und Lehrer. Er weiß auch auf energetischer Ebene um die Bedeutung und die Kraft der Früchte der Erde in seinem Land und seiner Region und auf dem ganzen afrikanischen Kontinent. Er würdigt gebührend und angemessen die speziellen Früchte der Erde, die in seiner Region wachsen. Er kann den Funken seiner Einsichten auf die anderen Menschen überspringen lassen und ihnen klar machen, dass ihr Land die Früchte der Erde bietet, die sie vollkommen nähren können. Er kann den Menschen in seiner Heimat helfen, sich auf sich selbst zu besinnen und die Überlagerung einer scheinbar besseren Kultur und Zivilisation loszulassen. Seine Meisterschaft entfaltet sich auf dem Gebiet der Ernährung, der physischen Nahrung für den Körper. Dieser Meister eröffnet neue Potenziale einer gesunden Ernährung, die Freude ins Leben der Menschen bringt. Er schafft es, in einer Gegend, in der so viele noch auf allen Ebenen darben und hungern, eine neue Form der Nahrung zu installieren. Er bringt den Menschen die Achtung vor den Früchten der Erde, die dort wachsen, nahe und er importiert die Fähigkeit zur Lichtnahrung. Er zeigt den Menschen, wie sie sich sogar unabhängig machen können von den Früchten der Erde. Wenn du diesem Meister zuschaust, dann siehst du, dass er mit seiner erdverbundenen Arbeit multidimensional wirkt und goldene Energie dort einfließen lässt, wo er lebt.

Ich möchte dir noch ein weiteres Potenzial der Meisterschaft auf der Erde vorstellen. Dieser Meister lebt in Asien und ist ein yogischer Flieger. Seine Seele verkörpert die Fähigkeit des yogischen Fliegens vollkommen, also die Fähigkeit, ohne Hilfsmittel zu schweben und sich durch Fliegen fortzubewegen. Bisher gibt es noch niemanden, der das yogische Fliegen so vollständig beherrscht wie dieser Meister. Er kann auf der Basis von bereits bestehenden Meditationskulturen das yogische Fliegen perfektionieren. Er kann den Menschen zeigen, wie man über die Erde schwebt, ohne zu laufen oder zu fahren. Er eröffnet mit seinem Körper, seiner Seele und seinem Geist eine neue Form der Fortbewegung. Er entwickelt sich im Rahmen einer Gruppe von befreundeten Menschen weiter. Dann ist er der Erste, der um die halbe Welt schwebt und diese Form der Fortbewegung, nachdem er sie perfektioniert hat, populär werden lässt.

Ich habe dir diese Bespiele vorgestellt, damit du mit den Möglichkeiten vertraut wirst, als Aufgestiegener Meister in der goldenen Schwingung auf der Erde zu leben. Nachahmen kannst du diese Beispiele nicht.

Du sitzt immer noch mit mir und den Goldenen zusammen im Raumschiff. Du darfst nun ganz bewusst aus dem Fenster auf die Erde schauen. Zunächst einmal schaust du auf einen bestimmten Ort auf der Erde. Du siehst den Kontinent, wo du jetzt ein neues Potenzial der Meisterschaft kennenlernen möchtest. Es muss sich dabei nicht um das Land handeln, wo du lebst. Es kann ganz woanders sein. Du siehst zunächst den Kontinent und dann näherst du dich dem Land, in das du gehen möchtest, um ein Potenzial der Meisterschaft zu erkunden. Selbst wenn du die Landkarte nicht so gut kennst, dann weißt du auf einmal, wo du jetzt landen möchtest. Nachdem du dort angekommen bist, schaust du dich um. Dort begegnest du dann nicht einem bereits inkarnierten Aufgestiegenen Meister, sondern du begegnest einem Potenzial der Meisterschaft. Du begegnest einem Potenzial, die Meisterschaft in der goldenen Schwingung dort zu leben.

Du siehst, was der zukünftige Meister dort tut, womit er sich beschäftigt, was seine Leidenschaft ist. Du siehst, was er den Menschen schenkt, was er mit den anderen Menschen teilt. Du siehst, worin die Basis seiner Meisterschaft besteht. Vielleicht siehst du sogar, wie er da hingekommen ist, wo er jetzt steht. Du siehst seine Entwicklung, vielleicht sogar in vielen, vielen Leben, und seinen Aufstiegsweg klar vor dir. Du siehst die Kraft, die er verkörpert, die einzigartige Kraft, mit der er den Aufstieg repräsentiert. Vielleicht siehst du sogar seinen inneren Zweifel, seine Ängste und die Umbrüche, die zu seinem Weg in die Meisterschaft gehören. Du darfst alles vor deinem inneren Auge erscheinen lassen, es wirklich wahrnehmen, fühlen und erkennen.

Du darfst dich immer wieder an einen anderen Ort beamen, wenn du es wählst, und kannst dir weitere Potenziale der Meisterschaft anschauen. Nachdem du den Raum der Goldenen betreten hast, verbindest du dich sowieso mit den Aufgestiegenen Meistern der Erde und stellst dich in ihren Kreis, wann immer du es wählst.

Wir sitzen immer noch im Raumschiff und wir können aus diesem Raumschiff auf die Erde schauen und die ganze Erde überblicken. Wir können die Potenziale der Meisterschaft auf der ganzen Erde sehen.

Jetzt legt unser goldener Pilot einen neuen Gang ein und wir reisen noch etwas weiter. Wir begeben uns jetzt auf eine andere Zeitebene. Wir verlassen die Zeitebene der Gegenwart und vielleicht fühlst du in deinem Körper ein Rotieren oder Wabbeln, wenn wir jetzt die Zeitebene wechseln.

Du siehst dort einen Aufgestiegenen Meister oder eine Aufgestiegene Meisterin. Du darfst ganz genau hinschauen, wen du dort siehst. Du darfst ihn dir anschauen. Du darfst dir bewusst machen, in welchem Alter du diesen Meister siehst. Du darfst ihn begrüßen, ihm aus unserem Raumschiff zuwinken. Du darfst mit deinem Geist mit ihm Verbindung aufnehmen. Von dort oben, wo du jetzt bist, siehst du ihn in seinem ganzen Sein. Du siehst seinen Körper. Du siehst seine Frisur und seine Kleidung. Du hörst vielleicht sogar, welche Sprache er spricht und was er gerade sagt. Zumindest aber hörst du mit jeder Körperzelle sein Lied, seinen Ton, den Ton seiner Schwingung. Du fühlst seine Gegenwart. Du fühlst, wie er sich fühlt, und du fühlst vielleicht sogar seine Begrenzung und seine Ängste, aber auch seine Gelassenheit und Zufriedenheit. Du fühlst seine Verbindung mit dem Höheren. Dann siehst du die Geschenke, die er der Welt gibt. Du siehst, was er für die Welt erschaffen hat. Dabei kann es sich um ein konkretes Produkt, aber auch um eine Tätigkeit oder eine spezielle Schwingung handeln. Vielleicht spricht er zu dir und erzählt dir in einigen sehr komprimierten, essenziellen Sätzen, was seine Meisterschaft ausmacht. Er sagt dir, wer er ist. Natürlich kann es sich bei dem Meister, der dir hier begegnet, auch um eine Frau handeln. Der Meister sagt dir, was für dich in diesem Moment wesentlich ist. Dieser Meister oder diese Meisterin begegnen dir in ihrer Schwingung. Von hier oben im Raumschiff kannst du ihm über die Schulter schauen und kannst sehen, wie er wächst und sich weiterentwickelt, wie er lebt, was er denkt, fühlt und mitteilt. Du kannst die Essenz seiner Weisheit in Worten, in Gedanken oder in einem Gefühl aufnehmen. Du begegnest diesem Aufgestiegenen Meister in seiner vollkommenen Essenz.

Der Pilot hat sich wieder ans Steuer gesetzt und jetzt tritt das Raumschiff den Rückweg an. Du nimmst deine Erfahrungen und Erkenntnisse mit. Du nimmst die Weisheit deiner Seele mit, die dir dort begegnet ist. Das Raumschiff kehrt zur Erde zurück. Ein kleiner Ruck durchzuckt dich, während wir wieder auf der Erde landen. Wir steigen aus, umarmen uns und sagen »Aloris« bis zum nächsten Mal. Du landest wieder an deinem Platz auf der Erde, wo du jetzt bist. Du darfst noch einmal Ja dazu sagen, wo du jetzt lebst, zur rechten Zeit am rechten Ort.

~...~

Wir sind zuletzt in die Vergangenheit gereist. Du darfst dir jetzt mit einem tiefen Atemzug bewusst machen, dass du auf der letzten Reise dir selbst begegnet bist. Du bist dir selbst vielleicht als Kind begegnet, wenn du ein Kind gesehen und gefühlt hast. Du bist dir selbst in der Schwingung begegnet, in der du hier hereingekommen bist. Du bist dir selbst vielleicht als junger Mensch begegnet oder in einem anderen Lebensalter. Vielleicht bist du aber auch dir selbst in einem früheren Leben begegnet. Du darfst diese Erfahrung einatmen und wirklich annehmen. Du darfst den Aufgestiegenen Meister, der du einmal gewesen bist, bewusst begrüßen. Du darfst zustimmen, deine Meisterschaft jetzt weiterzuentwickeln und in die Meisterschaft der Neuen Zeit einzutreten. Du darfst die Informationen, die du während der Begegnung mit dir selbst als Aufgestiegenem Meister in einer früheren Inkarnation oder im jetzigen Leben empfangen hast, wirklich annehmen.

Du kannst diese Reisen für dich jederzeit wiederholen. Allerdings solltest du mit einem klaren Fokus, wo du hingehen möchtest, die Reise antreten. Du solltest in kein Raumschiff steigen, ohne dass du weißt, wer der Pilot ist und wo es hingeht. Es wird ja erzählt, dass man dann entführt werden kann. Aber du kannst jederzeit in das Raumschiff zu Saint Germain und den Goldenen steigen.

Ich fordere dich auf, dir ein Bild zu machen, wie deine persönliche Meisterschaft in die Welt getragen wird. Wenn ich dir nun zusammen mit den Goldenen, den Aufgestiegenen Meistern der Erde aus allen Teilen der Welt und allen Epochen, einen Ausblick gebe, wie die Meisterschaft gelebt werden kann, dann kannst du dir bewusst machen, welche der genannten Potenziale besondere Resonanz bei dir ganz persönlich finden.

Mit dem, was dein Herz in besonderer Weise anspricht, kannst du dich durch einen tiefen Atemzug verbinden.

1. Portal universeller Weisheit

Der Meister ist das Portal universeller Weisheit, einer Weisheit, die das Herz der Menschen erreicht, eine Weisheit jenseits von Wissenschaft, Poesie und Literatur, eine Weisheit, die auf der universellen Vernetzung und der Verbindung mit der Quelle allen Seins beruht. Nur diese Weisheit kann das Herz der Menschen wirklich erreichen. Der Meister ist das Portal dieser Weisheit und sie mag ihm aus dem Nichts zugeflogen kommen. Sie muss nicht erarbeitet werden. Sie muss sogar nicht einmal erfahren werden. Sie ist einfach da. Insofern ist der Meister auch der Lehrer und Anführer der erwachten Menschen. Zu dieser Rolle darfst du Ja sagen, wenn du damit Resonanz findest. Der Meister ist der Anführer der Führungspersönlichkeiten. Er ist der Lehrer der Multiplikatoren. Es macht daher nicht viel Sinn, wenn der Meister zu viel Zeit mit den Menschen verbringt, die die alten Wege weiter gehen möchten. Er findet Kontakt mit denen, die das Leben in seiner Vollkommenheit anerkennen und dazu ihren Beitrag leisten möchten. Dann ist er der Lehrer der Lehrer oder der Lehrer der Erleuchteten.

2. Portal universeller Verbundenheit

Der Meister ist das Portal der universellen Verbundenheit und der allumfassenden Liebe. Er ist zuständig für die universelle Kommunikation. Indem er dem ganzen Universum dient und nicht nur diesem Planeten, kanalisiert er die universelle Transformation. Wenn er es wählt, kann der Meister die Liebe der planetaren Freunde fühlen, mit denen er in Verbindung steht. Die planetaren Freunde haben Spaß daran, neue Wege der Kommunikation mit der Erde zu finden. Sie haben Spaß daran, wenn man ihre Sprache lernt und sich auf das universelle Spiel der Energie einlässt.

Der Meister repräsentiert den Übergang in eine universelle Verbundenheit. Er kann im Gleichklang mit der Welt leben und über seine Gedanken, Gefühle und sinnlichen Wahrnehmungen die vollkommene Verbundenheit mit allem, was ist, erfahren.

3. Portal der universellen Quelle

Der Meister kanalisiert die goldene Schwingung der Meisterschaft auf die Erde. Die Menschen denken in Schwarz oder Weiß, Gut oder Böse, Richtig oder Falsch. Aber jetzt gleitet das menschliche Bewusstsein langsam in die Regenbogenschwingung über. Die Menschen lernen, Vielfalt zu akzeptieren und mit Respekt anzuerkennen. Sie lernen, jeden einzelnen Menschen in seiner Seelenfarbe und seiner Einzigartigkeit zu würdigen und ihm seinen Platz zu geben. Der Meister sieht die Seelenfarbe der anderen Menschen. Daher kann er auch die Regenbogenschwingung der Kinder sehen, die jetzt geboren werden. Da er die Regenbogenschwingung ehrt, kann er die hochschwingenden Regenbogenkinder in besonderer Weise lieben.

Der Meister nimmt an sich selbst die goldene Schwingung als Schwingung der Meisterschaft wahr. Die goldene Schwingung bringt zum Ausdruck, dass in der Essenz des Meisters auch noch eine himmlische Frequenz mitschwingt. Die himmlische Frequenz des Meisters spiegelt seine Verbindung mit der universellen Quelle von allem, was ist, ohne Unterlass und ohne Unterbrechung. In der Menschheitsgeschichte symbolisiert Gold schon von alters her den Funken Gottes, der einen Menschen erleuchten kann. Der Meister ist das Portal der goldenen göttlichen Schwingung, um die Menschen mit der universellen Quelle in Kontakt zu bringen.

4. Portal der Bewusstseinserweiterung

Der Meister hat seinen persönlichen begrenzten Garten verlassen, um eine größere Welt zu erobern. Er ist das Portal der Bewusstseinserweiterung. Er trägt dazu bei, die mentalen Schranken der Menschen Schritt für Schritt zu erweitern. Er kann die Menschheit in ganz neue Dimensionen der Wahrnehmung führen. Der Meister experimentiert leidenschaftlich mit seinem Gehirn, um die Grenzen des Bewusstseins zu erkunden. Indem er sich selbst ausdehnt, verwandelt er die Welt. Er geht voran und zeigt den anderen Menschen den Weg.

Im Bewusstsein des Meisters können Traum und Wirklichkeit verschmelzen. Die Träume der Wirklichkeit des Meisters sprühen vor Magie und Zauber, die Traum-Wirklichkeit nimmt skurrile Wendungen und gebiert geniale Schöpfungen.

5. Göttliche Schöpferkraft

Der Meister bringt Vollkommenheit und Schönheit des menschlichen Körpers auf eine neue Ebene. Er kann seinen Körper heilen, pflegen, auf- und umbauen, so dass er ein Ausdruck seiner Göttlichkeit ist. Wenn er es wählt, kann der Meister seinen eigenen Körper zum Spielfeld seiner Meisterschaft machen. Je mehr er in Freundschaft und enger Verbundenheit mit seinem Körper lebt, umso öfter wird er auch in seinem Umfeld wunderschöne, strahlende Seelenwesen finden, ob es nun Menschen, Tiere, Elfen, Feen oder Naturwesen sind.

Der Meister kann mit seinen Augen, seinen Händen und seinem Geist Kunstwerke erschaffen, in denen ein göttlicher Funken erstrahlt. Die Grenzen zwischen Kunst- und Gebrauchsgegenständen verschwimmen, weil alles in absoluter Schönheit erstrahlt. Der Meister gestaltet die Wirklichkeit mit allen Möglichkeiten der menschlichen Schöpferkraft. Architektur und Umwelt spiegeln dann die vollkommene Harmonie menschlichen Selbstausdrucks mit der Erde, mit der Natur und den Naturgeistern wider.

Der Meister lässt die Verbundenheit mit der Quelle, die er verkörpert, in die menschliche Kommunikation, in das Zusammensein der Menschen einfließen. Er gestaltet menschliche Begegnungen und Events in vollkommener Harmonie. Selbstausdruck und Kommunikation der Menschen untereinander mit Sprache, Musik, Tanz und Ritualen finden einen vollkommenen Rahmen.

Du darfst dein Herz öffnen und Visionen empfangen, wie sich deine Meisterschaft in der Gegenwart gestalten kann. Für deine Meisterschaft der Neuen Zeit kannst du jegliche Überlagerung der Exklusivität loslassen. Du weißt, dass in früheren Zeiten die Aufgestiegenen Meister nur einen Bruchteil der Menschen ausmachten. Hinzu kam, dass der Meister gar nicht so lange auf der Erde leben konnte. Er weilte nur eine begrenzte Zeit auf der Erde, um seinen Dienst zu erfüllen, und dann hat er die Erde wieder verlassen. Es kommt jetzt eine Zeit, in der alle Menschen, die es wählen, die Schwingung annehmen können, die früher nur einzelnen Aufgestiegenen Meistern vorbehalten war. Du darfst dem mit ganzem Herzen zustimmen, dass sich die Schwingung der Meisterschaft ausbreiten kann, damit eine Neue Erde geboren werden kann. Für dich, lieber Meister der Neuen Zeit, eröffnen sich dann wieder ganz neue Potenziale. Die Neue Erde gebiert dann wieder eine Neue Erde. Wenn du zustimmst, dass die Exklusivität der Meisterschaft sich auflöst, weil das ganze Universum jetzt diese

Entwicklung unterstützt, dann fühlst du die Grenzenlosigkeit des menschlichen Aufstiegs. Du fühlst die Grenzenlosigkeit der Potenziale der Zukunft, die auf einer universellen Ebene unterstützt werden. Das ganze Universum beobachtet gespannt, was die Menschen noch aus der Erde machen.

Für jeden Aufgestiegenen Meister gilt, dass er dann die Erde verlässt, wenn er selbst es wählt. Du wirst die Erde aus freien Stücken eines Tages verlassen. Vielleicht wirst du sogar noch länger in diesem einzigartigen Körper bleiben, als du es dir jetzt vorstellen kannst. Die Grenzen der Lebensmöglichkeiten auf der Erde erweitern sich. Du darfst auch in diesem Bereich deine Freiheit fühlen und in gewisser Weise auch die Grenzenlosigkeit deiner Existenz. Viele Kinder, die jetzt hereinkommen, wissen, dass ihr Leben nicht mehr auf ungefähr achtzig Jahre begrenzt ist, sondern dass sie, wenn sie möchten, die Suppe und die Vorspeise genießen können und, wenn sie möchten, das ganze Menü. Wenn sie es wählen, können sie den Nachtisch weglassen oder, wenn sie es wählen, können sie ihn auch noch verputzen.

Warum bleibst du auf der Erde und gehst nicht auf einen anderen Stern? Wenn du alle deine Sinne einsetzt, kannst du die besondere Schwingung der Erde gerade in dieser Zeit wahrnehmen. Gewalt und Durcheinander regieren immer noch, aber das Chaos birgt ein riesiges Schöpferpotenzial in sich. Es ist so, als würdest du einen tönernen Krug zerschlagen, dann liegen die Scherben auf dem Boden und daraus kannst du ein wunderbares Mosaik formen. Alle Seelen des Universums sind daher überzeugt, dass derzeit auf der Erde ein energetisch ganz spezieller Spielplatz zu finden ist.

Übung *Die Essenz deiner Meisterschaft*

Du kannst dich noch einmal in den **Raum der Goldenen** begeben, wenn du es wählst. Dort verbindest du dich mit der Essenz deiner persönlichen Meisterschaft. Es geht darum, dass du dich zum Gefäß der goldenen Energie machst. Du machst dich und deinen Körper und alles, was du bist, zum Gefäß der goldenen Energie. Dann kannst du eine Vision zur Essenz deiner Meisterschaft empfangen. Vertraue deinen eigenen Wahrnehmungen und empfange deine Eingebungen mit Ehrfurcht und Liebe.

Nun bist du entsprechend vorbereitet und ich übergebe dir eine Aufgabe, die gleichzeitig eine Vision, eine Schöpfung und eine Vollendung darstellt.

Übung *Meisteraufgabe*

Begib dich in den Raum der Allumfassenden Liebe und verbinde dich dort mit den beiden für dich wichtigsten Aspekten der Vollkommenen Tafelrunde der Seele: mit deiner Seelenessenz und mit deinem Persönlichen Meister oder deiner Persönlichen Meisterin.

Wenn du dich mit deiner Seelenessenz, deinem unzerstörbaren und ewig lebenden Seelenkern verbindest, dann lässt du dein Seelenlicht erstrahlen

Wenn du mit deiner Seelenessenz verbunden bist, dann hörst du deine innere Stimme unverstellt, deutlich und klar. Du findest automatisch Zugang zu deinen wirklichen Bedürfnissen und tiefem inneren Wissen. Du bist du selbst.

Der Persönliche Innere Meister oder die Persönliche Innere Meisterin verbindet dich noch intensiver mit der Erde als die Seelenessenz. Es kann der Meister sein, der du schon in einem früheren Leben gewesen bist. Das solltest du nicht ausschließen. Es kann der Meister sein, der du in Zukunft sein wirst. Du findest in der Verbindung mit deinem Persönlichen Inneren Meister oder deiner Persönlichen Inneren Meisterin Zugang zu den Potenzialen, wie du deine Meisterschaft jetzt auf die Erde bringen und leben kannst. Um dir der Potenziale deiner ureigenen Meisterschaft bewusst zu werden, verbindest du dich im Raum der Allumfassenden

Liebe mit deinem Persönlichen Inneren Meister und nimmst dann alles, was in dir erscheint, wahr und an.

Du kannst dich zur Vorbereitung auch, wenn du es wählst, mit Geschichten über bereits bekannte Aufgestiegene Meister befassen und dir dort Anregungen holen. Aufgestiegene Meister, die dich interessieren könnten, sind zum Beispiel Afra, der afrikanische Meister der Intuition, Arya Tara, die göttliche Mutter Tibets, Djwal Khul, tibetischer Wissenschaftler der Heilung, Hermes Trismegistos Thoth, der Meister der Verwandlung durch den Geist, Laotse, der edle Weise Chinas, Mutter Maria, die Verkörperung der Gnade, und Lady Nada, die Königin der Herzen.

Du hast nun sieben Wochen Zeit, um die folgende Aufgabe zu erfüllen: Schreibe einen Text, der dein Leben als Meister auf der Erde in diesem Leben erzählt. Du kannst den Text so schreiben, als würdest du selbst oder ein Chronist im Rückblick über dein Leben als Aufgestiegener Meister berichten. Beschreibe, wie sich deine Meisterschaft auf der Erde entfaltet hat. Du kannst dir auch vorstellen, dass du nach deinem irdischen Tod jenseits der Lichtbrücke, also in der lichtvollen Heimat der Seele, interviewt wirst. Du kannst das Interview mit allen Fragen und Antworten aufschreiben. Du kannst auch eine Rede entwerfen, die aus Anlass der Enthüllung eines Denkmals für dich gehalten wird. Oder vielleicht hast du eine andere Idee...

Wenn es dir nicht angemessen erscheint, deine Meisterschaft in Form eines Textes zu beschreiben, kannst du auch ein anderes Ausdrucksmittel wählen, zum Beispiel ein Lied oder ein Bild.

Nutze die nächsten sieben Wochen für diese Aufgabe. Du solltest also diese Aufgabe nicht überstürzen, sondern ihr genug Zeit geben, damit sie sich in dir entfalten kann. Wenn du selbst spürst, dass sie nun vollendet ist, kannst du sie beiseitelegen.

Diese Aufgabe unterstützt dich darin, neue Handlungsmuster für dein Leben als Aufgestiegener Meister zu entwerfen. Sie hilft dir, dich daran zu erinnern, dass sich in der Meisterschaft der Aufstieg und der Abstieg vereinigen – der Aufstieg des Bewusstseins und der Abstieg auf die Erde.

Bereite dich darauf vor, dass sich in dir in den nächsten sieben Wochen die Meisterschaft des Seins entfalten wird. Vergiss nicht, dass ich auf jedem Schritt des Weges bei dir bin und dich begleite.

Meisterschaft als Dienst

An den Beispielen, die ich dir gezeigt habe, konntest du sehen, dass die Meisterschaft auch bedeutet, einen Dienst an der Erde zu verkörpern und zu vollziehen. Da du dich in den Dienst an der Erde stellst, wird das Potenzial deiner Meisterschaft des Seins auch nicht nur von dir, sondern es wird von der ganzen Menschheit bestimmt. Solange du hier im Dienst stehst zum Wohle der gesamten Menschheit, bleibst du auf der Erde. Wenn du deinen Dienst hier nicht weiter tust, dann verlässt du die Erde und begibst dich in die Gruppe der Goldenen. Immer wieder kannst du entscheiden, fühlen und sehen, was du hier zu tun hast und was deine Aufgabe ist.

Zunächst einmal darfst du dir erlauben, wirklich souverän zu leben, so dass du nicht mehr nur die Energien deiner Familie, deiner Kultur, deiner Umgebung kanalisierst. Du kannst mit deiner eigenen Stimme sprechen. Alle Einflüsse der Menschen, mit denen du zusammen bist und mit denen du auch karmisch in früheren Zeiten verbunden warst, kannst du einfach unterbrechen. Dann sprichst du nur für dich selbst und kanalisierst ausschließlich die goldene Energie. Dein Leben wird zum Echo des universellen Lichts und der universellen Liebe. Ich bitte dich an dieser Stelle, noch einmal zuzustimmen, dass du die goldene Energie in deinen Körper und in deinen Geist aufnimmst. Deine Seele ist sowieso schon mit der goldenen Energie verbunden.

Die Illusion, dass der Meister immer lichtvoll, glücklich und zufrieden wäre, hält sich hartnäckig. Fakt ist, dass der Meister einfach schneller und effektiver seinen Körper, seine Seele, seinen

Geist und sogar seinen Verstand ausbalancieren kann. Insofern hat er tatsächlich den anderen Menschen etwas voraus. Es passiert nicht mehr, dass du über längere Zeit in einer gegen das Leben gerichteten Schwingung bleibst. Dazu gehört zum Beispiel, dass du nichts tust, was dich wieder karmisch an andere binden würde. Du baust keine Verbindung auf, die über dieses Leben hinausginge. Dazu gehört zum Beispiel, dass du keine immensen Schulden anhäufst. Das würde dich energetisch an deine Schuldner binden, auch wenn du den Körper schon verlassen hast. Dazu gehört auch, dass du keinen immensen Reichtum anhäufst, denn deine Besitztümer würden dich ebenso über dieses Leben hinaus an die Erde binden. Alles, was der Meister hier auf der Erde ansammelt, verschenkt er, bevor er stirbt.

Es geht darum, deinen eigenen Ton zu finden, als der zu sprechen, der du bist. Dazu kannst du dich immer wieder in den Raum der Goldenen begeben und mit den Meistern verbinden, die du dort vorfindest. Ich, Saint Germain, bin die Stimme dieser Meister, sie sprechen durch mich. Sie möchten dir jetzt noch einige persönliche Worte sagen.

Du darfst alle Illusionen und Klischees der Meisterschaft loslassen. Es existieren viele Klischees, wie man sich landläufig einen Aufgestiegenen Meister vorstellt. In früheren Zeiten war es so, dass diejenigen, die schon als Aufgestiegene Meister geboren wurden, einen vorgegebenen Plan für ihr Leben mitgebracht haben, wie sie ihre Meisterschaft ins Leben bringen wollten. Wenn du dich nun für die Meisterschaft der Neuen Zeit entscheidest, dann gibt es für deine Meisterschaft des Seins keinen festen Plan, sondern nur Potenziale, die von dir in Freiheit erschaffen werden und sich frei entfalten können.

Es gibt einige Bedingungen, die du wirklich annehmen musst, wenn du deine Meisterschaft leben möchtest. Du musst vollkommen die Verantwortung übernehmen für alles, was in deinen Leben geschieht, ohne Wenn und Aber. Du kannst nicht mehr andere dafür verantwortlich machen, dass irgendetwas in deinem Leben schiefläuft. Du kannst nicht einmal mehr vorgeben, dass dein Leben besser läuft, weil die Goldenen dich jetzt begleiten. Auch für die Verwandlungen zum Guten in deinem Leben musst du Verantwortung übernehmen. Dass du wirklich für alles in deinem Leben Verantwortung übernimmst, ist die Basis der Meisterschaft.

Gleichzeitig darfst du zustimmen und erfahren, dass sich alles Störende schnell verwandeln und ausbalancieren kann. Du kannst dich vertrauensvoll dem Fluss des Lebens überlassen und einfach mit den Energien mitschwimmen, die dir begegnen. Dein Schiff des Lebens segelt am leichtesten mit dem Wind. Wenn du mit dem Wind segelst, dann kommst du immer wieder dort an, wo du landen möchtest. Du erreichst das rettende Ufer zum rechten Zeitpunkt.

Ich möchte dich daran erinnern, dass ein Meister keinen Guru oder Lehrer hat, denn er kann sich selbst mit dem göttlichen Bewusstsein verbinden. Du kannst die Meisterschaft nicht leben, wenn du das Denken, die Ideen, das System, die Konzepte, die Erfindungen eines anderen Menschen an die Welt weitergeben möchtest. Ein Meister kann nicht in einem Franchise-System arbeiten. Du kannst als Meister keine Kurse geben, für die du von einem Lehrer oder einer Institution zertifiziert bist. Ich möchte es dir noch einmal sehr deutlich klar machen: Du kannst altes Wissen weitergeben, zum Beispiel Astrologie, Akupunktur oder Yoga, aber du gibst diesem Wissen deine eigene Färbung. Daher kannst du auch nicht in einem Verband arbeiten. Wenn du deine Meisterschaft wirklich lebst, musst du aus allen Institutionen aussteigen. Sonst lebst du weiterhin in der Dimension des kollektiven Bewusstseins dieser Institution. Du transformierst dann die Schule, das Krankenhaus, die Firma, die Institution, indem du mit neuem Bewusstsein dort arbeitest. Aber wenn du in das göttliche Bewusstsein eintrittst und es wirklich leben möchtest, musst du dein eigenes Ding machen. Wahrscheinlich spürst du es in diesem Moment, dass du nicht untergeordnet in einer Institution arbeiten kannst. Du kannst dein eigenes Krankenhaus oder Heilzentrum oder deine eigene Schule gründen, um dich zu entfalten. Natürlich kannst du gut mit anderen Menschen zusammenarbeiten, die du dir selbst aussuchst, die mit dir im Gleichklang schwingen oder die dir dienen. Alle Menschen können dir dienen und mit dir zusammenarbeiten. Aber du kannst nur mit ganz Wenigen die Verantwortung teilen. Im göttlichen Bewusstsein stehst du allein. Der Meister wirkt durch seine Schwingung, durch seine Präsenz und nicht dadurch, dass er ein bestimmtes Konzept verkauft.

Viele Aufgestiegene Meister sind wie Jesus durch die Welt gereist und haben hier und dort in ihrer Präsenz transformierend agiert. In der Gegenwart brauchst du nicht mehr ständig den Ort zu wechseln, denn du kannst deinen Radius auch durch virtuelle Präsenz im Internet erweitern. Es bietet sich für dich an, dass du Vorträge hältst, Seminare offerierst oder ein selbst kreiertes, einzigartiges Produkt verkaufst. Menschen, die es möchten, können dann deine Dienste annehmen. Der freie Wille ist gewahrt und das stellt eine wichtige Bedingung für die Begegnung mit dem Meister dar. Menschen, die zu ihm kommen oder auf andere Weise mit ihm in Kontakt treten, müssen frei wählen können, ob sie es möchten. Die Menschen können auch über Produkte, die der Meister erschaffen hat, zum Beispiel ein Buch, eine CD, ein Bild oder einen anderen Gegenstand mit seiner Schwingung in Kontakt treten. Die freie Entscheidung des Käufers ist allerdings Bedingung. Aus freier Entscheidung bist auch du mit diesem Material in Kontakt getreten. Du darfst dich immer wieder darauf besinnen, dass der Meister einfach seine Schwingung in die Welt hineinträgt, die Schwingung des göttlichen Bewusstseins.

Innere Reise: ***Begegnung mit dem göttlichen Bewusstsein***

Ich bitte dich nun, auf die letzten Monate oder Jahre zurückzublicken und wirklich zu sehen, wann du dich zum ersten Mal in die

Schwingung des göttlichen Bewusstseins begeben hast. Du darfst es dir bewusst machen. Du kannst für eine Weile die Zukunft loslassen und auf die Vergangenheit schauen. Du kannst, wenn du bereit bist, dir einen wesentlichen Shift deines Bewusstseins im Rückblick bewusst machen. Es mögen jetzt vor deinem inneren Auge Ereignisse, Erinnerungen oder Erkenntnisse erscheinen.

In der Diamantschule gab es einen Shift des Bewusstseins während einer meiner Inspirationen. Inspirationen hießen damals meine regelmäßig stattfindenden Channel in der Diamantschule. Die Inspiration, die einen Shift des Bewusstseins bewirkte, wurde von der Gruppe auch angenommen und konnte daher wirken. Ich präsentierte in der besagten Inspiration die These »Alles, was ist, ist auch nicht.« Diese Tatsache wurde von der anwesenden Gruppe wirklich gefühlt und schließlich verkörpert. So hat sich mit dieser Inspiration ein Quantensprung des Bewusstseins vollzogen. Du kannst auf das Wissen, dass alles, was ist, auch nicht ist, immer wieder zurückgreifen. Wenn du sagst »Ich bin erleuchtet«, dann darfst du auch sagen »Ich bin nicht erleuchtet«. Ich stimme dir dann vollkommen zu, denn solange du auf der Erde bist, verkörperst du immer noch ein begrenztes Bewusstsein, einfach weil du im physischen Körper inkarniert bist und weil du auf der Erde nur so überleben kannst. Du kannst sagen »Ich bin frei«, aber du musst auch sagen »Ich bin nicht frei«. Ich bestätige dir dann lachend, dass du natürlich nicht frei bist. Solange du auf der Erde lebst, legen dir dein Körper, deine Seele und dein Geist Begrenzungen auf, selbst wenn du der am meisten erleuchtete Mensch auf der Erde wärst. Du bist begrenzt, damit du in dieser Zeit in der Welt mitschwingen kannst. Du bist aus meiner Sicht ein Diamant, eine ganz hochschwingende leuchtende Seelenessenz, und dennoch verdunkelt sich der strahlende Diamant im irdischen Dasein. Wenn du dir immer wieder eingestehst »Das ist so und das ist auch nicht so«, dann begibst du dich auf eine neue Ebene. Wenn du etwas vehement ablehnst, dann darfst du sagen: »Das ist furchtbar!«. Du kannst es mit Gefühl sagen und wirklich dein

Herz für deine Emotionen öffnen. Wenn du das getan hast, kannst du probehalber zu dir selbst sagen: »Es ist ein Wunder.« Natürlich ist es ein Wunder, denn wie alles auf der Welt ist es eine vollkommene Kreation. Die Übung, dass alles, was ist, auch nicht ist, eröffnet dir in jeder Situation göttliches Bewusstsein.

Im göttlichen Bewusstsein trittst du vollkommen aus allen deinen Bewertungen heraus. Das Verrückte ist, dass ich immer wieder dann an den Menschen beobachten kann, dass sie frei werden, die Wahrheit zu sagen, wenn sie tief innerlich wissen, dass es eigentlich keine feststehende Wahrheit gibt. Alles, was heute gilt, kann morgen schon anders sein. Sobald du etwas fixierst und endgültig bewertest, bringst du gleichzeitig das Gegenteil mit herein. Je mehr du mit viel Energie eine Wahrheit bezeugst, fühlst und lebst, umso mehr Energie gibst du dem Gegenteil. So funktioniert die Welt immer noch. Im göttlichen Bewusstsein siehst du das alles. Du kannst sogar ganz bewusst Energie bewegen, indem du dich sehr entschieden und klar auf eine Seite stellst. Dann erfährst und fühlst du, wie sich die Gegenenergie mit Macht ausbreitet. Das göttliche Bewusstsein sieht eigentlich nur das Spiel der Energie.

Wenn du im Rückblick die Quantensprünge des Übergangs ins göttliche Bewusstsein in deinem Leben wahrnimmst, kannst du klarer sehen, wo du jetzt stehst. Du wirst dir noch bewusster, wer oder was deinem Aufstieg gedient hat. Im göttlichen Bewusstsein findest du keinen Lehrer mehr, außer dir selbst. Die wundervolle Kommunikation mit den Aufgestiegenen Meistern, mit den Goldenen, steht dir natürlich zur Verfügung und du kannst sie genießen. Im göttlichen Bewusstsein existiert allerdings kein Lehrer-Schüler-Verhältnis mehr, nur noch partnerschaftliche Kommunikation.

Wenn du das göttliche Bewusstsein verkörperst, bist du eins mit der Welt. Das heißt nicht, dass du alles gut findest, was in der Welt passiert. Du bist eins mit der Welt, obwohl du ganz außerhalb von ihr stehst. Obwohl du eins mit der Welt bist, wirst du dich tatsächlich von vielem distanzieren, was die anderen machen. Das passiert gleichzeitig.

Wenn du im göttlichen Bewusstsein schwingst, weißt du, dass dir die Welt dient und dass sie aus dem Gottesbewusstsein entsprungen ist, um dich zu unterhalten und zu erfreuen. Du kannst das Maß deiner Erleuchtung daran messen, wie stark du wahrnimmst und erfährst, dass dir das Universum dient. Das heißt nicht, dass dir nur Schönes begegnet. Wie sollte es? Dann wärst du ja nicht mehr auf der Welt, aber du hast es gewählt, noch hier zu sein. Stattdessen siehst du das Potenzial der Verwandlung in die Vollkommenheit in allem, was dir begegnet.

In der Schwingung der Meisterschaft erfährst du eine Integration von Dienst und Freude. Das heißt nicht, dass du erst deinen Dienst tust und dich anschließend freust und feierst. Stattdessen verschmelzen Dienst und Freude vollkommen, nachdem Selbstliebe und Nächstenliebe in Balance gekommen sind. Dadurch entwickelt sich in dir eine neue Form der Liebe, die beide Varianten der Liebe, Selbstliebe und Nächstenliebe, auf eine neue Ebene bringt. Der Meister steht in vollkommener Balance zwischen Selbstliebe und Nächstenliebe. Die Selbstliebe gebietet, dass du andere Menschen nicht mehr energetisch fütterst, sondern dass du ihnen ein Portal des Lichts und der Liebe zur Verfügung stellst. Sie müssen dann nichts weiter tun als annehmen. Allerdings müssen sie sich von den Mechanismen der Ausbeutung verabschieden. Wenn sie dir begegnen, merken die Menschen, dass sie eine innere Entscheidung treffen müssen. Sie müssen innerlich einer Veränderung in ihrem Leben zustimmen. Dann können sie sich mit dir in den Fluss des Lebens werfen. Sie können echtes, erfülltes Leben finden – oder sie bleiben am Ufer zurück.

Oft scheint es dir, als wüsstet du noch nicht, wie du der Welt dienen kannst. Du kannst der Welt nur dadurch dienen, dass du das, was dir Freude macht, in die Welt trägst. Du trägst deine Ressourcen und Talente und deine besondere Schwingung in die Welt. Wenn du es noch nicht weißt, dann darfst du dich öffnen, dass es dir in den nächsten Wochen bewusst wird, wie du deine ureigenen Fähigkeiten in die Welt bringen kannst. Du darfst dich öffnen, dass entsprechende Anfragen auf dich zukommen und du nur zuzustimmen brauchst, dich einzubringen, wenn du es wählst. Du darfst auch alle Fähigkeiten, die du dir in diesem Leben erworben hast, noch einmal annehmen. Es mag zum Beispiel sein, dass du in zwei Nationen aufgewachsen bist und in dir eine ganz individuelle Verbindung der Kulturen erschaffen hast. Es mag sein, dass du die neuen Technologien versiert anwendest. Oder du hast dich in einem ganz anderen Hobby geübt. Alle deine Fertigkeiten dienen dir jetzt und können sich in Vollendung zu einem großen Ganzen vereinen, so dass du deinen perfekten Selbstausdruck leben kannst.

Wenn du dich entschieden hast, aus der Bewertung von Licht und Dunkelheit auszusteigen, dann kannst du auch auf deinen eigenen Aufstiegs- und Transformationsprozess in diesem Leben zurückschauen und darin die Vollendung erkennen. Es gab Depressionen, es gab Enttäuschungen, es gab Versagen und Verluste. Womöglich warst du mit Krankheit und Tod konfrontiert. Aber alle deine Erfahrungen dienten deinem inneren Aufstieg. Auf der Ebene des göttlichen Bewusstseins passieren alle Dramen und Veränderungen des Lebens im Rahmen eines universellen Plans der Expansion der Liebe und Freude auf der Erde. In manchen Teilen der Erde erleben die Menschen gerade eine Art Weltuntergang, aber daraus wird ein neues Reich des Friedens geboren.

Anfang und Ende sind eins. Der Mensch und der Engel verschmelzen und werden eins. Du darfst noch einmal Ja zu dieser Verschmelzung sagen. Was macht den Menschen aus? Der Mensch kommt auf die Erde und hat ein begrenztes Leben, das heute in Europa im Durchschnitt 70 bis 90 Jahre währt. Das menschliche Leben beginnt mit der Geburt und endet mit dem Tod. Das unterscheidet den Menschen vom Engel. Der Engel lebt ewiglich. Du verschmilzt mit dem unverletzten, unantastbaren Kern deiner Seele, mit deinem inneren Engel, der ewig lebt.

Derzeit tragen die Energien auf der Erde dazu bei, dass die Verbindung zwischen Körper und Energiekörper gelockert wird. Das führt dazu, dass jetzt tatsächlich manche Seelen ganz plötzlich den Körper verlassen. Die Bindung, die zwischen dem Körper und der Seele entsteht, wenn jemand einmal inkarniert ist, verringert sich. Die Menschen müssen immer wieder entscheiden, am physischen Körper festzuhalten und hier zu bleiben. Die Weltgemeinde hat sich dafür entschieden, dass es in Zukunft wieder schneller möglich sein wird, auf die andere Seite zu gehen und Platz zu machen für andere Erdenengel, die inkarnieren möchten. Wenn du nun in die goldene Schwingung der Meisterschaft eintrittst, bedeutet das auch, eine neue Schwingung des physischen Körpers anzunehmen, die dir erlaubt, wenn du es wählst, den physischen Körper verbrennen oder sich einfach auflösen zu lassen, wenn du stirbst. Bei den Aufgestiegenen Meistern der Vergangenheit, unter anderem bei mir, Saint Germain, wusste keiner so genau, wann der Meister eigentlich gestorben ist. Die Meister kommen und gehen und irgendwann waren sie nicht mehr gesehen. Zur Meisterschaft gehört, dass Tod und Auferstehung verschmelzen. Jesus ist deshalb ein Aufgestiegener Meister, weil er nach dem Tod auferstanden ist. Die Schwingung seines Körpers erlaubte es ihm, aus dem Körper auszusteigen, den Körper verschwinden zu lassen und in eine andere Dimension mitzunehmen. Er ging zurück ins Leben, zeigte sich seinen Anhängern und verschwand dann wieder, ohne dass eine Leiche zu ihren Füßen lag. Das Grab war leer. Jesus ist nicht etwa deshalb ein Aufgestiegener Meister, weil er eines so dramatischen Todes gestorben ist, sondern weil er in einer erhöhten Schwingung wiedergekommen ist.

Wenn du dich in die Schwingung der Meisterschaft begibst, dann spürst du, dass sich die Bindung an das irdische Leben lockert und du jederzeit, wenn du es wählst, in eine andere Dimension entschwinden kannst. Vielleicht hast du dieses Phänomen sogar auf deinem Seelenweg schon einmal erlebt, vielleicht hast du eine starke Schwingungserhöhung auch in früheren Leben schon einmal erfahren. Dann warst du bereits an der Grenze zum endgültigen Aufstieg und wahrscheinlich ist dir das Gefühl der Schwingungsanhebung bekannt. Vielleicht hast du damals einen Rückzieher gemacht und bist im Prozess des Aufstiegs wirklich gestorben. Dann fühlen sich die Anhebung der Schwingung und der Übergang in die Meisterschaft im Körper manchmal an wie Todesangst. Du darfst noch einmal Ja dazu sagen, die endgültige Grenze des menschlichen Seins, den physischen Tod, nun auch zu überschreiten. In der Schwingung der Meisterschaft kannst du in Leichtigkeit mit dem physischen Körper sehr eng verbunden und präsent im Jetzt sein. Die Schwingung der Meisterschaft erlaubt es dir aber auch jederzeit, wenn du es wählst, etwas Abstand zu nehmen und sogar den Körper, wenn zum Beispiel eine Gefahr droht, aus der dichten Energie der Erdatmosphäre für eine Weile herauszunehmen, um dann, wenn dir wieder der Sinn nach Begegnungen und Erfahrungen mit der Erde steht, wieder in den Körper einzusteigen. Du darfst Ja dazu sagen und, wenn du den Mut hast, darfst du damit Erfahrungen sammeln. In deiner Umgebung mögen dann immer wieder Sätze fallen wie »Ach, du bist auch hier, ich habe dich noch gar nicht gesehen!«, obwohl du schon fünf Stunden mit diesen Menschen in einem Raum gewesen bist. Du kannst auch die Erfahrung machen, dass, wenn du eine langweilige Arbeit zu erledigen hast, die Zeit wie im Fluge vergeht und auf einmal alles getan ist. Wenn du auf etwas wartest, fliegt die Zeit dahin und plötzlich bist du am Ziel und weißt gar nicht, wo du in der Zwischenzeit gewesen bist. Wenn du schlaflos im Bett liegst, darfst du hinweg tauchen unter den Gedankenformen, die herein schwimmen in dein Bewusstsein, und darfst einfach mit deinem Geist an ein anderes Ufer gehen. Dann kommst du erfrischt und erholt am nächsten Morgen zurück.

Meister-Affirmationen

Ich möchte dir nun die Meister-Affirmationen vorstellen. Sogar die Wissenschaft hat sich schon intensiv mit dem Thema Mantra oder Affirmation beschäftigt. Wenn man die Gehirnströme von Menschen misst, die gewöhnt sind, über längere Zeit Mantras zu rezitieren, dann kann man einen entspannten und besonders kreativen Zustand feststellen, die die Wissenschaftler den Alpha-Zustand des Gehirns nennen. Es ist also nachgewiesen, dass Mantras etwas bewirken. Besonders spannend ist, dass die Wissenschaft festgestellt hat, dass der Effekt größer wird, je nachdem, welches Mantra die Menschen sprechen. Wenn man ein indisches Mantra rezitiert, ist der Effekt relativ gering. Wenn man das Vaterunser betet, übrigens auch. Das Vaterunser ist ja auch ein Mantra, das in eurer Kultur im Stress übrigens erstaunlich oft gewählt wird. In den Schützengräben der letzten Kriege haben die Menschen das Vaterunser gebetet, um ihre Angst zu bekämpfen. Jede Religion hat ihre vorgegebenen Mantras, aber deren Effekt hat sich in wissenschaftlichen Studien als verhältnismäßig gering erwiesen im Vergleich zu selbst erfundenen Mantras. Die besten und wirkungsvollsten Mantras sind also diejenigen, die du dir selbst ausdenkst und die du selbst formulierst. Genauer gesagt, solltest du deine selbst erfundenen Mantras eher intuitiv empfangen und ihre Bedeutung und Kraft fühlen.

Übung *Persönliche Affirmationen*

Deine meisterliche Aufgabe besteht darin, dir selbst zwei bis drei persönliche Mantras zu schenken. Du kannst diese selbstermächtigenden Sätze auch Affirmationen nennen. Du solltest dich damit auch nicht überlasten, du brauchst bestimmt keine zehn Mantras zu deiner Ausbalancierung. Du kannst dir also in der nächsten Zeit ein Mantra erschaffen und, wenn es schwierig wird, kannst du es für dich sprechen. Du solltest dein Mantra auf einen Zettel schreiben, den du gut verwahrst, damit du es auch in Stresssituationen zur Hand hast. Dieses Mantra mag irgendwann auch ausgedient haben. Dann kannst du den Zettel zerreißen.

Übrigens hat das Vaterunser natürlich inzwischen auch ausgedient. Als Affirmation ist es einfach nicht mehr auf der Höhe der Zeit. Deine Mantras können also auch ausgetauscht werden, aber du solltest immer zwei, drei zur Hand haben.

Meister-Slogans

Ich möchte dir jetzt wesentliche Leitgedanken für den Meister präsentieren. Es handelt sich um erbauliche Gedanken, die du jederzeit aufgreifen, dir ins Bewusstsein rufen und damit selbst Mut machen kannst. Diese Leitgedanken transportieren in komprimierter Form Wissen und Energie. In wenigen Worten ist also eine Essenz universellen Wissens gespeichert. Indem du einen der Sätze von Zeit zu Zeit denkst oder aussprichst, verbindest du dich mit komprimiertem universellem Wissen, das du mit der Zeit dann auch verkörpern wirst.

1. Meister-Slogan: *Freiheit liebt Verantwortung – Verantwortung liebt Freiheit*

Die Verknüpfung der Schwingung von Freiheit und Verantwortung ist für dich hilfreich. Erst wenn du dich endgültig von allen schicksalhaften Festlegungen befreit hast, kannst du für dein eigenes Lebens wirklich Verantwortung übernehmen. Freiheit liebt Verantwortung – Verantwortung liebt Freiheit: Mit diesem Motto nimmst du das Zepter für dein Leben in die Hand.

Innere Reise: *Der Seelengarten*

Ich lade dich zu einem energetischen Spaziergang in deinen Seelengarten ein. Ich führe dich zunächst einmal in deinen Seelengarten hinein. Du darfst einfach ein paar Stufen herab oder hinauf gehen und das Törchen zu deinem Seelengarten öffnen. Dann gehst du herein in den Garten deiner Seele. Du kannst dich dort unbeschwert umschauen und alles wahrnehmen und sehen und fühlen, was sich da befindet.

In deinem Seelengarten triffst du Menschen, die dich auf deiner Bühne des Lebens begleiten und die in der nächsten Zeit besonders wichtig für dich sind. Du triffst dort auch zwei, drei Menschen, die dich besonders ehren und achten, womöglich ohne dass es dir bewusst ist. Sie achten dich für deine Rolle als Vorreiter, die du in Freiheit gewählt hast.

~ *Portale zu neuen Potenzialen*

In deinem Seelengarten findest du verschiedene Zugänge zu den Potenzialen der nächsten Zeit. Dort existiert tatsächlich eine Unendlichkeit an Potenzialen. Auf der Ebene der Seele kannst du ganz intuitiv das ein oder andere Spalier auswählen und durchschreiten, um neuen Potenzialen zu begegnen. Die Goldenen, die mit der Entwicklung und dem Aufstieg der Erde verbunden sind, unterstützen dich jetzt und zeigen dir den Weg. Sie zeigen dir, welches Portal du im Sinne des universellen Bewusstseins jetzt als erstes durchschreitest. Nachdem du das Portal durchschritten hast, siehst du, wie sich das dahinter verborgene Potenzial in deiner Realität manifestiert. Du siehst einen Ausschnitt deines zukünftigen Lebens.

Du kannst jederzeit in deinen Seelengarten gehen und kannst dort die Portale passieren, die dich zum Durchschreiten einladen, um dahinter neuen Potenzialen zu begegnen.

In deinem Seelengarten wartet nicht die eine Lebensaufgabe oder der absolute Lebenssinn auf dich! Es gibt viele Möglichkeiten und der Weg, den die Goldenen dir jetzt zusammen mit deiner Seele zeigen, basiert auf den derzeitigen Gegebenheiten deines Lebens und baut darauf auf. Du kannst jederzeit deinen Seelengarten besuchen und dich dort inspirieren lassen.

~ *Der Familiengarten*

Du darfst nun in deinem Seelengarten Ausschau nach einer Tür, einem Torbogen oder einem Durchgang halten, der dich in den Bereich deiner biografischen Familie führt. Du durchschreitest dieses Portal und betrittst den abgeschlossenen Bereich deines Seelengartens, der deiner biografischen Familie gehört. Du kannst dich in diesem speziellen Teil deines Seelengartens umschauen. Das Wahrscheinliche ist, dass du siehst, dass dort außer einer schönen Atmosphäre nichts zu finden ist. Es ist sehr wahrscheinlich, dass dort gar niemand mehr erscheint. Die Seelen deiner Ahnen haben sich ins Licht begeben. Selbst deine Eltern sind dort nur noch als eine dich nährende Schwingung zu fühlen.

Du hast nun die Wahl, jemanden aus deiner Familie, der noch lebt, in deinen Seelengarten einzuladen. Wenn du dann überhaupt noch etwas wahrnimmst, was nach Transformation oder Veränderung ruft, kannst du um Hilfe bitten. Jedenfalls solltest du mit deiner ganzen Präsenz diesen Bereich deines Seelengartens betreten und Licht und Liebe einfließen lassen. Vielleicht siehst du die Engel, die jetzt auch dort hereinkommen und dich unterstützen. Das Gefolge des Erzengels Michael kann diesen Raum betreten und endgültig klären, wenn es gebraucht wird. Du schaust den Engeln zu und nimmst alles wahr, was dort geschieht.

Während das Gefolge des Erzengels Michael sich langsam wieder zurückzieht, schaust du dich noch einmal um. Dann findest du in diesem Raum ein Geschenk, das du entdecken und annehmen darfst. Ob es sich nun um einen Gegenstand, eine Energie, ein Symbol handelt, es ist dein Geschenk und du darfst es annehmen, einstecken und mitnehmen. Wenn du soweit bist, verlässt du deinen Familiengarten, indem du wieder das Tor zu deinem Seelengarten durchschreitest.

~ *Garten der spirituellen Familie*

In deinem Seelengarten eröffnet sich nun ein zweites Portal. Du durchschreitest dieses Tor zu einem zweiten Bereich deines Seelengartens. Dort kannst du dich bewusst umschauen. Du kannst alles wahrnehmen, was du in diesem Teil deines Seelengartens vorfindest. Es ist sehr wahrscheinlich, dass du dort auch eine gewisse Leere und Gleichförmigkeit fühlst. Aber lasse dich von meinen Vorgaben nicht beeinflussen. Nimm alles wahr, was du fühlst, was du siehst, was du hörst, was du riechst und schmeckst. Du bist im Bereich deiner spirituellen Familie.

Wenn du dort einfach eine gleichförmige Energie fühlst, dann ist es die Energie deiner eigenen Präsenz. Du kannst wahrnehmen, ob auch hier der Erzengel Michael mit seinem Gefolge hereinkommt. Während sie dort wirken, kannst du ihnen zuschauen. Du gibst ihnen die Zeit, die sie brauchen, um in diesem Bereich deines Seelengartens aufzuräumen. Wenn sie ihre Arbeit getan haben und gegangen sind, dann darfst du dich wieder umschauen und nach dem Geschenk deiner spirituellen Familie Ausschau halten. Mit diesem Geschenk begrüßen sie deine Meisterschaft. Du kannst das Geschenk, was auch immer es ist, aufnehmen und behalten. Du öffnest dich, dieses Geschenk in seiner ganzen Bedeutung und Größe zu erfassen, indem du es annimmst. Dann gehst du mit deinem Geschenk wieder zurück in deinen Seelengarten.

~ *Garten der Aufstiegsfamilie*

In deinem Seelengarten findest du noch eine dritte Tür, die du jetzt passieren solltest. Wenn du den Torbogen durchschreitest, betrittst du einen dritten Bereich, der an deinen Seelengarten angrenzt. Du kannst auch diesen Bereich mit allen Sinnen erkunden. Du nimmst alles wahr, was sich dir dort präsentiert. Es ist der Raum deiner Aufstiegsfamilie.

Du kannst dich nun darauf konzentrieren, die Personen zu erkennen, die sich in diesem Raum befinden. Es handelt sich um Personen, die mit dir in dieser Zeit deines inneren Aufstiegs sehr eng verbunden sind. Du darfst aus vollem Herzen Ja sagen, deiner Aufstiegsfamilie hier zu begegnen. Du darfst dich vor der Vernetzung, die du gewählt hast und die die anderen gewählt haben, verneigen. Wenn es angemessen ist, dann darfst du dich wirklich verbeugen und darfst dich für alles, was in deinem Bewusstsein erscheint, bedanken. Du darfst dich mit den Menschen oder Wesen, die du dort vorfindest, austauschen. Wenn alles gesagt ist, was ihr euch gegenseitig mitteilen möchtet, dann schließt du das Gespräch mit dem Satz ab: »Für mich ist der Aufstieg vollzogen«. Wenn es so weit ist, kannst du diesen Satz in Leichtigkeit aussprechen. Wenn die Zeit noch nicht gekommen ist, diesen Satz aus vollem Herzen zu sprechen, wenn er dir noch nicht über die Lippen kommt, dann darfst du mit dir selbst ehrlich sein und dir die Zeit geben, die du brauchst. Du kannst dann jederzeit diesen Bereich deines Seelengartens wieder aufsuchen und es erneut versuchen.

Wenn du eines Tages den Satz »Für mich ist der Aufstieg vollzogen.« mit der Kraft deines Herzens gesprochen hast, dann kannst du sehen, wie sich auch dieser Raum automatisch leert und Energien befreit werden. Deine nicht-physischen Begleiter und der hier anwesende Teil deiner Verwandten oder Freunde verabschieden sich. Wenn es angebracht ist, darfst du auch in diesem Raum den Erzengel Michael mit seinem Gefolge wirken lassen. Vielleicht hast du selbst in diesem Raum noch etwas zum Abschluss zu bringen. Dann darfst du es geschehen lassen.

Schließlich kannst du sehen, wie in den Raum deiner Aufstiegsfamilie göttliche Energie einfließt, sozusagen vom Himmel fällt und den Raum erfüllt. Dann findest du auch in diesem Raum noch ein Geschenk. Du nimmst dieses Geschenk auf, nimmst es zu dir und nimmst es an. Mit deinem Geschenk verlässt du auch den Raum des Aufstiegs.

Wenn du möchtest, kannst du diese Räume noch einmal aufsuchen. Aber das Wahrscheinliche ist, dass du deinen energetischen Spaziergang nach einem entspannten, ausführlichen Durchgang erledigt hast und dass du deine drei Geschenke in der Tasche trägst.

Du kannst jetzt mit einem tiefen Atemzug deinen Seelengarten verlassen und im Hier und Jetzt ankommen.

Ich danke dir, liebe Meisterin, lieber Meister, dass du in deiner Präsenz im Hier und Jetzt lebst, dass du in der Zeit und auf der Erde verankert bist. Du darfst dich vor dir selbst verneigen, so wie ich mich vor dir verneige.

2. Meister-Slogan: *Der Weg ist das Ziel – das Ziel ist der Weg*

Bei diesem Meister-Slogan handelt es sich um eine fast banale Weisheit. Aber der Clou besteht darin, ihn wirklich zu verkörpern. Für den Aufgestiegenen Meister ist jeder Schritt seiner Präsenz auf der Erde das Ziel des Lebens. Du darfst jetzt damit beginnen, das Warten auf die Zukunft loszulassen, indem du sagst: Der Weg ist das Ziel – das Ziel ist der Weg.

Wenn du deine Augen öffnest, dann siehst du, dass auch dein bisheriger Weg das Ziel gewesen ist. Du siehst die Vollkommenheit in deinem Aufstiegsweg. In deinem Raum der Aufstiegsfamilie konntest du womöglich schon einen Eindruck von der Vollkommenheit deines bisherigen Weges gewinnen. Im Rückblick kannst du auch in deinem Leben den Zeitpunkt ausmachen, an dem du begonnen hast, aufzuwachen und die Augen für dein wahrhaftiges Sein zu öffnen. Das Aufwachen hat dir neue Perspektiven eröffnet. Die Integration deiner Seelenaspekte hat sich dann von selbst entfaltet. Vielfältige Veränderungen sind dann Schlag auf Schlag in dein Leben herein gepurzelt. Je mehr echte innere Erkenntnis und tiefes Mitgefühl du dir für deinen eigenen Weg eröffnest, umso mehr kannst du dann auch den Weg der anderen Seelen um dich herum begleiten, wenn sie jetzt aufwachen.

Unter dem Motto »Der Weg ist das Ziel – das Ziel ist der Weg« gilt jeder Schritt des Meisters als vollkommen. Der Weg ist sicher und mit einem hohen Glücksfaktor versehen. Wenn du dich ganz und gar auf deinen Weg fokussierst, dann ist es auch nicht mehr wichtig, das Ziel zu sehen. Die Suche nach Visionen für deine

Zukunft kannst du immer mehr loslassen. Im Jetzt gestaltest du deine Welt Schritt für Schritt als Improvisationstheater. Du bist es gewohnt, immer wieder zu planen, wie du die Zukunft gestalten möchtest und was du in deinem Leben ausstrahlen und Wellen schlagen lassen möchtest.

Jetzt kannst du dich zurücklehnen und entspannen und einfach den Wellen hinterher schauen, wie sie sich ausbreiten.

3. Meister-Slogan: *Die Lösung ist in mir – in mir ist die Lösung*

Dieses Motto ist sehr wörtlich zu verstehen, denn teilweise liegt die Lösung ganz wörtlich in deinem Körper. In einem bestimmten Areal des Körpers klären sich die Energien und kommen in Fluss, dadurch hebt sich die körpereigene Schwingung an und das Leben verändert sich.

Für die echten Themen in deinem Leben kann die Lösung jetzt nur noch auf der Ebene deiner Meisteressenz erschaffen werden. Sie kann nicht mehr von außen kommen. Dass die Lösung von außerhalb kommt, trifft für viele Menschen zu, aber nicht mehr für dich. Viele Menschen empfangen Heilung von der Ebene ihres höheren Selbst oder von der göttlichen Ebene universeller Intelligenz. Für dich gilt einfach nur der Meister-Slogan: Die Lösung ist in mir – in mir ist die Lösung. Du erschaffst neue Lösungen für die Neue Zeit, statt die alten Wege zu gehen. Aus der Schwingung, in der du lebst, aus deiner Präsenz erschaffen sich die neuen Lösungen.

Mit dem Aufstieg der Erde fallen zurzeit viele, viele Menschen in eine sehr tief greifende Depression. Die Depression ergreift ihr ganzes Sein, denn sie müssen sich entscheiden, ob sie in ihrem alten Leben bleiben, aufwachen und in ein neues Bewusstsein eintreten oder gar die Erde verlassen wollen. Aus der Depression kann mit der Zeit neue Lebensfreude erwachsen. Schatten und Licht sind also zwei Seiten einer Medaille.

Für dich gilt allerdings, dass du immer wieder einen dritten Weg jenseits der Dualität findest. Jenseits von Depression und Spaß findest du zum Beispiel eine tiefe innere Zufriedenheit. Du findest inneren Frieden, der sich in deinem ganzen Sein ausbreitet. Die Erfahrung von dunklen Stunden und freudigen Ereignissen wird durch eine beständige Grundenergie des inneren Friedens ergänzt.

Immer wieder hast du in deinem bisherigen Leben Phasen intensiver Transformation, aber auch Phasen der scheinbar unlösbaren Stagnation erlebt. Jenseits davon kannst du jetzt einen gleichbleibenden Fluss des Lebens spüren, dem du dich jederzeit vertrauensvoll überlassen möchtest und von dem du dich getragen fühlst.

Du hast auf deinem Aufstiegsweg immer wieder Phasen absoluter Souveränität erlebt. Du hast erfahren können, dass du der freie und bewusste Schöpfer deiner Realität bist und dass du in deinem Leben souverän agieren kannst, zum Beispiel einen Sicheren Raum für dich und deine Lieben einrichten und halten kannst. Im Gegensatz dazu hast du oft in einem absoluten Einheitsgefühl mit der Welt geschwelgt und vielleicht sogar ganz körperlich gefühlt, wie sich deine Körpergrenzen auflösen. Jenseits davon kannst du jetzt eine Form der Vernetzung erleben, bei der du dich selbst noch vollkommen als souveränes Individuum spürst und doch im Einklang mit der Welt lebst.

Innere Reise: Im Kreis der Goldenen

Ich bitte an dieser Stelle noch einmal die Goldenen herein, die Aufgestiegenen Meister aller Zeiten auf der Erde. Sie betreten auch den ganz physischen Raum, in dem du dich befindest. Sie begrüßen dich in ihrem Kreis. Wenn du den Mut hast, stellst du dich als gleichwertiges Mitglied in ihren Kreis. Du tust das mit vollkommener Selbstverständlichkeit.

Du stehst nun im Kreis der Goldenen. Die Goldenen versprechen dir, dich auf dem Weg in deine Meisterschaft zu begleiten. Zugleich vergewissern sie dir: Der Weg ist das Ziel – das Ziel ist der Weg. Du darfst dich noch einmal entscheiden, diesen Weg mit vollem Bewusstsein im physischen Körper und in den Dimensionen deines Bewusstseins, die den Himmel berühren, zu gehen.

Die Goldenen laden dich jetzt ein, wenn es nötig ist und wenn es dir dient, in deinem Bewusstsein etwas erscheinen zu lassen, was du noch brauchst und dir noch bewusst machen kannst. Du darfst das Geschenk der Bewusstwerdung, das sich dir jetzt eröffnen kann, annehmen. Vielleicht empfängst du ein Wort, das für dich wichtig ist. Alles, was du empfängst, darfst du wirklich als Geschenk der Goldenen annehmen, um deine Meisterschaft zu vervollkommnen. Du darfst Einsichten in ausgeblendete Aspekte deiner Meisterschaft empfangen und darfst erlauben, dass sie sich in der nächsten Zeit für dich mit Leben füllen können, so dass du die vollkommene Meisterschaft verkörpern kannst.

Der Meister ist die Inkarnation der Souveränität und doch mit den anderen Aufgestiegenen Meistern der Erde in allumfassender Liebe verbunden. So fügen sich die Strahlen des Regenbogens zu einer vollkommenen Lichterscheinung aus reinem Gold zusammen.

Der goldene Geist deiner Meisterschaft steigt nun auf wie eine Taube, die in den Himmel fliegt.

Meistergebote

Ich habe dir deine Meister-Slogans vorgestellt, du hast dir selbst deine Meister-Affirmationen gegeben und nun geht es weiter mit den Meisterregeln. Die Goldenen überbringen dir zehn Aufforderungen oder Befehle, denen du folgen kannst, wenn du es wählst. Es ist deine Wahl. Du darfst diese Gebote verinnerlichen und verkörpern. Es kann gut sein, dass dir der eine oder andere Meisterbefehl in der nächsten Zeit wieder in den Kopf kommt. Er kommt zu dir, damit du dir diesen Befehl selbst erteilst. Wenn du die Meistergebote wirklich annimmst, dann wirst du sie in der nächsten Zeit ab und zu an dich selbst richten. Es handelt sich um Aufforderungen an dich selbst und ich nenne sie hier bei dem Namen, der wirklich zu ihnen passt: Es sind die zehn Meistergebote. Ich übergebe sie dir nun, damit du die zehn biblischen Gebote durch die Meistergebote ersetzt.

Es ist wichtig für dich, wirklich zu realisieren und auch zu akzeptieren, dass die Schwingung der Meisterschaft jenseits aller mystischen Schulen, aller Religionen und spirituellen Konzepte existiert. Du verabschiedest dich auch von den Religionen, die dir lieb und wert geworden sind. Die zehn Meistergebote ersetzen die zehn Gebote der Bibel, selbst wenn die biblischen Gebote dir bis jetzt noch etwas bedeuten. In Zukunft haben die zehn biblischen Gebote zwar noch im Zusammenleben der Menschen um dich herum ihren Wert, aber für dich sind sie nicht mehr wichtig. Wenn es dich interessiert, kannst du darüber nachdenken, welches Meistergebot welches Gebot aus der Reihe der zehn biblischen Gebote ersetzt.

Aber eigentlich ist das auch unbedeutend, denn für dich spielen jetzt sowieso nur noch die Meistergebote eine Rolle. Wie es sich für Gebote gehört, kann ich sie dir nicht übergeben, ohne dass ich sie erläutere. Die Erläuterung gehört dazu.

1. Meistergebot: *Sei du selbst*

Sei du selbst. Sei du selbst und sonst nichts. Wenn du es wählst, darfst du mit einem tiefen Atemzug Ja zu diesem Meistergebot sagen. Wenn du das Gebot annimmst und es dir selbst befiehlst, dann verbindest du dich automatisch mit Allem, was zu dir gehört. Du verbindest dich mit deiner Vollkommenheit, mit dem Diamant, der du wirklich bist, und du verbindest dich mit deiner Seelenessenz. Du verbindest dich mit deinem inneren Engel und Meister. Du verbindest dich auch und nicht zuletzt mit den Ressourcen aus vielen, vielen Leben deines Seelenweges. Indem du dem zustimmst, ganz du selbst zu sein, verlässt du automatisch den Lebensplan, den du dir selbst zu Beginn dieses Lebens gegeben hast. Du entlässt dich selbst aus dem Dienst, den du dir vorgenommen hattest, wenn du überhaupt in diesem Leben noch einem Dienst verpflichtet warst. Du entlässt dich aus dem Dienst, den du dir für den ersten Teil dieses Lebens noch auferlegt hattest. Du verlässt auch die Begrenzungen des kollektiven Unbewussten. Dass es auch ein kollektives Unbewusstes gibt, war eine bahnbrechende Entdeckung von Carl Gustav Jung. Es existiert nicht nur ein persönliches, sondern auch ein kollektives Unbewusstes. Vieles, was mit der Definition von Männer- und Frauenrollen zu tun hat, gehört zum kollektiven Unbewussten. Zum kollektiven Unbewussten gehören auch überkommene moralische Regeln sowie Benimm- und Anstandsregeln. Das meiste davon hast du ganz selbstverständlich verinnerlicht. Wenn du dem Gebot »Sei du selbst!« zustimmst, dann wirst du dich in der nächsten Zeit sogar dabei ertappen, dass du gar nicht mehr weißt, wie man sich in einer bestimmten Situation benimmt. Es erscheint dir so, als hättest du es vergessen. Dann tust du einfach, was dir im Moment in den Sinn kommt.

Wenn du dieses Gebot annimmst, dann kannst du deine Gedanken wirklich dein Eigen nennen. Du erlaubst wirklich nur noch deine eigenen Gedanken. Du lässt die Gedanken los, die in der Luft schwirren, die zu anderen gehören, die zu denjenigen gehören, die neben dir sitzen. Du lässt die Gedanken von Vater und Mutter los, das sogenannte Über-Ich. Du lässt natürlich auch deren Glaubenssätze und Befehle los. Du gehst tatsächlich in deine eigene Dimension. Du entlässt mit diesem Gebot alle Bänder zu anderen Seelen aus deinem Körper, du entlässt die Nabelschnur zu deiner Familie und auch die energetischen Bänder, die du zu den Menschen in deinem Umfeld geknüpft hast. Du entlässt überhaupt alle energetischen Bänder vollkommen. Diese Vorstellung bereitet dir vielleicht auch ein wenig Herzklopfen. Du lässt sogar die energetischen Verbindungen zu denen los, die dir Kraft und Energie gegeben haben. Sie haben dich bisher einfach deshalb unterstützt, weil sie dich lieben. Nun brauchst du neue Energiequellen, um dich aufzutanken, zum Beispiel die Gesellschaft der Goldenen. Indem du auch unbewusste Verbindungen loslässt, betrittst du wieder eine neue Ebene deines Aufstiegsprozesses. Du klinkst dich aus dem Massenbewusstsein aus. Zu Beginn magst du dich nackt, leer, einsam und ein bisschen trübsinnig fühlen. Du musst dein Bewusstsein erst wieder mit Inhalt füllen. Es lohnt sich, dass du dich auf der Ebene der vollkommenen Einheit mit dir selbst erneut mit den Goldenen verbindest. Es mag dann der eine oder andere Aufgestiegene Meister in deinem Bewusstsein erscheinen und dir etwas mitteilen. Wie gesagt, manchmal nimmt ein Goldener auch auf der Bühne deines Lebens die Gestalt eines Schauspielers an. Das tun die alten Aufgestiegenen Meister gern, aus reiner Freude am Spiel und der Erfahrung des Lebens. Sie testen dich manchmal und fordern dich heraus. Letztendlich begegnen sie dir aber nur, um die Liebe zu fühlen, die zwischen dir und ihnen von Herz zu Herz schwingt.

Das erste Gebot lautet »Sei du selbst!« Wenn du in diese Energie hereingehst und das Gebot wirklich verkörperst, dann darfst du dem Gefühl von Leere im Kopf, im Bauch und sogar im Herzen zustimmen. Alles, womit du verbunden warst, löst sich auf und du füllst die Leere mit deiner eigenen Energie. Du füllst sie letztendlich mit deinem Licht, mit dem Feuer deiner Leidenschaft, mit dem klaren Fluss deiner persönlichen reinen Gedanken. Du füllst die Leere mit der Luft der Verwandlung und mit deiner neuen goldenen Schwingung. Du füllst sie mit den Geschenken der Erde, die du und das Universum dir bereiten.

*2. Meistergebot: **Lass los***

Das zweite Meistergebot lässt sich nicht umgehen. Wenn du dich mit deiner Essenz und deiner vollkommenen Meisterschaft verbindest, dann wird dir nichts anderes übrigbleiben als loszulassen. Alte Gewohnheiten, Verstrickungen und Verbindungen lässt du hinter dir. Ich komme hier zu einem Punkt, der sehr wesentlich ist: Du lässt auch Gelübde, die du dir selbst gegeben hast, los. Während ich dir nun das Gebot erläutere, darfst du in deinem Bewusstsein erscheinen lassen, welche Vereinbarungen mit dir selbst du vielleicht noch entlassen kannst.

Dein Bewusstsein ist so weit fortgeschritten, dass du in diesem Leben keinen Fluch mehr über einen anderen Menschen ausgesprochen hast. Du wusstest schon, dass das nichts bringt, dass es nur zu einem Kampf führt, in den du nicht mehr einsteigen wolltest. Auch auf energetischer Ebene kämpfen die Seelen oft miteinander, bis einer verliert und einer gewinnt. Es gibt nichts anderes. Man ist Gewinner oder Verlierer und das wechselt oder wiederholt sich ständig. Du hattest genug von dem immer gleichen Spiel und hast daher in diesem Leben keinen anderen Menschen mehr verflucht. Aber vielleicht hast du eine sehr tief wirkende Vereinbarung mit dir selbst getroffen, manchmal auch aus einem Impuls der Wut oder des Schmerzes heraus. Vielleicht hast du dir selbst versprochen, dass du dich nie mehr verletzen lässt. Wenn du jetzt die neue Ebene der Meisterschaft betrittst, dann glaubst du womöglich, du könntest dadurch verletzt werden, einfach weil das Leben als Meister ungewohnt und nicht kontrollierbar ist. Dann schreckst du vor den nächsten Schritten zurück, weil du an einem alten Gelübde gegenüber dir selbst festhältst. Vielleicht hast du geschworen, die Religion, zu der du dich in den letzten Leben zugehörig fühltest, für immer zu behalten und nie aufzugeben. Vielleicht hast du gegenüber dir selbst heilige Schwüre abgelegt, welcher spirituellen Familie du dich zugehörig fühlst. Vielleicht hast du heilige Schwüre geschworen, mit einigen Menschen in diesem Leben gemeinsam weiter zu gehen. Du musst das loslassen, denn im Zweifelsfall wirst du allein auf dem von dir gewählten Weg weiter gehen. Du wirst vertrauensvoll allein weitergehen, weil du tief innerlich genau weißt, dass, wenn ein Mensch von der Bühne deines Lebens verschwindet, eine ähnliche Seele an seine Stelle tritt.

Um voran gehen zu können, braucht es noch ein paar Akte des Loslassens. Vielleicht gibt es einen Menschen, den du so sehr liebst, dass du dir geschworen hast, immer auf ihn aufzupassen und für ihn zu sorgen. Auch das kannst du loslassen. Du kannst für die anderen nichts tun, außer voran zu gehen. Du darfst die Gelübde, die du dir selbst gegeben hast, jetzt erscheinen lassen. Sie können aus deinem Unterbewussten durch die Tür zur Wirklichkeit in dein Bewusstsein treten. Vielleicht hast du dir geschworen, dich in diesem Leben durch bestimmte Tätigkeiten, Hobbys und Leidenschaften nicht ablenken zu lassen, damit du deinen Weg in die richtige Richtung gehst. Auch diese Haltung darfst du verabschieden. Mit einem Atemzug kannst du allen deinen Ballast, der dir nicht mehr dient, aus deinem Körper entlassen. Mit Sicherheit hast du dir in diesem Leben irgendwann geschworen, dass du, obwohl du sehr intuitiv bist, auch in der Lage sein wirst, linear zu denken und die nötigen Alltagsaufgaben schlecht oder recht zu erfüllen. Selbst diese Abmachung mit dir selbst darfst du auflösen.

Denn du begibst dich in eine Schwingung, in der deine beiden Gehirnhälften und ganz allgemein alle Funktionen des Gehirns vollkommen integriert sind. Du darfst den Umbruchsprozess deines Verstandes begrüßen und zustimmen, dass auch dein Gehirn die Schwingung der Meisterschaft annimmt. Einige Menschen, die ich auf der Welt sehe, sind golden von den Zehenspitzen bis zum Hals, nur der Kopf ist noch gesprenkelt.

Deine Ausdehnung passiert im Bewusstsein. Etwas, das du ausgegrenzt, abgelehnt, nicht geliebt, vielleicht auch einfach ignoriert hast, kommt in dein Bewusstsein. Darin besteht die Integration des Schattens. Den Schatten zu integrieren bedeutet, neue Möglichkeiten, neue Potenziale zu sehen, und nichts weiter. Alles, was du noch nie konntest, noch nie wolltest, noch nie getan hast, darfst du lieben. Die Goldenen nicken dazu.

Wir sind soweit und es ist alles einfach aus deinem Energiefeld herausgefallen, was du jetzt hier und heute loslassen wolltest. Wir kommen also zum nächsten Meistergebot.

3. Meistergebot: *Vergib dir selbst*

In gewisser Weise fängt für dich ein neues Leben an, wenn du deine Meisterschaft annimmst. Wenn Menschen sterben, schauen sie auf ihr Leben zurück. Auf einmal erkennen sie, was nicht gut war in ihrem Leben, was aus Sicht des erweiterten Bewusstseins, das man erreicht, wenn man den Körper verlässt, ein Umweg war, was unnötig war. Wenn du jetzt auf die neue Ebene der Meisterschaft gehst, erkennst du, wann du dich in ein Spiel von Täter und Opfer hast einwickeln lassen. Letztendlich ist dein Spiel als Täter oder Opfer auch oft ein Dienst an anderen gewesen. Du hast den anderen Menschen die gerade passende Rolle in ihrem Lebensdrama präsentiert. Es taucht dennoch das Gefühl von Reue, manchmal von Schuld auf, wenn du auf dein jetziges Leben zurückblickst. Wenn du in die Schwingung des Aufgestiegenen Meisters übergehst, dann verlässt du die Ebene der Täter- und Opfer-Spiele vollkommen. Deshalb wird es auch so leicht, am Ende des Lebens als Aufgestiegener Meister den Körper zu verlassen, denn die Integration von Opfer- und Schuld-Aspekten entfällt. Es gibt dann nichts mehr zu bereuen.

Ich bitte dich aber, an dieser Stelle nicht die Augen zu verschließen. Schuld und Reue verdrängen die meisten Menschen ganz automatisch. Du kannst dich öffnen, Anlässe und Erlebnisse zu erinnern, die du aus der Sicht deines erweiterten Bewusstseins, das dir jetzt zugänglich ist, bereust. Manchmal bereust du, dass du dich irgendwann zum Opfer gemacht hast und dich damit den Regeln anderer unterworfen hast. Manchmal bereust du, dass du etwas getan hast, das einfach nicht nötig gewesen wäre und Angst und Unwohlsein in der Welt verbreitet hat, statt Harmonie und Liebe. Es mag sein, dass dir etwas einfällt, das gegen das Leben gerichtet war. Vielleicht erinnerst du dich an einen Umweg in deinem Leben, den du dir hättest ersparen können. Auch alles, was dich von deinen eigentlichen Zielen abgelenkt hat, darfst du hier erscheinen lassen, zum Beispiel eine nutzlose Beziehung, eine langweilige berufliche Phase oder eine unnötig lange Krankheit. Du darfst das alles vor deinem inneren Auge erscheinen lassen. Dann befiehlst du dir aus tiefem Herzen: »Vergib dir selbst!«

Wenn du die Schwingung des Aufgestiegenen Meisters verkörperst, dann lebst du in der vollkommenen Präsenz des Jetzt. Dann gibt es keine Vergehen mehr. Das heißt nicht, dass die anderen nicht denken, du hättest etwas falsch gemacht. Sie können weiterhin etwas auf dich projizieren. Aber du selbst wirst nichts mehr bereuen. Das liegt an deinem erweiterten Bewusstsein, das dich rechtzeitig von Fehltritten abhält. Selbst wenn du etwas tust, das andere nicht verstehen, dann wirst du doch wissen, dass es wahrhaftig und vollkommen richtig ist. Deshalb gewinnst du, wenn du diesen Schritt wirklich vollziehst, dich der Reue stellst und dir selbst vergibst, vollkommenes Vertrauen zu dir selbst. Denn es kann gut sein, dass du noch besser durchschaust, in welchem Zusammenhang dein Handeln stand und welchen Sinn es zu dem gegebenen Zeitpunkt hatte.

Du kannst sehen, dass auch scheinbare Fehlentscheidungen in die Vollkommenheit eines großen Ganzen eingebettet waren. Dadurch fällt es dir leichter, dir selbst zu vergeben. Wenn du selbst nicht weißt, warum du so gehandelt hast, dann darfst du dich öffnen, die Hintergründe zu erkennen. Auf diese Weise erschließt du dir ganz neue Ebenen des Vertrauens in dich selbst.

Nichthandeln kann manchmal auch ein Anlass sein, etwas zu bereuen. Du darfst erscheinen lassen, wann du dich in den Hintergrund gestellt oder etwas aufgegeben hast, das dir wichtig war. Es mag sein, dass in den nächsten Wochen noch manche Ereignisse und Handlungen in dein Bewusstsein herein schwingen, die du aus tiefstem Herzen bereuen und endgültig loslassen kannst. Wesentliche Erinnerungen und Erfahrungen erscheinen in deinen Träumen oder einfach unvermittelt in deinen Gedanken. Du darfst dann immer wieder an das dritte Meistergebot denken und zu dir selbst sagen: »Vergib dir selbst!« Wenn die Reue erscheint, dann darfst du sie fühlen und durchatmen. Aus allem, was in deinem Leben geschehen ist, lässt sich im Endeffekt ein Gefühl oder manchmal eine Gefühlsmischung extrahieren. Indem du diese Gefühlsmischung annimmst, erlangst du eine tiefe Weisheit.

Du kannst wahrscheinlich sogar sehen, dass sich eine bestimmte Gefühlsqualität durch viele Stresserlebnisse deines Lebens hindurch zieht. Manchmal handelt es sich um Trauer und Verlust, manchmal um die Angst vor dem Versagen, manchmal um die Angst, ausgeschlossen zu sein. Manchmal dominiert ein Gefühl der Hilflosigkeit in allen belastenden Erlebnissen, manchmal die Angst, keine Stimme zu haben, nicht gehört zu werden, nicht gesehen zu werden, ein Nichts zu sein, manchmal die Angst, verfolgt zu werden. Es mag eine Gefühlsqualität geben, die sich durch viele Erlebnisse deines Lebens zieht. Oft kommen diese Gefühle schon von weit her, sie entspringen aus früheren Leben oder sie kommen die Ahnenreihe heruntergeflossen. Es ist gar nicht mehr nötig, die Ursache oder den Auslöser zu finden. Es geht nur darum, zu fühlen und dich für die Weisheit zu öffnen, die dieses Ereignis generiert hat. Die Weisheit mag manchmal darin bestehen, dass du siehst, wie die Gefühle von der Großmutter zur Mutter und zur Tochter weitervererbt werden. Genauso fließen sie von den männlichen Ahnen zu den jungen Männern. Manchmal entspringen deine Gefühlsqualitäten der Weltgeschichte. Geschichte manifestiert sich übrigens erst dann, wenn du loslässt. Sonst bleibt das Vergangene gegenwärtig.

»Vergib dir selbst!« ist das dritte Meistergebot. Du vergibst dir selbst und gibst dir den Segen. Damit schaffst du Raum, dass die goldene Schwingung dich durchströmen kann.

4. Meistergebot: *Erkenne dich selbst*

Manchmal fragen mich die Erdenengel: »Lieber Saint Germain, was möchtest du mir noch über mich sagen?« Dann möchten sie eigentlich, dass ich sage: »Du bist ein großer spiritueller Meister gewesen!« Oder: »Du bist eine wahrhaft erleuchtete Priesterin gewesen!« Manchmal möchten sie einfach nur, dass ich sage: »Du bist in einem früheren Leben mein bester Freund gewesen. Wir kennen uns gut.« In Wirklichkeit geht es aber nur darum, dass du selbst weißt, wer du bist. Vieles in diesem Buch hat dir gedient, um dir selbst auf die Spur zu kommen. Du hast immer wieder zugestimmt, dir selbst zu begegnen, um zu erkennen, wie großartig du bist. Du kannst dich öffnen, dir bewusst zu sein, was du alles schon durchlebt und geleistet hast. Das Wissen über dich selbst kannst du noch einmal auf eine neue Ebene bringen und noch größere Klarheit gewinnen, wer du bist. Auch in diesem Zusammenhang kannst du die Tür zwischen Traum und Wirklichkeit öffnen. Aus dem Traum kannst du die Tatsache in dein Bewusstsein hereinlassen und erfahren, dass sogar Vergangenheit und Gegenwart und Zukunft eins sind. Wenn du zustimmst, dich selbst zu erkennen, dann bist du im Moment des Jetzt eins mit Vergangenheit und Zukunft. Du hörst sogar auf zu fragen, ob du das wirklich bist, wenn du einen Pharao oder eine Priesterin in deinen Träumen siehst. Du sagst einfach:

Das bin ich jetzt. Du sagst Ja zu den Symbolen, die dir deine Seele gibt, um dich selbst zu erkennen. Dann bist du für den Tag nach deinem Traum ein echter Pharao. Du wirst dich wundern, wie sie an diesem Tag alle rennen, um dich zu bedienen, bei Laune zu halten und zu amüsieren. Was tun sie nicht alles, um dich glücklich zu machen! Oder du bist für einen Tag die Priesterin, von der alle, die ihr begegnen, denken, dass sie einen besonderen Draht zu Gott, zum universellen Geist und zu höherer Weisheit hat. Dich selbst zu erkennen, bedeutet, deine Talente und deine ureigenen Fähigkeiten, die du in vielen, vielen Leben entwickelt hast, anzuerkennen. Erst indem du diese Fähigkeiten annimmst und lebst, kannst du sie erweitern. Wenn du aufhörst, dein Wissen, deine Kunst, deine Erfahrung zu verleugnen, dann entstehen ganz neue Potenziale in ganz verschiedenen Bereichen.

»Erkenne dich selbst!« bezieht sich auch auf die körperliche Ebene. Du kannst einen Röntgenblick für deinen Körper entwickeln und du darfst immer wieder auf deinen Körper schauen, als stündest du neben ihm mit einem die Haut durchdringenden Blick. Du darfst die energetische Ebene deines Körpers sehen, darfst sehen, was er braucht. Schon dadurch, dass du es siehst, harmonisiert und verwandelt es sich.

Du darfst dich ganz bewusst mit deinen Gefühlen verbinden. Wenn du glaubst, nichts zu fühlen, dann darfst du dir bewusst machen, dass die Dumpfheit dein derzeitiges Gefühl ist. Du darfst zustimmen, dass es sich verwandelt. Wenn du wirklich bereit bist zu fühlen, alles zu fühlen, was aktuell in dein Leben kommt, und nichts auszugrenzen, dann wirst du die meiste Zeit Freude fühlen. Du fühlst zehn Minuten Freude und eine Minute Schwere, weil die Energien um dich herum gerade schwer sind, dann wieder zehn Minuten Freude und eine Minute Traurigkeit, weil gerade kein Bier mehr da ist, dann wieder zehn Minuten Freude, eine Minute stille Gelassenheit und wieder zehn Minuten Freude. Du darfst es annehmen, dass die emotionale Stimmung des Aufgestiegenen Meisters Freude ist.

Ansonsten wendest du dich nach dem Motto »Erkenne dich selbst!« deinem Körper, deinen Gefühlen und auch deinem Geist zu. Du schaust auf deine Gedanken und du nimmst sie ernst. Wenn du das erste Gebot »Sei du selbst!« befolgst, dann werden deine Gedanken zu deiner authentischen inneren Stimme. Die innere Stimme äußert sich in deinen Gedanken. Du wirst lernen, dass deine Gedanken dich führen können. Du wirst lernen, deine Intuition ernst zu nehmen.

Wenn du dem zustimmst, dich selbst zu erkennen, dann weißt du auch, worin deine ureigene Meisterschaft liegt. Du erkennst das Potenzial deiner Meisterschaft im Einklang mit dir selbst, mit den anderen Menschen, mit der Natur, mit den Lebewesen der Erde, mit dem Planeten Erde, mit den Sternen, mit dem Universum. Bilder von dir selbst erscheinen in deinem Bewusstsein, auf denen du in den hellsten Farben wie ein leuchtender Diamant erstrahlst. Diese Bilder erscheinen dir auch im Traum. Es mag sein, dass du dich in der nächsten Zeit wunderst, dass deine Träume vor allem von dir selbst bevölkert sind. Daran erkennst du, wie viel Gewicht das Gebot »Erkenne dich selbst!« für dich hat.

5. Meistergebot: *Gib alles*

Du schenkst der Welt die Schwingung der Meisterschaft und hältst nichts zurück, denn die Meisterschaft, die du repräsentierst, ist einzigartig. Während du das liest, darfst du fühlen, wie großartig das Geschenk an die Welt ist, das du zu geben hast. Wenn du ein großartiges Geschenk hast, warum solltest du ein kleineres machen? Die Voraussetzung, dass du alles geben kannst, ist schlicht und einfach, dass du auch annehmen kannst. Um deine Meisterschaft zu leben, darfst du die Unterstützung, die von unserer Seite kommt, wirklich annehmen. Aber du darfst auch die Unterstützung, die dir die Welt entgegenbringt, annehmen. Um alles zu geben, musst du die Unterstützung annehmen, die andere dir schenken möchten. Wenn du bereit bist, den Dienst der anderen anzunehmen, dann kannst du deine Meisterschaft der Welt schenken. Manchmal ist das sehr konkret gemeint. Es kommen Menschen vorbei und bieten dir etwas an. Sie bieten dir ganz konkrete Hilfe an oder sie bieten dir Anerkennung, Zuneigung und Liebe an. Auf jeden Fall verneigen sich die Kinder vor dir und zeigen dir, wie sehr sie dich lieben. Denn sie wissen, wie viel du ihnen wert bist. Der Meister zieht die Kinder an. Da sie später inkarniert sind als ihre Eltern, tragen sie oft schon eine höhere Schwingung. Sie tragen eine Schwingung in ihrem Körper, in der noch kein Mensch dreißig Jahre früher hätte inkarnieren können. Sie fühlen sehr genau, dass du ihnen ebenbürtig oder sogar ein Stück voraus bist, weil du zusätzlich zu der Schwingung deines Körpers menschliche Lebenserfahrung und Weisheit gewonnen hast. Um alles geben zu können, musst du annehmen.

»Gib alles!« heißt, dass du das gibst, was du zu geben hast, und das loslässt, was andere geben. Außerdem lässt du die Vorstellungen los, was du geben könntest. Häufig hängst du mit deinen Vorstellungen auch noch im Massenbewusstsein oder in den Illusionen der Welt fest, was ein Aufgestiegener Meister in dieser Neuen Zeit der Welt zu geben hätte. Du hängst womöglich in überkommenen Vorstellungen von einem spirituellen Führer, Guru oder Prediger fest. Dann meinst du vielleicht, dass du so wie Jesus kein eigenes Heim haben könntest, sondern rastlos und ruhelos durch die Welt wandern müsstest. Dann meinst du vielleicht, du müsstest dich von Hafer ernähren, so wie ich, Saint Germain, es getan habe. Dass ich von Hafer gelebt hätte, war übrigens auch nur ein Gerücht, weil sich die Leute nicht erklären konnten, warum ich so zufrieden und glücklich war. Du meinst vielleicht, du müsstest wie Kwan Yin immer lächeln und goldene Spangen im Haar oder goldene Schuhe tragen.

Du wirst deine persönliche Meisterschaft erkennen. Ich kann gar nicht sagen, dass du sie finden wirst. Denn du trägst sie schon in dir. Du wirst sie leben, indem du alles gibst, was du zu geben hast. Das ist genug und mehr als genug. Mehr braucht es nicht. Auch darüber, was du Wertvolles und Einzigartiges geben kannst, wirst du in der nächsten Zeit neue Einsichten gewinnen. Im Moment des Jetzt wirst du erkennen, was du nicht mehr zu tun brauchst, weil es überflüssig ist. Alles zu geben heißt oft, dass du im Jetzt in deiner ganzen Präsenz einfach da bist, nichts weiter. Dann nimmst du alles, was zu deiner Vollkommenheit gehört, mit in die Gegenwart und gibst alles, was du bist.

Die ersten fünf Meistergebote sind eher an dein menschliches Ich gerichtet. »Sei du selbst! Lass los! Vergib dir selbst! Erkenne dich selbst! Gib alles!«, sagst du zu deinem menschlichen Ich.

Nun komme ich zu den fünf Meistergeboten, die an den Meister in dir gerichtet sind. Übrigens ist keins von diesen zehn Geboten mehr oder weniger wichtig, sie sind alle gleichbedeutend und bauen auf einander auf.

6. Meistergebot: Erde dich

Das sechste Meistergebot oder das erste Gebot, das an den Aufgestiegenen Meister in dir gerichtet ist, heißt »Erde dich!« Dabei handelt es sich um ein zwingendes Gebot, eine Aufforderung. Um du selbst zu sein, um im Jetzt präsent zu sein, musst du dich erden. Du hast bestimmt schon viele Stunden auf deinem spirituellen Weg mit dem Thema Erdung verbracht. Aber du darfst das Thema jetzt noch einmal auf eine ganz neue Ebene bringen. Du solltest alles loslassen, was andere sagen. Du solltest alles loslassen, was in spirituellen Schulen weitergetragen und gelehrt wurde, auch in spirituellen Schulen, an denen du als Schüler oder Lehrer beteiligt warst. Jetzt kannst du für dich selbst eine neue Energie in dieses Thema bringen und neue Potenziale zu deiner Erdung entwickeln. Du kannst in dieser Neuen Zeit ganz neue Wege gehen.

»Erde dich!« ist ein Meistergebot. Die Meistergebote sind gleichzeitig auch die Leidenschaften des Meisters. Also ist es deine Leidenschaft, dich zu erden. Sonst verglühst du und verschwindest. Während ich weiter spreche, darfst du dich öffnen, alles zu dir kommen zu lassen, was in diesem Moment bei dir zu diesem Thema erscheint. Du darfst es immer wieder wählen, dich zu öffnen und zu erkennen, was dich persönlich erdet. Es gibt hier kein Patentrezept. Es gibt für dich nur den persönlichen Meisterweg.

Für alle Menschen gilt, dass sie sich durch den bewussten Atem erden. Beim Atmen wird die Energie des Körpers bewegt. Mit dem bewussten Atem nimmst du Licht auf und leitest es weiter durch deinen Körper und auch aus deinem Körper heraus. Du lässt es durchlaufen. In der Meisterschwingung brauchst du nichts anderes zu tun, als Licht aufzunehmen und durchlaufen zu lassen. Du erdest dich durch den bewussten Atem.

Du erdest dich, indem du fühlst. Fühlen ist eine besondere Qualität, ein Geschenk des Erdenlebens. Der Erde im weitesten Sinne zu begegnen, den Regen auf der Haut zu fühlen, den Duft der Blumen zu riechen, die Farben der Pflanzen und der Landschaft zu sehen, den Gesang der Vögel zu hören, darin bestehen die Geschenke der Erde. Du erdest dich, indem du bewusst fühlst und sinnliche Wahrnehmungen genießt. Emotionen sind die Farben des Lebens. Wenn ich ehrlich bin, dann sehne ich mich nach einem ausgemachten Liebeskummer und einem veritablen Kater, wenn ich manchmal Sehnsucht nach der Erde habe.

Die Abwechslungen des Lebens erden dich. Wenn Menschen Psychopharmaka nehmen, was inzwischen leider sehr verbreitet ist, dann wird das Leben grau. Die Farben des Lebens verblassen. Menschen, die nicht fühlen, können sich zwar besser in der Gesellschaft unterordnen, wie Roboter funktionieren, ein Rädchen im Getriebe des Alltags sein, aber früher oder später werden sie ausbrechen. Du kannst ihnen helfen, indem du fühlst und weißt, dass das Leben bunt ist, und das auch genießt.

Du erdest dich, indem du dir Ruhe gönnst von den Ablenkungen der technisierten Gesellschaft. Der innere Film ist manchmal viel spannender als ein Film im Fernsehen. Die Weisheiten, die aus deinem Inneren aufsteigen, sind oft viel interessanter als die Zeitschriften und Bücher, die du kaufen kannst. Du kannst sie in ein

Diktiergerät sprechen, in ein Tagebuch oder einen Blog schreiben. Die Lieder, die du singst, transportieren die Energie des Aufgestiegenen Meisters und sind inspirierender als kommerzielle Tonträger. Das gilt auch für deine Kunstwerke und alles, was du erschaffst. Du erdest dich, indem du alles gibst, was du zu geben hast, indem du mit deiner Stimme sprichst, indem du dein Lied singst und deinen Weg gehst. Du gehst tatsächlich einen Weg in eine neue Dimension, in der die Erde einen neuen Glanz bekommt. Du erdest dich, indem du dich mit Menschen verbindest, denen du von Herz zu Herz begegnen kannst. Dann offenbart sich dir das Geheimnis einer Partnerschaft der Meister. Unter den Meistern lebst jeder seine Meisterschaft und geht seiner Wege in seinem eigenen geheimen Garten, dem Garten seiner Seele. Jeder lebt in seinem Seelentempel und ab und zu besucht man sich.

Du erdest dich, indem du Illusionen fallen lässt. Starre Beurteilungen und Verdikte lässt du los, wie zum Beispiel Krankheitsdiagnosen, und schaust hinter die Kulissen. Manchmal betrittst du die Bühne eines Erdenengels, der in dein Leben kommt, aus reiner Neugierde. Dann öffnest du den Vorhang hinter der Bühne und siehst dort das Gerümpel. Du siehst es mit einem Blick und du weißt, was los ist. Du erdest dich, indem du Ja zu deiner Klarheit sagst. Damit löst du dich aus vielen weit verbreiteten Ängsten. Ich sage es noch einmal etwas bildhaft: Du siehst, dass man manchmal einfach einen Lastwagen holen muss und Sperrmüll abtransportieren und dann ist alles gut. Du siehst, dass Menschen einfach ab und zu die Augen öffnen und in ihre Rumpelkammer gucken sollten, und das war es dann eigentlich schon. Wofür die Menschen früher zehn Jahre Psychoanalyse gebraucht haben, lässt sich heute in einem Moment erledigen. Manchmal sagst du einem Menschen zwar »Sei du selbst!«, aber er will es dennoch nicht sein. Dann lässt du ihn stehen, denn du weißt, dass du getan und gesagt hast, was nötig war. Du erdest dich, indem du dich mit deinem höheren Bewusstsein, mit deiner Erleuchtung verbindest. Dann wird alles, was dich Tage oder Wochen heruntergezogen hat, nichtig.

Du erdest dich als Aufgestiegener Meister, indem du immer wieder durch die goldene Brille auf die Erde schaust. Von Zeit zu Zeit hast du den Impuls, die Erde zu verlassen, weil du das Leid der anderen siehst. Dann setzt du die goldene Brille auf und sofort bist du wieder geerdet in der Präsenz des Meisters.

7. Meistergebot: *Achte den Körper*

Das zweite Gebot für den Aufgestiegenen Meister oder das siebte Meistergebot lautet: »Achte den Körper!« Es existieren leider viele falsche Beurteilungen über den Körper in eurem Bewusstsein. Zum Beispiel halten die meisten Menschen den Körper der Fünfundzwanzigjährigen gerade noch für wertvoll, während der Körper der Siebzigjährigen schon nichts mehr zählt. Du darfst dich, auch in diesem Moment, noch einmal vor deinem Körper verneigen, so wie er ist, und ihn annehmen. Der Körper, der da ist, ist der Frosch, den du küssen musst. Es gibt keinen anderen. Damit du von den Menschen als ihresgleichen erkannt wirst, lohnt es sich dieser Tage, noch bei deinem Körper zu bleiben und ihn nicht zu abrupt vollkommen zu verwandeln. Du darfst zustimmen, dass der Körper sich im vollkommenen Rhythmus, aber stetig verjüngt, verschönt und ausbalanciert. Du kannst eine Einheit von Körper, Seele und Geist in vollkommener Harmonie leben, indem du erkennst, was der Körper braucht. Die Pflege des Körpers ist vorrangig eine Aufgabe deines menschlichen Ichs, das auf seinen menschlichen Erfahrungen aufbauen kann.

Achte den Körper! In der nächsten Zeit kannst du dir vornehmen, jeden Tag einmal dem Körper eine kleine Ehrerbietung zu erweisen. Du fragst ihn, was du ihm heute Gutes tun kannst. Viele Menschen haben viel mehr Erfahrung darin, der Seele etwas Gutes zu tun, die Seele baumeln zu lassen, der Seele Unterhaltung zu bieten und ihr etwas zu erzählen, als den Körper glücklich zu machen. Du gehst auch in diesem Bereich einen individuellen Weg. Ich habe in meinem letzten Leben tatsächlich zum Wohle meines Körpers eine Powernahrung gewählt, die mir geschmeckt hat und die ich für mich selbst hergestellt habe. So findest auch du deine Powernahrung. Außerdem findest du im großen Repertoire der Wellnessangebote aus vielen Jahrtausenden der Menschheitsgeschichte das, was dir dient und nützt.

Von Meister zu Meister gebiete ich dir, den Körper zu achten. Du tust gut daran, deinem Körper eine Stimme zu geben. Das Ohr spricht, das Auge spricht, der große Zeh spricht, das Bein spricht und sie erzählen dir Geschichten über dich selbst.

Übung *Sitz der Meisterschaft*

Ich bitte dich, in diesem Moment Kontakt mit deinem Körper aufzunehmen. In deinem Körper gibt es einen Meisterbereich, den Sitz deiner ganz individuellen Meisterschaft. Du darfst einmal ganz bewusst hereinfühlen, wo sich der Meisterbereich in deinem Körper befindet. Es handelt sich um ein Areal in deinem Körper. Vielleicht fühlst du, dass dein Meisterbereich ein Organ ist, aber es kann genauso gut auch ein Bein, ein Arm oder eine Hand sein. Wenn du deinen Meisterbereich gefunden hast, kannst du dort ganz bewusst die goldene Energie hereinfließen lassen. Du kannst dir außerdem der Potenziale bewusst werden, wie dieser Körperteil des Meisters dir dient und dich dabei unterstützt, alles zu geben, was du bist. Ich möchte dir ein Beispiel nennen, das du verstehen kannst: Für Stella, meine Partnerin, ist mit Sicherheit das Gehirn ein Meisterorgan, denn ihr Gehirn überträgt das höhere Wissen, das ich ihr übermittele, in eine strukturierte Sprache. Wenn du vielleicht denkst, dass es nicht sein kann, dass das Gehirn oder ein anderes Organ, das bei dir erschienen ist, dein Meisterorgan ist, dann darfst du deine Zweifel loslassen und deiner Wahrnehmung vertrauen. Nimm das an, was bei dir erscheint, und öffne dich für die Potenziale, die in diesem Bereich deines Körpers

stecken. Es wäre schön, wenn du für dich selbst niederschreibst, was dein Meisterareal im Körper ist. Dadurch erdest du dein intuitives Wissen und nimmst es wirklich an. Du sagst Ja dazu.

Der Körper ist das Gefäß deiner Seele und des universellen Geistes. Er ist auch das Gefäß der goldenen Meisterenergie. Wenn das Gefäß schmutzig oder brüchig geworden ist, dann hilft alles nichts. Dann kann die schönste Energie einfließen, sie hat dennoch keinen Raum. Das Gebot lautet allerdings »Achte den Körper!« und es lautet nicht: Presse deinen Körper in eine Norm. Ich lasse zusammen mit den Goldenen heilsame Energien hier einfließen, die dich von Minderwertigkeitsgefühlen in Bezug auf deinen Körper zu befreien. Diese Heilenergien kannst dir selbst auch immer wieder eröffnen, indem du dir gebietest »Achte den Körper!« Du solltest deinen Körper achten, dich wirklich vor ihm verneigen und ihn nicht nur als geringeres Übel akzeptieren. Gib ihm den Wert, der ihm gebührt, nicht erst, wenn er zickt und mit Zipperlein auf sich aufmerksam macht.

Das Gebot »Achte den Körper!« richtet sich an die Adresse des Aufgestiegenen Meisters. Es mag sogar sein, dass dein Innerer Meister vollkommen zufrieden ist mit deinem Körper, den du gesund ernährst, mit Vitaminen und sehr effektiver Nahrung versorgst, dessen reine Haut und glänzende Haare strahlen und der mit einem klaren und gut trainierten Verstand ausgestattet ist. Der Innere Meister erinnert sich an seinen Seelenweg und denkt: »Da habe ich schon ganz anderes erlebt!« Aber der Meister dieser Zeit möchte noch weitere Grenzen überschreiten. Gesund, wohl genährt und fit fühlen sich heute die meisten deiner Zeitgenossen in ihrem Körper. Du aber kannst in diesem Leben noch ganz andere Ebenen der körperlichen Zufriedenheit, Gesundheit und Schönheit erreichen. An die Adresse des Aufgestiegenen Meisters sage ich abschließend: »Achte den Körper der Jetztzeit und entwickle ihn weiter.« Damit gibst du ihm den Wert, den er verdient.

8. Meistergebot: *Finde die Liebe*

Das achte Meistergebot lautet: »Finde die Liebe!« Es drückt aus, dass du jetzt die Suche nach Liebe beenden kannst. Du bist gewöhnt, dass Begegnungen von Herz zu Herz und echte Liebe schwer zu finden sind. Vielleicht hast du schon in der Kindheit erlebt, dass die Momente des glücklichen Zusammenseins mit deinen traumatisierten, hypnotisierten, abgelenkten oder beschäftigten Eltern rar waren. Wenn du die Meisterschaft vollkommen annimmst, gehst du nun auf eine neue Ebene. Du findest Liebe überall. Früher war es so, dass du einmal Ja gesagt hast zum irdischen Leben. Du hast dich im wahrsten Sinne des Wortes in den irdischen Körper und in die Lebensmöglichkeiten auf der Erde verliebt. Dann hast du dich entschieden, noch einmal ein neues Leben auf der Erde zu beginnen. Du hast dich in die speziellen Möglichkeiten einer bestimmten Inkarnation verliebt. Wenn die Liebe abgeklungen war, bist du wieder nach Hause gegangen. In der Schwingung des Aufgestiegenen Meisters reicht eine einmalige Entscheidung für das Leben nicht mehr, sondern du musst die Liebe zum Leben jeden Tag wieder neu finden. Die Betonung liegt auf dem Wort »finden«. Du darfst dir bewusst machen, dass du als Aufgestiegener Meister einen großen Teil deiner Zeit, zum Beispiel in der Nacht in deinen Träumen, damit verbringst, dir selbst »Ostereier« zu verstecken, die dir helfen, die irdische Existenz weiter zu lieben. Du gehst in der Nacht durch den Garten deiner Dimension und versteckst hier und da an allen möglichen Orten deine Ostereier. Du versteckst komprimierte Potenziale der Liebe. Wenn du in deinem Alltag durch dein Leben wandelst, brauchst du die Ostereier nur aufzunehmen und zu öffnen. Du weißt sowieso, wo du sie versteckt hast. Finde die Liebe zum Leben und finde die Liebe in der Begegnung mit den anderen Menschen.

Du siehst täglich Menschen, die vollkommen verwirrt sind. Sie fühlen sich verfolgt. Sie fühlen sich benachteiligt. Sie fühlen sich verlassen. Wenn du genauer hinschaust, dann siehst du die Liebe, die darin steckt. Vielleicht folgen sie mit ihrer Gefühlsqualität einem Ahnen aus ihrer Ahnenlinie. Vielleicht folgen sie einem Lebensthema ihrer spirituellen Familie, weil sie das religiöse Kollektiv lieben, dem sich ihre Seele verbunden fühlt. Nur aus Liebe agieren die Menschen verwirrt, verrückt und ängstlich. Vielleicht arbeiten sie noch an ihrer eigenen Vergangenheit, an der sie auch aus reiner Liebe festhalten, und bringen damit die Menschheitsgeschichte auf eine neue Ebene. Vielleicht stecken sie noch in einem alten Film von vor tausend Jahren. Die meisten machen dabei sogar einen ganz guten Job und gestalten auch die Vergangenheit neu, indem sie Vergangenes wiederholen und damit verwandeln. In der Verwirrung der Menschen findest du die Liebe. Wenn du jemandem begegnest, den du nicht verstehst, dann fragst du ganz bewusst: »Wo ist hier die Liebe?« Dann findest du sie. Wenn du es auf den Punkt bringen möchtest, kannst du meistens schlicht feststellen, dass dein Gegenüber der Liebe zu dem tradierten Zyklus von Täter und Opfer folgt. Indem du in allem, was dir begegnet, die Liebe findest, machst du dir selbst ein Geschenk.

Manchmal scheint es so, als würden dir grundlos Schwierigkeiten und Stress auf dem Silbertablett des Lebens serviert. Auch dann wirst du die Liebe zu dir selbst finden, die ein Ereignis in dein Leben gerufen hat. Der Meister fragt nicht: »Warum ist das geschehen?« Er fragt einfach: »Wo ist die Liebe?« Selbst wenn ein sehr ausgegrenzter Anteil seiner selbst agiert, findet er in sich die Liebe zu dem Schattenaspekt, kann ihn begrüßen und in die Arme nehmen. Dadurch löst er sich automatisch auf.

In der Kommunikation mit anderen Menschen lautet dein Gebot: »Finde die Liebe!« Liebe darf sich dann ereignen. Sie darf einfach gegenwärtig sein. Je mehr du es erlaubst, gehört Liebe zu deiner Präsenz. Dass du Liebe ins Leben hereinträgst, sie Kreise ziehen und sich ausbreiten lässt, gehört zu dir wie deine Haut.

9. Meistergebot: *Gehe in die Freude*

Es ist nicht von ungefähr, dass die Formulierung des 9. Meistergebotes »Gehe in die Freude!« das Wort »gehen« beinhaltet. Bevor die Freude sich in deinem Leben ausbreiten kann, ist es oft notwendig, erst einmal einen Schritt in diese Richtung zu tun. Wenn du lustlos und energetisch am Nullpunkt bist, wenn es scheinbar nur einen Atemzug oder besser einen nicht genommenen Atemzug braucht, damit dein Körper sich auflöst, dann kannst du immer wieder den einen Schritt in die Freude tun. Du wirst dann auch wissen, in welche Richtung der Schritt dich führt. Aber es ist dein eigener Schritt. Es lohnt sich nicht zu warten, bis ein anderer kommt und dich erlöst. Der Meister weiß, dass er den einen Schritt in die Freude ganz bewusst von Zeit zu Zeit selbst tun darf und muss. Wenn du dich das nächste Mal nach Freude sehnst, dann befiehlst du dir innerlich: »Gehe in die Freude!«

Es wird oft hilfreich sein, tatsächlich einen Spaziergang zu machen, am besten in der Natur, um ganz bewusst der Welt in ihrer Schönheit zu begegnen. In der Natur begegnest du der ursprünglichen Form der Freude, die die Welt ausstrahlt. Oft musst du wirklich losgehen und ein paar Schritte tun. In die Freude zu gehen, heißt sehr oft auch, aus einer unerträglichen Situation heraus-zugehen. Lasse die anderen sitzen, wenn sie sich gegenseitig abkanzeln, ärgern und mobben. Lasse die anderen sitzen, wenn sie sich und dich nur langweilen. Steige aus und gehe in die Freude. Auch ein Ausflug oder eine Reise führen dich in die Freude. Freude resultiert oft aus der Bewegung des Körpers. Mit deinem ersten Schritt stimmst du zu, dass du aus eigener Kraft in die Freude gehen kannst. Der erste Schritt liegt in deiner Verantwortung. Es muss nichts von außen auf dich zukommen oder in der äußeren Welt geschehen. Du gehst in die Freude, wenn du es wählst.

Wenn du innerlich im Dunkeln sitzt, dann erteilst du dir selbst den Meisterbefehl: »Gehe in die Freude!« Nach einer Weile findest du dich im Land der Freude wieder.

10. Meistergebot: *Stelle dich ins Licht*

»Stelle dich ins Licht!« ist das letzte, aber nicht das unwichtigste Meistergebot. Ich beziehe mich damit auch auf den Heilraum des Unendlichen Lichts, den du in dir und außerhalb von dir eröffnen kannst, um dich dort auf körperlicher, seelischer und geistiger Ebene zu heilen. Manchmal stellst du dich ganz physisch ins Licht, indem du dich in die Sonne setzt. Manchmal tust du es nur virtuell und mental. Du stellst dich ins Licht. Du lässt das goldene Licht, das überirdische Licht der Genesung, der Ausbalancierung, der Liebe und der Freude sich über dich ergießen.

Du kannst immer wieder wählen, in der Nacht deine Ausbalancierung geschehen zu lassen, also in der Nacht Liebe zu finden, in die Freude zu gehen und dich ins Licht zu stellen. Am nächsten Morgen wirst du wissen, wo du warst. Wenn du dir im Alltag den Meisterbefehl »Stelle dich ins Licht!« erteilst, ist es nicht unwahrscheinlich, dass du dann Farben siehst, die dich umhüllen, weil du sie heute gerade brauchst. Die Menschheit wird insgesamt in diese Richtung gehen, dass sie sich ausschließlich mit den Farben aus ihrem Geist heilt. Das wird sich dann auch in euren Gesprächen niederschlagen. Du wirst nicht mehr davon erzählen, dass du eine heilsame Akupunktursitzung hattest, sondern du wirst zum Beispiel davon berichten, dass ein leuchtendes Grün zu dir gekommen ist und es dir jetzt besser geht.

Du kannst die heilsamen Farben als Wasserfall, als Orbs, als Laserstrahl, als Spiralen oder in anderen Formen sehen. Sie wechseln auch ihre Form. Sie kommen zu dir, denn der Aufgestiegene Meister ist der Meister des Lichts. Er kann mit Licht jonglieren und stellt sich in das Licht, das er selbst erzeugt hat.

Mit diesem Gebot versprichst du dir innerlich, dass du dein Licht nicht mehr unter den Scheffel stellst. Unter dem Eimer, mit dem du dein Licht verbirgst, kannst du einfach hervorkriechen und dich ins Licht stellen. Wenn du dich manchmal verwirrt, traurig und allein fühlst, dann sagst du zu dir selbst: »Stelle dich ins Licht!« Damit verstärkst du Eingebungen, wie du dich ins rechte Licht stellen kannst. Im Licht bist du zuhause.

Wenn du dir innerlich Fragen stellst, wirst du demnächst oft eines von diesen Meistergeboten als Antwort hören. Insofern stellen die Meistergebote auch Codewörter dar, die dich an deine Kraft erinnern, dich mit deiner Kraft verbinden und damit Verwandlung einleiten. Sie wirken über die Sprache auf dein Bewusstsein, aber auch energetisch in deinem Körper und in deinem Geist. Dass du mit dir selbst sprichst und dich selbst coachst, bringt dich oft weiter, als mit anderen zu sprechen.

Es ist mir eine Freude, die Meistergebote für dich aus dem Raum der Goldenen in dein irdisches Leben heruntergeladen zu haben.

Quellen der Kraft

1. Präsenz der Seele

Ich bitte dich, deinen inneren Engel oder deine Seelenessenz ganz bewusst einzuladen und mit deinem Körper zu verbinden. Diesen Aspekt deiner vollkommenen Tafelrunde brauchst du bei der Lektüre dieses Kapitels. Wenn du jetzt allerdings aufstehen und nach draußen gehen würdest, zum Beispiel um ein kühles Bad im See zu nehmen oder eine Schneeballschlacht zu machen, dann bräuchtest du nicht deine Seelenessenz, sondern dein Inneres Kind. Wenn du an einem Krankenbett sitzt, hilft dir zwar die Gegenwart deiner Seelenessenz, aber vor allem brauchst du dort deinen Inneren Heiler und deine Innere Mutter. Wie du an diesen Beispielen siehst, kannst du deine vollkommene innere Tafelrunde jederzeit für dich nutzen. Du kannst auch ganz bewusst entscheiden, den passenden Aspekt im jeweiligen Moment zu erschaffen und zu verkörpern und ihm ausreichend Macht und Spielraum zu geben, damit er sich entfalten und kraftvoll agieren kann.

In meinem letzten Leben auf der Erde konnte ich mir Kraft meines Geistes und Kraft meiner Seelenerfahrung aus früheren Leben außergewöhnliche Freiheit eröffnen. Übrigens steht dir auch einzigartige Seelenerfahrung aus früheren Leben zur Verfügung, die du wahrnehmen und fühlen und immer wieder aktivieren kannst. Die Freiheit, die ich mir dank meiner Seelenerfahrung und aus der Kraft meines Geistes eröffnet habe, stellte zu meiner Zeit wirklich einen außergewöhnlichen Quantensprung des Bewusstseins dar. Ich habe mich über alle Konventionen meiner Zeit hinweggesetzt, indem ich mich ganz allein auf meine Präsenz, mein Sein und mein Charisma verlassen habe. Ich habe meine Macht nicht, wie es zu meiner Zeit üblich war, auf meine Herkunft, auf adlige oder begüterte Abstammung gestützt. Bis heute sind meine Biografen daher ratlos, aus welcher Familie ich eigentlich komme. Bis heute habe ich das Geheimnis meiner Herkunft gehütet. Damit habe ich vor allem zum Ausdruck bringen wollen, dass für den Aufgestiegenen Meister weder Herkunft noch weltliche Identität überhaupt irgendeine Bedeutung haben. Das ist mir gelungen. Meister Saint Germain, wie die Welt ihn zu meinen Lebzeiten wahrgenommen hat, zeichnete sich außerdem durch ausbalancierte Selbstliebe und Selbstrespekt aus. Ich war und bin bekannt für eine gewisse Arroganz oder sogar Überheblichkeit. Ich nenne es lieber Erhabenheit, Selbstbewusstsein und Selbstsicherheit. Wenn Selbstsicherheit echt ist und die Menschen wie in meinem Fall anspricht und überzeugt, dann erwächst sie aus der Selbstliebe und dem Respekt, den man sich selbst zollt.

Zur Ausbalancierung des Selbstrespekts brauchen wir die Gegenwart der Seelenessenz, denn für das menschliche Ich ist es schwer, sich selbst wirklich den Respekt zu geben, den es verdient hat und der ihm vergönnt sein sollte. Das funktioniert meistens gar nicht, denn das menschliche Ich wurde zu oft gedemütigt. Die Demütigungen sitzen in den Körperzellen, sogar die Demütigungen aus früheren Leben, aber auch aus der gegenwärtigen Biografie und aus der Kindheit. Das menschliche Ich fühlt sich aus gutem Grund als ein Individuum unter Vielen. Wenn das menschliche Ich ohne überbordendes Ego lebt, dann weiß es, dass es ein einzigartiger Kristall ist wie eine Schneeflocke, aber nicht der ganze Schnee. Wenn du in dir den einzigartigen Schneekristall erkennen kannst, der du bist, dann kannst du dir schon gratulieren.

Wenn du in Kontakt mit der Vollkommenheit deiner Seelenessenz trittst, dann siehst du, wer du wirklich bist, und du erkennst die Einzigartigkeit und Größe deines Seins. Auch dein menschliches Ich kann über deinen Geist die Größe der eigenen Seele erfassen, aber nicht über deinen Verstand. Während einer Meditation kannst du mit deinem inneren Engel in Berührung kommen und ihn erfahren. Es mag dir dann aber immer noch so erscheinen, als wäre es nur ein Teil deiner inneren Göttlichkeit, dem du begegnet bist. Ich nenne deine Göttlichkeit auch gerne dein Universelles Selbst. Dein Universelles Selbst übersteigt das menschliche Ich. Auf der Ebene des Universellen Selbst relativieren sich die Dramen des alltäglichen Lebens und dann beruhigt sich das menschliche Ich. Wenn das menschliche Ich sich mit der eigenen Seelenessenz verbindet, dann kann es seine Kraft spüren. Es kann alle Opferaspekte loslassen, wodurch sich automatisch die Angst vermindert. Deine Seelenessenz fühlt sich frei und gelassen, egal, was im Leben passiert.

Für den Meister geht es um die vollkommene Verschmelzung von menschlichem Ich und Seelenessenz. Wenn sie eins werden, dann wirst du interessanterweise gar nicht mehr viel in deinen Meditationen erfahren. Meditationen erübrigen sich in gewisser Weise für dich. Du verkörperst alles, was du früher in den Sternstunden deiner inneren Einkehr erfahren hast, nun in jedem Moment deines Lebens. Für den Aufgestiegenen Meister gilt es, einfach zu leben. Alle Versenkungsmethoden, die du kennst, zum Beispiel Meditation, Trance oder Gebet werden relativ unbedeutend für dich. Der Alltag ist dein Gebet und deine Meditation. Allerdings musst du dich von Zeit zu Zeit aus der Welt in deine eigene Dimension zurückziehen.

Der erste Schritt zur Verkörperung deiner vollkommenen Seelenessenz besteht darin, dass du deiner Seelenessenz die Fürsorge für das menschliche Ich übergibst. Deine Seelenessenz umarmt das menschliche Ich. Wenn die Seelenessenz das menschliche Ich umfängt, dann übernimmt sie die Fürsorge für deinen menschlichen Alltag und dein menschliches Sein. Du darfst diesen Prozess an dieser Stelle ganz bewusst erlauben.

Die meisten Menschen haben die Fürsorge für das menschliche Ich an Seelenaspekte mit begrenzter Reichweite übertragen. Es kann sich sogar als relativ kraftvoll erweisen, wenn du die Fürsorge für das menschliche Ich an einen dynamischen Macheraspekt, einen dominanten Vateraspekt oder einen gut trainierten Expertenaspekt abgegeben hast. Die Fürsorge für das menschliche Ich wird in eurer Kultur meistens an einen Teil der Identität abgegeben, der sich mit Broterwerb und Geldverdienen auskennt. Dieser Aspekt ist dann verantwortlich, dass das menschliche Ich gut zurechtkommt. Allerdings sind solche Arbeitsaspekte immer mit Glaubenssystemen vernetzt, die das Massenbewusstsein zum Thema Arbeit und Geldverdienen und der damit verbundenen Anstrengung installiert hat. Ein wesentlicher Glaubenssatz zum Thema Arbeit besteht darin, dass man Kompromisse machen muss, um zurechtzukommen. Außerdem gehen die Menschen davon aus, dass man clever sein muss, um eine Marktlücke zu finden und die Konkurrenz zu überbieten, um sich ein Stück vom großen Kuchen zu ergattern. Die Möglichkeiten, derer man sich bedienen kann, sind scheinbar begrenzt. Ihre Nutzung folgt bestimmten Regeln. Wenn du den Aspekt genau anschaust, dem du die Fürsorge für das menschliche Ich übertragen hast, handelt es sich bei dir vielleicht auch um einen Akademikeraspekt, der mit seinem Wissen punktet. Vielleicht reüssierst du auch mit einem Kommunikationsaspekt, der sich gut mit anderen Menschen versteht und durch Nettigkeit gewinnt. Vielleicht hast du auch einen Fürsorgeaspekt nach vorne geschoben, der andere freimütig unterstützt und dann wiederum genug für sich selbst zurückbekommt. Es kann also auch dein Krankenschwesteraspekt sein, der für das Überleben des menschlichen Ich verantwortlich ist.

Du darfst den Aspekt deiner selbst, dem du die Fürsorge für dein menschliches Ich überlassen hast, in Dankbarkeit verabschieden. Du darfst ihm für seine Dienste danken, denn er hat dir in diesem Leben geholfen voranzukommen. Nun übergibst du die Fürsorge für das menschliche Ich der Vollkommenheit deiner Seele. Damit gibst du auch dem menschlichen Ich den entsprechenden Wert. Dein menschliches Ich ist das wichtigste Projekt deiner Seelenessenz. In diesem Moment kannst du innere Zweifel loslassen, welches Leben du dir wirklich gönnen darfst und welches Leben du verdient hast.

Die Seelenessenz weiß, dass das menschliche Ich ein vollkommen stressfreies und glückliches Leben verdient hat. Du darfst dir in diesem Moment auch ganz bewusst vergegenwärtigen und vielleicht zu Papier bringen, welche Potenziale deine Seelenessenz hereinruft, die dein menschliches Ich bereichern könnten. Deine Seelenessenz agiert in diesem Bereich mit überbordender Fantasie.

Bisher haben deine Innere Mutter oder andere mehr oder weniger fürsorgliche Aspekte deiner selbst Methoden der Ausbalancierung und Regeneration zur Versorgung, Pflege und Ernährung des Körpers entwickelt. Wenn du dich selbst bemuttern konntest, dann bist du wahrscheinlich ein glücklicher Mensch gewesen. Du darfst auch in diesem Bereich den begrenzten Dienst deiner Seelenaspekte entlassen und darfst deiner Seelenessenz wirklich aus vollem Herzen die Fürsorge für den Körper übergeben.

In meinem letzten Leben, als ich als Aufgestiegener Meister auf der Erde wandelte, habe ich auch die Fürsorge für meinen Körper meiner Seelenessenz überlassen. Ich habe mir daher die bei meinen Zeitgenossen beliebte Nahrung versagt und habe mir mein eigenes Süppchen gekocht. Meine Mitmenschen konnten es sich damals nicht anders vorstellen, als dass ich ein geheimnisvolles Wundermittel konsumiere, weil ich verhältnismäßig fit und gesund für mein Alter wirkte. Allerdings war ich vor allem deshalb so gesund, weil ich in meiner eigenen Dimension lebte. Außerdem habe ich mir von meiner Seelenessenz diktieren lassen, wie ich mich ernähre. So kannst auch du die Fürsorge für das menschliche Ich vollkommen an deine Seele abgeben. Dabei darf sich das menschliche Ich in Demut dem weisen Ratschluss der Seele überlassen. Wenn sich das menschliche Ich in Demut dem göttlichen Ich unterwirft, dann dienen sie sich gegenseitig. Das göttliche Ich dient in perfekter Weise dem menschlichen Ich. Es gibt keine andere Möglichkeit, dein menschliches Leben in Ordnung zu bringen. Als glücklicher Mensch erfreust du dann wiederum deine Seele.

Wenn du die Fürsorge für das menschliche Ich zunächst einmal in dir selbst, in deiner Tafelrunde der Seele geklärt hast, dann wirkt sich das auch auf die Kommunikation und Gemeinschaft mit anderen Menschen aus. Die anderen Menschen werden dann auch ihr göttliches Ich bemühen, um dir zu dienen. Dann brauchst du nur noch zu empfangen, wenn Menschen etwas tun, um das du gar nicht gebeten hast, das aber dein Leben schöner, glücklicher, reicher und einfacher macht. Du darfst das Verhalten der anderen dann sozusagen als gelungene Adaption an deine eigene Verwandlung sehen. Auch die anderen Menschen verbinden sich im Zusammensein mit dir mit ihrer Göttlichkeit. Wenn du das vollkommene Sein immer mehr übst, dann werden es auch die anderen in deinem Umfeld adaptieren.

Du darfst die Fürsorge für deinen Körper deiner Seelenessenz übergeben und sie wird dir sagen, was der Körper braucht. Der Körper selbst wird sich deiner Seelenessenz mitteilen. Körperwissen wirkt jenseits des Verstandes als inneres Wissen aus dem Moment heraus. Wenn du dir selbst zu wenig vertraust, dann wird das innere Wissen durch die Außenwelt an dich herangetragen, vielleicht durch Freunde, durch die Zeitung, durch das Fernsehen oder aus einer anderen Quelle.

Du darfst deiner Seelenessenz auch die Fürsorge für deine Gefühle übergeben. Das menschliche Ich ist hier auf der Erde, um die Farben der Seele zu erfahren. Die Farben der Seele sind deine Emotionen. Im Laufe deines Seelenweges hast du dir schon eine große Variation an Sinneswahrnehmungen und Emotionen und eine Fülle an Erfahrungen erschaffen. Nun darfst du es deiner Seelenessenz übergeben, welche Gefühle du in der nächsten Zeit erfahren möchtest. Die Seelenessenz legt den Schwerpunkt auf die Erfahrung von Liebe, Freude, Einheit, Harmonie, Erleuchtung und Klarheit.

Wenn du in der Schwingung des vollkommenen Seins lebst, dann kultivierst du in dir eine ganz eigene Stimmung. Es handelt sich um die Erfahrung pulsierenden Lebens aus dir selbst heraus. Die Schwingung des Lebens vereint Gefühle von Liebe, Freude, Harmonie, Ruhe und Klarheit. Manche bezeichnen die Kombination dieser Gefühle als Nirwana, als Einheitsgefühl oder vollkommene innere Zufriedenheit. Es handelt sich nicht um ein hysterisches Gefühl, aber es handelt sich um ein Gefühl, dem man Ausdruck geben möchte. Du darfst nun die Schwingung deiner Seelenessenz und deiner Göttlichkeit in dein menschliches Ich einfließen lassen. Du gibst deinem menschlichen Ich eine Infusion mit dem Gefühl des vollkommenen Seins.

Du gibst deiner Seele die Fürsorge für die Emotionen des menschlichen Ichs. Wenn du traurig, ängstlich, wütend, verzweifelt oder betäubt bist, dann haben diese Gefühle oft gar nichts mit dir selbst zu tun, sondern kommen aus deiner Umgebung angeflogen. Oft reicht es, dass du dich bewusst entscheidest, deine Grenzen dicht zu machen und in deine eigene Dimension zu gehen. Meistens geht es einfach darum, die Energien loszulassen, die dich umschwirren. Manchmal musst du auch etwas in deinem Leben verändern. Dann gibst du deiner Seelenessenz die Verantwortung für die anstehenden Veränderungen in deinem Leben.

Du gibst deiner Seele auch die Fürsorge für deinen Geist. Dein Geist übersteigt deinen Verstand und er transportiert deine Göttlichkeit. Dein Geist transportiert auch deine Kreativität. Die Kreativität eines Künstlers ereignet sich jenseits des Verstandes auf der Ebene des Geistes. Die göttlichen Schöpfungen des Meisters entspringen der Ebene des Universellen Selbst in der Vernetzung mit anderen Menschen und mit den Energien der Erde. Du erschaffst dein Leben aus dem göttlichen Funken deiner persönlichen Meisterschaft heraus.

Wenn du deiner Seelenessenz die Fürsorge für dein menschliches Ich übergibst, dann wirst du einen Anstieg deines Selbstwertes und deiner Selbstliebe erleben. Deine Seelenessenz kann nicht verleugnen, dass das menschliche Ich essenzielle Bedürfnisse hat. Für das menschliche Ich ist es zum Beispiel schwierig, Rechnungen nicht bezahlen zu können. Nur die begrenzten Seelenanteile deiner selbst, die in deinem Leben regiert haben, konnten bisher die Bedürfnisse des menschlichen Ichs verleugnen. Deine Seelenessenz erkennt vollkommen an, dass das menschliche Ich trauert, wenn es sich etwas versagen muss, weil die Mittel fehlen. Deine Seelenessenz respektiert, dass dein menschliches Ich freie Zeit zur Verfügung haben und zwanglos leben sollte. Deine Seelenessenz genießt es, anderen Menschen jenseits von Leistung und Forderungen zu begegnen. Zweckfreie Kommunikation nährt alle Beteiligten und produziert sich selbst verstärkende Energie.

Wenn du die Erfahrung machst, dass dein von deiner Seelenessenz geführtes menschliches Ich im Leben gut zurechtkommt und mit beiden Beinen auf dem Boden steht, dann verstärkt das wiederum dein Gefühl von Selbstwert und Selbstachtung. Selbstwert und Selbstachtung können sich potenzieren. Damit die Seele im Leben vollkommen präsent sein kann, braucht sie ein einigermaßen erfreuliches und annehmbares Leben. Wenn das Leben nur Chaos und Unglück zu bieten hat, dann verabschiedet sich die Seele des Meisters, denn er weiß um seine Freiheit. Die Seele des Meisters muss im Chaos automatisch Abstand von der Welt nehmen, weil sie es sonst nicht erträgt. Und die Seele braucht das Leben auf der Erde nicht! Das menschliche Ich hat das Leben gewählt. Wenn das Leben gut ist, kannst du die Verbindung mit deiner Seelenessenz und deinem Inneren Meister leben.

~ · · · ~

Ich möchte dir jetzt noch erklären, was dein menschliches Ich für deine Seelenessenz und sogar deinen Aufgestiegenen Meister tut. Die Seele braucht Demut gegenüber dem menschlichen Ich. Deshalb sind die Menschen auf der Erde. Die Seele kann erfahren, dass sie sogar in einer Begrenzung groß ist. Das vollkommene Selbst, das du bist, erfährt in der Begrenzung seine Größe. Das vollkommene Selbst, das du bist, kann sich in besonderer Weise auf der Erde mit der universellen Intelligenz verbinden. Weil die Seele sich auf der Erde teilweise starken Einschränkungen und innerer und äußerer Not aussetzt, öffnet sie sich für ganz neue Dimensionen der Wahrnehmung und des Seins. Die Seele profitiert von den Erfahrungen des menschlichen Ichs und erweitert sich dadurch.

Stelle dir einmal eine ganz archaische Situation vor: Menschen möchten in der Wüste von einer Oase zur anderen wandern. Also laufen sie durch die Wüste, die Sonne sticht und sie haben Durst. Sie wissen, dass der Tod nahen kann. Sie spüren schon, wie ihre Kräfte schwinden. Also fangen einige von ihnen an zu beten. Im Wort »beten« steckt das Wort »Bett«. Jedenfalls haben diese Worte denselben Stamm. Diese verzweifelten Menschen lassen also in gewisser Weise los, während sie beten, so wie sich die Seele in der Nacht dem Schlaf überlässt. Sie übergeben sich und ihr Schicksal in Demut einer höheren Macht. Ihr menschliches Ich übergibt sich der eigenen Seelenessenz. Dann macht das menschliche Ich die Erfahrung, dass es auf einmal einem inneren Kompass folgen kann und das Wasser des Lebens findet. Plötzlich weiß der Mensch, dass er nur noch ein paar Schritte in eine bestimmte Richtung gehen muss und dort die Quelle des Lebens findet.

Die tiefe Erfahrung deiner Göttlichkeit stärkt und erweitert auch deine Seelenessenz. Deine Seelenessenz schwingt in reiner Liebe und ist in einem Meer von Liebe mit allem verbunden, was lebt. Gleichzeitig kannst du hier auf der Erde gerade aus der Trennung und der materiellen Begrenzung des physischen Körpers eine Dimension der Einheit, Harmonie und Liebe erfahren, die deine reine Seele für selbstverständlich nimmt und daher gar nicht spüren kann. Auf der Folie der Trennung wird die Liebe stärker und intensiver erfahrbar. Deine Seelenessenz begibt sich also auf eine abenteuerliche Reise und, nachdem alle Abenteuer bestanden sind, kommt sie gestärkt und befreit wieder dahin, wo sie hergekommen ist. Die reine Erfahrung ist das Abenteuer. Es geht nicht darum, besondere Meriten zu erlangen oder irgendetwas Außergewöhnliches zu tun. Die Essenz des Selbstwerts liegt im reinen Sein.

Auch ich habe in meinem letzten Leben als Graf Saint Germain mein höheres Selbst eingeladen, damit es sich um das menschliche Ich kümmert, dem ich übrigens aus reinem Spaß an der Freude ständig wechselnde Identitäten und schillernde Persönlichkeiten verpasst habe. Die Fürsorge meiner Seele für mein menschliches

Ich war die Essenz meines Aufstiegs. So wurde ich an den hervorragenden Adelssitzen Deutschlands und Europas eingeladen, hofiert und umsorgt. Wenn es mir an einem Ort zu bunt wurde, bin ich allerdings schnell wieder abgereist und habe mir einen besseren Platz gesucht. Weil ich gelernt hatte, mir meines Wertes vollkommen bewusst zu sein, deshalb habe ich mich nicht schuldig gefühlt, wenn mich jemand eingeladen und hofiert hat.

Ich hatte alle Schuldaspekte integriert, deshalb lebte ich so frei und deshalb konnte ich auch Geschenke annehmen, zumal meine Präsenz und meine Beratung sowieso unbezahlbar waren.

2. Gegenwart des Persönlichen Meisters

Ich bitte dich jetzt, ganz bewusst deinen persönlichen Inneren Meister oder deine persönliche Innere Meisterin als wesentlichen Aspekt deiner vollkommenen inneren Tafelrunde zu begrüßen. Du kannst dich jederzeit mit deinem Inneren Meister verbinden. Jetzt spreche ich also zu deinem persönlichen Inneren Meister, der schon anwesend ist, weil du ihn eingeladen hast. Du kannst sicher spüren, dass es einen Unterschied zwischen deiner Seelenessenz und deinem Inneren Meister gibt. Die Idee des Aufgestiegenen Meisters ist an das Leben auf dem Planeten Erde gebunden. Der Aufgestiegene Meister lebt auf der Erde, während deine Seelenessenz überall im Universum zu Hause ist. Der Aufgestiegene Meister kennt sich aus mit den Energien der Erde. Gerade im Umgang mit deinen Emotionen kannst du immer wieder den Inneren Meister agieren lassen.

Der Aufgestiegene Meister weiß, woher er kommt und wohin er geht. Er kennt die Rhythmen des irdischen Lebens besonders gut und er kann dir helfen, dich abzugrenzen, in deiner Dimension zu sein und mit den irdischen Energien zurechtzukommen. Wenn du deine Seelenessenz ganz selbstverständlich integriert hast, kannst du immer öfter intuitiv die Fürsorge für dein Leben dem Aufgestiegenen Meister übergeben. Der innere Aufgestiegene Meister ist verbunden mit allen lichtvollen Seelen der Erde. Du verbindest dich mit den Aufgestiegenen Meistern aller Zeiten und klinkst dich in das von ihnen generierte universelle Netz des Wissens ein.

Der Aufgestiegene Meister lebt in kontinuierlicher Anbindung an die Quelle allen Lebens und speist seine Lebensenergie aus dieser Quelle. Auf dem Weg in die Meisterschaft klinkt sich der Meister aus den Machtspielen der Erde, aus den Täter- und Opfer-Szenarien aus. Dieser Schritt ist fast nicht zu bewältigen, denn Machtspiele haben einen immensen Sog. Sie wirken wie eine ansteckende Krankheit, der man ausgeliefert ist. Andererseits sind viele Menschen, die bereit für den Aufstieg sind, gar nicht mehr in der Lage, sich auf Energiespiele mit allen ihren Konsequenzen einzulassen. Sie sind der immer gleichen Machtspiele überdrüssig geworden. Du liebst bis zu einem gewissen Grad das Spiel der Erde. Sonst hättest du dich gar nicht für die Meisterschaft entschieden. Das Täter- und Opfer-Spiel ist ein essenzieller Teil des Lebens auf der Erde, ein essenzieller Teil der *définition mondiale*, die deine Seele liebt. Täter- und Opfer-Erfahrungen bringen die Menschen an die Grenze des Erträglichen und eröffnen damit immer wieder neue Potenziale der Bewusstseinserweiterung. Alles hat damit angefangen, dass die Engel, die auf die Erde kamen, sich eine Illusion erschaffen haben, dass sie sich auf der Erde nähren müssen. Damit wurde eine Abhängigkeit von der Erde begründet. Seitdem regiert die Illusion, Menschen müssten sterben, wenn sie sich nicht Tag für Tag physisch ernähren. Daher ernähren sich die Menschen seit Anbeginn der Zeit von Pflanzen und Tieren. Sie nehmen die Energie der Pflanzen und Tiere zu sich, um am Leben zu bleiben. Diese Gewohnheit beruht zum größten Teil auf einer Illusion. Denn eine Seele kann sich auch mit dem Körper verbinden, ohne dass sie dem Körper Nahrung oder Wasser geben muss. Einige Menschen wissen das schon und ernähren sich von reinem Licht. Aber die meisten Menschen leben in dieser Illusion, dass sie sich nähren müssen, und sie nehmen daher die Energie, die der Körper braucht, von Pflanzen und Tieren. Wenn der Mensch mit seiner Energie am Ende ist, dann zieht er los und sucht sich etwas zu essen. Dass du innerlich sagst »Ich habe Hunger«, wenn du dich energielos fühlst, ist in deinem Zellgedächtnis verankert. In der Neuzeit, spätestens seit der Industrialisierung, steht den Menschen meistens genug zum Essen und Trinken zur Verfügung, aber sie fühlen sich dennoch energielos. Das hat auch damit zu tun, dass im Laufe der Geschichte die Menschen ihre Seelenessenz immer vollkommener verkörpert haben. Die Seelenessenz, je weiter sie verkörpert ist, braucht eine andere Nahrung als nur Salate und Steaks. Also fühlt sich der Mensch energielos und weiß instinktiv, dass er seine Seele nähren muss. Die Menschen haben dann eine Form der energetischen Nahrung entwickelt, bei der sie andere Menschen als Energiequelle benutzen, sozusagen einen energetischen Kannibalismus. Wenn Menschen in vergangenen Zeiten in die Situation kamen, vor Hunger zu sterben, dann waren sie oft zum Kannibalismus bereit. In den emotionalen und verbalen Machtspielen der Gegenwart ist ein Stück davon erhalten. Die Menschen nähren sich energetisch über andere Menschen. Wenn sie sich leer und ausgebrannt fühlen, dann wünschen sie sich, dass die anderen ihnen Liebe und Anerkennung geben, damit sie sich besser fühlen. Diese typische Form der Kommunikation basiert auf archaischen Ritualen. Menschen haben schon immer erfahren können, dass sie sich gegenseitig heilen, stärken und motivieren können. Wenn einer am Ende seiner Kraft ist, kann ihm ein anderer helfen. Stelle dir eine Gruppe von Menschen vor, die gemeinsam einen Berg besteigen wollen. Heute ist der eine stark, kann vorangehen und alle mitziehen, morgen ist der andere stark, kann vorangehen und alle mitziehen. Das macht durchaus Sinn. In der heutigen Zeit haben es die Menschen bis zur Perfektion entwickelt, sich energetisch über andere zu nähren. Um Essen und Trinken geht es nicht mehr. Das haben fast alle Menschen in eurer Kultur in Leichtigkeit zur Verfügung. Aber diejenigen haben gewonnen und sind Sieger, die sich die meiste Energie von den anderen holen können.

In eurer Kultur wird vor allem auf Menschen, die in den Medien auftreten, viel positive Energie von den anderen projiziert, so dass sie energetisch wachsen und dann wirklich so etwas wie ein Vorbild sein können. In der Dualität schlägt das dann meistens sehr schnell um: Heute schenkt man einem Star Applaus und morgen entzieht man ihm die Zuneigung wieder. Deshalb können manche Stars ganz viel erreichen, aber dann fällt das Kartenhaus der Bewunderung wieder in sich zusammen. Aus diesem Grund sind viele Stars früh verstorben oder haben Drogen genommen als Ersatz für die Energie, die ihnen aus der Öffentlichkeit zufloss und später wieder versiegte.

An dieser Stelle kannst du auch noch einmal ganz ehrlich mit dir selbst sein. Es gibt Menschen in deinem Umfeld, die dir Energie geben. Sie tun es oft freiwillig und sie tun es oft gern. In deinem Leben haben dich durchgängig andere Menschen energetisch genährt. Zunächst einmal sind hier mit Sicherheit deine Mutter und oft auch dein Vater zu nennen. Sie haben dir mehr oder weniger freiwillig und intensiv Energie in Form von Interesse und Anerkennung, Fürsorge und Liebe gegeben, damit du wachsen konntest. Sicher gibt es auch andere Menschen in deinem Umfeld, die dich sogar heute noch unterstützen. Manchmal wurde eine Verabredung getroffen, dass du voran gehen kannst in die neue Lebensform jenseits der Machtspiele, dass du das neutrale Leben wirklich in dir eröffnen kannst. Aus diesem Grund wurde es verabredet, dass dich Menschen in deinem Umfeld unterstützen. Jetzt kannst du ganz bewusst diese Quellen der Unterstützung loslassen, denn der Meister nährt sich selbst. Du kannst deiner Seelenessenz und deinem inneren Aufgestiegenen Meister die Aufgabe der Unterstützung des menschlichen Ich übergeben.

Andererseits gibt es Menschen in deinem Umfeld, denen du permanent Energie gegeben hast. Das können natürlich deine Kinder sein. Es ist angemessen, dass Kinder bis zum 21. Lebensjahr auf die Unterstützung der Eltern bauen können. Vielleicht gibt es aber auch andere Menschen, die du unbewusst mitgetragen und in gewisser Weise gefüttert hast. Du kannst diese Menschen vor deinem inneren Auge erscheinen lassen. Wenn du in deine eigene Dimension gehst, dann bedeutet es auch, dass du die energetische

Unterstützung durch andere und von anderen aufgibst. Es wird Menschen in deinem Umfeld irritieren, wenn du sie im Regen stehen lässt. Die energetische Unterstützung kann so aussehen, dass du anderen ständig Komplimente machst und immer, wenn du ihnen begegnest, freundliche Floskeln benutzt. Aufgestiegene Meister untereinander tun das nicht. Wofür? Dieses Spiel wird nicht gebraucht. Es gehört ja auch zu meinem Image als Saint Germain, dass ich kurz angebunden bin, recht kühl wirke und kein Blatt vor den Mund nehme. Um es positiv auszudrücken, könnte man mich authentisch nennen. Small Talk und Höflichkeitsfloskeln bedeuten mir nichts und sie bedeuten nichts für den Aufgestiegenen Meister. Ein offenes Herz zeigt sich ganz anders. Es zeigt sich, indem man sich in Neugierde und Offenheit begegnet und erst einmal zuhört und wahrnimmt, was den anderen bewegt. Die Frage »Wie geht es dir?« stellt immer nur eine Floskel dar. Der Meister beginnt eine Unterhaltung ganz anders, zum Beispiel mit Fragen wie »Was hast du heute gemacht?« oder »Was gibt es Neues bei dir?«. Wenn du ein Gespräch so beginnst, zeigt es große Wirkung, denn die anderen Menschen müssen dann auch nicht mit Floskeln antworten. Bei einem Aufgestiegenen Meister spürt man immer, dass er für das Leid und den Schmerz der Menschen offen ist und ihm mit neutralem Mitgefühl begegnet.

Die Menschen nähren sich, indem sie Errungenschaften und Erfolge vor sich hertragen. Wenn jemand die fadenscheinige Frage stellt »Was machst du denn beruflich?«, dann möchte er in Wirklichkeit selbst erzählen, was er alles erreicht hat. Menschen nähren sich von den Demütigungen, die sie durchgestanden haben, um einen höheren gesellschaftlichen Status zu erreichen. Ultimative Ausformungen der Machtspiele stellen natürlich Misshandlungen, Missbrauch, körperliche Gewalt, seelische Gewalt, verbale Verletzungen, Beleidigungen und Lügen dar. Verlogene Komplimente sind allerdings genauso schlimm wie Beleidigungen. Sogar Lügen über sich selbst und Beschönigungen der eigenen Situation nehmen den anderen Menschen Energie. Sensible Menschen nehmen die

Lebenslügen der anderen wahr. Wie sollen sie sich dann zu diesen Lügen verhalten? Es entsteht also eine Irritation, die allen Energie und Kraft raubt. Die naheliegende Reaktion ist dann, selbst anzufangen zu lügen und eine Fassade aufzubauen. Für den Aufgestiegenen Meister kommt das nicht in Frage. Wie du weißt, habe ich mich in meinem letzten Leben als Aufgestiegener Meister dadurch ausgezeichnet, vollkommen authentisch zu sein. Dadurch habe ich auch oft provokativ gewirkt und die Menschen vor den Kopf gestoßen. Dann wurde es Zeit, zu verschwinden und woanders hinzugehen. So ist es von mir überliefert.

Zurzeit fördert die Energie der Erde, dass sich Opferaspekte auflösen. Es fällt Licht auf die Erde, das dazu beträgt, dass sich auch in Europa und in Deutschland im Boden festgehaltene Energien aus den letzten Kriegen befreien. Die freigesetzten Opferaspekte klopfen dann an die Tür der Seele, zu der sie gehören. Opferaspekte sind immer mit Angst beladen. Weil Opferaspekte heimkommen, leiden manche Menschen verstärkt unter Angstattacken. Für dich gilt es, einfließende Ängste zu begrüßen, wenn sie zu dir gehören. Wenn sie nicht zu dir gehören, lässt du die Ängste im Raum stehen und gehst in deine eigene Dimension. Du fühlst, ob es sich um deine Ängste handelt oder nicht. Du darfst dich zu diesem Zweck wirklich für das Wissen über dich selbst öffnen. Vollständige Einsicht über dich selbst und deinen Seelenweg fließt dir aus der Matrix des universellen Wissens zu. Du weißt dann, ob ein Gefühl mit dir selbst zu tun hat. Dann erscheinen die notwendigen Einsichten über dich selbst und deine Seelenerfahrungen in früheren Leben in deinem Bewusstsein. Diese Einsichten sind wichtig für dich und du darfst es begrüßen, wenn die eine oder andere Seelenerfahrung sich dir offenbart. Da, wo Opfer sind, gibt es selbstverständlich auch Täter. Menschen, die Verantwortung hatten, haben sich der Energie ihrer Opfer bedient. Sie haben die Opfer geschädigt und sich oft im wahrsten Sinne des Wortes an ihnen bereichert. Auch die Täter sind oft in den erdnahen Bereichen stecken geblieben, und zwar vereint mit den Opfern. Wenn die Opfer nun aus den erdnahen Bereichen entlassen werden, wissen die Täter auch nicht, wohin sie gehen sollen. Sie versuchen dann auch, sich mit der Seele zu verbinden, zu der sie gehören. Auch deine Täteraspekte können in Liebe angenommen und sozusagen erkannt werden. Wenn sie heimkommen, erweitert sich deine Vollkommenheit. Der Diamant, der du bist, vervollkommnet sich. Die Täter bringen Schuld mit sich. Was bewirkt Schuld in der Seele? Das Gefühl der Schuld lässt sich oft schwer definieren. Wie sich Angst anfühlt, ist dir geläufiger. Verbunden mit Schuld tritt oft das Gefühl von Reue auf. Dann breitet sich ein Gefühl von Hoffnungslosigkeit aus, denn das, was war, lässt sich nicht rückgängig machen. Es ist geschehen und es ist präsent. Weil es nicht möglich ist, das Geschehene rückgängig zu machen, und weil die Seele es aber eigentlich gerne möchte, breitet sich ein Gefühl totaler Hoffnungslosigkeit aus, verbunden mit dem Gefühl, nichts wert zu sein. Wenn die Schuldaspekte heimkommen, dann entsteht in der Seele immer wieder wie aus dem Nichts ein Gefühl, alles falsch gemacht zu haben, zu nichts nutze zu sein, unfähig zu sein, keine Anerkennung, keinen Respekt, keine Ehre zu bekommen und zu verdienen. Der Täter fühlt sich wertlos. Dann fühlt er sich verpflichtet, um Absolution zu bitten. Womöglich wird er auf sehr fundamentalistische Weise religiös. Die Schuldaspekte glauben, ihr Seelenheil durch Wiedergutmachung erlangen zu können.

In Wirklichkeit geht es nur darum, allen Täter- und Opfer-Aspekten und dem Energiespiel der Erde den Segen zu geben. Mit dem Segen wird das alte Spiel entlassen. Wenn du das Gefühl hast, du müsstest noch dieses oder jenes tun, du wärst noch zu diesem oder jenem verpflichtet, du müsstest noch mehr erreichen und dich perfektionieren, dann darfst du dich noch einmal deinen inneren Schuldaspekten zuwenden und sie segnen.

Das alte Spiel der Erde wird in der europäischen Kultur noch sehr intensiv, aber auch sehr verfeinert gespielt. Die Menschen prügeln sich nicht mehr um die Vorherrschaft. Energieraub läuft sehr subtil ab. Die Menschen erzählen meistens einfach von sich und malen aus, wie genial sie sind. Dabei kann der Glaube an das Gesetz der Anziehung noch dazu beitragen, das alte Machtspiel auf die Spitze zu treiben, indem sie dann erzählen, dass sie die besseren Schöpfer ihrer Realität sind. Die Menschen erzählen einfach, was sie alles erreicht haben und was sie alles können. Manchmal lügen sie und manchmal verschweigen sie ihre Ängste und ihre Hoffnungslosigkeit. Letztendlich verleugnen sie damit, dass sie der Schöpfer ihrer gesamten Realität sind, auch der Fehlschläge und Enttäuschungen, und damit verleugnen sie die Großartigkeit ihrer Seele. Manchmal besteht das Machtspiel allein darin, sich nicht über die Realität zu beklagen, denn dadurch, dass man akzeptiert, was man erleidet, macht man sich zum Opfer. Andererseits macht man sich auch allein dadurch zum Täter, dass man Ungerechtigkeiten nicht beklagt, die einem Vorteile verschaffen. Der Meister allerdings gibt einfach der *définition mondiale*, dem Spiel von Geben und Nehmen und Täter und Opfer, den Segen. Aber in seiner Dimension gelten andere Regeln.

Ich bitte dich an dieser Stelle, dich mit dem Inneren Meister zu verbinden und ganz bewusst in deine eigene Dimension zu gehen. Was gibt es jenseits der Täter- und Opfer-Aspekte zu erfahren? Es geht um ein neues Spiel der Erde, das die Menschheit gerade definiert und erschafft. Du bist daran beteiligt, das neue Spiel zu entwerfen und auszuprobieren. Deine Seelenessenz hat das menschliche Ich in seinen Begrenzungen gebraucht, um die Täter- und Opfer-Spiele zu praktizieren. Der Meister weiß, dass alles seinen Ausgleich findet. Es gibt immer einen Ausgleich, wenn jemand ganz viel Energie raubt, in welcher Form auch immer, ob in Form von Geld, Macht oder Anerkennung. Der Meister weiß aber auch, dass er sich um Energie nicht bemühen muss, sondern dass für alle Menschen freie Energie in Hülle und Fülle zur Verfügung steht. Der Meister weiß, dass er in der Fülle lebt, jederzeit genährt ist und alles hat, was er braucht. Der Meister bemüht sich also nicht, Energie an sich zu reißen, in welcher Form auch immer, auch nicht in Form von Besitz oder anderen Vorteilen im Leben. Der Meister weiß, dass er, wenn er noch so viel Reichtum ergattert, im Tod von der Erde nichts mitnehmen kann, dass sein Besitz sowieso zurückbleibt und in andere Hände übergeht. Er weiß auch, dass er vollkommen ist und daher nicht größer und stärker wird, selbst wenn er noch so viel Energie an sich zu binden versucht.

Der Innere Meister lebt auf der Erde, indem er sich ganz bewusst aus allen Machtspielen ausklinkt. Sein Motto lautet: »Ich bin weder Täter noch Opfer.« Das heißt, dass er bei manchem, was die Menschen ganz selbstverständlich tun, bewusst nicht mitspielt. Dadurch entsteht dann oft das Gefühl, nicht dazu zu gehören. Wenn es darum geht, ein Fußballspiel zu gewinnen, spielst du nicht mit. Es interessiert dich nicht, wer gewinnt oder verliert. Es interessiert dich nicht, Sieger zu sein, und die anderen Menschen legen das als Schwäche aus. Wahrscheinlich kennst du das Gefühl, das du jetzt auch mit einem tiefen Atemzug integrieren darfst, dass du manchmal keine Lust hattest, für einen scheinbaren Vorteil zu kämpfen, und die anderen haben dir das als Rückzug oder als Schwäche ausgelegt. Andererseits hast du es dir erlaubt, dir einfach alles, was du wirklich wolltest, zu nehmen, was die anderen Menschen auch ungewöhnlich fanden. Ich habe mir in meinem letzten Leben zum Beispiel Grafen- und Herzogtitel zugelegt, wenn ich sie brauchte. Mit diesen Titeln und schillernden Namen habe ich gespielt. Dennoch hing mein Seelenheil eben nicht an einer adligen Herkunft. Manchmal bin ich auch als namenloses Mitglied einer Schauspieltruppe durch die Lande gezogen. Manchmal habe ich die Gestalt eines Bettlers angenommen. In deinem Leben nehme ich gerne die Gestalt eines Portiers, Taxifahrers oder Postboten an, wenn ich dir mal eine wichtige Mitteilung machen und dir dabei in die Augen schauen möchte. Der Meister ist nicht abhängig von Siegerposen, um sich dadurch energetisch aufzutanken. Aber er kann sich nehmen, was er braucht. Wenn es also für dein Seelenheil wichtig ist, dass deine Stadt in der Tabelle der Bundesliga ganz oben steht, dann steht sie dort. So einfach ist das. Was passiert, wenn der Innere Meister wirklich Fürsorge trägt für das menschliche Ich? Er weiß, dass das menschliche Ich Freude braucht. Es kann sich auch über scheinbar kleine Dinge freuen, zum Beispiel einen neuen Hut, ein paar bequeme Schuhe, eine neue Bekanntschaft oder ein paar schöne Stunden mit netten Menschen…

Jenseits der Täter- und Opfer-Aspekte bist du mit deiner Seelenessenz und deinen Inneren Meister verbunden. Dein Innerer Meister versorgt zwar das menschliche Ich, aber er weiß auch, dass du eigentlich nichts brauchst, weil alles schon vollkommen ist. Du brauchst keine Energie von außen. Du brauchst nicht einmal Anerkennung und Respekt von außen, weil du sie dir selbst gibst. Das ist keine leichte Übung. Du darfst dem mit einem tiefen Atemzug noch einmal zustimmen, dass du bereit bist, dir selbst die nötige Anerkennung zu geben. Dadurch eröffnest du dir eine nie gekannte Freiheit und neue Möglichkeiten. Du tust, was deine innere Stimme dir eingibt und was du für deine innere Wahrheit hältst. Du fragst gar nicht mehr nach der Anerkennung von außen. Du brauchst sie nicht, aber du bekommst sie, wenn sie dir dient. Manchmal nährt es deine Seele, dass andere Menschen dir sagen, wie gern sie dich haben und wie sehr sie deinen Beitrag zu ihrem Leben schätzen. Wenn sie es dir mit ehrlicher Überzeugung sagen, dann fühlst du, dass es so ist. Allerdings wird das auch der Moment sein, in dem der Meister verschwindet. Der Meister entfernt sich, wenn die anderen ihn anbeten.

In den Legenden über die großen Aufgestiegenen Meister ist es immer wieder überliefert, dass die Menschen den Meister suchen und er verschwunden ist, wenn sie gerade das Wunder, das der Meister initiiert hat, feiern wollten. Der Meister möchte, dass die Menschen sich selbst feiern. Der Meister ist kein Guru! Auch ich bin oft verschwunden, wenn sie überschwänglich gelobt haben, wie intelligent, belesen und klug ich sei. Indem ich mich ihnen in diesem Moment entzogen habe, habe ich ihnen indirekt mitgeteilt, dass sie sich genauso, wie ich es immer getan habe, mit dem universellen Netz des Wissens verbinden können. Es geht also darum, dass du die Energie von außen nicht brauchst und dass du für dich selbst sorgen kannst. Du eröffnest dir diese Unabhängigkeit, indem du dein menschliches Ich vollkommen in die Fürsorge und Obhut deines Inneren Meisters stellst.

Übung *Der Raum des Unendlichen Lichts und der Allumfassenden Liebe*

Ich eröffne für dich nun den Raum des Unendlichen Lichts und den Raum der Allumfassenden Liebe. Wir vereinen die beiden Räume und du kannst dich ganz bewusst in diesen neuen Raum hereinstellen. Du kannst den Strom von Licht und Liebe, mit dem du verbunden bist, in deinen Körper, in dein Zimmer, in dein Leben einfließen lassen. Du kannst sehen, wie dich der Wasserfall des göttlichen Lichts und der göttlichen Liebe umspült und umfängt. Der Strom göttlichen Lichts und göttlicher Liebe umfängt dich, wie ein Handschuh die Hand umschließt.

Du kannst den Raum des Unendlichen Lichts und der Allumfassenden Liebe immer wieder betreten, wenn du das Gefühl hast, auf dem Weg in deine Meisterschaft stecken zu bleiben. Hier findest du Heilung für deinen Körper, deine Seele und deinen Geist. Hier findest du die Anerkennung und Liebe, die dir die Welt manchmal scheinbar verwehrt und die du selbst verneinst.

3. Meisterregel

Du erhältst nun von mir eine neue Schöpferregel und es ist die einzige Schöpferregel, die es für den Meister zu berücksichtigen gilt. Die Meisterregel lautet:

Ich bin der Meister – Ich bin die Meisterin

Indem du die zu deinem Geschlecht passende Form wählst, erkennst du an, dass du in diesem Leben die Meisterschaft in ihrer weiblichen bzw. in ihrer männlichen Gestalt verkörperst.

Du kannst die Schöpferregel »Ich bin der Meister« – »Ich bin die Meisterin« in der nächsten Zeit immer dann in dein Bewusstsein rufen, wenn du für dich etwas Neues erschaffen willst. Diese Schöpferregel kann für dich auch zu einer Art Mantra werden. Auf jeden Fall solltest du sie in deinem Geist mit deinen Sehnsüchten, Ideen, Projekten und Plänen für die Zukunft verbinden.

An dieser Stelle muss ich dich auch mit der Wahrheit konfrontieren: Der Meister ist nicht der Schöpfer. Alle Menschen erschaffen permanent und im Einklang mit ihrer Umwelt ihre Realität. Der Meister steht in gewisser Weise abseits vom Getümmel der Welt. Er verneigt sich in tiefem Respekt und in vollkommener Akzeptanz vor den Kreationen seiner Mitmenschen. Er segnet die Welt, wie sie ist. Der Meister sieht die Schönheit, die Vollkommenheit und die Größe in den Schöpfungen der Welt. Er unterwirft sich aber nie vollständig den Illusionen des irdischen Daseins. Er kann sich auch deshalb in Gelassenheit üben, weil er die Illusionen durchschaut. Der Meister begreift das Leben als Spiel. Selbst wenn er in eine scheinbar ohnmächtige und ausweglose Situation gerät, erkennt er die Illusion darin. Er weiß, dass das Schlimmste, das ihm geschehen kann, »nur« der Tod ist. Er weiß, dass er selbst den Zeitpunkt seines Todes wählt. Und er weiß, dass der Tod nicht das Ende, sondern ein Neubeginn ist.

Der Meister ist nicht hier, um etwas Bestimmtes (mit) zu erschaffen. Er wirkt durch seine Präsenz. Die Schöpfungen des Meisters sind immer exemplarisch und symbolisch. Jesus hat den Gelähmten aufgefordert, aufzustehen und loszugehen. Der Kranke tat es und konnte laufen. Diese Schöpfung war exemplarisch und symbolisch, denn sie hat den umstehenden Menschen vermittelt, dass sie eine Wahl haben.

Du kannst nun auf dein Leben schauen und dir die exemplarischen und symbolischen Schöpfungen bewusst machen, die du bisher getätigt hast. Du hast auch manches »Kreuz« auf dich genommen, um es exemplarisch und symbolisch zu transformieren. Die exemplarischen und symbolischen Schöpfungen des Meisters sind tief im Zeitgeist verankert, aber sie wirken auch an den Grenzen des Bewusstseins. Deine Erfahrungen und deine Kreationen tragen dazu bei, dass sich das menschliche Bewusstsein weiter entwickeln kann. Du vermittelst der Menschheit die essenziellen Schöpferwerkzeuge Wahl, Wille, Wissen, Vertrauen, Verwandlung, Verkörperung und Vollkommenheit. Dafür setzt du dein Leben und deine Erfahrungen ein. Du vermittelst der Menschheit, dass man im Leben eine Wahl hat, indem du deine eigenen Wahlmöglichkeiten immer wieder ganz bewusst annimmst. Du vermittelst der Menschheit, dass der Wille, der mit der Liebe verbunden ist, Berge versetzen kann. Du zeigst den Menschen, dass sie alles Wissen, das sie im Leben brauchen, in sich tragen. Du verkörperst Vertrauen in deine eigene Schöpferkraft und in die Schöpfungen des Universums. Du erkennst an, dass das Leben im Fluss ist und einem permanenten Wandel unterliegt. Du weißt, dass die eigentliche Transformation in jeder Zelle deines Körpers stattfindet, und daher achtest, pflegst und liebst du deinen Körper. Du siehst die Vollkommenheit in allem, was ist.

4. Kraftquelle Traum

Ich möchte dir eine weitere Kraftquelle der Meisterschaft präsentieren. Die Zeiten sind gerade turbulent und anstrengend und es ist nicht ungewöhnlich, wenn du phasenweise die Freude am Leben verlierst. Um sie wieder zu gewinnen, kannst du dich der natürlichen Quellen der Kraft bedienen, die die Erde den Menschen bietet.

Du kannst immer wieder ganz bewusst am Abend, bevor du einschläfst, um Heilung, um Unterstützung, um Einsichten und um Trost bitten. Du darfst dann auch ganz bewusst registrieren, wie du dich am nächsten Morgen fühlst. Oft wird es so sein, dass du einfach tief und fest geschlafen hast und dich besser fühlst. Es kann auch sein, dass du tatsächlich neue Erkenntnisse durch einen sehr klaren und einsichtigen Traum gewinnst. Es kann sein, dass du eine Heilbehandlung oder einfach die Anwesenheit eines Helfers erinnerst. Der Helfer kann natürlich ein Engel oder nicht-physischer Begleiter sein, den du kennst. Es kann aber auch ein Mensch sein, der ganz freiwillig zu dir kommt, um dich zu unterstützen.

Ich möchte dich anregen, dass du, während du auf der Erde lebst und fast die halbe Zeit deiner Anwesenheit hier verschläfst, die Nächte für deine Bewusstseinserweiterung und Heilung nutzt. Dein Körper muss sich immer wieder an die Schwingungsanhebung auf der Erde anpassen. Wenn du dich krank fühlst, kannst du jederzeit einen Heilschlaf wählen. Du kannst dann erfahren, dass der Heilschlaf wirkt. Du erwachst am nächsten Morgen erfrischt und erholt.

Übung *Die Blaue Lagune*

Du kannst dich jederzeit nachts in die Blaue Lagune begeben und dir dort Unterstützung holen. Auf dem Weg in die Meisterschaft fühlt der Meister sich allein. Viele Etappen seines Weges kann der Meister nur alleine gehen, weil er einen ganz persönlichen Fokus auf seinen ganz persönlichen Aufstieg setzen muss. Aber du kannst jederzeit kurz vor dem Einschlafen innerlich deinen Aufenthalt in der Blauen Lagune für die kommende Nacht wählen. Die Blaue Lagune ist ein Meeting Point, ein Treffpunkt in einer virtuellen Dimension. Wenn du dich entscheidest, diesen Treffpunkt aufzusuchen, kannst du dort die Seelen treffen, die sich eingefunden haben, um dir zu begegnen und mit dir zu kommunizieren. Dort kannst du jederzeit die Goldenen treffen, aber du triffst auch Menschen, die in deiner Nähe leben und dich kontaktieren wollen.

Die Goldenen erzählen dir von ihrem Weg in die Meisterschaft und von ihren Erfahrungen während der verkörperten Meisterschaft. Du kannst mit ihnen auch deine alltäglichen Erlebnisse und Konflikte besprechen. Wenn du dann am nächsten Tag aufwachst, erinnerst du dich vielleicht an die Begegnung mit den Goldenen oder du hast einfach größere Klarheit gefunden und weißt, was zu tun ist. Wenn du dir Schreibwerkzeuge neben dein Bett legst, dann kannst du deine Einsichten gleich festhalten, wenn du aufwachst.

Wie multidimensional sich dein Leben gestaltet, wird dir immer mehr bewusst werden. Du kannst die Tür zwischen Traum und Wirklichkeit öffnen. Du kannst dich jederzeit in deinen Seelengarten begeben und findest dort Zugang zu den Bedürfnissen und Potenzialen deiner Seele. Du kannst dir immer wieder ganz bewusst den Traum als Spiegel erschaffen. Dann siehst du einen Aspekt deines Seins in einer Traumgeschichte oder einfach in einem Traumbild, das zwischen Wachen und Schlafen vor deinem inneren Auge erscheint. Du findest so auf einer tieferen Ebene Zugang zu einem Aspekt deines Seins. Wenn du dich selbst im Spiegel erkennst als der, der du wirklich bist, dann öffnest du dich auch für ganz neue Optionen deines Seins.

Durch die Bewusstseinserweiterung der Meisterschaft werden zunehmend die Wahrnehmungen des Tagesbewusstseins und des Traumbewusstseins verknüpft. Dein Wachbewusstsein verbindet sich mit dem Unbewussten und mit dem Traumbewusstsein.

Übung *Die Tür zur Wirklichkeit*

Für dich existiert eine Tür zwischen Traum und Wirklichkeit. Es scheint dir mit deinem jetzigen Bewusstsein noch so, als wärst du entweder wach oder würdest schlafen. Du darfst nun zwischen diese beiden Bewusstseinszustände ganz bewusst eine Tür installieren. Die Tür ist schon vorhanden, du darfst sie finden. Lasse vor deinem inneren Auge die Dimension des Traums und die Dimension der Wirklichkeit erscheinen. Nimm die Tür zwischen den beiden Dimensionen wahr.

Wenn ein Problem in deinem Leben auftaucht, darfst du es ganz bewusst mit in deinen nächtlichen Traum nehmen. Außerdem kannst du dich entscheiden, dass das, was du im Traum tust, dein Tagesbewusstsein eben durch diese Tür zwischen Traum und Wirklichkeit am nächsten Morgen erreicht. Dann erinnerst du dich, was du im Traum gesehen, gefühlt und getan hast. Du kannst neue Erkenntnisse und Lösungen durch diese Tür der Wirklichkeit in dein Leben bringen.

Du kannst die Tür zur Wirklichkeit auch in die andere Richtung durchschreiten. Du kannst, auch während du wach bist, die Räume betreten, in denen du dich während der Nacht aufhältst.

In den Räumen des Traums kannst du die Potenziale und sogar die Planungen für deine Zukunft sehen. Auch im Tagesbewusstsein kannst du der Zukunft begegnen.

Im Meisterstatus existieren allerdings keine festgelegten Voraussagen für die Zukunft mehr. Schicksal wirkt im Leben des Meisters nicht mehr, nicht einmal ein selbst gesetzter Lebensplan. Auf der Bühne deines Lebens wird Improvisationstheater gespielt.

Der Meister nährt sich über den Traum. Das heißt zunächst einmal, dass er sich wirklich über den Schlaf auftankt. Es bedeutet aber auch, dass er sich über den Wachtraum, die Innenschau nährt. Dazu ist ein gewisser Rückzug nötig, also die Verbindung mit dir selbst, die man auch als Traum bezeichnen kann. In gewisser Weise nährt sich der Meister durch den Rückzug aus der Wirklichkeit, ohne dass er die Realität verleugnet.

Der Traum des Meisters öffnet ihm Zugang zum *Weltentraum.* Auf der Ebene des göttlichen Bewusstseins, das der Meister verkörpert und mit dem er sich jede Nacht wieder aufs Neue verbindet, wird der Weltentraum geträumt. Der Weltentraum ist das Labor der Zukunft in anderen Dimensionen. Der Meister ist nicht der Schöpfer, weil er gar nichts zu kreieren braucht. Er ist der Träumer des Weltentraums. Er träumt den Weltentraum, in dem er dann aufwacht und agiert. Wenn du es wählst, kannst du jeden Morgen ein Zipfelchen vom Weltentraum erhaschen, den du geträumt hast, um darin zu leben.

Geschichte »Die Früchte der Meisterschaft«

Im siebten Jahr seiner Meisterschaft hielt der Meister inne und blickte zurück auf sein Meisterleben.

Was machte seine Meisterschaft aus?

War es die Weisheit seiner Erfahrungen und Erleuchtungen, die ihm einen tieferen Sinn für Humor und die Absurditäten menschlicher Irrungen und Wirrungen bescherte?

War es sein Gleichmut und seine Gelassenheit angesichts der Turbulenzen des Lebens in jeder noch so überraschenden und verzweifelten Lebenslage?

War es das völlige Fehlen von Angst, das ihn unangreifbar machte und das mit der geistigen Überwindung des Todes sein Bewusstsein eingenommen hatte?

War es seine Unbestechlichkeit und Souveränität, die aus der Unabhängigkeit seiner Gedanken und Gefühle entsprang?

War es seine innere Zufriedenheit und Sattheit, die aus seiner Verkörperung der Vollkommenheit und dem sicheren Bewusstsein der Vollendung erwuchs?

War es der Glanz seiner Tage, der aus der Liebe zum Leben und zu sich selbst geboren war?

War es die Gewissheit, mit der Quelle allen Lebens unverbrüchlich verbunden zu sein, aus der er Heilung für seinen Körper, Erbauung für seinen Geist und Liebe für seine Seele schöpfen konnte?

Das alles konnte er sehen und anerkennen und dafür danken.

Währenddessen saß er auf einem Stein unter einem Baum und dachte über sein Leben nach.

Da erinnerte er sich an einen Traum, den er in der letzten Nacht geträumt hatte.

Im Traum war er auf einen hohen Berg gestiegen. Oben angekommen breitete sich eine riesige Hochebene vor ihm aus. Allerdings war dort alles wüst und leer. Der Boden war trocken und steinig, das Geröll höchstens durch ein paar Felsbrocken unterbrochen. Die Sonne brannte und Schatten war nicht in Sicht.

Er fand dort keinen Platz zum Ausruhen, geschweige denn eine bequeme Schlafstätte. Hunger und Durst stellten sich ein. »Da bin ich nun und weiß nicht weiter«, dachte er und ließ sich auf dem steinigen Boden nieder.

Während er da saß, erschien ein Vogel mit leuchtendem Gefieder. Der Vogel schien mit ihm zu sprechen. Er hüpfte aufgeregt vor ihm auf und ab. Dann flog er auf und ließ sich ein paar Meter weiter nieder. Als der Vogel sich zu ihm herumdrehte und ihn aufmunternd ansah, glaubte der Meister, dass er ihn aufforderte, ihm zu folgen. Außerdem war er gebannt von der Schönheit des Vogels. Also folgte er ihm. Der Vogel hüpfte oder flog vor ihm her und der Meister folgte ihm. Die Zeit verging im Flug und auf einmal breitete sich vor ihnen eine Wiese mit einem Meer von Blumen aus. Der Vogel verabschiedete sich und flog davon.

Der Meister pflückte eine der Blumen, bewunderte sie und staunte über ihre Schönheit. Auch die Blume schien mit ihm zu sprechen und nickte in Richtung des Blumenmeers. Der Meister folgte dem Teppich der Wiesenschellen. Auf einmal stand er an einer Quelle, aus der sich ein Bächlein klaren Wassers ergoss. Er konnte seinen Durst stillen, sich auf die Wiese legen und träumen.

Als er erwachte, stand ein zahmes Reh vor ihm, lächelte ihn an und führte ihn in einen nahegelegenen Wald. Unter den Tannen wuchsen Beeren und Pilze in Fülle, an denen er sich ergötzen konnte.

Nachdem er eine Weile durch den Wald geschlendert war, kam er auf eine Lichtung. Dort setzte er sich auf einen Stein unter einem Baum.

Dann war er aufgewacht.

Er saß auf demselben Stein unter dem Baum, den er im Traum gesehen hatte. Er traute seinen Augen kaum, als er vor sich das Meer der Wiesenschellen sah und den Vogel hörte, der im Baumwipfel saß und sein Lied trällerte.

Nun erkannte er die Essenz der Meisterschaft. Tag und Nacht waren Eins geworden. Sein Traum war mit der Wirklichkeit und ihm selbst vereint.

5. Zustand des Annehmens

Sowohl für deine inneren Gespräche mit den Goldenen wie für deine kreativen Schöpfungen gilt, dass du gut daran tust, dich immer wieder in den Zustand des Annehmens zu begeben. Der Zustand des Annehmens geht einher mit einer Reduktion der Frequenz der Gehirnwellen, also mit einem Trancezustand. Alle kreativen Menschen kennen das Flowgefühl oder sogar den tiefen Trancezustand, der sich während des kreativen Prozesses einstellen kann. Du tust gut daran, dir immer wieder Zeit zu nehmen, den Rückzug zu erlauben und dir für einige Tage am Stück einen vollkommenen Zustand des Annehmens zu eröffnen, ohne dass immer gleich ein Ergebnis produziert werden muss. Damit du etwas erschaffen und in die Welt schicken kannst, brauchst du dafür zunächst den offenen und befreiten Zustand der Annahme. Das gilt übrigens sowohl für kreative Schöpfungen wie für körperliche Heilung. Durch Meditationstechniken, durch entspannende Musik, durch monotone Tätigkeiten, durch Spazierengehen, durch Aufenthalt in der Natur kannst du den Zustand des Annehmens fördern. Es tut dir immer wieder gut, wenn du innerlich ausschickst, dass du für einige Tage, vielleicht sogar Wochen in den Zustand des Empfangens gehen möchtest.

Im Schlaf und in einer tiefen Meditation oder Trance sinkt die Frequenz deiner Gehirnwellen. Man spricht von einem Theta- oder Delta-Zustand des Gehirns. Wenn du im Meditieren geübt bist, kannst du schnell einen Theta-Zustand erreichen. Auch im Alltag fällst du oft unvermittelt in einen etwas weniger tiefen Trancezustand, den Alpha-Zustand, zum Beispiel, wenn du konzentriert kreativ arbeitest oder tagträumst. Die Übergänge zwischen Tag- und Nachtbewusstsein verschwimmen für den Meister. So verschmilzt auch das Tagesbewusstsein mit dem erweiterten Bewusstsein der Alpha-, Theta- oder Delta-Frequenz deines Gehirns. Das führt dazu, dass du dich im Alltag manchmal sehr erweitert und fast wie in einem Traum fühlst. Du darfst diese Zustände annehmen, denn sie haben schon ihren Sinn. Meistens bereitest du dann auf anderen

Ebenen Transformationen vor. Es kann sogar sein, dass du dich unvermittelt in Anwesenheit von anderen Menschen in einen relativen Trancezustand begibst, weil es zur Transformation dieser Gruppe oder dieses Settings notwendig ist. Du wirst lernen, damit umzugehen. Selbst wenn du dich zeitweise sehr ausgedehnt fühlst, wirst du lernen, im entscheidenden Moment, wenn dich jemand anspricht, deine Rolle wirklich ausfüllen zu können.

Du darfst es begrüßen, neue Zustände des Bewusstseins zu erleben. Am besten ist es, wenn du dann vorgegebene Beurteilungen aufgibst, sondern einfach annimmst und beobachtest, wie sich dein Bewusstsein im gegenwärtigen Moment anfühlt und wie es dir dient. Dein Verstand und dein Geist dienen dir in jeder Minute des Lebens. Es mag sein, dass du auf Schritt und Tritt, während du über die Erde gehst, kleine Erleuchtungen erlebst. Es mag auch sein, dass du in der Nacht plötzlich von einem Licht überflutet wirst und dich dennoch am nächsten Tag fühlst, als wäre nichts geschehen. Du hast die Erleuchtung im physischen Körper gewählt und darfst daher in der nächsten Zeit ungewohnten Bewusstseinszuständen zustimmen.

Du darfst dich auch öffnen, dass, woher auch immer, die Fülle in dein Leben fließen kann, weil es zum Wohl der Erde und im Sinne des Aufstiegs der Erde, zum Fortschritt des menschlichen Bewusstseins, geschieht. Das geht aber nur, wenn du groß genug denkst. Stelle dir eine Putzfrau vor, die jeden Tag fleißig ihre Arbeit macht, und dankbar ist, dass sie so ihren Lebensunterhalt verdienen kann. Manchmal kommt der Chef vorbei, während sie gerade den Boden wischt, und sie wechseln ein paar Worte. So wird der Chef auf sie aufmerksam und eines Tages geht er auf sie zu und sagt: »Ich brauche gerade eine Telefonistin. Haben sie nicht Lust dazu? Ich glaube, sie könnten das machen.« Er setzt sie ins Büro an den Empfang und dort nimmt sie die Telefongespräche entgegen und vermittelt die Kunden an die zuständigen Berater. Für diese Frau bedeutet ihr neuer Job einen Quantensprung und einen Aufstieg. Sie ist glücklich, dass sie jetzt nicht mehr Eimer schleppen und den Besen schwingen muss, sondern in einem freundlichen Büro sitzt. Dort tut sie das, was sie gut kann: Sie spricht mit den Menschen. Sie verdient außerdem viel mehr Geld. In ihrem Bewusstsein als Putzfrau hätte sie sich nie vorstellen können, eines Tages in einem Büro zu sitzen und in Ruhe und entspannt einfach ein bisschen zu telefonieren, um noch mehr Geld zu bekommen. Ich nehme so ein simples Beispiel, damit du verstehst, dass es außerhalb des gegenwärtigen Bewusstseins in Leichtigkeit ein neues Sein geben kann.

Das Bewusstsein auf der Erde expandiert tatsächlich und immer mehr Menschen erkennen die Realität von Energien, von Engeln, von nicht-physischen Wesen an und nehmen sie wahr. Veränderte Wahrnehmung tritt einfach in ihr Leben und dann müssen sie sich damit befassen. Durch die Erweiterung des Bewusstseins verändert sich der Fokus der Menschen und sie müssen andere Schwerpunkte in ihrem Leben setzen. Auch Personen, die Macht und Geld besitzen, werden in Zukunft umdenken. Ich möchte dir ein paar Beispiele nennen, in welche Richtung sich das Bewusstsein der Menschheit weiterentwickeln kann. Zum Beispiel wird sich das Schulfach Glück etablieren, das ethische, philosophische und religiöse Fragen behandelt. Die Menschheit hat die technischen Voraussetzungen geschaffen, alle Fakten und Zahlen, die man braucht, um bestimmte Informationen zu verarbeiten, in Leichtigkeit bereitstellen zu können. Daher kann sie sich den bedeutenden Menschheitsfragen widmen. Ethische und soziale Fragen werden zunehmend in den Bildungsinstitutionen diskutiert werden. Dann wird auch das geistige Heilen an Universitäten unterrichtet werden. Der Meister bringt dort, wo er lebt, leidenschaftlich die Transformation des Bewusstseins voran. In vielen Städten wird ein Raum der Transformation erschaffen, in dem Kunstausstellungen, Tanz- und Theateraufführungen, Diskussionen und Vorträge präsentiert werden, die dem Thema Aufstieg und Bewusstseinserweiterung der Menschheit gewidmet sind. Was deine eigenen Visionen angeht, darfst du einfach mal die Fragen und Zweifel, die sofort aus dem Verstand aufpoppen, loslassen. Du kannst immer wieder der Unendlichkeit und der permanenten Verwandlung des Daseins zustimmen. Vieles kann sich verändern, indem neue Menschen in dein Leben kommen, einfach durch eine Einladung, die du aussprichst, bevor du dich in der Nacht in die Blaue Lagune begibst. Ich bitte dich, wenn es dir möglich ist, in diesem Moment zu fühlen, dass sich dein Bewusstsein erweitern kann und dadurch neue Potenziale entstehen können, die du einfach in Demut und Dankbarkeit empfangen kannst.

Die folgende Wahrnehmungsübung hilft dir, deine Meisterschaft anzunehmen, indem sie dir bewusst macht, wie sich dein Leben auf andere Menschen in deinem Umfeld auswirkt.

Innere Reise: *Die Nachkommen*

Nimm einen tiefen Atemzug und öffne dich, vor deinem inneren Auge jetzt einen Menschen, vielleicht auch zwei oder drei, zu sehen, die dir nachgehen und durch die Inspiration deiner Präsenz den Aufstieg in ein neues Bewusstsein wählen. So vollzieht sich die Expansion des neuen Bewusstseins, es ist ansteckend. Mache dir einfach bewusst, dass es diese Menschen gibt, und begrüße sie.

6. Kraftquelle Kreativität

Eine unermessliche Kraftquelle stellen deine eigenen Schöpfungen dar, also alles, was du aus reiner Freude am Tun erschaffst. Es ist gut, wenn du allen Perfektionismus sausen lässt und deine Kreativität auslebst, wann, wie und wo auch immer du Spaß daran hast. Ein schön drapierter Blumenstrauß ist ein großes Kunstwerk, genauso wie ein festlich gedeckter Tisch.

Wie wäre es, wenn du deinem geliebten Haustier ein Mäntelchen strickst oder dir selbst ein Paar bunte Socken? Wenn du als Junge gerne Laubsägearbeiten gemacht hast, kannst du das wiederbeleben – deiner Phantasie sind keine Grenzen gesetzt. Kreativität setzt Glückshormone frei und nährt die Seele.

Außerdem kann alles, was im weitesten Sinne zum Weltkulturerbe gehört, dein Leben bereichern und deine Sinne erfreuen. Die Kunst der Weltgeschichte kann dich inspirieren und amüsieren. Beschäftige dich damit, welcher Bereich des Weltkulturerbes dich interessiert, erweitere dabei ruhig deinen Horizont und plane eine Reise… Du darfst auch in deiner näheren Umgebung deine Sinne für die Großartigkeit der Schöpfungen der Menschheit, die dir in Europa auf Schritt und Tritt begegnen, öffnen. Zeitgenössische Kultur und Kunst halten wunderbare menschliche Schöpfungen bereit, die das Herz erwärmen. Filme, Bücher, Bilder, Musik, Mode, Design, Architektur – alle menschlichen Schöpfungen können dich erfreuen und deine Seele nähren mit der Energie und Liebe, die die Künstler in ihre Produktion investiert haben.

Der Meister nährt sich über die Kunst, die aus dem göttlichen Funken des Geistes entspringt. Der Meister kann sich über seine eigene schöpferische Aktivität nähren oder über die Kunst der Menschheitsgeschichte. So kann der Meister auch durch die Welt reisen und einfach den Schöpfungen der Menschheit huldigen. Du nährst dich, indem du auch den großen Schöpfungen deiner Zeit huldigst. Zum Beispiel darfst du neue Ideen des Zusammenlebens, des Wirtschaftens, einfach des Umgangs miteinander begrüßen. Auf diese Weise verbindest du dich mit neuen kreativen Ideen, die neue Lebensformen auf der Erde hervorbringen. Überall dort, wo du wahrnimmst, dass eine neue Kommunikation der Menschen jenseits von Täter und Opfer gelingt, kannst du deine Seele nähren. Wenn Menschen sich in vollkommenem gegenseitigem Respekt und jenseits von Täter- und Opfer-Spielen begegnen, können sich Win-win-Kreationen mühelos entfalten.

7. Kraftquelle Natur

Die Natur ist eine weitere Kraftquelle für dich. Die Pflanzen, die Landschaft, die Tiere, die ganze Schöpfung existiert einzig dafür, deine Seele zu erfreuen. In der Natur kannst du auftanken, deine Seele baumeln lassen und dein Bewusstsein erweitern. Du darfst die Kraftquelle der Natur immer wieder ganz bewusst für dich nutzen. Ich empfehle dir, dass du dir einen Lieblingsbaum suchst. Vielleicht steht sogar schon einer vor deinem Fenster oder du findest ihn in deinem Garten, im Nachbargarten, im Stadtpark oder im Wald. Mache diesen Baum zu deinem Helfer und Lehrer. Sprich mit ihm und gib ihm ganz bewusst das Amt, dich zu unterstützen. Du wirst fühlen, dass von ihm Hilfe und Kraft ausgehen, vor allem in schwierigen Zeiten und Situationen. Du kannst die Kraftquelle des Traums auch mit der Kraftquelle der Natur verbinden und dich immer wieder zu deiner Ausbalancierung ganz bewusst in die Dimensionen der Pflanzen und der Tiere begeben, die ich dir in diesem Buch eröffnet habe. In den Symbolen und Zeichen der Natur findest du außerdem einen wunderbaren Lehrmeister. Die Natur spiegelt dir die Gesetze der Welt zu den zentralen Themen wie Lebensrhythmus, Wachstum, Schöpfung, Verwandlung, Kreativität, Bewusstsein und Freiheit.

8. Herzanker

Dass du das Implantat der Liebe in dir eröffnet hast, bedeutet auch, dass du in deinem Herzraum, wenn du dich in der Welt bewegst, einen wirklich Sicheren Raum trägst. In deinem Herzraum findest du einen Ankerpunkt, der dir immer echten Halt und innere Führung schenkt. Du darfst dich immer wieder daran erinnern, dass du deinen eigenen Anker jetzt in dir trägst.

Dein eigentliches Zuhause, das Zuhause deiner Seele befand sich bisher außerhalb deines Körpers bei deiner Engelfamilie jenseits der Lichtbrücke. Nun kannst du dein Zuhause hier hereinnehmen, in dein Herz nehmen, dort verankern und verkörpern. Du darfst dem noch einmal zustimmen.

Wenn sich deine Schwingung in der nächsten Zeit noch anhebt, wirst du immer wieder das Gefühl von Leichtigkeit, von Grenzenlosigkeit erfahren. Für dein gegenwärtiges Körpergefühl sind Leichtigkeit und Grenzenlosigkeit noch mit mangelnder Erdung verbunden. Du glaubst dann, den Boden unter den Füßen zu verlieren. Wenn das der Fall ist, kannst du dich immer wieder mit einem tiefen Atemzug in deinem Zuhause in deinem Herzraum verankern. Wenn du deine Präsenz in deinem Herzraum verankert hast, dann verlierst du sie nicht mehr, trotz der Schwingungsanhebung und schnellen Transformation deines Körpers, der du zugestimmt hast. Du verlierst nicht mehr den Boden unter den Füßen, obwohl dein Körper durchlässiger wird. Du darfst zustimmen, dass dein Körper sich wirklich verändert und leichter anfühlt. Er wird gleichzeitig leichter und gewinnt Energie. Wenn du dich immer wieder in deinem inneren Zuhause verankerst, dann kannst du mit der Veränderung der Erde und der Anhebung der Schwingung in deinem Körper gut zurechtkommen.

Die Meisterschaft der Neuen Zeit bringt es mit sich, dass du dein Zuhause in dir trägst, in deinem Herzen trägst. Du kannst dich dort jederzeit hinbegeben und findest dort Halt. Du kannst die Freude fühlen, die sich für dich mit dieser Transformation verbindet. Nun hast du das Zuhause deiner Seele, das jenseits der Lichtbrücke liegt und früher nur nach dem physischen Tod erreichbar war, wirklich auf die Erde gebracht. In der nächsten Zeit kannst du jederzeit, wenn du es brauchst, bei dir selbst zu Hause zu sein und dort Ruhe und Frieden finden. Du kannst dich darauf verlassen, dass du dich in deinem Herzen verankern und Frieden finden wirst.

Epilog

Ich, Saint Germain, und die Goldenen haben dich während der Lektüre dieses Buches eine Weile begleitet und ziehen uns nun zurück. Wir bleiben dennoch da.

Du wirst dich in der nächsten Zeit womöglich ab und zu allein fühlen und dann darfst du wissen, dass deine geistigen Helfer und universellen Freunde immer zu Diensten stehen, wenn du sie rufst. Aber da zur Meisterschaft auch die Verkörperung der Souveränität gehört, erwecken sie manchmal auch den Anschein, als seien sie nicht zu erreichen. Das Gefühl der Einsamkeit gehört zur Schwingung des Meisters. Auf manchen Etappen seines Lebens fühlt der Meister nur wenig Verbundenheit, vielmehr muss er sich auf seine Souveränität und Einzigartigkeit verlassen. Du darfst dir bewusst machen und es annehmen, dass der Meister die wesentlichen Lebensentscheidungen selbst treffen muss. Wahrscheinlich kannst du fühlen, wie wichtig es ist, dass der Meister an den wesentlichen Gabelungen seines Weges allein steht und den Weg wählt. Der Meister weiß, dass er nicht richtig oder falsch und gut oder böse wählt, sondern dass er eine Wahl trifft, die ihn in den Wald führt oder an den Strand oder auf die Wiese. Es ist egal, wohin er geht, es handelt sich um seine Wahl, die ihm niemand abnehmen kann. Die wirklich souveräne Wahl kennt nur der Meister.

Aus der Souveränität kommen neue Antworten zu dir. Die Energie der universellen Quelle, die du kanalisierst, nimmt durch deine Einzigartigkeit eine bestimmte Färbung an. Die speziellen Erfahrungen deines Lebens gehören nur dir. Die Erlebnisse deiner Meisterschaft lassen sich meistens mit niemandem teilen, weil die anderen dich nicht verstehen würden. Deine einzigartige Weisheit gehört dir. Die vollkommene Souveränität und die vollkommene Verbundenheit mit dem Universum kannst du gleichzeitig erleben.

Übung *Der dritte Meistersegen*

Liebe Meisterin und lieber Meister, ich bitte dich zum dritten Mal – und jetzt wird es ernst! –, dass du dir die linke Hand auf den Kopf legst und sagst: »Ich bin die Meisterin« oder »Ich bin der Meister«. Wenn du es jetzt zum dritten Mal tust, dann tust du es in vollkommener Souveränität und Verbundenheit mit dir selbst, mit deiner Seele, mit allem, was ist.

In diesem Theater war ich als Lehrer der Meisterinnen und Meister im Dienst aus reiner Freude.

Christine Woydt

ist Autorin und spirituelle Lehrerin. Seit vielen Jahren channelt sie den Aufgestiegenen Meister Saint Germain und andere Lichtwesen. In Zusammenarbeit mit dem Hüter der Violetten Flamme hat sie zahlreiche Bücher und Hörbücher veröffentlicht und bietet live gechannelte Webinare an.

Mehr als achtzehn Jahre lang hat sie als Heilpraktikerin und Dozentin mit den Schwerpunkten spirituelle Beratung, systemische Therapie und Homöopathie gearbeitet. Nach dem Studium der Germanistik, Geschichte und Pädagogik unterrichtete sie einige Jahre in Schulen und der Erwachsenenbildung, bevor sie eine Praxis als Heilpraktikerin eröffnete.

Während eines längeren Aufenthalts in den USA kam sie mit schamanischen Methoden der Bewusstseinserweiterung in Kontakt. Bei der amerikanischen Psychotherapeutin und schamanischen Lehrerin Sandra Ingerman absolvierte sie über mehrere Jahre hinweg eine Fortbildung im spirituellen Heilen. Außerdem wurde sie von Dozenten des Arthur Findlay Colleges in Methoden der englischen Medialschulung eingewiesen. Besondere Inspiration verdankt sie auch den Kryon-Channeln von Lee Carroll und den Materialien des Crimson Circle.

Seit Jahren arbeitet sie intensiv mit Aufgestiegenen Meistern und Engeln zusammen, die ihren Alltag und ihre Arbeit bereichern. Sie freut sich über alle, die sich mit ihr auf die Forscherreise in neue Dimensionen des Bewusstseins, der Heilung und der freien und bewussten Schöpferkraft begeben möchten.

www.christine-woydt.de